贪污贿赂办案指南

——根据“两高”贪污贿赂司法解释编撰

吴小军　编著

GUIDELINES FOR HANDLING CORRUPTION AND BRIBERY CASES

人民法院出版社

图书在版编目（CIP）数据

贪污贿赂办案指南:根据“两高”贪污贿赂司法解释编撰/吴小军编著. —北京:人民法院出版社,2017.2

ISBN 978-7-5109-1700-4

Ⅰ.①贪… Ⅱ.①吴… Ⅲ.①贪污贿赂罪—法律解释—中国 Ⅳ.①D924.392.5

中国版本图书馆 CIP 数据核字（2017）第 020036 号

贪污贿赂办案指南

——根据“两高”贪污贿赂司法解释编撰

吴小军 编著

责任编辑 王 婷
出版发行 人民法院出版社
地　　址 北京市东城区东交民巷 27 号（100745）
电　　话 （010）67550617（责任编辑） 67550558（发行部查询）
65223677（读者服务部）
客服 QQ 2092078039
网　　址 http://www.courtbook.com.cn
E-mail courtpress@sohu.com
印　　刷 保定市中画美凯印刷有限公司
经　　销 新华书店

开　　本 787×1092 毫米 1/16
字　　数 367 千字
印　　张 24.75
版　　次 2017 年 2 月第 1 版 2017 年 9 月第 2 次印刷
书　　号 ISBN 978-7-5109-1700-4
定　　价 62.00 元

前 言

“法律的生命不在于逻辑，而在于经验”。如果说法律是抽象的、静态的、纸面上的规范与条文，那么案例则是法律与实际相结合的产物，是审判活动与裁判智慧的集中体现与反映，是将抽象化为具体、由静态变为动态、从纸面上的法迈向行动中的法的重要载体，具有鲜明的现实性、实践性和指导性。最高人民法院历来重视案例工作。《人民法院第二个五年改革纲要（2004—2008)》提出：“建立和完善案例指导制度，重视指导性案例在统一法律适用标准、指导下级法院审判工作、丰富和发展法学理论等方面的作用”。2010 年 11 月，最高人民法院发布了《关于案例指导工作的规定》，强调各级人民法院审判类似案例时应当参照指导性案例，标志着我国案例指导制度初步确立。2015 年 4 月，最高人民法院发布了《关于案例指导工作的规定实施细则》，明确如何参照适用指导性案例，标志着我国案例指导制度进一步完善。自 2011 年 12 月 20 日发布第一批指导性案例以来，最高人民法院已连续发布了 15 批共 77 个指导性案例，帮助法官正确理解和适用法律，在一定程度上避免同案不同判的现象，从而统一法律适用标准，规范司法自由裁量权，提升办案质量，维护司法公正。

2015 年 8 月 29 日，第十二届全国人大常委会第十六次会议通过了《中华人民共和国刑法修正案（九)》［以下简称《刑法修正案（九)》］，《刑法修正案（九)》对贪污贿赂犯罪的定罪及量刑作了重大调整，如取消贪污罪、受贿罪定罪及量刑的具体数额标准，突出数额之外其他情节在定罪量刑中的作用；对贪污罪和贿赂犯罪增设罚金刑，增设对有影响力的人行贿罪等，从立法层面加大了对腐败犯罪的惩处力度。为正确理解和适用贪污贿赂犯罪的立法新规定，明确细化贪污贿赂犯罪的认定标准，结合实践中呈现出的一些新情况、新特点，解决司法实践中长期存在的一些争议问题，最高人民法院、最高人民检察院于 2016 年 4 月 18 日发布了《关于办理贪污贿赂刑事案件适用法律若干问题的解释》（以下简称《贪污贿赂解释》)。就法律适用而言，以成文司法解释为主，指导性案例为辅，是最高人民法院长期指导下级法院审判活动的工作方法。司法解释为主，案例指导为辅不仅规则指引更加具体，法律适用更加明确，而且以开放、包容的姿态应对社会生活的纷繁复杂和“变动不居”，因此，在《贪污贿赂解释》颁布的同时，公布一批指导案例，是非常及时而有必要的。

本书所选编的贪污贿赂案例共计111个，主要来源于最高人民法院指导性案例以及刊登在《最高人民法院公报》《人民司法》《刑事审判参考》《人民法院案例选》《审判案例要览》等刊物上的典型案例，几乎囊括了近年来公开出版的贪污贿赂案例，具有全面性和时效性。为了便于查询，根据实际需要，每个案例分为【裁判要旨】、【关键词】、【相关法条】、【基本案情】、【裁判结果与理由】五部分，具有较高的权威性与典型性，可以成为司法实务工作人员在办理同类案件的参考。本书根据刑法规定的罪名及人民法院审理贪污贿赂案件的审判实践，共分为六章，分别是：第一章：贪污罪；第二章：受贿罪；第三章：挪用公款罪；第四章：私分国有资产罪；第五章：行贿罪；第六章：单位受贿：利用影响力受贿罪。

由于时间仓促，错误在所难免，请广大读者、法律界同仁不吝指正。

作　者

2017年1月

目录
CONTENTS

第一章　贪污罪

一、公共财物的认定

第三章　挪用公款罪

一、挪用公款罪的主体是国家工作人员

第四章 私分国有资产罪

第五章 行贿罪

介绍贿赂罪、巨额财产来源不明罪

第六章　单位受贿：利用影响力受贿罪

最高人民法院　最高人民检察院
关于办理贪污贿赂刑事案件适用法律若干问题的解释

法释〔2016〕9号

（2016年3月28日最高人民法院审判委员会第1680次会议、2016年3月25日最高人民检察院第十二届检察委员会第50次会议通过　2016年4月18日最高人民法院、最高人民检察院公告公布　自2016年4月18日起施行）

为依法惩治贪污贿赂犯罪活动，根据刑法有关规定，现就办理贪污贿赂刑事案件适用法律的若干问题解释如下：

第一条　贪污或者受贿数额在三万元以上不满二十万元的，应当认定为刑法第三百八十三条第一款规定的“数额较大”，依法判处三年以下有期徒刑或者拘役，并处罚金。

贪污数额在一万元以上不满三万元，具有下列情形之一的，应当认定为刑法第三百八十三条第一款规定的“其他较重情节”，依法判处三年以下有期徒刑或者拘役，并处罚金：

（一）贪污救灾、抢险、防汛、优抚、扶贫、移民、救济、防疫、社会捐助等特定款物的；

（二）曾因贪污、受贿、挪用公款受过党纪、行政处分的；

（三）曾因故意犯罪受过刑事追究的；

（四）赃款赃物用于非法活动的；

（五）拒不交待赃款赃物去向或者拒不配合追缴工作，致使无法追缴的；

（六）造成恶劣影响或者其他严重后果的。

受贿数额在一万元以上不满三万元，具有前款第二项至第六项规定的情形之一，或者具有下列情形之一的，应当认定为刑法第三百八十三条第一款规定的“其他较重情节”，依法判处三年以下有期徒刑或者拘役，并处罚金：

（一）多次索贿的；

（二）为他人谋取不正当利益，致使公共财产、国家和人民利益遭受损失的；

（三）为他人谋取职务提拔、调整的。

第二条 贪污或者受贿数额在二十万元以上不满三百万元的，应当认定为刑法第三百八十三条第一款规定的“数额巨大”，依法判处三年以上十年以下有期徒刑，并处罚金或者没收财产。

贪污数额在十万元以上不满二十万元，具有本解释第一条第二款规定的情形之一的，应当认定为刑法第三百八十三条第一款规定的“其他严重情节”，依法判处三年以上十年以下有期徒刑，并处罚金或者没收财产。

受贿数额在十万元以上不满二十万元，具有本解释第一条第三款规定的情形之一的，应当认定为刑法第三百八十三条第一款规定的“其他严重情节”，依法判处三年以上十年以下有期徒刑，并处罚金或者没收财产。

第三条 贪污或者受贿数额在三百万元以上的，应当认定为刑法第三百八十三条第一款规定的“数额特别巨大”，依法判处十年以上有期徒刑、无期徒刑或者死刑，并处罚金或者没收财产。

贪污数额在一百五十万元以上不满三百万元，具有本解释第一条第二款规定的情形之一的，应当认定为刑法第三百八十三条第一款规定的“其他特别严重情节”，依法判处十年以上有期徒刑、无期徒刑或者死刑，并处罚金或者没收财产。

受贿数额在一百五十万元以上不满三百万元，具有本解释第一条第三款规定的情形之一的，应当认定为刑法第三百八十三条第一款规定的“其他特别严重情节”，依法判处十年以上有期徒刑、无期徒刑或者死刑，并处罚金或者没收财产。

第四条 贪污、受贿数额特别巨大，犯罪情节特别严重、社会影响特别恶劣、给国家和人民利益造成特别重大损失的，可以判处死刑。

符合前款规定的情形，但具有自首，立功，如实供述自己罪行、真诚悔罪、积极退赃，或者避免、减少损害结果的发生等情节，不是必须立即执行的，可以判处死刑缓期二年执行。

符合第一款规定情形的，根据犯罪情节等情况可以判处死刑缓期二年执行，同时裁判决定在其死刑缓期执行二年期满依法减为无期徒刑后，终身监禁，不得减刑、假释。

第五条 挪用公款归个人使用，进行非法活动，数额在三万元以上的，应当依照刑法第三百八十四条的规定以挪用公款罪追究刑事责任；数额在三百万元以上的，应当认定为刑法第三百八十四条第一款规定的“数额巨大”。具有下列情形之一的，应当认定为刑法第三百八十四条第一款规定的“情节严重”：

（一）挪用公款数额在一百万元以上的；

（二）挪用救灾、抢险、防汛、优抚、扶贫、移民、救济特定款物，数额在五十万元以上不满一百万元的；

（三）挪用公款不退还，数额在五十万元以上不满一百万元的；

（四）其他严重的情节。

第六条 挪用公款归个人使用，进行营利活动或者超过三个月未还，数额在五万元以上的，应当认定为刑法第三百八十四条第一款规定的“数额较大”；数额在五百万元以上的，应当认定为刑法第三百八十四条第一款规定的“数额巨大”。具有下列情形之一的，应当认定为刑法第三百八十四条第一款规定的“情节严重”：

（一）挪用公款数额在二百万元以上的；

（二）挪用救灾、抢险、防汛、优抚、扶贫、移民、救济特定款物，数额在一百万元以上不满二百万元的；

（三）挪用公款不退还，数额在一百万元以上不满二百万元的；

（四）其他严重的情节。

第七条 为谋取不正当利益，向国家工作人员行贿，数额在三万元以上的，应当依照刑法第三百九十条的规定以行贿罪追究刑事责任。

行贿数额在一万元以上不满三万元，具有下列情形之一的，应当依照刑法第三百九十条的规定以行贿罪追究刑事责任：

（一）向三人以上行贿的；

（二）将违法所得用于行贿的；

（三）通过行贿谋取职务提拔、调整的；

（四）向负有食品、药品、安全生产、环境保护等监督管理职责的国家工作人员行贿，实施非法活动的；

（五）向司法工作人员行贿，影响司法公正的；

（六）造成经济损失数额在五十万元以上不满一百万元的。

第八条 犯行贿罪，具有下列情形之一的，应当认定为刑法第三百九十条第一款规定的“情节严重”：

（一）行贿数额在一百万元以上不满五百万元的；

（二）行贿数额在五十万元以上不满一百万元，并具有本解释第七条第二款第一项至第五项规定的情形之一的；

（三）其他严重的情节。

为谋取不正当利益，向国家工作人员行贿，造成经济损失数额在一百万元以上不满五百万元的，应当认定为刑法第三百九十条第一款规定的“使国家利益遭受重大损失”。

第九条 犯行贿罪，具有下列情形之一的，应当认定为刑法第三百九十条第一款规定的“情节特别严重”：

（一）行贿数额在五百万元以上的；

（二）行贿数额在二百五十万元以上不满五百万元，并具有本解释第七条第二款第一项至第五项规定的情形之一的；

（三）其他特别严重的情节。

为谋取不正当利益，向国家工作人员行贿，造成经济损失数额在五百万元以上的，应当认定为刑法第三百九十条第一款规定的“使国家利益遭受特别重大损失”。

第十条 刑法第三百八十八条之一规定的利用影响力受贿罪的定罪量刑适用标准，参照本解释关于受贿罪的规定执行。

刑法第三百九十条之一规定的对有影响力的人行贿罪的定罪量刑适用标准，参照本解释关于行贿罪的规定执行。

单位对有影响力的人行贿数额在二十万元以上的，应当依照刑法第三百九十条之一的规定以对有影响力的人行贿罪追究刑事责任。

第十一条 刑法第一百六十三条规定的非国家工作人员受贿罪、第二百七十一条规定的职务侵占罪中的“数额较大”“数额巨大”的数额起点，按照本解释关于受贿罪、贪污罪相对应的数额标准规定的二倍、五倍执行。

刑法第二百七十二条规定的挪用资金罪中的“数额较大”“数额巨大”以及“进行非法活动”情形的数额起点，按照本解释关于挪用公款罪“数额较大”“情节严重”以及“进行非法活动”的数额标准规定的二倍执行。

刑法第一百六十四条第一款规定的对非国家工作人员行贿罪中的“数额较大”“数额巨大”的数额起点，按照本解释第七条、第八条第一款关于行贿罪的数额标准规定的二倍执行。

第十二条 贿赂犯罪中的“财物”，包括货币、物品和财产性利益。财产性利益包括可以折算为货币的物质利益如房屋装修、债务免除等，以及需要支付货币的其他利益如会员服务、旅游等。后者的犯罪数额，以实际支付或者应当支付的数额计算。

第十三条 具有下列情形之一的，应当认定为“为他人谋取利益”，构成犯罪的，应当依照刑法关于受贿犯罪的规定定罪处罚：

（一）实际或者承诺为他人谋取利益的；

（二）明知他人有具体请托事项的；

（三）履职时未被请托，但事后基于该履职事由收受他人财物的。

国家工作人员索取、收受具有上下级关系的下属或者具有行政管理关系的被管理人员的财物价值三万元以上，可能影响职权行使的，视为承诺为他人谋取利益。

第十四条 根据行贿犯罪的事实、情节，可能被判处三年有期徒刑以下刑罚的，可以认定为刑法第三百九十条第二款规定的“犯罪较轻”。

根据犯罪的事实、情节，已经或者可能被判处十年有期徒刑以上刑罚的，或者案件在本省、自治区、直辖市或者全国范围内有较大影响的，可以认定为刑法第三百九十条第二款规定的“重大案件”。

具有下列情形之一的，可以认定为刑法第三百九十条第二款规定的“对侦破重大案件起关键作用”：

（一）主动交待办案机关未掌握的重大案件线索的；

（二）主动交待的犯罪线索不属于重大案件的线索，但该线索对于重大案件侦破有重要作用的；

（三）主动交待行贿事实，对于重大案件的证据收集有重要作用的；

（四）主动交待行贿事实，对于重大案件的追逃、追赃有重要作用的。

第十五条 对多次受贿未经处理的，累计计算受贿数额。

国家工作人员利用职务上的便利为请托人谋取利益前后多次收受请托人财物，受请托之前收受的财物数额在一万元以上的，应当一并计入受贿数额。

第十六条 国家工作人员出于贪污、受贿的故意，非法占有公共财物、收受他人财物之后，将赃款赃物用于单位公务支出或者社会捐赠的，不影响贪污罪、受贿罪的认定，但量刑时可以酌情考虑。

特定关系人索取、收受他人财物，国家工作人员知道后未退还或者上交的，应当认定国家工作人员具有受贿故意。

第十七条 国家工作人员利用职务上的便利，收受他人财物，为他人谋取利益，同时构成受贿罪和刑法分则第三章第三节、第九章规定的渎职犯罪的，除刑法另有规定外，以受贿罪和渎职犯罪数罪并罚。

第十八条 贪污贿赂犯罪分子违法所得的一切财物，应当依照刑法第六十四条的规定予以追缴或者责令退赔，对被害人的合法财产应当及时返还。对尚未追缴到案或者尚未足额退赔的违法所得，应当继续追缴或者责令退赔。

第十九条 对贪污罪、受贿罪判处三年以下有期徒刑或者拘役的，应当并处十万元以上五十万元以下的罚金；判处三年以上十年以下有期徒刑的，应当并处二十万元以上犯罪数额二倍以下的罚金或者没收财产；判处十年以上有期徒刑或者无期徒刑的，应当并处五十万元以上犯罪数额二倍以下的罚金或者没收财产。

对刑法规定并处罚金的其他贪污贿赂犯罪，应当在十万元以上犯罪数额二倍以下判处罚金。

第二十条 本解释自2016年4月18日起施行。最高人民法院、最高人民检察院此前发布的司法解释与本解释不一致的，以本解释为准。

《关于办理贪污贿赂刑事案件适用法律若干问题的解释》的理解与适用

最高人民法院、最高人民检察院《关于办理贪污贿赂刑事案件适用法律若干问题的解释》(法释〔2016〕9号,以下简称《解释》)已于2016年4月18日公布实施。为便于实践中理解和适用,现对《解释》的主要内容说明如下:

一、贪污罪、受贿罪定罪量刑的数额标准

《解释》第1条至第3条分别对贪污罪、受贿罪中数额较大、数额巨大、数额特别巨大的具体标准掌握作出了规定。

1. 贪污、受贿罪起刑点数额即数额较大标准。对于1997年刑法确定的五千元起刑点数额维持不变还是有所上提,存在意见分歧。一种意见认为,当前反腐败形势依然严峻复杂,从增强人民群众对党和政府推进反腐败工作信心的角度,五千元起刑点数额宜维持不变。经认真研究近年来司法实证数据并广泛听取意见,本着实事求是的原则,《解释》将原先的五千元上调至三万元。具体考虑如下:一是随着经济社会的发展变化,适度提高贪污、受贿犯罪起刑点数额标准有先例可循。1988年《全国人大常委会关于惩治贪污罪贿赂罪的补充规定》对贪污罪设置的起刑点是二千元,10年后1997年刑法修订时,将该标准调整为五千元。五千元的数额标准已经适用了18年,人均GDP自1997年至2015年增长了6.69倍(1997年为6420元,2015年为49351元),适度提高数额标准有其客观社会基础。二是近年来司法实践中贪污、受贿数额二万元左右受到刑事追诉的案件已经较为少见。从实际受到刑事追究的贪污、受贿案件看,数额低于三万元的主要是因为其他犯罪牵连出来的,且多被判处免予刑事处罚。三是将贪污罪、受贿罪起点数额提高到三万元,不意味着低于三万元的贪污、受贿行为就一概不作为犯罪处理。刑法修正案(九)对贪污、受贿罪的处罚标

准增加了其他情节的规定，贪污、受贿虽不满三万元，但具有其他较重情节的，根据《解释》规定仍可以追究刑事责任。四是零容忍不意味着零刑事门槛。惩治腐败在刑罚之外还有党纪、行政处分，对数额不满三万元且无其他较重情节的贪污、受贿行为予以党纪、行政处分，可以为党纪处分、行政处罚预留出必要的空间，有利于体现党纪严于国法、“把党纪挺在前面”的反腐精神和宽严相济刑事政策，突出刑事打击重点，增进刑事处罚的确定性、公平性与严肃性。

2. 数额巨大、数额特别巨大的标准。《解释》结合调研情况和审判实际，将数额巨大、数额特别巨大的标准分别确定为二十万元、三百万元。其主要考虑有：一是适当拉开不同量刑档的级差，体现刑法修正案（九）的立法精神。贪污、受贿案件量刑实践当中长期存在罪刑失衡、重刑集聚问题。根据原刑法关于十万元判处十年有期徒刑以上刑罚的规定，贪污、受贿十万元与贪污、受贿不满十万元的案件在量刑上存在明显差别，而贪污、受贿十万元与贪污、受贿一百万元甚至数百万元的量刑却无实质分别。二是促进自首等量刑情节司法认定的严肃性。自首等从宽情节认定不严肃，是职务犯罪案件较为突出的一个问题，究其原因，其中不乏系为了个案量刑需要而采取的权宜做法。《解释》将十年有期徒刑以上刑罚的数额标准由十万元上调至三百万元，为十年有期徒刑以下刑罚留出尽可能大的数额空间，有利于从根本上解决罪刑失衡问题。同时，随着重刑标准的上提、量刑空间的增大，量刑情节认定中的问题也有望好转。此外，将数额巨大的起点数额标准确定为二十万元，还有着新旧刑法有序衔接、平稳过渡的考虑。据此标准，有从重处罚情节，数额在十万元以上的，仍需在三年以上十年以下有期徒刑量刑，可以避免量刑上的大起大落。

二、贪污罪、受贿罪定罪量刑的情节标准

1. 贪污罪的定罪量刑情节。对于贪污罪的定罪量刑情节，《解释》明确了五种具体情形，简要说明如下：

第1项是贪污救灾、抢险、防汛、优抚、扶贫、移民、救济、防疫、社会捐助等特定款物的。对于本项规定中的“等”字，实践中要注意从两个方面来把握：一是这里的“等”为“等外等”，这也是法律文件中“等”字的通常性理解，所以，特定款物不限于列明的九种款物；二是其

他特定款物的认定要从严掌握，只有与所列举的款物具有实质相当性的款物才可以认定为特定款物，具体可以从事项重要性、用途特定性以及时间紧迫性等方面进行判断。

第（2）、（3）项是曾因贪污、受贿、挪用公款受过党纪、行政处分或者因故意犯罪受过刑事追究的。适用本规定时需要注意以下两点：一是严格限定党纪、行政处分的事由。第（2）项原表述为“贪污、受贿等职务违纪违法行为”。征求意见时有意见提出，党纪、行政处分的事由各不相同，且党纪、行政处分轻重不一，为防止情节认定过于宽泛可能导致的刑责不相适应，同时确保处分事由的相对一致性，建议对处分事由作出限定。为此，《解释》将处分事由明确为贪污、受贿、挪用公款三种具体职务违纪违法行为。二是对刑事追究的理解。鉴于实践中受过刑事追究的仍有担任公职特别是在国家出资企业任职的情况，且由于工作衔接等原因，受过刑事追究的未必都进行过党纪、行政处分，故《解释》第（3）项对因故意犯罪受过刑事追究的情形一并作出规定。文字表述上之所以用“刑事追究”而非“刑事处罚”，主要是考虑到较轻的刑事犯罪还有不起诉或者免予刑事处罚等处理措施，“刑事追究”一词更具包容性。三是对故意犯罪的理解。故意犯罪侧重于主观恶性，不能因为一些过失犯罪的刑罚重于故意犯罪而对这里的故意犯罪人为设限。但是，综合全案情节，贪污、受贿行为确实属于情节显著轻微危害不大，符合刑法第十三条但书条款规定的，可以不作为犯罪处理。

第（4）项是赃款赃物用于非法活动的。适用本项规定时要注意避免绝对化理解：一方面，不要求赃款赃物全部或者大部分用于非法活动；另一方面，用于非法活动的赃款赃物数额需要达到一定程度，对于用于非法活动的赃款赃物占比较小的，不宜适用本项规定。“度”的具体把握，实践中可以根据个案情况结合非法活动的比例数和绝对数综合判断。对于《解释》规定的其他相关定罪量刑情节，也应当秉承这一思路进行认定。

第（5）项是拒不交待赃款赃物去向致使赃款赃物无法追缴或者拒不配合追缴工作，致使无法追缴的。这是综合行为人认罪悔罪态度和损害后果而提出的，不同于因客观原因不能追缴，行为人拒不交待或者拒绝配合致使赃款赃物无法追缴的，不仅损失结果不能依法挽回，而且反映出行为人毫无认罪悔罪之态度，故作为加重情节予以规定是合理的。

此外，为避免挂一漏万，《解释》还在第（6）项规定了造成恶劣影响或者其他严重后果的情节。作为兜底条款，本项规定对危害结果予以特别强调，本质上是结果加重情节，所以，在开放性程度上与其他司法解释文件的相关规定是有所不同的。具体适用本项规定时，一方面要注意发挥其兜底性作用，这里的影响或者后果不局限于物质层面的损失；另一方面要注意结合《解释》的本意从严掌握，影响或者后果必须实际发生且为相关证据证明。

2. 受贿罪的定罪量刑情节。对于受贿罪的定罪量刑情节，除《解释》在贪污罪中规定的第二至六种情形外，《解释》针对受贿罪的特点另外规定了三种情形，分别说明如下：

第（1）项是多次索贿。对于这里的“多次”，实践中要注意结合行为人的主观目的、索贿事由、对象等进行具体认定，避免单纯形式化的理解。比如，基于一笔款项10万元的索贿目的经多次索要才陆续得逞的，不宜认定为多次索贿；同时向多个不同的对象索贿的，也应当认定为多次索贿。此外，这里的“多次”没有时间限定，不论时间长短，凡是基于具体职务行为索要贿赂的，均应一并纳入犯罪处理。

第（2）项是为他人谋取不正当利益，致使公共财产、国家和人民利益遭受损失。受贿罪以为他人谋取利益为法定要件，但是否实际为他人谋取利益、所谋取的利益正当与否均不影响受贿罪的认定。从损害结果的角度，受贿罪存在三种情形，分别是：收受财物后未实施相关职务行为；收受财物后正常履职；收受财物后违法行使职权为他人谋取不正当利益。第三种情形直接以妨害公权力正当行使、损害国家或者他人利益为交换条件，具有明显更为严重的危害性，理应从严惩处。

第（3）项是为他人谋取职务提拔、调整。通过贿赂买官卖官的行为严重违反党的组织纪律，严重败坏政治生态，当前查处的区域性腐败、系统性腐败案件往往与此有关，危害性十分严重。适用本项规定时需要注意以下几点：一是为他人谋取职务提拔、调整不要求实际谋取，承诺、实施、实现三个阶段中任何一个阶段的行为均应认定为本项规定的情形。《解释》第7条关于行贿罪定罪量刑情节规定中的谋取职务提拔、调整也作此理解。二是职务调整包括职务的平级调整，但是，离职、退休等不再具有国家工作人员公职身份的调整一般不宜认定为这里的职务调整。

正确理解贪污受贿犯罪的定罪量刑情节，还需要注意以下几点：第一，《解释》对于受贿罪规定的八种情节，既适用于定罪，也适用于加重量刑。不能因为《解释》第 2 条第 3 款“其他严重情节”、第 3 条第 3 款“其他特别严重情节”与第 1 条第 3 款“其他较重情节”表述上的差异，而错误地认为加重量刑情节仅为第 1 条第 3 款中具体列举的三种情节。第二，《解释》第 2 条第 2 款规定“贪污数额在十万元以上不满二十万元”，具有《解释》规定的从重情形的，应当认定为刑法规定的“其他严重情节，依法判处三年以上十年以下有期徒刑”等类似表述，主要解决的是入罪和升档量刑的门槛问题。对于数额在二十万元以上不满一百五十万元、具有从重情形的，同样适用该档法定刑规定，实践中要注意避免此种情形下数额接近二十万元的就应当在该档法定刑的上限量刑的简单化理解。第三，关于重复评价的问题。一是加重量刑情节与定罪事实能否同时评价？如《解释》将“为他人谋取不正当利益，致使公共财产、国家和人民利益遭受损失的”规定为受贿罪的加重情节的同时，在第 17 条明确受贿又渎职的实行数罪并罚，能否据此规定既加重量刑又数罪并罚？经研究，源于为他人谋取利益在受贿罪构成体系中的定位的分歧，同时评价和择一重处理两种意见均有一定道理，实践中可以根据个案情况具体掌握。二是加重量刑情节能否作为一般量刑情节再次评价？如前科情节构成累犯时在提档量刑后是否还要从重处罚，以及入罪情节与 2012 年“两高”《关于办理职务犯罪案件严格适用缓刑、免予刑事处罚若干问题的意见》规定的不得适用缓刑情节重合时能否适用缓刑等？对此，我们的意见是明确的，即可以再次评价。当然，不管是第一种情形还是第二种情形，同时评价之后都要考虑到这一特殊性，并在量刑时予以充分体现。

三、贪污罪、受贿罪的死刑适用原则

《解释》第 4 条分 3 款对贪污罪、受贿罪的死刑适用作出了原则性规定。

第 1 款属于对死刑适用作出的一般性规定。本款规定判处死刑必须同时具备数额特别巨大、犯罪情节特别严重、社会影响特别恶劣、给国家和人民利益造成特别重大损失的四个条件，以此对刑法规定的无期徒刑和死刑的适用标准作出进一步区分，体现严格控制死刑适用的政策精神，确保死刑立即执行仅适用于极个别罪行极其严重的贪污受贿犯罪分子。适用本款规定时要注意，这里规定的“特别重大损失”，包括但不限于物质损失。

第2款属于一般死缓规定。对于贪污、受贿犯罪判处死缓的，首先考虑适用的是一般死缓，而非终身监禁，以此避免实践中可能出现的、不加区分地一概适用终身监禁，从而加重原本就应当判处一般死缓的被告人刑罚的不当做法。为此，《解释》一方面通过第1、2款的衔接，强调符合死刑适用条件但同时具备从宽情节、不是必须立即执行的，可以判处一般死缓；另一方面，通过设定相对宽松的死缓适用条件，为一般死缓的实践适用提供必要的政策空间。

第3款属于终身监禁的规定。本款从实体和程序两个方面明确了终身监禁的具体适用：一是通过与第1款直接对接，强调终身监禁主要适用于原本可能判处死刑立即执行的情形；二是明确在一、二审作出死缓裁判的同时应当一并作出终身监禁的决定，而不能等到死缓执行期间届满再视情而定，以此强调终身监禁不受执行期间重大立功等服刑表现的影响。适用终身监禁时需要注意把握两点：一是坚决。对于符合终身监禁适用条件的要坚决判处终身监禁，以此发挥终身监禁在填补死刑立即执行和一般死缓之间的空档、严肃惩治严重腐败犯罪中的特殊作用。二是慎重。终身监禁是介于一般死缓与死刑立即执行之间极为严厉的一种刑罚执行措施，其适用同样需要严格控制，主要适用于过去可能需要判处死刑立即执行、现在适用终身监禁同样可以做到罚当其罪的情形，要切实防止适用一般死缓即可做到罪刑相当的案件被不当升格为终身监禁。

四、挪用公款、行贿等其他职务犯罪的定罪量刑标准

《解释》第5条至第11条对挪用公款罪、行贿罪的定罪量刑标准作了相应调整，同时对尚未明确定罪量刑标准的利用影响力受贿罪、对有影响力的人行贿罪，以及职务侵占罪、挪用资金罪、非国家工作人员受贿罪和非国家工作人员行贿罪等非国家工作人员职务犯罪的定罪量刑标准一并作出了规定。

1. 挪用公款罪定罪量刑标准的调整。1998年最高人民法院《关于审理挪用公款案件具体应用法律若干问题的解释》（以下简称《挪用公款解释》）对挪用公款罪的定罪量刑标准已有规定。鉴于贪污罪的定罪量刑标

准作了较大调整，加之《挪用公款解释》原有的一些规定不够明确，《解释》第5条、第6条对挪用公款罪定罪量刑标准进行了调整和完善，主要体现在以下三个方面：一是对原数额标准由数额幅度调整为具体数额，同时适度提高数额标准。《解释》参考贪污罪定罪量刑的数额标准并适当上浮，将挪用公款进行非法活动的起刑点数额由原五千元至一万元调整为三万元；挪用公款进行营利活动或者超过三个月未还的起刑点数额即数额较大的起点数额由原一万元至三万元调整为五万元，数额巨大的起点数额由十五万元至二十万元调整为五百万元。二是完善情节严重的认定标准，并将情节严重的数额标准与数额巨大的标准相区分。《挪用公款解释》规定情节严重时，除单纯数额标准外，对于多次挪用公款、因挪用公款严重影响生产、经营，造成严重损失等情形未明确数额要求。为防止出现数额刚达到追诉标准但具有规定情形的即被认定为情节严重、就在五年以上有期徒刑判处刑罚的不当做法，《解释》对情节标准的认定明确了数额要求。同时，《挪用公款解释》将数额巨大的标准直接作为挪用公款进行营利活动或者超过三个月未归还情形下情节严重的认定标准，有可能出现相同数额量刑反差过大的不合理现象，《解释》在上提情节严重的数额认定标准的基础上，严重情节中的数额标准与数额巨大的标准作出区别规定。其中，较大幅度上提情节严重的数额认定标准，主要是考虑到刑法对于挪用公款罪和贪污罪的法定刑配置上存在较大差异。三是明确挪用公款进行非法活动数额巨大的认定标准，即此种情形数额巨大的认定标准为三百万元以上。

2. 行贿罪定罪量刑标准的调整。《解释》第7条至第9条对2012年最高人民法院、最高人民检察院《关于办理行贿刑事案件具体应用法律若干问题的解释》（以下简称《行贿解释》）确定的行贿罪的定罪量刑标准作出了调整，集中体现在两个方面：一是提高了行贿罪的起刑点以及情节严重、情节特别严重中的数额标准。将行贿罪的起刑点由原先的一万元调整为三万元，与受贿罪保持一致，主要是出于行、受贿打击并重，从源头上有效治理贿赂犯罪的政策考虑。将情节严重中单纯的数额标准由原先的二十万元以上不满一百万元调整为一百万元以上不满五百万元，“数额+情节”中的数额标准由原先的十万元以上不满二十万元调整为五十万元以上不满一百万元；情节特别严重中单纯的数额标准由原先的一百万元以上调整为五百万元以上，“数额＋情节”中的数额标准由原先的五十万元以上不满一百万元调整为二百五十万元以上不满五百万元，则主要是出于行、受贿平衡量刑的考虑。二是对起刑点增设了“数额＋情节”的规定。明确行贿数额在一万元以上不满三万元，同时具有《解释》规定的情形之一的，也应当追究刑事责任。在加重情节的具体理解上，需要注意两点：一是对《解释》第7条第2款第（4）项“向负有食品、药品、安全生产、环境保护等监督管理职责的国家工作人员行贿，实施非法活动的”和第（5）项“向司法工作人员行贿，影响司法公正的”规定中的“实施非法活动”和“影响司法公正”，应作客观化理解，只有客观实施了非法活动或者实际发生了影响司法公正的结果，才适用该两项规定。二是对《解释》第7条第2款第（6）项“造成经济损失数额在五十万元以上不满一百万元的”规定中的“经济损失”，可以参考2012年“两高”《关于办理渎职刑事案件具体应用法律若干问题的解释（一）》第8条的规定精神进行理解，即：经济损失是指已经实际造成的财产损失，包括为挽回损失而支付的各种开支、费用等。

3. 明确影响力贿赂犯罪的定罪量刑标准。利用影响力受贿罪和对有利用影响力的人行贿罪这两种犯罪，由于受贿人非直接利用本人的职权为他人谋取不正当利益，被利用（或被企图利用）的国家工作人员主观上没有为他人谋取利益的故意，相对于受贿罪、行贿罪直接的权钱交易而言，其实际危害要轻一些。但是，考虑到刑法对利用影响力受贿罪和对有利用影响力的人行贿罪已经设置了轻于受贿罪和行贿罪的法定刑，而且这类行为间接侵犯了国家工作人员的职务廉洁性，与非国家工作人员受贿罪和对非国家工作人员行贿罪存在明显不同，《解释》第10条规定，该两个罪名与行贿罪、受贿罪适用相同的定罪量刑标准。同时考虑到该二罪与受贿罪、行贿罪在主体要件等方面存在不同，《解释》对受贿罪、行贿罪规定的定罪量刑情节不能完全适用，如受贿罪中曾因贪污、受贿、挪用公款受过党纪、行政处分的情节等，故规定“参照”而非“按照”受贿罪、行贿罪的标准执行。

4. 明确非国家工作人员职务犯罪的定罪量刑标准。鉴于非国家工作人员受贿罪、职务侵占罪、挪用资金罪、对非国家工作人员行贿罪这四个罪名的定罪量刑标准尚无明确的司法解释规定，实践中对于能否参照以及如何参照适用相对应的国家工作人员职务犯罪的定罪量刑标准较为困惑，各地司法机关具体标准掌握出入较大。为此，《解释》第 11 条对这四个罪名的定罪量刑标准一并作出了规定。《解释》明确其定罪量刑标准按照相对应的国家工作人员职务犯罪定罪量刑数额标准的一定的倍数执行，主要是基于以下考虑：一是体现从严治吏的政策精神。非国家工作人员受贿罪、职务侵占罪、挪用资金罪、对非国家工作人员行贿罪均不涉及公共财物和国家工作人员的职务廉洁性，一般认为其危害性要低于相对应的职务犯罪案件，对其定罪量刑标准有必要适度上提，故《解释》作出了一般按照相对应国家工作人员职务犯罪数额标准二倍执行的原则性规定。二是兼顾轻重罪的平衡需要。非国家工作人员受贿罪、职务侵占罪的第一档量刑均为五年以下有期徒刑，而相对应的国家工作人员受贿罪、贪污罪的第一档量刑是三年以下有期徒刑，为避免出现轻重倒挂问题，《解释》对非国家工作人员受贿罪、职务侵占罪中数额巨大的标准另行确定了更高倍数的起点数额，即按照受贿罪、贪污罪相对应的数额标准的五倍执行。

适用本条规定时需要注意以下几点：一是第 1 款规定的非国家工作人员受贿罪、职务侵占罪的数额较大、数额巨大的认定，严格以受贿罪、贪污罪中的数额较大、数额巨大的数额标准为基准，而不得考虑其中“数额+情节”的情形，即：数额较大为六万元（3 万元×2）；数额巨大为一百万元（20 万元 x5）。二是第 2 款规定的挪用资金罪第一个量刑档中的数额较大，以挪用公款罪中数额较大的数额标准为认定基准，即十万元（5 万元×2）；挪用资金罪第二个量刑档中的数额巨大，以挪用公款罪第二个量刑档情节严重的数额标准为认定基准，即通常为四百万元（200 万元×2）；挪用资金罪第二个量刑档中数额较大不退还的数额较大，以挪用公款罪第二个量刑档情节严重中不退还的数额标准为认定基准，即二百万元（100 万元×2）。挪用资金进行非法活动的，第一个、第二个量刑档的数额标准分别以相对应的挪用公款罪第一个、第二个量刑档的数额标准的 2 倍执行，即入罪数额标准为六万元（3 万元×2）；数额巨大的标准通常为二百万元（100 万元×2）；数额较大不退还中数额较大的标准为一百万元（50 万元×2）。三是第 3 款规定的对非国家工作人员行贿罪中数额较大、数额巨大的认定，应当同时以行贿罪第一个、第二个量刑档中的单纯数额标准和“数额+情节”的数额标准为基准。即：数额较大的标准为六万元（3 万元×2）或者二万元（加重情节，1万元×2）；数额巨大的标准为二百万元（100万元×2）或者一百万元（加重情节，50万元×2）。四是第3款规定对非国家工作人员行贿罪的数额认定标准时，未涉及单位犯对非国家工作人员行贿罪的情形，故单位犯对非国家工作人员行贿罪的定罪量刑标准，不适用本款规定。五是考虑到单位行贿罪、对单位行贿罪均只有一个量刑幅度，且相关追诉标准的规定可以继续适用，无需作出调整，故《解释》未再规定单位行贿罪、对单位行贿罪这两个行贿犯罪的定罪量刑标准。六是对于《解释》未明确定罪量刑标准的其他职务犯罪，实践中可参考《解释》规定的精神进行具体认定。

五、关于贿赂犯罪对象财物范围的理解

《解释》第12条对贿赂犯罪的对象范围和财产性利益的具体认定作出了规定。该规定主要借鉴了2008年“两高”《关于办理商业贿赂刑事案件适用法律若干问题的意见》第7条的规定，即：“商业贿赂中的财物，既包括金钱和实物，也包括可以用金钱计算数额的财产性利益，如提供房屋装修、含有金额的会员卡、代币卡（券）、旅游费用等。具体数额以实际支付的资费为准。”除文字调整之外，《解释》将财产性利益作了进一步的归类细分，明确财产性利益包括可以折算为货币的物质利益和需要支付货币才能获得的其他利益两种。前者如房屋装修、债务免除等，其本质上是一种物质利益。后者如会员服务、旅游，就其性质而言不属于物质利益，但由于取得这种利益需要支付相应的货币对价，故应当在法律上视同为财产性利益。实践中提供或者接受后者利益主要有两种情形：一种是行贿人支付货币购买后转送给受贿人消费；二是行贿人将在社会上作为商品销售的自有利益免费提供给受贿人消费。两种情形实质相同，均应纳入贿赂犯罪处理，但因表现形式不同有可能导致第二种情形数额认定上的意见分歧，故《解释》同时明确：“后者的犯罪数额，以实际支付或者应当支付的数额计算”。

六、受贿犯罪中为他人谋取利益要件的认定

《解释》第13条第1款明确了三种应当认定为他人谋取利益的情形。

第（1）项规定明确，承诺为他人谋取利益即可认定为为他人谋取利

益，是否着手为他人谋取利益以及为他人谋利事项是否既已完成均在所不问，既不影响定罪也不影响既遂的认定。本项内容来源于《全国法院审理经济犯罪案件工作座谈会纪要》（以下称《纪要》）的规定，即为他人谋取利益包括“承诺、实施和实现三个阶段的行为”，只要实施其一即可认定。

第（2）项规定同样来源于《纪要》内容。《纪要》规定，“明知他人有具体请托事项而收受其财物的，视为承诺为他人谋取利益”。本项规定的要点在于具体请托事项，只要收受财物与职务相关的具体请托事项建立起关联，即应以受贿犯罪处理。具体包括两种情况：一是行贿人告知受贿人具体请托事项，或者受贿人基于客观情况能够判断出行贿人有请托事项，受贿人收受对方财物的，虽然尚未实施具体谋取利益行为，也应认定为受贿人为他人谋取利益；二是受贿人知道或应当知道行贿人的具体请托事项，但并不想具体实施为对方谋取利益的行为，此种情形同样属于基于具体职务行为的权钱交易行为，公职人员的职务廉洁性同样受到侵害，故也应认定为受贿人为他人谋取利益。

第（3）项是针对事后受贿作出的新规定。履行职责时没有受贿故意，双方亦未就请托事项进行意思沟通，但在履行职责后收取他人财物的，只要收受财物与其先前职务行为存在关联，其收受财物的行为同样侵犯了国家工作人员的职务廉洁性。起草过程中有意见提出，本项规定突破了为他人谋取利益的字面涵义。《解释》保留该项规定，其主要考虑是：事前受贿和事后受贿没有实质不同，关键在于收受财物与具体职务行为有无关联，而不在于何者为因何者为果，也不在于时间先后。适用本项规定时需要注意以下两点：一是根据此前司法解释等文件的规定，国家工作人员离职、退休后收受财物，认定受贿需以离职、退休之前即国家工作人员身份存续期间有事先约定为条件。本项规定同样受此约束，不能认为本项规定修改了此前文件的规定。二是事后的时间间隔没有限制，但收受财物与履职事项之间应存在实质关联。

第2款规定的是受贿犯罪与“感情投资”的界限划分问题。在刑法没有规定赠贿、收受礼金方面犯罪的情况下，受贿犯罪谋利要件的认定需要把握住一个底线，这个底线就是《纪要》确立的具体请托事项。鉴于此，纯粹的感情投资不能以受贿犯罪处理。同时，对于日常意义上的“感情投资”，又有必要在法律上作进一步区分：一种是与行为人的职务无关的感情投资；另一种是与行为人职务行为有着具体关联的所谓的“感情投资”。对于后者，由于双方在职务活动中日常而紧密的关系，谋利事项要么已经通过具体的职务行为得以实现，要么可以推断出给付金钱有对对方职务行为施加影响的意图，这种情况下只要能够排除正常人情往来的，同样应认定为受贿。基于这一理解，《解释》规定，“国家工作人员索取、收受具有上下级关系的下属或者具有行政管理关系的被管理人员的财物价值三万元以上，可能影响职权行使的，视为承诺为他人谋取利益。”其中，“价值三万元以上”是为了便于实践掌握而对非正常人情往来作出的量化规定。该款规定充分考虑了与《中国共产党纪律处分条例》关于违纪收受礼金规定的衔接，将收受财物的对象限制在具有上下级关系的下属或者行政管理关系的被管理人，并加以金额三万元以上、可能影响职权行使的限制，较好地区分了受贿犯罪与正常人情往来以及违纪行为的政策法律界限。具体适用本款规定时，要注意把“价值三万元以上”和“可能影响职权行使”结合起来作整体理解：一方面，“价值三万元以上”可以累计计算，而不以单笔为限；另一方面，对于确实属于正常人情往来、不影响职权行使的部分，不宜计入受贿数额。

七、行贿罪从宽处罚适用条件的理解

《解释》第 14 条对刑法修正案（九）新规定的行贿罪可以减免处罚情形的具体理解作了规定。

第 1 款将犯罪较轻明确为可能判处三年有期徒刑以下刑罚的犯罪。其主要考虑是：将三年有期徒刑以下刑罚作为犯罪较轻的认定标准，符合立法和司法的普遍认识。比如，刑法将缓刑的适用条件确定为判处三年有期徒刑以下刑罚。起草过程中有意见建议将行贿罪的第一个量刑档即五年刑期以下作为犯罪较轻的认定标准，以方便实践适用。经研究，判处五年刑期的通常即可认为是重罪，在重罪与较轻犯罪之间有必要留出一个中间地带，故未采纳。

第 2 款将判处十年刑期以上刑罚和省级影响性案件确定为重大案件。本款内容主要借鉴了最高人民法院《关于处理自首和立功具体应用法律若干问题的解释》（以下简称《自首和立功解释》）关于重大案件的规定，即：可能判处无期徒刑以上刑罚的案件，以及在本省、自治区、直辖市或全国有较大影响的案件。之所以将《自首和立功解释》规定的无期徒刑以上调整为十年有期徒刑以上，主要有两方面的考虑：一是行贿人的配合对于受贿犯罪的查处具有难以替代的重要作用。行贿罪的从宽处罚规定，既有罪刑相适应的考虑，也有打击策略的考虑。适当调低重大案件的掌握标准，可以为该规定的实践适用提供必要的空间。二是受贿罪的罪重罪轻主要取决于数额大小。将重大案件的标准定得过高，将导致只有极少数犯罪数额极大的行贿犯罪分子才有资格适用本从宽规定的不合理现象，亦即，犯罪越严重越可以得到减免处理，这对于那些罪行更轻但又不属于前述犯罪较轻的行贿犯罪分子将是不公平的。

第 3 款从线索提供、证据收集、追逃追赃等方面列举了对侦破重大案件起关键作用的四种具体情形。行贿人主动交待行贿事实，对侦破重大案件所起作用主要体现在两个方面：一是提供案件线索，即司法机关不掌握某一行、受贿案件的线索，由于行贿人主动交待，使得重大案件得以侦破。其中又分为两种情况：行贿人主动交待的行贿行为相对应的受贿本身就构成重大案件，以及行贿人主动交待的行贿行为相对应的受贿不构成重大案件，但以此为线索另外查出受贿人其他重大受贿犯罪事实。二是对受贿案件的证据收集、事实认定、追逃追赃起关键作用，即司法机关虽掌握某行、受贿案件的线索，但未掌握追究刑事责任的足够证据，行贿人主动交待的事实为司法机关收集、完善、固定证据起到关键作用，或者行贿人主动交待的事实涉及受贿犯罪分子的行踪或者赃款赃物的去向等，对于办案机关抓捕受贿犯罪分子、追缴赃款赃物起到关键作用的。

八、多次受贿的数额计算

受贿案件往往涉及多笔受贿事实，受贿数额的认定特别是小额贿款、历史性收受的款物是否累计计算，实践中存在意见分歧。为此，《解释》第 15 条对受贿犯罪的数额计算作出了规定。

第 1 款主要针对的是小额贿款的计算问题。《解释》明确多次受贿未经处理的，累计计算受贿数额，主要借鉴了刑法对于多次贪污的数额计算规定。这里的未经处理，既包括达到定罪标准未受处理，也包括未达到定罪标准未受处理。受贿人多次收受小额贿款，虽每次均未达到《解释》规定的定罪标准，但多次累计后达到定罪标准的，也应当依法定罪处罚。这里的处理包括刑事处罚和党纪、行政处分，已经受过处理的原则上不再累计。

第2款针对的是行贿人长期连续给予受贿人超出正常人情往来范围的财物，收受财物与具体请托事项不能一一对应情况下受贿数额如何计算的问题。我们认为，行贿人长期连续给予受贿人财物，且超出正常人情往来，期间只要发生过具体请托事项，则可以把这些连续收受的财物视为一个整体行为，全额认定受贿数额。适用本款规定时要注意多次收受财物之间应具有连续性，这是得以在法律上将收受财物与谋利事项建立联系进而将之作为整体受贿行为对待的事实基础。起草过程中有意见指出，规定中的“一万元以上”是否限于单笔收受在一万元以上需进一步明确。经研究，能否认定受贿的关键不在于单笔金额的大小，而在于收受时是否与具体职务行为相关。能够证明与具体请托或者谋利事项相关且数额超过一万元的，不管是单笔还是多笔累计，都应一并计入受贿数额。另有意见提出，受请托之前收受财物的数额累计不足一万元，但有其他受贿事实的，是否需要按照第1款的规定计入受贿数额？我们认为，第2款解决的是受贿事实的认定问题；第1款解决的是受贿数额的计算问题，以受贿事实业已确定为前提。未达到第2款规定的一万元数额标准的，意味着性质上不属于受贿，故不宜计入受贿数额。

九、贪污、受贿犯罪故意的认定

《解释》第16条明确了实践中较为常见的两个与贪污、受贿故意认定相关的问题的具体处理意见。

一是赃款赃物去向与贪污、受贿故意的认定关系问题。《解释》明确，只要基于个人非法所有为目的而实施贪污、受贿行为，不管事后赃款赃物的去向如何，均不影响贪污、受贿罪的认定。该规定的道理在于，贪污、受贿犯罪既已实施完毕，赃款赃物的事后处分不影响刑事定罪。适用本规定时需要注意以下两点：一是赃款赃物的具体去向，在一些情形下特别是用于公务支出的情形下与贪污、受贿故意的认定是存在关联的，这也是《解释》强调只有当贪污、受贿故意得以认定时，用于公务支出或者社会捐赠才不影响定罪的原因所在。对于行为时犯罪故意不明确或者不能证明存在贪污或者个人受贿故意的，则应根据案件事实并结合赃款赃物具体去向实事求是地加以认定。二是对于赃款赃物用于公务支出或者社会捐赠的，量刑时应予酌情考虑。

二是国家工作人员办事、“身边人”收钱行为的刑事定罪问题。本着主客观相一致的定罪原则，此行为能否认定国家工作人员构成受贿犯罪，关键看其对收钱一事是否知情及知情后的态度。为此，《解释》明确，特定关系人索取、收受他人财物，国家工作人员知道后未退还或者上交的，应当认定国家工作人员具有受贿故意。适用本规定时需要注意以下三点：一是此情形以国家工作人员接受特定关系人转请托为前提，特定关系人未将转请托事项告知国家工作人员的，不适用本规定。二是不同于刑法在影响力贿赂犯罪中规定的关系密切的人，对于特定关系人的认定范围，要依照最高人民法院、最高人民检察院《关于办理受贿刑事案件适用法律若干问题的意见》的相关规定从严掌握，即特定关系人仅指“与国家工作人员有近亲属、情妇（夫）以及其他共同利益关系的人”。三是知道后未退还或者上交强调的是主观故意的判断，因赃款赃物被特定关系人挥霍等，知道时确实已经不具备退还或者上交的客观条件的，则应当有所区别，慎重适用。四是影响力贿赂犯罪以国家工作人员不构成受贿罪为前提，在认定国家工作人员构成受贿罪的情况下，相关行受贿犯罪的罪名适用应当保持协调一致，对特定关系人不得另以利用影响力受贿罪处理，对行贿人也不得以对有影响力的人行贿罪处理。

十、受贿犯罪同时构成渎职犯罪的处理

受贿犯罪当中，受贿人往往在为请托人谋取利益时存在渎职行为。在受贿行为和渎职行为均构成犯罪的情况下，是择一重罪处罚还是实行数罪并罚，理论上长期存在意见分歧。2012 年最高人民法院、最高人民检察院《关于办理渎职刑事案件适用法律若干问题的解释（一）》规定，国家机关工作人员实施刑法分则第九章渎职犯罪并收受贿赂的，除刑法另有规定外，应当实行数罪并罚。但是，此前于 2010 年发布的最高人民法院、最高人民检察院《关于办理国家出资企业中职务犯罪案件具体应用法律若干问题的意见》规定，国有公司、企业工作人员实施刑法分则第三章渎职犯罪并收受贿赂的，择一重罪处理。两者性质相同，但意见相左，影响到了司

法处理的统一性和严肃性。为协调并整合两个司法文件规定，《解释》第17条明确，不管是国家机关工作人员还是国有公司、企业的工作人员，同时构成受贿罪和刑法分则第三章第三节、第九章规定的渎职犯罪的，除刑法另有规定外，均应当以受贿罪和渎职犯罪实行数罪并罚。《解释》持并罚立场，主要有以下三点考虑：一是牵连犯择一重罪处理的理论观点，不具有普遍适用性，刑法和相关司法解释中不乏数罪并罚的规定；二是成立受贿犯罪不以实际为他人谋取利益、更不以渎职为他人谋取非法利益为条件，受贿与渎职相对独立，实行并罚不存在明显的重复评价问题；三是数罪并罚有利于从严惩处此类犯罪。

十一、贪污贿赂犯罪的经济处罚

为进一步加大对贪污贿赂犯罪分子的经济剥夺和处罚力度，《解释》明确了赃款赃物追缴要求和罚金刑的判罚标准。

1. 赃款赃物的追缴。刑法第六十四条规定犯罪分子违法所得的一切财物，应当予以追缴或者责令退赔；被害人的合法财产，应当及时返还。为有效剥夺贪污贿赂犯罪分子的违法所得，尽可能挽回经济损失，《解释》第18条强调，贪污贿赂犯罪分子违法所得的一切财物，应当依法予以追缴或者责令退赔；尚未追缴到案或者尚未足额退赔的违法所得，应当继续追缴或者责令退赔。据此，追缴赃款赃物不设时限，一追到底、永不清零，随时发现随时追缴。

2. 罚金刑的判罚标准。刑法修正案（九）增加了贪污罪和相关贿赂犯罪的罚金刑规定，为加大对腐败犯罪的经济处罚力度，提高腐败犯罪的经济成本，剥夺腐败分子再犯罪的物质基础，充分发挥刑事立法和司法的预防犯罪功能提供了重要的法律依据。罚金刑判罚标准的设定，既要体现立法意图，确保罚金刑充分有效，又要立足实际，避免无法执行而损及司法的严肃性。为确保罚金刑适用的有效性和严肃性，《解释》第19条依托主刑的不同，分层次对贪污、受贿罪规定了较其他犯罪更重的罚金刑判罚标准：一是对贪污罪、受贿罪判处三年有期徒刑以下刑罚的，应当并处十万元以上五十万元以下的罚金；二是判处三年以上十年以下有期徒刑的，应当并处二十万元以上犯罪数额二倍以下的罚金或者没收财产；三是判处十年以上有期徒刑或者无期徒刑的，应当并处五十万元以上犯罪数额二倍以下的罚金或者没收财产。并明确，对刑法规定并处罚金的其他贪污贿赂犯罪，应当在十万元以上犯罪数额二倍以下判处罚金。适用本规定时需要注意两点：一是第 2 款规定中的“其他贪污贿赂犯罪”，应当理解为除贪污罪、受贿罪之外规定在刑法分则第八章中的其他贪污贿赂犯罪，而不包括非国家工作人员职务犯罪。二是贪污贿赂犯罪的罚金刑最低判罚标准为十万元，除适用刑法第三十七条的规定免予刑事处罚之外，不得减至十万元以下判处罚金。

最后，需要补充说明的是，《解释》对贪污贿赂犯罪的定罪量刑标准作了较大调整，在选择适用新旧法律、新旧司法解释时，要注意正确理解和执行从旧兼从轻的法律和司法解释适用原则。一是对于 2015 年 10 月 31 日以前实施的贪污罪、受贿罪，一般适用新法新解释。即：适用刑法修正案（九）修正后规定将判处更轻自由刑的，适用修正后刑法和本解释规定。其中，修正前刑法未规定罚金刑但修正后刑法规定了罚金刑的，应当按照本解释确定的判罚标准一并适用修正后刑法有关罚金刑的规定；一审在刑法修正案（九）实施之前已经判处没收财产刑的，二审可以按照本解释确定的判罚标准改判罚金刑。二是对于 2015 年 10 月 31 日以前实施的行贿罪，一般适用旧法新解释。由于刑法修正案（九）对行贿罪增加规定了罚金刑并对行贿罪规定了更加严格的从宽处罚适用条件，故一般应当适用修正前刑法。同时，由于刑法修正案（九）未对行贿罪的基础法定刑作出修改，本解释有关行贿罪的主刑判罚标准可以溯及修正前的行贿罪刑法规定，较之于前述《行贿解释》，适用本解释对被告人有利的，适用本解释。

裴显鼎　苗有水　刘为波　王　珅

答记者问

“数额较大”如何起步？“死刑立即执行”如何适用？

——八问“两高”办理贪腐案件新司法解释

18日公布的《最高人民法院、最高人民检察院关于办理贪污贿赂刑事案件适用法律若干问题的解释》（以下简称《解释》）是我国依法反腐的又一道利器，受到各界高度关注。记者就公众关心的一系列问题采访了最高人民法院、最高人民检察院相关负责人以及相关专家学者。

问：贪污受贿“数额较大”如何起步？

答：《解释》的一项重要规定是对贪污罪、受贿罪的定罪量刑标准进行了明确，其中两罪“数额较大”的一般标准由1997年刑法规定的五千元调整至三万元，这样是否合理？

“衡量是否合理要从经济社会发展来看，从反腐败斗争的全局和全面部署来看，从司法解释对贪污、受贿犯罪所作的全面规定来看。”最高人民法院刑二庭副庭长苗有水对记者说，“实际上，司法解释通篇体现了对贪污、受贿犯罪从严的精神。”

北京师范大学法学院院长赵秉志认为，对贪腐行为的“零容忍”并不等于对贪污受贿犯罪要实行刑事犯罪门槛的“零起点”。我国对贪污、受贿起刑点的设置经历了从两千元到五千元再到《刑法修正案（九）》“数额较大”的概括规定。这期间经济社会发展变化巨大，人均GDP自1997年至2014年增长了约6.25倍，将五千元的起刑点进行适度的提升也是势在必行的。

“五千到三万，似乎存在较大幅度提高。但从1997年至2016年近二十年间，五千元的定罪数额确已不适应社会发展。从司法实践看，这种定罪数额的调整对于贪污受贿罪的实际惩治其实不会发生太大的影响，也不会让贪污受贿罪的犯罪圈骤然缩小。”北京大学法学院教授陈兴良说。

苗有水表示，《刑法修正案（九）》对贪污罪、受贿罪的定罪量刑标准由过去单纯的“计赃论罚”修改为数额与情节并重，也就是说认定贪污、受贿行为构成犯罪、判什么刑，既要看数额，也要看情节。即使未达到数额标准，但具有一定较重要情节的，也要定罪，并按相应的量刑档处罚。

问：三万以下如何追究？

答：《解释》规定，两罪“数额较大”的一般起点为三万元，对于低于三万元的贪污、受贿行为是否还会追究刑事责任？

苗有水表示，这并不意味着低于三万元的贪污、受贿行为不予追究刑事责任。“司法解释明确规定，贪污、受贿数额一万元以上不满三万元，同时具有司法解释规定的较重情节的，同样应当追究刑事责任。”

“无论是不具有一定情节的以三万元为定罪起点，还是在具有一定情节时一万元即可追究刑事责任，都是相当低的入罪标准。”中国政法大学教授阮齐林说，“通过压低入罪标准，有助于强化‘莫伸手伸手必被捉’的戒律。”

清华大学法学院教授、全国人大法律委员会委员周光权表示，为落实党纪严于国法，把纪律挺在前面的反腐败要求，应做到刑事处罚与党纪政纪处分的有序衔接。“司法解释使得原则性和灵活性有机结合，同时也使刑事处罚和党纪政纪处分之间的衔接更为合理。”

问：“死刑立即执行”怎么判？

答：《解释》规定了对贪污受贿犯罪判处死刑的适用条件。那么，贪腐犯罪“死刑立即执行”到底该如何判？

“依据刑法，司法解释明确规定死刑立即执行只适用于犯罪数额特别巨大，犯罪情节特别严重，社会影响特别恶劣，造成损失特别重大的贪污、受贿犯罪分子。”最高人民法院刑二庭庭长裴显鼎说，“这就是说，司法机关在审判案件时，对于极少数罪行特别严重、依法应当适用死刑立即执行的犯罪分子，坚决判处死刑立即执行。”

裴显鼎同时表示，对于符合死刑立即执行条件，但同时具有法定从宽处罚情节，不是必须立即执行的，可以依法判处死刑缓期二年执行。死缓是附条件的不执行死刑，即在二年缓期执行期间没有故意犯罪的，依据刑法减为无期徒刑、有期徒刑。

问：如何适用“终身监禁”，能否执行到底？

答：《刑法修正案（九）》新增加了对贪污罪、受贿罪可以在判处死缓减为无期徒刑后终身监禁的规定，如何保证这项规定在司法实践中得到有效执行？

裴显鼎说，终身监禁是介于死刑立即执行与一般死缓之间的一种执行措施，但又比一般死缓更为严厉。本次出台的司法解释对于终身监禁具体适用从实体和程序两个方面予以了明确。

在实体方面，《解释》明确，对那些判处死刑立即执行过重，判处一般死缓又偏轻的重大贪污受贿罪犯，可以决定终身监禁。在程序方面，《解释》明确凡决定终身监禁的，在一、二审作出死缓裁判的同时应当一并作出终身监禁的决定，而不能等到死缓执行期间届满再视情而定。

“这样的规定实际上是将终身监禁作为贪污受贿罪的死刑替代措施看待，而不适用于因犯有贪污受贿罪原本就应该判处死缓的人，从而防止终身监禁的不当适用。”周光权说，“终身监禁的裁定必须在裁判的同时就作出，意味着一经作出就必须无条件执行，不能再减刑、释放。”

问：领导“身边人”腐败怎么治？

答：近年来，一些高级领导干部“身边人”借着“领导关系”大肆敛财。《解释》如何管理这种情形？

“这种情形的确成为某些领导干部收受贿赂、规避法律的一种方式。”苗有水表示，《刑法修正案（九）》已经增加了相关罪名，《解释》也对相关定罪处罚标准予以明确，使法律得到更好实施。

他说，《解释》规定“特定关系人索取、收受他人财物，国家工作人员知道后未退还或者上交的，应当认定国家工作人员具有受贿故意”，即对国家工作人员作了更为严格的要求，只要其知道“身边人”利用其职权索取、收受了财物，未将该财物及时退还或上交的，即可认定其具有受贿故意。

“司法实践中，国家工作人员往往辩解其是在‘身边人’索取、收受他人财物后才知道的，并没有受贿故意，不构成受贿罪。”苗有水认为，《解释》的相关规定扫除了司法中的障碍，对国家工作人员规避法律的这种情况能给予有效地打击。

问：收了哪些“财物”就算“受贿”？

答：贿赂犯罪的本质在于权钱交易。这些年随着我国社会经济的发展，贿赂犯罪手段越来越隐蔽。有的行为人通过低买高卖交易的形式收受请托人的好处，有的行为人通过收受干股、合作投资、委托理财、赌博等方式，变相收受请托人的财物。这些算不算“贿赂”？

“根据刑法规定，贿赂犯罪的对象是‘财物’。因此，如何界定‘贿赂’，关键在于如何理解和解释刑法中规定的‘财物’。”最高人民检察院研究室主任万春说。

《解释》规定，贿赂犯罪中的财物，包括货币、物品和财产性利益。财产性利益包括可以折算为货币的物质利益如房屋装修、债务免除等，以及需要支付货币的其他利益如会员服务、旅游等。后者的犯罪数额，以实际支付或者应当支付的数额计算。

阮齐林表示，《解释》将贿赂犯罪中的“财物”概念扩张到“财产性利益”，将有效应对“请托人将在社会上作为商品销售的自有利益免费提供给国家工作人员消费”的情况，易于检察机关成功起诉贪污、贿赂犯罪，也有利于法院适用刑法有关条款定罪判刑。

问：为何没有规定追逃的内容？

答：追逃、追赃是深入开展反腐败工作的重要内容，从查办案件来说，两者是紧密相连的。但《解释》并没有规定追逃的内容，这是否会影响追逃工作的开展？

万春表示，《解释》规定的是实体而不是程序问题，故其中仅一处涉及追逃，即将“主动交待行贿事实，对于重大案件的追逃、追赃有重要作用的”明确为“对侦破重大案件起关键作用”。

“我国刑事诉讼法对追逃问题已有相关规定。”万春表示，目前贪污贿赂犯罪逃避经济处罚，隐匿、转移赃物的情况非常严重，影响到反腐败工作的实际效果。对此，《解释》专门规定了违法所得的追缴和退赔。这旨在指引各级司法机关摒弃“重办案轻追赃”错误观念，充分认识追赃对惩治腐败、实现公正司法的重要意义。

问：罚金刑的规定能得到执行吗？

答：刑法已经规定了罚金刑，但没有具体适用标准。到底罚多少才能既不让犯罪分子在经济上占便宜，又能避免出现“天价罚金”，确保执行到位？

《解释》规定，对贪污罪、受贿罪判处三年以下有期徒刑或者拘役的，应当并处10万元以上50万元以下的罚金；判处三年以上十年以下有期徒刑的，应当并处20万元以上犯罪数额2倍以下的罚金或者没收财产；判处十年以上有期徒刑或者无期徒刑的，应当并处50万元以上犯罪数额2倍以下的罚金或者没收财产。对刑法规定并处罚金的其他贪污贿赂犯罪，应当在10万元以上犯罪数额2倍以下判处罚金。

“贪污贿赂犯罪属于经济犯罪，对贪利型犯罪在判处自由刑的同时施以罚金刑，可以更有针对性的惩治此类犯罪，起到更好的行刑效果。”苗有水说。

第一章　贪污罪

一、公共财物的认定

不动产能否成为贪污罪的犯罪对象？
——于继红贪污案①

【裁判要旨】

1. 贪污罪的对象不应仅仅限于动产，公有房屋可以成为贪污犯罪的对象，不应以房屋属于不动产为由，而将公有房屋排除在贪污罪的犯罪对象之外。《最高人民法院、最高人民检察院关于办理贪污贿赂刑事案件适用法律若干问题的解释》（以下简称《贪污贿赂解释》）第 12 条规定，贿赂犯罪中的“财物”，包括货币、物品和财产性利益。财产性利益包括可以折算为货币的物质利益如房屋装修、债务免除等。其中公有房屋属于不动产，属于贿赂犯罪中的财物。

2. 对于非法侵占公有房产的贪污行为，即使客观上尚未办理产权变更登记，也可以通过其所采取的欺骗手段等行为事实，认定其具有非法占有的目的。

3. 贪污罪存在未遂形态，其既、未遂的判断标准，应当视行为人是否实际取得财物而定。只要行为人利用职务之便，采取欺骗等非法手段，使公有不动产脱离了公有产权人的实际控制，并被行为人现实占有的，或者行为人已经就所有权的取得进行了变更登记的，即可认定为贪污罪的既

① 原载于《刑事审判参考》2012 年第 6 集 · 总第 29 集，第 216 号。

遂；在办理不动产转移登记之后，即使不动产尚未实现事实上的转移，也不影响贪污罪既遂的成立。

【关 键 词】

不动产　非法占有　贪污罪　既未遂

【相关法条】

《中华人民共和国刑法》第382条、第383条第1款第（1）项

【基本案情】

被告人于继红，原系白山市房地产管理局八道江房管所房管科副科长。

吉林省白山市人民检察院以被告人于继红犯贪污罪向吉林省白山市中级人民法院提起公诉。起诉书指控：1993年初，被告人于继红在白山市建设银行开发公司归还因开发建银小区而占用八道江房产管理所商企房面积时，利用负责八道江房地产管理所还迁工作之机，采取不下账、少下账的手段，从中套取商企房1户，面积为52.03平方米，价值93133.70玩；被告人于继红于1992年，在白山市建设银行开发公司开发建银小区时，利用负责八道江房产管理所拆迁工作之机，采取虚添拆迁面积和虚添住户的手段，从中套取住宅面积100平方米，并用此面积套取住宅房1户，面积为84.48平方米，价值81100.80元，加上用面积顶交的取暖费、热水费2669.55元，总价值83770.35元，其行为已构成贪污罪。

被告人于继红辩称，其不构成贪污罪，商企房是所长苏某奖励给她的，84.48平方米住宅房是其母买拆迁户的，手续合法。其辩护人提出，被告人主体身份不明，本案事实不清，证据不足。

白山市中级人民法院经公开审理查明：1992年年底，白山市建设银行房地产综合开发公司（以下简称开发公司）归还因开发建银小区而占用八道江房产管理所（以下简称房管所）商企房面积321.52平方米（5户），被告人于继红利用负责房管所回迁工作之机，于1993年12月18日在给财务科填报经租房产增加、减少通知单时，将建行开发公司归还的面积填报为305.75平方米，并将其中4户面积加大，从中套取商企房1户，面积为52.03平方米，价值人民币93133.70元，用于个人出租牟利。同年，白山市建设银行房地产综合开发公司开发建银小区时，被告人于继红利用负责因开发建银小区拆迁房产管理所管理的房屋工作之机，在其母亲孙秀香购

买拆迁户房屋面积时，虚添拆迁面积 17 平方米，价值人民币 16320 元，并将建行开发公司还房管所面积顶交其母所购买房屋取暖费、热水费 2669.55 元。

综上，被告人于继红利用职务上的便利，非法占有公共财物计价值人民币 112123.25 元。

【裁判结果与理由】

吉林省白山市中级人民法院认为：被告人于继红关于商企房是房管所所长苏连同奖励给其的辩解意见，因证人苏某多次证言证实，房管所没有奖励给于继红房屋，是于继红到建行开发公司算好账，建行开发公司还了 4 户商企房，于继红填报的租金面积统计表汇总台账证实，于继红将还迁面积 321.52 平方米记为 305.75 平方米，少下并虚增了其他 4 户商企房面积，从中套取了 52.03 平方米住房一处，故该辩解意见不予采纳；关于 84.48 平方米住宅房是其母购买拆迁户，并在房管所房改的辩解意见，因公诉机关指控其虚添拆迁面积和虚添住户，套取 84.48 平方米住宅房 1 户，有一拆迁户主不清，尚不能排除有魏秀成住户，故指控被告人于继红虚添住户的证据不足，但该拆迁户建筑面积为 23 平方米，而于继红在此房动迁时让动迁员填写面积为 40 平方米，据此，被告人于继红利用职务之便，虚增拆迁面积 17 平方米，占为已有的事实清楚，证据充分，应予认定，故该辩解意见部分采纳；其辩护人关于被告人主体身份不明的辩护意见，因被告人所在单位房管所任命书及转干表证实，于继红为房管所房管科副科长，且系国家机关工作人员，故不予采纳。被告人于继红身为国家工作人员，利用职务便利，非法占有公共财物，数额在 10 万元以上，其行为已构成贪污罪。吉林省白山市人民检察院指控被告人于继红犯贪污罪罪名成立。根据被告人于继红犯罪的事实、犯罪的性质、情节和对社会的危害程度，依照《中华人民共和国刑法》第 382 条、第 383 条第 1 款第（1）项之规定，判决如下：

被告人于继红犯贪污罪，判处有期徒刑十年，并处没收个人财产人民币三万元，追缴五十二点零三平方米商企房一户，赃款一万八千九百八十九元五角五分（含十七平方米面积折价）。

一审宣判后，于继红不服，向吉林省高级人民法院提出上诉。

于继红上诉称，未实施利用职务之便非法占有国有资产的行为；购买的商企房及孙秀香购买的住房是经房管所的法定代表人苏连同同意在动迁之前购买的。其辩护人提出：因房屋所有权并没有发生转移，故一审法院认定于继红套取52.03平方米商企房1户的事实不清，证据不足；于继红其母孙秀香购买的拆迁户魏秀成的房屋面积是36.5平方米而不是23平方米或者40平方米。

吉林省高级人民法院经审理认为：上诉人于继红利用职务之便，非法占有公共财物的行为已构成贪污罪。其提出不具有利用职务之便非法占有国有资产行为及其母买房是经所长苏某同意在动迁之前购买的上诉理由，经查，八道江房管所任命书及转干表，证实于继红为八道江房管所房管科副科长，负责房管所拆迁工作，套取商企房并占有使用的行为，已构成贪污犯罪；其母买房是经所长苏某同意在动迁之前购买的上诉理由没有证据证实，不予支持。其辩护人提出认定于继红贪污52.03平方米房屋的所有权未发生转移，原审判决事实不清，证据不足的辩护意见，因上诉人利用职务上的便利，骗取公有房屋并实际占有使用，故虽未办理私有产权证，仍应构成贪污既遂，该笔犯罪事实清楚，证据充分，辩护意见不予采纳。其母孙秀香购买拆迁户魏秀成的房屋面积是36.5平方米，不是23平方米或者40平方米的辩护意见，因房管所1986年出售老房名单证实此户面积为23平方米，于继红向动迁员提供面积是40平方米，故原审认定虚增面积17平方米正确，辩护人的辩护意见不成立，不予采纳。原审法院根据上诉人于继红犯罪的事实和情节，依照有关法律对本案作出的判决事实清楚，证据确实、充分，对被告人定罪准确，量刑适当，审判程序合法，上诉人的上诉理由及其辩护人的辩护意见均不予采纳。据此，依照《中华人民共和国刑事诉讼法》第189条第（1）项规定裁定驳回上诉，维持原判。

贪污罪犯罪对象的理解与认定?

——江仲生等贪污案①

【裁判要旨】

1. 在国家工作人员包括受委派等准国家工作人员的认定上，具有决定性意义的是从事公务即代表国有单位行使组织、领导、监督、管理等职务活动，而不再是国家工作人员的身份；是否代表国有单位从事公务的具体认定，应更多注重考察实际情况，而不是仅看有无委派手续。在诸如国有公司、企业改制为股份有限公司的特定情形中，即使原国有公司、企业的工作人员因各种原因未及获得任何形式的委派手续，但仍代表国有投资主体从事公务活动的，应以国家工作人员论。代表国有单位从事公务活动具有直接性，通常所谓的“二次委派”不得视为委派。

2. 本案四被告人出售公司股票属履职行为而非个人行为，所售股票收益应认定为公司财产，四被告人利用职务便利将其中差价款904.1496万元予以侵吞的行为构成贪污罪。至于侵吞的股票发行差价款，只要属于“本单位财物”，是否为“公共财物”，不影响贪污罪的认定。

【关 键 词】

国家工作人员 股票 侵吞溢价款 公共财产

【相关法条】

《中华人民共和国刑法》第382条、第383条第1款第（1）项

【基本案情】

被告人江仲生，捕前先后任东方锅炉（集团）股份有限公司党委书记、董事长、四川省证券监督办公室副主任（正厅级）。

被告人何允明，捕前先后任东方锅炉（集团）股份有限公司党委副书记、副总经理、董事长、党委书记（正厅级）。

被告人马一中，捕前先后任东方锅炉（集团）股份有限公司副董事

---

① 原载于《刑事审判参考》2004年第4集·总第39集，第311号。

长、总经理、董事（正厅级）。

被告人程兆峰，捕前系东方锅炉（集团）股份有限公司副董事长、副总经理（副厅级）。

四川省自贡市人民检察院以被告人江仲生、马一中、何允明、程兆峰犯贪污罪，向自贡市中级人民法院提起公诉。起诉书指控：被告人江仲生、马一中、何允明、程兆峰利用可以调拨股票的职务之便，先后领出股票132万股，违规出售后，再交回股本认购金，获取巨额差价。被告人江仲生获利人民币222.1304万元，被告人何允明获利人民币241.196万元，被告人马一中获利人民币222.5328万元，被告人程兆峰获利人民币218.2904万元，四被告人的行为均已构成贪污罪。被告人何允明、马一中、程兆峰在立案侦查前主动投案，如实供述罪行，有自首情节。

被告人江仲生辩称：事前没有共谋，主观上没有占有公司财产的故意；其分得的钱是炒股赚的，没有损害公司的利益；在中央有关部门找其谈话时就对其行为作了交代，也应认定为自首。其辩护人提出：被告人江仲生获取的差价款不是公共财物，不是贪污罪的犯罪对象；江利用职务所获取的是可能产生利润的条件和机会，不构成贪污罪；其中的8万股是按省委有关文件设的奖励股，四人决定奖励自己属程序不当，主观上无占有公共财物的故意；江有自首情节。

被告人何允明辩称：先取股票持有卡后交股本金的情况普遍存在；8万奖励股和2万奖励股均是依据省委有关文件，只是发放范围有区别。其辩护人提出：被告人何允明获取差价的股票是社会公众股，故该股票和收益不属于公共财产，且已将归公司占有管理的发行价交回公司，其主观上无占有公共财产的故意，不构成贪污罪；何的行为符合证券内幕交易罪，但按从旧兼从轻的原则，亦不构成犯罪；8万股是按文件规定奖励的股票认购权。

被告人马一中辩称：其职务是股东大会选举产生，不是国有企业委派；四被告人认购的80万股与单位发行的其他股票程序相同，比其他人的股本金到位更快，公司利益并未受损；银山化工股票不是交换，而是互相认购。故其行为不构成贪污罪。其辩护人提出：四人出售自己认购的社会公众股，既不是公共财产，也不存在非法占有；被告人马一中出售自己认购的股票获取差价更不是公共财产；马的行为对公司没有损害，没有侵吞公共财产的故意，只是违反行政法规。

被告人程兆峰辩称：其只是执行者，没有贪污的故意。其辩护人提出：股票无论怎样交易、转让，其所有权均属个人性质，被告人程兆峰领走的股票不是公共财产，其出售股票获取的差价不是公共财产，不构成贪污罪；程有从轻、减轻处罚情节。

自贡市中级人民法院经审理查明：1994年6月，经中共四川省委组织部川组任（1994）146号批复和中共中国东方电气集团公司党组东司党组干字（94）第021号批复，江仲生任东方锅炉（集团）股份有限公司董事长，程兆峰为副董事长、执行董事，马一中为副董事长、总经理，何允明为执行董事、副总经理。

1996年11月，东方锅炉（集团）股份有限公司（以下简称东锅公司）的股票，准备在上海证券交易所挂牌上市，被告人江仲生、马—中、何允明、程兆峰利用可以调拨股票的职务便利，经商议，先后两次由程兆峰从董事会秘书贺建强保管的股票中，领出80万股，何允明、程兆峰到成都分别以每股人民币7元、8.8元的价格卖给北京天龙股份有限公司，获款人民币650万元。除将本金交还外，差额部分由程兆峰、何允明用化名存入银行，存折由程兆峰保管。

1996年11月，被告人江仲生、何允明、马一中、程兆峰考虑到政府规定不允许公司董事买卖自己公司的股票，便由何允明出面，用东锅公司的股票20万股换回四川银山化工股票20万股后，四人各分5万股。后何、程二人将四人手中的该20万股股票12213.5元酌价格卖给北京比特股份有限公司，获款人民币270万元。何在交还本金后，将差额款用化名存入银行，存折仍交由程兆峰保管。

1996年12月，东锅公司决定以奖励股票的方式奖励公司领导和部分中层干部。会后，被告人江仲生、何允明、马一中、程兆峰利用职务之便，擅自决定四人各多分8万股，由何允明办好托管手续后，分别交本人自行处理。江仲生获利人民币735304元，何允明获利人民币925960元，马一中获利人民币739328元，程兆峰获利人民币696904元。

综上，江仲生、何允明、马一中、程兆峰四被告人利用管理、支配公司股票的职务便利，先后出售本公司股票计132万股，获取人民币计1229.7496万元。除按规定比例交还股本认购金外，其余904.1496万元差价款则全部为四被告人私分。其中，被告人江仲生分得人民币 222.1304 万元，被告人何允明获利人民币 241.196 万元，被告人马一中获利人民币 222.5328 万元，被告人程兆峰获利人民币 218.2904 万元

【裁判结果与理由】

自贡市中级人民法院认为：四被告人身为国家绝对控股的东锅公司的主要领导人，利用管理、发行股票职务之便，将未发行的 132 万股公司管理的股票违规出售后再交回公司原定的股本金，此行为是发行行为而非认购后的炒卖行为。四被告人将本该交回公司的巨额差价款占为己有，属利用职务之便侵吞溢价发行款的贪污行为。且贪污数额特别巨大。被告人江仲生、马一中犯罪情节特别严重，但二被告人在案发后认罪态度较好，且所获赃款已全部追缴，未给国家财产造成损失。被告人何允明、程兆峰在案发后能积极主动退回全部赃款，未给国家造成经济损失，认罪态度好。被告人及其辩护人辩称被告人的行为是“认购后的炒卖”、“差价款不属公共财产”、“主观上没有非法占有公共财产的故意”等理由均不成立；被告人程兆峰在被羁押期间撰写的论文有一定价值，但依法不构成立功；四被告人贪污犯罪事实在有关部门发觉并查问时才作交代，不属自首。依照《中华人民共和国刑法》第 12 条、第 382 条、第 383 条第 1 项、第 48 条、第 57 条、第 59 条之规定，于 1999 年 6 月 22 日判决如下：

1. 被告人江仲生犯贪污罪，判处死刑，缓期二年执行，剥夺政治权利终身，并处没收个人全部财产；

2. 被告人马一中犯贪污罪，判处死刑，缓期二年执行，剥夺政治权利终身，并处没收个人全部财产；

3. 被告人何允明犯贪污罪，判处无期徒刑，剥夺政治权利终身，并处没收个人全部财产；

4. 被告人程兆峰犯贪污罪，判处无期徒刑，剥夺政治权利终身，并处没收个人全部财产。

一审宣判后，江仲生、马一中、何允明、程兆峰四被告人均不服，分别以“自己不是国家工作人员，不是贪污罪的主体”“所得差价款是自己炒卖股票获得的利润，不属公共财物”“有自首、立功情节”为由，提出上诉。

四川省高级人民法院经审理认为：被告人江仲生、马一中、何允明、

程兆峰均系组织人事部门管理的副厅级以上国家干部，受委派到东锅公司从事公务，构成贪污罪的主体。四人将手中所掌管的东锅公司未上市的股票向有关机构出售，是代表公司的发行行为，不是个人认购后的炒卖行为，所得的款项是公司发行股票募集的资金，非个人炒股利润。因此，四人私分利润的行为构成贪污罪。江仲生在检察机关立案后作出的供述，不能认定自首。何允明、程兆峰、马一中在有关部门已经掌握其作案事实时所作的交代，不能认定为自首。但何允明坦白认罪可酌定从轻处罚，程兆峰在羁押期间撰写的论文有一定的价值，但不属于对国家和社会有突出贡献，可视为其有悔罪表现。原审判决认定的事实清楚、适用法律正确、量刑适当，审判程序合法。依照《中华人民共和国刑事诉讼法》第189条第1项、第201条的规定，于1999年9月22日裁定：驳回上诉，维持原判，并核准自贡市中级人民法院以贪污罪判处被告人江仲生、马一中死刑，缓期二年执行，剥夺政治权利终身，并处没收个人全部财产的刑事判决。

学校违规收取的“点招费”能否视为公共财产？

——尚荣多等贪污案[①]

【裁判要旨】

1. 财产犯罪的对象范围不以合法所有或者持有的财物为限，不能以本案中“点招费”的收取违反了国家有关规定、不属于合法收入为由，将其排除在《刑法》保护之外。《刑法》所保护的财产权利，源于相关民事、行政法律法规的规定，同时又具有相对的独立性，《刑法》上的财产，更多强调的是财产的经济价值性，而非合法性。学校在招生工作中违反规定收取的“点招费”，在行政主管部门作出处置之前应认定为公共财产，行为人截留、私分“点招费”的行为，具备贪污罪的对象要件。

2. 学校领导利用负责学校招生工作的职务便利，自行决定将招生过程中违规收取的“点招费”予以截留并作为奖金私下进行分配的行为，名为

① 原载于《刑事审判参考》2004年第4集·总第39集，第312号。

单位奖励，实为个人侵吞，应以贪污罪定罪处罚。

【关 键 词】

点招费　公共财产　私分　贪污

【相关法条】

《中华人民共和国刑法》第382条、第383条第1款第（1）项

【基本案情】

被告人尚荣多，成都理工大学副校长。

被告人李域明，成都理工大学传播艺术学院副院长。

成都市人民检察院以被告人尚荣多、李域明犯贪污罪，向成都市中级人民法院提起公诉。

公诉机关指控：在原四川商业高等专科学校（以下简称商专）2001年的招生工作中，被告人尚荣多以商专副校长身份和时任商专党委副书记的李域明负责招生小组的工作。二人伙同商专学生处处长彭义斌（另案处理），共谋在此次招生收取的“点招费”中侵吞20万元，其中尚荣多得赃款5万元，李域明得赃款6万元，彭义斌得赃款4万元。招生工作结束后，尚荣多授意彭义斌，从上缴后又全额领回的“点招费”中转入尚荣多个人账户5万元，尚荣多分两次取出此款，用于个人开支。尚荣多、李域明二被告人均已构成贪污罪。在共同贪污中，尚荣多系主犯，李域明系从犯。李域明认罪态度较好，有悔罪表现，可酌情从轻处罚。

被告人尚荣多辩称：在侦查机关的供述不是事实，招生领导小组有权处置“点招费”，未上交的“点招费”用于奖励对招生贡献大的人员，另5万元用于给相关单位的领导拜年，其行为不构成犯罪。其辩护人提出：尚荣多等三人作为招生工作的主要负责人，根据校委会的奖励政策理应得到重奖，这在商专成人教育部也有先例；尚荣多等人提取20万元“点招费”用于奖励招生办有贡献的人员，有校委会的授权，属于职务行为；尚荣多取走5万元用于向教委等部门有关人员拜年时的开支，是为了招生工作而非个人目的，故尚荣多的行为不构成贪污罪。

被告人李域明辩称：按惯例提留“点招费”，并以贡献大小奖励给个人，不应认定为贪污。其辩护人提出：收取“点招费”违反国家有关规定，“点招费”不能视为国有财产，李域明等人根据学校制定的“以招养招”以及由招生领导小组具体掌握奖励的“点招费”使用政策将“点招

费”作为奖金分配的行为，没有侵犯国有财产的所有权，只是侵犯了学生家长的私人财产权，性质上属于民事侵权而非贪污；李域明在本案中属于从犯，且在侦查机关介入后即主动退出了自己分得的6万元钱，即便认定为犯罪，也应从轻或者减轻处罚。

成都市中级人民法院经公开审理查明：在原商专2001年招生工作中，被告人尚荣多和被告人李域明负责招生录取领导小组的工作，学生处处长彭义斌具体负责收取和保管“点招费”。2001年10月招生工作结束后，经尚荣多、李域明、彭义斌三人清点，除用于招生工作的开支，“点招费”余款为34.2万元。三人商量后决定，只向学校汇报并上缴14.2万元。2001年11月28日，彭义斌将20万元转入以其子名义开设的个人账户。2002年春节前，尚荣多、李域明和彭义斌共谋将截留的20万元私分，议定三人各得6万元，给原商专校长张某2万元。后尚荣多单独找到彭义斌商定：李域明仍得6万元，尚荣多得5万元、彭义斌得4万元，张某得5万元。后彭义斌给李域明6万元，存入尚荣多个人户头5万元，以学生处所留活动费的名义送给张某5万元，张某当时即将该款退回。事后，为逃避追查，被告人尚荣多、李域明及彭义斌三人商量了统一口径，约定谁都不许对外提截留、私分“点招费”一事。

2001年12月，被告人尚荣多指使彭义斌从“点招费”14.2万元中提取部分钱款用作活动费用。彭义斌遂以奖励招生工作人员的名义向学校打报告，经当时负责行政工作的副校长蔡永恒签字同意后，从“点招费”中提出5.7万元。之后，彭义斌按照尚荣多的要求，将其中7000元用于学生处发奖金，5万元于2001年12月28日存入尚荣多个人账户。尚荣多于同月31日、2002年1月4日分两次取出此款，用于个人开支。

【裁判结果与理由】

成都市中级人民法院认为，被告人尚荣多、李域明身为教育事业单位中从事公务的国家工作人员，利用负责学校招生工作的职务之便伙同彭义斌共同侵吞公款20万元，被告人尚荣多另外单独侵吞公款5万元，二被告人均已构成贪污罪。公诉机关指控二被告人的罪名成立。关于被告人尚荣多及其辩护人所提取20万元用于重奖招生办有贡献人员，是正常的履行职务行为；被告人李域明的辩护人所提学校确有奖励政策的辩解、辩护意见，经查：尚荣多、李域明和彭义斌共谋提取20万元的目的是非法占有，而非用于奖励招生工作人员，故不予采纳。关于被告人尚荣多及其辩护人所提尚荣多取走的5万元是用于给相关单位领导拜年，不构成贪污罪的辩解、辩护意见，经查，没有证据证明尚荣多是以单位名义将此款送给有关领导，至于其个人如何使用此款，则是事后赃款的处置，不影响贪污行为性质的认定，故不予采纳。被告人尚荣多是招生工作主要负责人，在共同贪污犯罪中起主要作用，是主犯；被告人李域明在共同贪污犯罪中起辅助作用，是从犯。鉴于尚荣多能够如实供述基本犯罪事实，所得赃款已被追回，量刑时可酌情从轻处罚；李域明是从犯，所得赃款已被追回，认罪态度好，量刑时可予减轻处罚。被告人李域明的辩护人请求对李域明从轻或者减轻处罚的辩护意见，予以采纳。依照《中华人民共和国刑法》第382条、第383条第（1）项、第27条之规定，判决如下：1. 被告人尚荣多犯贪污罪，判处有期徒刑10年；2. 被告人李域明犯贪污罪，判处有期徒刑6年；3. 对被告人尚荣多的违法所得10万元、被告人李域明的违法所得6万元予以追缴，上缴国库。一审宣判后，被告人尚荣多、李域明均不服，分别向四川省高级人民法院提出上诉。

被告人尚荣多上诉称：依照商专校务会的授权，将20万元用于重奖在招生工作中有突出贡献的人员，是正常的履行职务行为；经学校主管领导批准发放完成招生任务奖5.7万元，不属于侵占公有财物，其中5万元系用于向有关人员拜年送红包，本人主观上没有非法占有目的，其行为不构成贪污罪。

被告人李域明上诉称：“点招费”是国家明令禁止的乱收费项目，是学校的非法收入；将这笔来源于学生家长的非法收入用于重奖有贡献的人员，是商专校务会研究决定的；将“点招费”作为奖金分配，侵犯的只是学生家长的私人财产所有权，没有侵犯国有财产的所有权，故其行为不构成贪污罪。另外，其有自首情节，一审法院未予考虑。

四川省高级人民法院经审理认为：国家行政主管部门明令禁止学校在招生工作中收取“点招费”，原商专校务会违反规定，决定收取“点招费”并将其中一部分用于奖励招生工作人员，情况属实。但是，原商专以学校名义违法收取的“点招费”，在行政主管部门未对学校的乱收费行为进行查处前，应当视为由原商专授权学生处管理的公共财产，即公款。被告人尚荣多、李域明等人共谋截留并侵吞该款的行为，侵犯了公共财物的所有权，构成贪污罪。2001年3月12日的商专校务会会议纪要证明，该校校务会在研究2000年招生工作奖励办法时，确实形成了同意以“点招费”适当奖励在招生工作中表现突出者的意见，但该意见不能证明被告人尚荣多、李域明等人由此获得了隐瞒“点招费”实际收支情况并将其中20万元私分的权利。被告人李域明是在侦查机关已掌握全部案件线索并向其调查询问时，如实供述全部犯罪事实的，不能认定为自首。被告人尚荣多、李域明的上诉意见均不能成立，原判认定事实清楚，证据确实、充分，定罪、量刑正确，审判程序合法。依照《中华人民共和国刑事诉讼法》第189条第（1）项之规定，裁定驳回上诉，维持原判。

证券营业部工作人员利用职务便利私分单位违规自营炒股盈利款的行为如何定性？

——郭如鳌等贪污、挪用公款案①

【裁判要旨】

1. 证券营业部炒股利用的资金虽然主要是代理股民进行证券交易的个人资金，但中国经济开发信托投资公司系国有公司，作为该公司组成部分的内蒙古证券营业部自然也具有国有公司的性质，其自营炒股利用的该资金是在国有公司的管理使用之中的个人财产，根据《刑法》的有关规定，该资金应视为国有财产，国有财产的法定孳息自然也是国有财产。国有证券公司营业部工作人员利用职务便利透支客户资金违规自营炒股并私分盈利款的行为构成贪污罪。

2. 公款的表现形式，一般是指处于货币形态的公有资金，如库存现金、银行存款等。在现行《刑法》中，公款并非只有货币资金一种形式，还包括特定款物。在认定公款时，应当从挪用公款行为通过利用货币的结算、支付职能侵犯“公共财产使用收益权”的角度，准确把握挪用公款罪中公款的特征，即公款首先代表公共财产所有权，并且具有可以流动及进

① 原载于《刑事审判参考》2006年第1集·总第48集，第383号。

行结算、支付等特点。作为法律保护的财产权利，国债在一定程度上具有货币的某些特征。国债是一种特殊形态的公款。

【关 键 词】

国有证券公司　违规自营炒股　私分盈利款　挪用国债

【相关法条】

第382条第1款、第383条第1款第（1）项、第384条第1款

【基本案情】

被告人郭如鳌，原系内蒙古日信投资（集团）有限责任公司董事长、总经理。

被告人张俊琴，原系中国经济开发信托投资公司机构部职员。

被告人赵茹，原系中国经济开发信托投资公司成都证券营业部副总经理。

山东省潍坊市人民检察院以被告人郭如鳌犯贪污罪、挪用公款罪，被告人张俊琴、赵茹犯贪污罪，向潍坊市中级人民法院提起公诉。

起诉书指控：1996年下半年，中国经济开发信托投资公司内蒙古证券营业部常务副总经理李耀林（另案处理）召集被告人赵茹、张俊琴研究决定自营炒股，并商定了自营炒股的资金及来源。后被告人赵茹以转账存款方式虚增账户资金透支代理股民证券交易的资金1952.5万元，又将本单位从内蒙古自治区哲里木盟国债服务部借用的1996年七年期国债1000万元卖出，得款983.40211万元，同时将在本单位开设的金宇集团账户（账号0853）期初结存股票卖出，得款17.49467万元，及黎明账户（账号3601）资金期初余额1241.75元，共计2953.520955万元，先后用在本单位开设的柳书翘账户（账号4262）、丁宇明账户（账号4273）、张香勉账户（账号4290）等14个账户进行自营炒股，共计盈利864万余元。1997年下半年，被告人郭如鳌在得知自营炒股获利后，指使赵茹、张俊琴将盈利款提出，以个人名义存入银行。1998年4、5月份，被告人郭如鳌、赵茹、张俊琴伙同李耀林在呼和浩特市内蒙古饭店研究决定将其中500万元盈利款四人私分。被告人郭如鳌分得180万元，李耀林分得120万元，被告人赵茹、张俊琴各分得100万元。事后为掩盖犯罪，被告人郭如鳌指使赵茹、张俊琴、李耀林多次预谋策划，与他人订立攻守同盟，企图逃避法律追究。

1997年11月13日，被告人郭如鳌利用担任内蒙古自治区财政厅国债服务中心主任的职务便利，个人私自决定将本单位1996年三年期国债2000万元挪给内蒙古伊利实业集团股份有限公司证券部经理关晓军和上海市无业人员蒋旭用于炒股，后二人将其中的1801万元国债卖出，得款2313.341279万元进行炒股。同年11月25日，关晓军和蒋旭将2000万元国债全部归还。

被告人郭如鳌对起诉书指控中国经济开发信托投资公司内蒙古证券营业部自营炒股盈利及其与李耀林、被告人赵茹、张俊琴商量分钱的事实予以供认，但否认分得180万元，辩称："自己没有贪污，因在职期间中国经济开发信托投资公司内蒙古证券营业部没少一分钱；对自营炒股的过程不清楚，起诉书中的自营炒股经过是虚构的；认定自己指使他们提款、订立攻守同盟都不符合事实。"对起诉书指控其犯挪用公款罪的事实予以否认，辩称："李耀林提出挪用公款给伊利集团使用时自己同意，是如何操作的、钱给了个人使用，自己不清楚，且关晓军也没给自己任何好处；2000万元国债是作为客户资金出借的，是单位透支给客户使用，该行为不构成挪用公款罪。"

被告人郭如鳌的辩护人提出，起诉书指控郭如鳌将180万元占为已有的证据明显不够充分和确凿；本案即便存在私分盈利款的事实，也不宜定性为贪污罪，因为炒股盈利款根本不具备公共财物的特征；指控其犯挪用公款罪的事实不清、证据不足，且被告人郭如鳌不存在挪用公款归个人使用的主观故意，指控罪名不能成立：在程序上存在着指控犯罪的主要证据的提交时间不符合法律规定、超期羁押、当庭出示的主要证据都是公诉机关在审查起诉阶段搜集的。

被告人张俊琴对起诉书指控的犯罪事实予以供认，但辩称，开始不知道自营炒股的事，直到被告人郭如鳌让查账时才知道；尽管也分了钱，但是处于被动接受地位，在整个过程中起次要作用。

被告人张俊琴的辩护人提出，被告人张俊琴不符合贪污罪的主体资格，主观上不具有贪污的故意，客观上没有职务上的便利，在客体上其行为没有侵犯公共财产所有权和国家工作人员职务行为的廉洁性，故其行为不构成贪污罪；被告人张俊琴实际被羁押时间与起诉书载明的时间有差别；2001年国庆节后遵从领导指示将35000美元和17万元现金给刘经国，该款已脱离了被告人张俊琴的实际控制，应当从其得款数额中扣除；被告人张俊琴被采取强制措施后，已退回司法机关55万余元。

被告人赵茹对起诉书指控的犯罪事实供认不讳，但辩称，自己在整个犯罪过程中受被告人郭如鳌指使，只是被动接受，起辅助作用，系从犯。

被告人赵茹的辩护人提出，被告人赵茹事实上被羁押的时间与起诉书载明的时间有11天的误差；被告人赵茹作为证券营业部的临时聘用人员，其所有行为都是被动地执行单位领导的决定，在分配收益时处于从属地位，起次要作用；被告人赵茹接受的100万元与其他员工接受的款项是同一性质；被告人赵茹听从被告人郭如鳌的指示，在2001年国庆节给刘经国的35000美元和10万元国库券不应计算在其所分得的款额内；被告人赵茹被采取强制措施后，积极退赃；虽然客观上被告人赵茹拿走了分配给她的那笔钱，但其不具有国家工作人员的身份，没有对国家工作人员职务行为的廉洁性构成侵犯，也没有侵犯公共财产的所有权，主观上不具有非法占有公共财产并使国家蒙受损失的故意，也没有利用职务上的便利，其行为不构成贪污罪。

潍坊市中级人民法院经公开审理查明：

（一）贪污

中国经济开发信托投资公司系全民所有制企业，中国经济开发信托投资公司内蒙古证券营业部系该公司分支机构。1996年下半年，中国经济开发信托投资公司内蒙古证券营业部常务副总经理李耀林（另案处理）召集时任中国经济开发信托投资公司内蒙古证券营业部财务部经理的被告人张俊琴和时任中国经济开发信托投资公司内蒙古证券营业部交易部经理的被告人赵茹，研究决定本单位自营炒股，并商定了自营炒股的资金数额及来源。后被告人赵茹在李耀林的指使下，以转账存款方式虚增账户资金透支代理股民证券交易的资金1952.5万元，又将本单位从内蒙古哲里木盟国债服务部借用的1996年七年期国债1000万元卖出，得款983.40211万元，同时将在本单位开设的金宇集团账户（账号0853）期初结存股票卖出，得款17.49467万元，及黎明账户（账号3601）资金期初余额1241.75元，共计2953.520955万元，先后用在本单位开设的柳书翘账户（账号4262）、丁宇明账户（账号4273）、张香勉账户（账号4290）等14个账户进行自营炒股，共计盈利864万余元。

1997年下半年，时任中国经济开发信托投资公司内蒙古证券营业部总经理的被告人郭如鳌在得知自营炒股获利后，命令停止自营炒股，并指使被告人张俊琴、赵茹将盈利款提出，以个人名义存入银行。1998年4、5月份，被告人郭如鳌、张俊琴、赵茹伙同李耀林在呼和浩特市内蒙古饭店研究决定将其中的500万元盈利款四人私分。其中，被告人郭如鳌分得180万元，李耀林分得120万元，被告人张俊琴、赵茹各分得100万元。

2000年下半年至2001年10月，国家审计署对中国经济开发信托投资公司内蒙古证券营业部进行审计。为掩盖私分自营炒股获利款，被告人郭如鳌指使李耀林及被告人张俊琴、赵茹多次共谋策划，联系炒股大户刘经国，与其订立攻守同盟，让其承担中国经济开发信托投资公司内蒙古证券营业部透支炒股及借哲里木盟1000万元国债炒股的责任，并伪造两份透支协议书，企图逃避法律追究。后刘经国将被告人张俊琴交给的17万元人民币向中国经济开发信托投资公司内蒙古证券营业部交纳了所谓的透支款利息。被告人张俊琴实得赃款83万元。

案发后，检察机关从被告人郭如鳌处追回现金人民币51.14万元及价值人民币15万元的日信集团股票16万股；从被告人张俊琴处扣押其价值人民币24.44万元的金宇集团股票1.3万股及20万元国库券；从被告人赵茹处追回现金人民币69.22万元及美元2.5万元。

（二）挪用公款

1997年11月13日，被告人郭如鳌利用担任内蒙古自治区财政厅国债服务中心主任的职务便利，个人私自决定将本单位1996年三年期国债2000万元借给内蒙古伊利实业集团股份有限公司证券部经理关晓军和上海市无业人员蒋旭用于个人炒股，后二人将1801万元国债卖出，得款2313.341279万元进行炒股。同年11月25日，关晓军、蒋旭将2000万元国债全部归还。

另查明，被告人赵茹因涉嫌犯挪用公款罪归案后，在司法机关尚未掌握其伙同他人贪污犯罪事实的情况下，主动交代了其与被告人郭如鳌、张俊琴共同贪污的犯罪事实。被告人赵茹还于2002年11月份，检举被告人郭如鳌在任内蒙古自治区财政厅国债服务中心主任期间，曾于1997年11月，将国债服务中心2000万元国债借给内蒙古伊利实业集团股份有限公司证券部经理关晓军及上海无业人员蒋旭个人炒股使用的事实。

【裁判结果与理由】

潍坊市中级人民法院认为：被告人郭如鳌、张俊琴、赵茹身为国家工作人员，利用职务上的便利，侵吞公款，数额特别巨大，其行为已侵犯了公共财产所有权和国家工作人员职务行为的廉洁性，均已构成贪污罪，依法应予惩处。被告人郭如鳌挪用公款归个人使用，进行营利活动，数额巨大，其行为已构成挪用公款罪，依法应予惩罚。被告人郭如鳌在共同贪污犯罪中起主要作用，系主犯，对其所犯二罪，依法应予并罚。公诉机关指控的罪名及挪用公款罪的全部事实和贪污罪的主要事实成立，本院予以支持。对起诉书指控被告人张俊琴贪污100万元的指控，因在国家审计署对中国经济开发信托投资公司内蒙古证券营业部进行审计时，被告人张俊琴按照领导的要求将17万元交给刘经国，由刘经国以补交利息的名义，交回了中国经济开发信托投资公司内蒙古证券营业部，其本人对该17万元未实际占为己有，应从指控数额中扣除，故其贪污数额应认定为83万元。被告人张俊琴归案后认罪态度较好，且在共同犯罪中起次要作用，系从犯，依法应当从轻处罚；鉴于其赃款大部分被追回等情节，依法可酌情从轻处罚。被告人赵茹归案后认罪态度较好，并能如实供述司法机关尚未掌握的其贪污犯罪事实，系自首；被告人赵茹作为中国经济开发信托投资公司内蒙古证券营业部交易部经理，负责自营炒股，虽然在炒股过程中起主要作用，但对炒股的盈利款不作入账处理、提取现金暂时保存、商定私分盈利款、与刘经国订立攻守同盟等，均是根据被告人郭如鳌及李耀林的指使所为，故认定被告人赵茹在共同贪污犯罪中起次要作用，系从犯；被告人赵茹检举他人犯罪，经查证属实，有立功表现；同时鉴于被告人赵茹的赃款基本被追回等情节，依法应当减轻处罚。被告人张俊琴所提“尽管也分了钱，但是处于被动接受地位，在整个过程中起次要作用”的辩解理由、被告人赵茹所提“自己在整个犯罪过程中受被告人郭如鳌的指使，只是被动接受，起辅助作用，系从犯”的辩解理由及其辩护人所提“被告人赵茹作为证券营业部的聘用人员，其行为是被动地执行单位领导的决定，在分配收益时处于从属地位，起次要作用”的辩护意见，均予以支持。

对被告人郭如鳌所提“自己没有贪污，因在职期间中国经济开发信托投资公司内蒙古证券营业部没少一分钱；对自营炒股的过程不清楚，起诉书中的自营炒股经过是虚构的；认定自己指使他们提款、订立攻守同盟都不符合事实”的辩解理由和其辩护人所提“起诉书指控郭如鳌将180万元占为已有的证据明显不够充分和确凿”的辩护意见。经查，被告人郭如鳌在侦查期间曾有两次供认，其中，在其亲笔供词中所交代的将分得的赃款于晚上到被告人赵茹办公室拿走的供述细节，与被告人赵茹的供述相吻合，同时证实其犯有贪污罪的证据有同案犯张俊琴、赵茹的供述，有被告人郭如鳌在山东省垦利县看守所羁押期间，与其同一监室的犯罪嫌疑人李友民、郑伟东的证言；有证人刘经国证实被告人郭如鳌找其顶替中国经济开发信托投资公司内蒙古证券营业部自营炒股和私分盈利款的事实；有取赃款时用的“卡丹露”牌包等证据证实。上述证据形成一个完整的证据链条。故被告人郭如鳌的上述辩解理由及其辩护人的上述辩护意见均不成立，不予支持。

对于被告人郭如鳌的辩护人所提“因为炒股盈利款根本不具备公共财物的特征，即便存在私分盈利款的事实，也不宜定性为贪污罪”的辩护意见。经查，中国经济开发信托投资公司内蒙古证券营业部自营炒股是根据该部常务副总经理李耀林的指使进行的，且炒股所用资金系股民保证金、营业部自有资金和被告人赵茹以本单位名义借的1000万元国债，该自营炒股行为应认定为单位行为，所盈利的864万元显然应归中国经济开发信托投资公司内蒙古证券营业部，是公共财产。故该辩护意见不能成立，不予采纳。

对被告人郭如鳌所提“李耀林提出挪用公款给伊利集团使用时自己同意，是如何操作的、钱给了个人使用，自己不清楚，且关晓军也没给自己任何好处；2000万元国债是作为客户资金出借的，是单位透支给客户使用，不构成挪用公款罪”及其辩护人所提“指控被告人郭如鳌犯挪用公款罪的事实不清、证据不足，且被告人郭如鳌不存在挪用公款归个人使用的主观故意，指控罪名不能成立”的辩护意见，经查，与本案所查明的事实和证据不符，亦不予采纳。

对于被告人张俊琴的辩护人及被告人赵茹的辩护人所提“被告人张俊琴、赵茹不具有国家工作人员的身份，不符合贪污罪的主体资格”的辩护意见。经查，中国经济开发信托投资公司是全民所有制企业，中国经济开发信托投资公司内蒙古证券营业部系其分支机构；被告人张俊琴、赵茹系被中国经济开发信托投资公司内蒙古证券营业部于1996年11月3日分别正式聘任为财务部和交易部经理的，且其贪污事实发生在1998年4、5月份，依照《中华人民共和国刑法》第93条第2款之规定，被告人张俊琴、赵茹的身份应认定为国家工作人员。故上述辩护意见均不成立，不予采纳。

对被告人张俊琴的辩护人所提“被告人张俊琴主观上不具有贪污的故意，其行为不构成贪污罪”及被告人赵茹的辩护人所提“被告人赵茹主观上不具有非法占有公共财产并使国家蒙受损失的故意，其接受的100万元与其他员工接受的款项是同一性质，其行为不构成贪污罪”的辩护意见。经查，被告人郭如鳌、张俊琴、赵茹与李耀林共谋私分炒股盈利款500万元，其占有的主观故意是明显的。虽然同时讨论了给职工分发100万元，但是此决定是在四人确定了分赃数额后才提出的，是基于有的职工知道自营炒股盈利，为掩盖贪污500万元的事实才提出给职工以房补名义发放100万元。且在实际分配中四人将500万元分赃后，又与职工一起以房补名义私分了130万元，故该130万元和给职工发放的100万元是三被告人与李耀林掩饰其贪污500万元的手段，具有私分国有资产的性质。四人私分的500万元是秘密的，不具有公开性和集体性，该行为应认定为构成贪污罪。故上述辩护意见不成立，不予支持。

对于被告人张俊琴的辩护人所提“被告人张俊琴在2001年国庆节后遵从领导指示将35000美元给刘经国，该款已脱离了被告人张俊琴的实际控制，应当从其得款数额中扣除”的辩护意见和被告人赵茹的辩护人所提“被告人赵茹听从被告人郭如鳌的指示，在2001年国庆节给刘经国的35000美元和10万元国库券不应计算在其所分得的款额内”的辩护意见。经查，上述款项虽然交给了刘经国，但只是交给其保管，该款项的所有权未发生转移，仍属被告人张俊琴和被告人赵茹所有，故不能认定该款已由被告人张俊琴或赵茹退给了单位或未实际得到。故上述辩护意见不成立，不予支持。

对于被告人郭如鳌的辩护人所提“在程序上存在着指控犯罪的主要证据的提交时间不符合法律规定、超期羁押、当庭出示的主要证据都是公诉机关在审查起诉阶段搜集的”的辩护意见。经查，公诉机关向本院提起公诉时，已将主要证据的复印件及证据目录提交，且当庭出示的证据均系原始证据，并经各被告人及其辩护人质证，均无异议，故本院认为上述证据为有效证据。对上述辩护意见，不予支持。

对于被告人张俊琴的辩护人及被告人赵茹的辩护人所提“被告人张俊琴、赵茹实际被羁押时间与起诉书载明的时间有11天的差别”的辩护意见。经查，被告人张俊琴、赵茹于2002年8月6日被内蒙古自治区人民检察院释放后，山东省人民检察院于当日决定逮捕，同年8月16日执行逮捕，在该11天内，二被告人仍处于被羁押状态，起诉书所载明的时间反映了上述实际情况，并无不当，对该11天时间，仍计算在实际执行的刑期之内。

对于被告人张俊琴的辩护人所提“被告人张俊琴被采取强制措施后，已退回司法机关55万余元”的辩护意见，与本院所查明的事实和证据不符，不予采纳。

2003年12月1日，潍坊市中级人民法院依照《中华人民共和国刑法》第382条第1款、第383条第1款第1项、第384条第1款、第25条第1款、第26条第1、4款、第27条、第67条第2款、第68条第1款、第69条、第57条第1款、第59条、第64条及《最高人民法院关于处理自首和立功具体应用法律若干问题的解释》第2条、第3条、第5条的规定，判决如下：

1. 被告人郭如鳌犯贪污罪，判处无期徒刑，剥夺政治权利终身，并处没收个人全部财产；犯挪用公款罪，判处有期徒刑十年。决定执行无期徒刑，剥夺政治权利终身，并处没收个人全部财产。

2. 被告人张俊琴犯贪污罪，判处有期徒刑十年。

3. 被告人赵茹犯贪污罪，判处有期徒刑六年。

4. 对检察机关从被告人郭如鳌、张俊琴、赵茹处追回的赃款现金人民币五十一万一千四百元及价值人民币十五万元的日信集团股票十六万股；从被告人张俊琴处扣押的价值人民币二十四万四千四百元的金宇集团股票一万三千股及二十万元国库券；从被告人赵茹处追回的赃款现金人民币六十九万二千二百元及美元二万五千元，依法追缴（现均扣押在检察机关）。

5. 继续追缴被告人郭如鳌尚未退回的赃款一百一十三万八千六百元、被告人张俊琴尚未退回的赃款三十八万五千六百元、被告人赵茹尚未退回的赃款十万一千零五十元。

宣判后，潍坊市人民检察院认为判决正确，不抗诉。被告人郭如鳌、张俊琴、赵茹均不服，被告人郭如鳌以“一审判决认定事实不清，适用法律错误，其行为不构成贪污罪和挪用公款罪，更不是主犯”为由、被告人张俊琴以“定性不准，量刑不当”为由、被告人赵茹以“主观上不具有非法占有公共财产并使国家蒙受损失的故意，客观上没有职务上的便利；给刘经国的10万元国库券及3.5万美元应从贪污数额中扣除；量刑过重”为由，分别提出上诉。被告人郭如鳌的辩护人提出“认定被告人郭如鳌犯贪污罪的证据不足，不构成挪用公款罪”的辩护意见。三被告人的辩护人均提出“本案属于挪用性质，炒股盈利款系挪用公款进行营利活动的收益，不构成贪污罪”的辩护意见。

山东省高级人民法院经审理认为，上诉人郭如鳌、张俊琴、赵茹身为国家工作人员，利用职务之便，侵吞单位公款，数额特别巨大，均构成贪污罪；上诉人郭如鳌利用职务之便，将公款挪用给个人使用，进行营利活动，情节严重，构成挪用公款罪。上诉人郭如鳌在贪污犯罪中系主犯，且犯有挪用公款罪，依法应予数罪并罚。上诉人张俊琴在共同犯罪中系从犯，且赃款大部分被追回，依法应从轻处罚；上诉人赵茹在共同犯罪中系从犯，有自首情节和立功表现，且赃款基本被追回，依法可减轻处罚。对于辩护人提出炒股盈利款系挪用公款进行营利活动收益的辩护意见。经查，上诉人赵茹等所进行的炒股，不是个人的想法，而是根据中国经济开发信托投资公司内蒙古证券营业部常务副总经理李耀林的指示作出的；客观上是以单位名义筹措资金，整个过程均由单位进行，不是一种个人行为，该行为本身不是挪用公款的犯罪行为，辩护人提出炒股系挪用公款进行营利活动的辩护意见与事实不符。对于上诉人郭如鳌及其辩护人提出的构成贪污罪证据不足的上诉理由及辩护意见。经查，上诉人赵茹、张俊琴的供述证实郭如鳌主持分赃的事实，赵茹还证实郭如鳌分得180万元的事实；上诉人郭如鳌对预谋私分盈利款的事实供认，且对得到盈利款的事实有过供述。此外，还有物证、其他证人证言等在案为证。原审判决认定上诉人郭如鳌构成贪污罪的证据确实、充分。对于辩护人提出原审认定郭如鳌在共同犯罪中系主犯错误的辩护意见。经查，上诉人郭如鳌身为中国经济开发信托投资公司内蒙古证券营业部总经理，主持私分单位公款构成犯罪，理应对全部事实负责。辩护人提出的不是主犯的辩护意见不当。对于上诉人郭如鳌及其辩护人提出的不构成挪用公款罪的上诉理由及辩护意见。经查，证人关晓军证实，上诉人郭如鳌同意借给关晓军2000万元国债炒股；客户证券流水对账单、股票对账单等证实2000万元国债的借出、炒卖、归还情况；内蒙古伊利集团股份有限公司出具的材料证实，该集团没有向内蒙古自治区国债中心借用过国债。上述证据足以证实郭如鳌将单位款项挪用给个人使用的事实，上诉人郭如鳌及其辩护人提出不构成挪用公款罪的上诉理由及辩护意见无证据证实。对于上诉人张俊琴、赵茹提出不构成贪污罪、量刑重的上诉理由。经查，原审判决对二人的身份进行了确认，并根据事实、证据对其进行定罪处罚，并无不当之处。上诉人郭如鳌、张俊琴、赵茹的上诉理由及辩护人的辩护意见均不能成立，不予采纳。原审判决定罪准确，量刑适当，审判程序合法。依照《中华人民共和国刑事诉讼法》第189条第（1）项的规定，于2004年3月10日裁定驳回上诉，维持原判。

使用公款购买房屋构成贪污的，犯罪对象是公款还是房屋

——高建华等贪污案①

【裁判要旨】

1. 在“党委扩大会”上共谋“集资购房”，将公款用于单位多人购买私房，构成共同贪污。

2. 使用公款以个人名义购买房屋构成贪污罪的，犯罪对象是公款而不是房屋。贪污罪的对象既包括动产，也包括不动产。贪污罪是一种以非法占有为目的的财产性职务犯罪，应当以行为人是否实际控制财物作为区分贪污罪既遂与未遂的标准。对于行为人利用职务上的便利，实施了虚假平账等贪污行为，但公共财物尚未实际转移，或者尚未被行为人控制就被查获的，应当认定为贪污未遂：行为人控制公共财物后，是否将财物据为己有，不影响贪污既遂的认定。《刑法》上非法占有的实现并不以得到民事

① 原载于《刑事审判参考》2007年第5集·总第58集，第462号。

法律上的确认为充足，是否在法律上取得了对物的所有权，并不能对事实上占有某物的认定构成障碍。贪污不动产与贪污动产在既遂、未遂的认定标准上是一样的，就是看行为人是否实际控制公有财物，如果单位已经失去对公有财物的实际控制，而行为人已经实际控制财物，就应当认定为既遂。行为人是否实际办理不动产的私有产权证，不影响贪污既遂的认定。

3. 行为人利用职务之便，私自截留公款，假以单位名义购买并长期占有所购房屋的行为，构成贪污罪。

【关 键 词】

公款购房　犯罪对象　既未遂　共同贪污

【相关法条】

《中华人民共和国刑法》第382条第1款、第383条第1款第（1）项

【基本案情】

被告人高建华，捕前系河南省郑州市二七区人大常委会副主任。

被告人岳保生，捕前系郑州市二七区一马路办事处协理员。

被告人张艳萍，捕前系郑州市二七区委办公室副主任。

被告人许福成，捕前系郑州市二七区德化街办事处主任。

河南省郑州市人民检察院以被告人高建华、岳保生、张艳萍、许福成犯贪污罪向河南省郑州市中级人民法院提起公诉。

郑州市中级人民法院经公开审理查明：

（一）1994年12月16日，时任郑州市二七区铭功路办事处党委书记的被告人高建华，主持召开了办事处党委扩大会议，被告人岳保生、张艳萍、许福成等参加了会议。会议讨论了用公款购买私房的问题，经研究决定，每人交集资款30000元，并动用祥云大厦给付铭功路办事处的拆迁补偿费，给包括四被告人在内的9人共购买房屋9套，并要求参与买房人员要保密。高建华还指示该办事处劳动服务公司会计将拆迁补偿费不入服务公司账，单独走账。之后，9人向服务公司各交纳了30000元，并选定了购买的房屋，后一人退出购房。铭功路办事处劳动服务公司陆续向中亨（河南）房地产开发管理有限公司（下称中亨公司）等处汇款。其中，高建华用245052.6元（其中公款215052.6元），购买在郑州市南阳路中亨花园1号院8号楼房屋一套；岳保生用253000元（其中公款223000元），购买在二七区商业局第三贸易公司房屋一套；张艳萍用223025.4元（其中

公款 193025.4 元），购买在郑州市南阳路中亨花园 1 号院 8 号楼房屋一套；许福成用 223025.4 元（其中公款 193025.4 元），购买在郑州市南阳路中亨花园 1 号院 8 号楼房屋一套。之后，四被告人均以个人名义交纳了契税。案发时，房屋所有权证尚未办理。案发后上述公款均已被追回。

另查，1997 年 2 月、2000 年 3 月，被告人张艳萍、许福成分别在得到该房子之前或之后，将自己在铭功路办事处的福利分房（享有部分产权）交回单位，两套房屋均已重新分配给该单位其他职工。

（二）1997～1999 年期间，被告人高建华利用担任二七区房管局局长的职务之便，指使二七区房管局人劳科科长吴运海，将应交到该局财务科的企业保证金共计 140000 元私自扣留后，高以“业务费支出”等名义，先后取出 101500 元。其中，支付给本局李自强抚恤金 3000 元，支付过节费 2500 元，其余 96000 元高建华据为己有。

郑州市中级人民法院认为，上述事实即郑州市人民检察院指控的第一起、第三起事实，指控的罪名成立，各被告人的行为均已构成贪污罪。被告人高建华、岳保生、张艳萍、许福成用公款购买私房的行为，由于意志以外的原因未办理产权证，系犯罪未遂。在共同犯罪中，被告人高建华系主犯，被告人岳保生、张艳萍、许福成系从犯。对郑州市人民检察院指控的第二起事实，即被告人高建华利用担任二七区房管局局长之便，指使张绍华将苑陵街拆迁补偿费人民币 264600 元，直接用于购买中亨花园住房一套和装修房屋的事实，因该住房的产权不可能发生实质性转移，且案发前被告人高建华已向产权单位办理了公房租赁手续，该房产已纳入单位管理，其行为不具备贪污罪的客观要件，对该起指控不予认定。依照《中华人民共和国刑法》第 12 条、第 382 条第 1 款、第 383 条第（1）项、第 26 条第 1、4 款、第 27 条、第 23 条、第 72 条第 1 款、第 37 条、第 64 条之规定，以贪污罪判处被告人高建华有期徒刑十一年，并处没收个人财产 10000 元，违法所得 96000 元，予以追缴；以贪污罪判处被告人岳保生有期徒刑二年，缓刑三年；以贪污罪判处被告人张艳萍、许福成免予刑事处罚。

一审宣判后，郑州市人民检察院不服，向河南省高级人民法院提出抗诉。被告人高建华不服，向河南省高级人民法院提出上诉。

郑州市人民检察院抗诉称：起诉书指控第一、二起为贪污既遂，第二起应认定为贪污罪，第一、二起贪污行为指向的是公款而非房产或公物，原判认定事实和适用法律错误。河南省人民检察院的出庭意见为：起诉书指控第一起贪污行为的目的指向应是公款而非房产，侵害的是单位公款所有权，各被告人已实现了对公款的非法占有，应属于犯罪既遂；起诉书指控的第二起，高建华具有非法占有的目的，侵害的是单位公款所有权，高建华实施了贪污行为，并已完成将公款占为已有的过程，应予认定贪污罪等。

高建华上诉辩称：一审判决认定的第一起事实，系公款购买公房，房屋已入服务公司账；认定的第二起事实中，其将款项均用于单位的非业务性支出，其没有占有公款的行为。故其不构成贪污罪。

岳保生未上诉，其辩护人的辩护意见为，岳保生主观上无非法占有的目的，未取得房屋所有权，其行为不构成贪污罪。

张艳萍未上诉，其辩护人的辩护意见为，原判认定其共同贪污的事实不清，证据不足。

许福成未上诉，其辩护人的辩护意见为，许福成不是党委委员，其只是列席会议，无贪污故意，未实施贪污行为，其行为不构成贪污罪。

河南省高级人民法院经审理查明：原判认定被告人高建华、岳保生、张艳萍、许福成共同将二七区铭功路办事处拆迁补偿费人民币824103.4元用于购买私房、被告人高建华将二七区房管局企业保证金人民币96000元据为已有的事实，经一审法院当庭举证、质证，查证属实，并经二审当庭核实无误，予以确认。另查明，1997年3月，被告人高建华为购买私房，利用担任二七区房管局局长职务之便，指使时任局长助理的张绍华到二七区拆迁办公室，将应补偿给二七区房管局的苑陵街拆迁补偿费人民币264600元在不入该局财务账的情况下，私自取出，直接在郑州市南阳路中亨花园1号院2号楼为高建华购房一套，并将剩余的款项用于装修使用。案发后，该房已被追回。

【裁判结果与理由】

河南省高级人民法院审理认为，起诉书指控第一起事实系各被告人将公款侵吞后购买住房，已实现了对公款的非法占有，公款已发生实际转移，各被告人虽未取得所购房屋所有权，并不改变贪污公款的性质。高建华、岳保生、张艳萍、许福成利用职务上的便利，以集资购房为名，共同侵吞公款，并实质上用于购买私房，应认定为贪污犯罪，且系既遂。在共同贪污犯罪中，上诉人高建华系主犯，应依法惩处；被告人岳保生、张艳萍、许福成系从犯，可依法减轻处罚。原判以各被告人用公款购买私房后未办理房产证为由，认定系犯罪未遂，属认定事实和适用法律错误。起诉书指控第三起事实清楚，高建华称 96000 元公款用于非业务性支出经查不实。在起诉书指控第二起事实中，上诉人高建华利用职务之便，将公款不入单位账，私盖单位印章，以单位名义签订购房协议后，长期占有该房，在离任前未将该房屋纳入单位固定资产管理，高对购买该房的公款已取得实际控制权，该行为已构成贪污罪；原判认定的事实清楚，证据确实、充分，对起诉书指控的第一、三起事实定罪准确，审判程序合法，但对起诉书指控的第一起事实认定为犯罪未遂不当，对第二起事实不予认定为犯罪定性不当，适用法律错误。上诉人高建华的上诉理由及其辩护人的辩护意见不予采纳，郑州市人民检察院的抗诉理由和河南省人民检察院的抗辩意见予以采纳。依照《中华人民共和国刑事诉讼法》第 189 条第（1）、（2）项、《中华人民共和国刑法》第 12 条、第 383 条第 1 款第（1）项、第 25 条、第 26 条第 1、4 款、第 27 条、第 64 条之规定，以贪污罪改判上诉人高建华有期徒刑十三年，并处没收个人财产人民币 10000 元，违法所得 96000 元，予以追缴。

骗取本单位应得利润构成贪污罪①

——王烽、冯小龙贪污案

【裁判要旨】

在贪污犯罪中，贪污的对象一般是本单位所有或者经营、管理的财产，对本单位应得的利润能否作为贪污犯罪的对象则存在不同认识。这种认识其实机械地看待了犯罪对象，预期应得的利润如果没有产生，当然不可能成为贪污对象，但已经产生的利润经过本单位的账而被私人骗取，从民事法律关系上即属骗取本单位所有的财物。通过与相关罪名作价值衡量，将该行为定性为贪污更符合立法精神。

【关 键 词】

骗取　应得利润　贪污

【相关法条】

《中华人民共和国刑法》第382条第1款、第383条第1款第（3）项

【基本案情】

重庆市武隆县山虎关水库管理局是该县水务局下设的事业单位。2006年10月16日，山虎关水库管理局与武隆县白马镇人民政府签订合同，承建白马镇移民新区消防设施建设工程，约定工程总投资21.83万元。时任山虎关水库管理局局长的被告人王烽，与时任该局副局长的被告人冯小龙觉得该工程有利可图，王烽提出伪造假承包合同，由冯小龙负责采购材料，并组织安排人员施工，把该工程款套出来。二人共谋后，冯小龙于同月15日伪造了“刘礼余”从山虎关水库管理局承包该工程土建部分的承包合同。2008年10月18日，在山虎关水库管理局班子成员会议上，二人及其他班子成员谈到该工程时，确定由冯小龙负责监督实施。双方又于同月20日签订补充合同，对工程施工、验收及计算方法作了调整。冯小龙随后找到本单位工程科科长杨龙海、谭金勇，说白马镇移民办公室（以下简

① 原载于《人民司法》2010年第4期。

称移民办）出钱安装消防设施，让杨龙海等人设计安装，移民办承诺安装一个消防栓给280元。杨龙海等人即组织民工施工。冯小龙花费数万元采购材料，并在开具发票时虚增购买金额至132622元。工程完工后，经验收和结算审核，该工程定案金额为221582.06元，白马镇移民办据此付款。冯小龙以“刘礼余”的名义先后将该款领出，并以其岳母的名字存入银行，用于采购材料，支付工程税金11079.10元，支付杨龙海等人劳务费5600元，并将1万元打回本单位小金库。王烽、冯小龙将利润13.9222万元私分。后经鉴定：该工程合计造价166583元，其中含计划利润3770.15元。

【裁判结果与理由】

重庆市武隆县人民法院经审理认为，被告人王烽、冯小龙身为国家工作人员，利用职务之便，采取伪造虚假合同、虚增材料费的手段，将本单位公款占为己有，构成贪污罪。但是，二被告人虽然实获13.9222万元，但实际由单位按照正常方式实施该工程，无法完全获取该利润，故将其作为贪污数额不妥，应结合对该工程造价的鉴定来确定本案的贪污数额，即将冯小龙领出的工程款221582.10万元，减去鉴定出的该工程造价166583元和打回本单位小金库的1万元，再加上计划利润3770.15元，最后剩余的48769.25元作为本案的犯罪数额。在共同犯罪中，王烽作为本单位第一领导，首先提出犯意，指使冯小龙具体实施犯罪行为，分得大部分赃款，起了主要作用，是主犯；冯小龙起了次要作用，是从犯。王烽在案发后积极退赃，可酌情从轻处罚；冯小龙是从犯，在案发后积极退赃，且有悔改表现，应从轻处罚。依照《中华人民共和国刑法》第382条第1款、第383条第1款第（3）项、第26条、第27条、第72条的规定，判决如下：1. 被告人王烽犯贪污罪，判处有期徒刑二年；2. 被告人冯小龙犯贪污罪，判处有期徒刑一年六个月，缓刑二年。

宣判后二被告人均未上诉，检察机关也未抗诉。

隐瞒优惠事实违规收取的审图费应认定为公共财产

——赵亚明贪污案①

【关 键 词】

隐瞒事实　违规收费　公共财产　贪污

【案例要旨】

行为人利用职务之便，向送审单位隐瞒优惠事实而与送审单位商定收取高于优惠标准的审图费，截留多收审图费的行为应认定为贪污。

【相关法条】

《中华人民共和国刑法》第 382 条第 1 款、第 383 条第 1 款第（1）项、第 2 款

【基本案情】

公诉机关：无锡市滨湖区人民检察院。

被告人：赵亚明，捕前系无锡市太湖山水城旅游度假区规划建设局副局长，原系无锡市建设工程设计审查中心滨湖区审查部主任、无锡市滨湖区建设局安置科科长。

江苏省无锡市滨湖区人民法院经审理查明：被告人赵亚明于 2004 年 9 月被无锡市建设工程设计审查中心任命为无锡市建设工程设计审查中心滨湖区审查部主任，2007 年 1 月被无锡市滨湖区建设局任命为无锡市建设局安置管理科科长。2005 年 9 月至 2008 年 2 月间，被告人赵亚明利用职务之便，侵吞公款人民币计 2347752 元。具体事实如下：

1. 被告人赵亚明在担任无锡市建设工程设计审查中心滨湖区审查部主任期间，于 2005 年 9 月至 2006 年 6 月间，利用负责受理审图业务的职务之便，在受理审图业务中，在明知送审单位已缴纳审图费的情况下，以需要再缴纳审图费为名，要求送审单位无锡市东力电器制造有限公司、无锡市锡井汽车配件有限公司等 5 家单位，将支付上述审图费计人民币 44510

① 原载于《人民司法》2011 年第 8 期。

元的支票开具至无锡市九三学社科技咨询服务部。被告人赵亚明在收到上述支票后，指使其妻肖烨化名“沈萍”将上述支票送至无锡市九三学社科技咨询服务部，支付该服务部票面金额10%的手续费后，从该服务部提取现金人民币40061元予以侵吞。

2.2005年9月至2007年3月，被告人赵亚明在担任无锡市建设工程设计审查中心滨湖区审查部主任、无锡市滨湖区建设局安置科科长期间，利用负责和受无锡市滨湖区建设局领导授权受理审图业务的职务之便，在办理审图业务过程中，在取得本单位领导或无锡市建设工程设计审查中心领导同意对送审单位审图费予以优惠后，为侵吞部分审图费，向送审单位隐瞒了上述事实，而与送审单位商定收取高于优惠标准的审图费；并要求送审单位将商定的审图费分两部分支付，其中一部分为按优惠收费标准收取的审图费，该部分用支票交至无锡市滨湖区建设局账户或无锡市建设工程设计审查中心账户入账；剩余部分则要求送审单位开具收款单位为无锡市九三学社科技咨询服务部的转账支票。被告人赵亚明在收到该支票后，指使其妻肖烨化名“沈萍”将支票送至无锡市九三学社科技咨询服务部，支付该服务部票面金额10%的手续费后，从该服务部提取现金予以侵吞。被告人赵亚明采用上述手段，先后侵吞默洛尼卫生洁具（中国）有限公司、无锡市华普科技发展有限公司、无锡鸿意地产发展有限公司等12家送审单位支付的审图费计440581.2元，从无锡市九三学社科技咨询服务部提现人民币396523.2元予以侵吞。

3.2007年1月，被告人赵亚明由无锡市建设工程设计审查中心滨湖区审查部主任改任无锡市滨湖区建设局安置科长后，无锡市滨湖区建设局、无锡市建设工程设计审查中心仍授权被告人赵亚明受理审图业务。2007年3月至2008年2月间，被告人赵亚明在办理无锡市新区硕放街道办事处开发办、无锡市鸿山经济园开发公司、无锡市万达广场投资有限公司、无锡马山灵圣置业有限公司、江苏尤渡村集团有限公司等5家单位的审图业务过程中，仍采用向送审单位隐瞒审图费优惠收取的事实而与送审单位商定高于优惠标准的审图费，并要求送审单位将商定的审图费用两张转账支票支付，将开具至无锡市九三学社科技咨询服务部的上述单位缴纳的审图费计人民币1556460元予以侵吞，从无锡市九三学社科技咨询服务部提现1400814元。

4. 被告人赵亚明在担任无锡市建设工程设计审查中心滨湖区审查部主任、无锡市滨湖区建设局安置科科长期间，办理了滨湖区辖区以外建设工程图纸审查业务。无锡市滨湖区建设局规定对引进上述项目的人员可给予按审图费10%计算的劳务费予以奖励。被告人赵亚明利用其负责编制“外区审图项目引进人员劳务费”名单、发放上述劳务费的职务之便，于2006年3月至2007年8月间，虚构外区审图项目引进人员名单并冒签上述人员签名，先后9次从无锡市滨湖区建设局财务科领取外区审图项目引进人员劳务费计人民币306200元予以侵吞。

案发后，检察机关从被告人赵亚明处追缴赃款人民币1169033元。

无锡市滨湖区人民法院认为，被告人赵亚明身为国家机关工作人员，利用职务上的便利侵吞公共财物，其行为已构成贪污罪。案发后，被告人赵亚明的家属配合检察机关退出部分赃款，对被告人赵亚明可予酌情从轻处罚。依照《中华人民共和国刑法》第382条第1款、第383条第1款第（1）项、第2款、第55条第1款、第56条第1款，和最高人民法院《关于对故意伤害、盗窃等严重破坏社会秩序的犯罪分子能否附加剥夺政治权利问题的批复》之规定，以贪污罪，判处被告人赵亚明有期徒刑十三年，并处没收财产人民币二十万元，剥夺政治权利四年。

一审宣判后，被告人赵亚明不服，向无锡市中级人民法院提出上诉。

被告人赵亚明及其辩护人上诉称：1. 截留的审图费属个人技术咨询服务费，没有利用职务之便侵吞公共财物，不应认定为贪污；2. 外区审图项目引进人劳务费名单的部分签名不是自己冒签的，绝大部分劳务费已发放给有关人员，许金牛等人领到了劳务费，原审事实认定不清，不应认定为贪污；3. 部分证人证言与事实不符；4. 侦查机关存在诱供、逼供的情况；5. 原判量刑过重。

被告人赵亚明的辩护人提出：1. 一审庭审未通知证人出庭作证，违背程序规则；2. 本案所指控的款项不能界定为公共财物，隐瞒优惠事实索取费用应当认定为诈骗罪；3. 有自首情节。

【裁判结果与理由】

无锡市中级人民法院经审理认为，上诉人赵亚明身为国家工作人员，利用职务上的便利，非法侵吞公款人民币230万余元，其行为已构成贪污罪。案发后，上诉人赵亚明的家属退出部分赃款，对赵亚明可酌情从轻处罚。原审判决计算上诉人赵亚明侵吞外区审图项目引进人员劳务费中的部分数额有误，应予纠正。

关于上诉人赵亚明提出的上诉理由及其辩护人提出的辩护意见，综合评判如下：1. 关于本案的定性问题。（1）上诉人赵亚明担任无锡市建设工程设计审查中心滨湖区审查部主任、无锡市滨湖区建设局安置管理科科长期间，利用经手洽谈及收取审图费的职务便利，重复收取或隐瞒优惠事实并侵吞送审单位支付给单位的审图费的事实，有证人范校军、沈新宇、纪苏、肖烨、李江、胡强、黄俭、彭家麟等人的证言，有关记账凭证、发票、银行转账支票，无锡市九三学社科技咨询服务部的发票、记账单、进账单、费用结算表等书证证实，其辩称在审查过程中向送审单位提供审图方面的技术咨询服务的辩解经查无证据可以证实，与事实不符。赵亚明截留的审图费是利用职务之便以单位名义收取，性质上应认定为公共财物，而非个人技术咨询服务费，其行为确已构成贪污罪。（2）关于外区审图项目引进人劳务费的问题，经查，该劳务费是滨湖区建设局为鼓励部门创收而设置的用于奖励相关外区项目介绍人的费用，该奖励是对建设局外部人员的奖励，内部人员无权领取后占为己有。该部分奖励属滨湖区建设局的专项拨款，应属公共财物。赵亚明将该部分款项占为己有的行为，应认定为贪污，其辩称部分签名并非自己所签不影响贪污罪的成立。但其已支付给许金牛 36000 元劳务费的情况属实，应当予以采纳。2. 关于是否构成自首的问题。经查，案发后赵亚明并未自动投案，在接受审查时亦未如实交待自己的罪行，并有诱导相关证人隐瞒事实真相的行为，其行为不符合自首的构成要件。3. 关于证人是否应当出庭的问题。经查，现行法律并无证人必须出庭作证的强制性规定，证人证言在庭审中经质证并且经过查实后，即可作为定案的根据。辩护人的相关辩护意见缺乏法律依据。4. 关于本案证据证明力的问题。从侦查机关出具的情况说明来看，侦查机关对赵亚明及相关证人所作的笔录均合法取得，无逼供、诱供等情形，供述稳定、自然，证人证言之间均能相互印证，收集的证据内容客观、真实，应予采信。5. 关于量刑的问题。赵亚明贪污公款达人民币 230 万余元，依法应当判处十年以上有期徒刑或无期徒刑，可并处没收财产。原审法院根据赵亚明贪污犯罪的数额及危害结果，并充分考虑其退赃情节，对其从轻处罚后判处的刑罚并无不当。综上，原审判决认定的基本事实清楚，证据确凿充分，适用法律正确，量刑适当，诉讼程序合法，应予维持。据此，依照《中华人民共和国刑事诉讼法》第189条第（1）项之规定，裁定：驳回上诉，维持原判。

土地使用权可以成为贪污的对象

——杨延虎贪污案①

【裁判要旨】

1. 贪污罪中的“利用职务上的便利”，是指利用职务上主管、管理、经手公共财物的权力及方便条件，既包括利用本人职务上主管、管理公共财物的职务便利，也包括利用职务上有隶属关系的其他国家工作人员的职务便利。

2. 土地使用权具有财产性利益，属于《刑法》第382条第1款规定中的“公共财物”，可以成为贪污的对象。《贪污贿赂解释》第12条规定，贿赂犯罪中的“财物”，包括货币、物品和财产性利益。财产性利益包括可以折算为货币的物质利益如房屋装修、债务免除等。土地使用权属于财产性利益。

【关 键 词】

职务便利　隶属关系　贪污

【相关法条】

《中华人民共和国刑法》第382条第1款、第383条第1款第（1）项

【基本案情】

被告人杨延虎。

被告人杨延虎1996年8月任浙江省义乌市委常委，2003年3月任义乌市人大常委会副主任，2000年8月兼任中国小商品城福田市场（2003年3月改称中国义乌国际商贸城，简称国际商贸城）建设领导小组副组长兼指挥部总指挥，主持指挥部全面工作。2002年，杨延虎得知义乌市稠城街

① 最高人民法院指导案例11号。

道共和村将列入拆迁和旧村改造范围后，决定在该村购买旧房，利用其职务便利，在拆迁安置时骗取非法利益。杨延虎遂与被告人王月芳（杨延虎的妻妹）、被告人郑新潮（王月芳之夫）共谋后，由王、郑二人出面，通过共和村王某某，以王月芳的名义在该村购买赵某某的3间旧房（房产证登记面积61.87平方米，发证日期1998年8月3日）。按当地拆迁和旧村改造政策，赵某某有无该旧房，其所得安置土地面积均相同，事实上赵某某也按无房户得到了土地安置。2003年3、4月份，为使3间旧房所占土地确权到王月芳名下，在杨延虎指使和安排下，郑新潮再次通过共和村王某某，让该村村民委员会及其成员出具了该3间旧房系王月芳1983年所建的虚假证明。杨延虎利用职务便利，要求兼任国际商贸城建设指挥部分管土地确权工作的副总指挥、义乌市国土资源局副局长吴某某和指挥部确权报批科人员，对王月芳拆迁安置、土地确权予以关照。国际商贸城建设指挥部遂将王月芳所购房屋作为有村证明但无产权证的旧房进行确权审核，上报义乌市国土资源局确权，并按丈量结果认定其占地面积64.7平方米。

此后，被告人杨延虎与郑新潮、王月芳等人共谋，在其岳父王某祥在共和村拆迁中可得25.5平方米土地确权的基础上，于2005年1月编造了由王月芳等人签名的申请报告，谎称“王某祥与王月芳共有三间半房屋，占地90.2平方米，二人在1986年分家，王某祥分得36.1平方米，王月芳分得54.1平方米，有关部门确认王某祥房屋25.5平方米、王月芳房屋64平方米有误”，要求义乌市国土资源局更正。随后，杨延虎利用职务便利，指使国际商贸城建设指挥部工作人员以该部名义对该申请报告盖章确认，并使该申请报告得到义乌市国土资源局和义乌市政府认可，从而让王月芳、王某祥分别获得72和54平方米（共126平方米）的建设用地审批。按王某祥的土地确权面积仅应得36平方米建设用地审批，其余90平方米系非法所得。2005年5月，杨延虎等人在支付选位费24.552万元后，在国际商贸城拆迁安置区获得两间店面72平方米土地的拆迁安置补偿（案发后，该72平方米的土地使用权被依法冻结）。该处地块在用作安置前已被国家征用并转为建设用地，属国有划拨土地。经评估，该处每平方米的土地使用权价值35270元。杨延虎等人非法所得的建设用地90平方米，按照当地拆迁安置规定，折合拆迁安置区店面的土地面积为72平方米，价值253.944万元，扣除其支付的24.552万元后，实际非法所得229.392万元。

【裁判结果与理由】

浙江省金华市中级人民法院判决，一、被告人杨延虎犯贪污罪，判处有期徒刑十五年，并处没收财产二十万元。二、被告人郑新潮犯贪污罪，判处有期徒刑五年。三、被告人王月芳犯贪污罪，判处有期徒刑三年。宣判后，三被告人均提出上诉。浙江省高级人民法院于2009年3月16日作出（2009）浙刑二终字第34号刑事裁定，驳回上诉，维持原判。

法院生效裁判认为：关于被告人杨延虎的辩护人提出杨延虎没有利用职务便利的辩护意见。经查，义乌国际商贸城指挥部系义乌市委、市政府为确保国际商贸城建设工程顺利进行而设立的机构，指挥部下设确权报批科，工作人员从国土资源局抽调，负责土地确权、建房建设用地的审核及报批工作，分管该科的副总指挥吴某某也是国土资源局的副局长。确权报批科作为指挥部下设机构，同时受指挥部的领导，作为指挥部总指挥的杨延虎具有对该科室的领导职权。贪污罪中的“利用职务上的便利”，是指利用职务上主管、管理、经手公共财物的权力及方便条件，既包括利用本人职务上主管、管理公共财物的职务便利，也包括利用职务上有隶属关系的其他国家工作人员的职务便利。本案中，杨延虎正是利用担任义乌市委常委、义乌市人大常委会副主任和兼任指挥部总指挥的职务便利，给下属的土地确权报批科人员及其分管副总指挥打招呼，才使得王月芳等人虚报的拆迁安置得以实现。

综上，被告人杨延虎作为国家工作人员，利用担任义乌市委常委、义乌市人大常委会副主任和兼任国际商贸城指挥部总指挥的职务便利，伙同被告人郑新潮、王月芳以虚构事实的手段，骗取国有土地使用权，非法占有公共财物，三被告人的行为均已构成贪污罪。在共同贪污犯罪中，杨延虎起主要作用，系主犯，应当按照其所参与或者组织、指挥的全部犯罪处罚；郑新潮、王月芳起次要作用，系从犯，应减轻处罚。故一、二审法院依法作出如上裁判。

二、贪污罪的主体认定

如何认定村民委员会等村基层组织成员为依照法律从事公务的人员？

——宾四春等贪污案①

【裁判要旨】

1. 村党支部成员在协助人民政府履行《全国人民代表大会常务委员会关于〈中华人民共和国刑法〉第九十三条第二款的解释》规定的七类行政管理工作时，属于"其他依照法律从事公务的人员"。

2. 村民委员会等村基层组织成员利用职务上的便利非法占有的财物既包括国有财产也包括村集体所有财产的，应当分别以贪污罪和职务侵占罪定罪处罚。

【关 键 词】

基层组织　依照法律从事公务　贪污

【相关法条】

《中华人民共和国刑法》第 382 条、第 383 条第（1）、（3）项

【基本案情】

被告人宾四春，原系湖南省湘潭市岳塘区荷塘乡清水村村民委员会主任。

被告人郭利，原系湖南省湘潭市岳塘区荷塘乡清水村党支部书记、村民委员会委员兼出纳。

被告人戴自立，原系湖南省湘潭市岳塘区荷塘乡清水村村民委员会委员兼会计。

湖南省湘潭市岳塘区人民检察院以被告人宾四春、郭利、戴自立犯贪污罪，向湘潭市岳塘区人民法院提起公诉。

---

① 原载于《刑事审判参考》2001 年第 10 集 · 总第 21 集，第 136 号。

被告人宾四春、郭利、戴自立对起诉书指控的事实均无异议，但三被告人及其辩护人均辩称：三被告人不是国家工作人员，不能构成贪污罪的主体；所分款项为自己的劳务所得，非侵吞公款。

湘潭市岳塘区人民法院经公开审理查明：1997 年 9 月 18 日，被告人宾四春使用作废的收款收据到湘潭电厂领取“施工作业上坝公路用地补偿费”10 万元。同月 26 日，湘潭电厂应宾要求将该款转账至清水建筑工程队在中国农业银行岳塘支行纺城储蓄专柜开设的户头上。当日，宾四春在该工程队法人代表戴某的协助下，又将该款转至以假名“戴荣华”开设的活期存折上。之后，分三次取出，除部分用于做生意外，余款以其妻的名义存入银行。

1997 年 9 月，被告人宾四春、郭利、戴自立伙同村支部委员赵运龙，出具虚假领条，从湘潭市征地拆迁事务所套取付给清水村的“迁坟补偿费”1.2 万元，四人平分，各得赃款 3000 元。

1997 年 9 月 23 日，被告人宾四春使用作废的收款收据从湘潭市征地拆迁事务所领取“油茶林补偿费”10 万元。同年 10 月 8 日，宾四春将该款转至清水村在湘潭市板塘城市合作银行以“清水工程款”名义虚设的账户上。同月 24 日，被告人郭利将款取出，又以宾四春个人名义存入中国银行雨湖支行。1998 年 3 月的一天．宾四春对郭利、戴自立说：“那 10 万元钱三个人分了，以后被发现，各退各的。”郭、戴均表示同意。尔后，三人平分，各得赃款 3.3 万余元。

1998 年 4 月 4 日，被告人宾四春以湘潭市荷塘乡清水村村民委员会名义用作废的收款收据从湘潭电厂领取“租用运输道路泥沙冲进稻田补偿费”4.2916 万元。同月 20 日，湘潭电厂将该款转账至清水村在荷塘信用社开立的账户上。尔后，宾四春对被告人郭利、戴自立说：“电厂来了笔扫尾工程款，这笔款不入账，几个人分了算了。”郭、戴均表示同意。于是，被告人郭利分两次将钱取出，并将其中的 3.2916 万元予以平分，各得赃款 1.0972 万元。

综上，被告人宾四春、郭利、戴自立利用职务便利，共同侵吞公款 14.1916 万元，各分得赃款 4.7305 万元。被告人宾四春单独利用职务便利侵吞公款 10 万元。案发后，各被告人所得赃款全部退回。

【裁判结果与理由】

湘潭市岳塘区人民法院认为：被告人宾四春、郭利、戴自立作为依法从事公务的国家工作人员，利用职务上的便利，使用作废收款收据领款等手段套取征地、迁坟等补偿费用不入账，然后予以侵吞，其行为均已构成贪污罪。公诉机关指控三被告人犯贪污罪的事实清楚，证据确实、充分，定性准确。被告人宾四春、郭利、戴自立的辩解及其辩护人的辩护意见，均与事实不符，不予采纳。依照《中华人民共和国刑法》第382条、第383条第（1）、（3）项、第25条第1款、第72条的规定，于1998年12月2日判决如下：1. 被告人宾四春犯贪污罪，判处有期徒刑十年，并处没收财产一万元；2. 被告人郭利犯贪污罪，判处有期徒刑三年，缓刑四年；3. 被告人戴自立犯贪污罪，判处有期徒刑三年，缓刑四年。一审宣判后，在法定期限内三被告人均没有上诉，检察机关也没有提出抗诉，判决发生法律效力。

村民小组长在特定情形下属于“其他依照法律从事公务的人员”

——廖常伦贪污、受贿案①

【裁判要旨】

对农村基层组织组成人员，不能简单地从外在身份来判断其是否为国家工作人员，而应当主要从其是否“依照法律从事公务”这一国家工作人员的本质属性来进行判断。如果其从事的仅是集体经济组织中的事务，由于村民自治范围内的村、组集体事务不属于公务的范畴，不能以国家工作人员论；如果其从事的是行政管理事务，其工作则体现了政府对社会的组织、管理职能，则是依法从事公务，属于“其他依照法律从事公务的人员”的范围，以国家工作人员论。

① 原载于《刑事审判参考》2009年第6集·总第71集，第594号。

【关 键 词】

村民组长　依法从事公务　国家工作人员

【相关法条】

《全国人大常委会关于〈刑法〉第93条第2款的解释》、《中华人民共和国刑法》93条第2款、第382条第1款、第383条第1款第（3）项、第385条第1款、第386条

【基本案情】

金堂县检察院以廖常伦犯贪污罪和受贿罪，向法院提起公诉。廖对指控的事实供认不讳，但认为其在归案后退清了全部赃款，有悔过表现，请求从轻判处并适用缓刑。其辩护人认为，廖系村民小组副组长，不是村基层组织人员，不具有国家工作人员身份，不是贪污罪、受贿罪的犯罪主体；协助的房屋拆迁安置工作是一种劳务行为，指控其犯贪污罪、受贿罪不能成立。

法院经公开审理查明：2007年6月13日，金堂县政府将“干道2号”项目拆迁工程所涉及的金堂县赵镇十里社区三组的征地拆迁安置工作，委托金堂县赵镇政府实施。赵镇政府接受委托后，指定该镇城乡建设管理办公室具体组织实施，要求村组干部配合做好拆迁政策的宣传、解释、协调工作，以及被拆迁房屋的核实、丈量、附属物指认等工作，协助人员每人每天领取20元补助。时任金堂县赵镇十里社区三组副组长的廖，在从事具体负责所在组被拆迁户资料收集、统计上报，指认被拆迁房屋及附属物，带领拆迁工作人员丈量、核实被拆迁房屋及附属物等协助工作中，伪造户口不在本组、没有被拆迁房屋的廖某容、廖某玉、廖某美、夏某4人为本组村民的户口及拆迁房屋等资料，虚报多年前在其他项目拆迁安置中已安置的陈某先、谢某菊、周某华为拆迁安置户，为不符合拆迁安置条件的上述7户农户分别申请了一套拆迁安置房。2007年9月20日，廖常伦代签了廖某玉（签名为廖某容）、廖某容（签名为廖某美）、夏某、廖某美（签名为廖某玉）4户的农房拆迁协议，2007年9月22日，廖常伦代陈某先、周某华、谢某菊3户签订了农房拆迁协议；2007年10月17日，廖常伦签字代陈某先、周某华、廖某容、夏某、廖某玉、廖某美、谢某菊等领取了拆迁搬家费、过渡费18840元，据为己有。

2007年9月，在从事上述协助工作过程中，廖应本组村民冯某明为其

女儿、本组村民廖某富各申请一套安置房之请，分别收受冯某明、廖某富二人好处费 1000 元；应本组村民叶某欧之请，在带领拆迁办人员丈量、复查叶某欧被拆迁房屋面积过程中，对叶某欧将他人的房屋指为其自己的房屋未予干涉、事后也未说明情况，致使叶某欧的拆迁房屋被多丈量、登记、赔偿了 100 余平方米。事后，廖收受了叶某欧感谢费 10000 元。案发后，廖的家属向检察机关退出赃款 34480 元。

【裁判结果与理由】

法院认为，依照《全国人大常委会关于〈刑法〉第 93 条第 2 款的解释》第 1 款第（7）项的规定，廖在协助赵镇政府征地拆迁安置工作中，属于《刑法》第 93 条第 2 款规定的“其他依照法律从事公务的人员”，应当以国家工作人员论。在协助赵镇政府征地拆迁安置工作中，廖虚构被拆迁户及其房屋的情况，骗取拆迁安置补偿费 18840 元；接受被拆迁人之请，为其谋取非法利益，收受其金钱 12000 元，其行为应当分别以贪污罪、受贿罪定罪处罚，并应当数罪并罚。廖归案后，能够如实供述自己的犯罪事实，自愿认罪，退清了全部赃款，认罪态度较好，依法酌定予以从轻处罚。依照《全国人大常委会关于〈刑法〉第 93 条第 2 款的解释》、《刑法》第 93 条第 2 款、第 382 条第 1 款、第 383 条第 1 款第（3）项、第 385 条第 1 款、第 386 条、第 69 条、第 64 条之规定，判决如下：1. 被告人廖常伦犯贪污罪，判处有期徒刑一年，犯受贿罪，判处有期徒刑一年，决定执行有期徒刑一年三个月；2. 被告人廖常伦犯罪所得赃款 30840 元，其中受贿所得 12000 元予以没收，贪污所得 18840 元发还被害单位赵镇政府。

一审宣判后，廖没有提出上诉，公诉机关亦未抗诉，判决已发生法律效力。

租赁国有企业的人员盗卖国有资产的行为如何处理？
——朱洪岩贪污案①

【裁判要旨】

行为人租赁经营国有企业的行为，属于受委托管理、经营国有财产，符合刑法关于贪污罪规定的第二类犯罪主体构成要件，其利用职务上的便利盗卖国有财产并私分的行为，应当以贪污罪定罪处罚。

【关 键 词】

承租经营　国有企业　盗卖国有资产　贪污

【相关法条】

《中华人民共和国刑法》第382条第2款、第383条第1款第（2）项

【基本案情】

泗阳县检察院以被告人朱洪岩犯贪污罪，向江苏省泗阳县人民法院提起公诉。

朱及其辩护人主要辩称，不具备贪污罪的主体资格，其行为构成自首，请求从轻处罚。

法院经审理查明：2002年底，被告人朱洪岩与泗阳县食品总公司破产清算组签订租赁经营泗阳县食品总公司肉联厂（国有企业）的合同，租赁期限为2003年1月1日至2003年12月31日。协议签订前后，有韩林业、王士宇等9名股东人股经营，朱洪岩任厂长，韩林业、王士宇任副厂长。由于经营亏损，股东向朱洪岩索要股金。2003年11月份，被告人朱洪岩让王士宇通过马庚国联系，与扬州市一名做废旧金属生意的商人蒋某达成协议，将肉联厂一台12V—135型柴油发电机和一台170型制冷机以8万元价格卖给蒋某。2004年1月2日深夜，被告人朱洪岩及韩林业、王士宇等人将蒋某等人及货车带到肉联厂院内，将两台机器及附属设备（价值9.4万余元）拆卸装车运走。被告人朱洪岩及韩林业、王士宇等人将蒋某

① 原载于《刑事审判参考》2005年第4集·总第45集，第355号。

的货车“护送”出泗阳后，携带蒋某支付的8万元返回泗阳。在王士宇家中，朱洪岩从卖机器款中取3万元给王士宇，让王士宇按股东出资比例予以分配，又取2000元交给韩林业，作为泗阳县食品公司破产清算组的诉讼费用。朱洪岩携带其余4.8万元潜逃。2004年7月，朱洪岩写信给泗阳县反贪局供述自己盗卖机器事实。2004年8月，朱洪岩被抓获归案。案发后，朱洪岩亲属退回赃款计6.5万元。

法院认为，朱洪岩作为受委托代为管理、保管国有财产人员，利用职务之便，盗卖国有资产，其行为构成贪污罪。朱洪岩能坦白交代自己罪行，认罪态度较好，酌情从轻处罚。依照《刑法》第382条第2款、第383条第1款第（2）项、第64条之规定，判决如下：被告人朱洪岩犯贪污罪，判处有期徒刑七年，追缴违法所得八万元。

宣判后，朱洪岩不服，以不具备贪污罪的主体身份，其行为构成投案自首等为由，向江苏省宿迁市中级人民法院提出上诉。其辩护人提出：朱洪岩不是贪污罪主体，没有非法占有的故意，其行为不构成贪污罪；朱洪岩写信给检察机关的行为构成投案自首；价格鉴定不能作为证据使用。

【裁判结果与理由】

法院经审理认为，原判决认定的朱洪岩在承租经营国有资产期间盗卖所承租的国有资产的事实，上诉人朱洪岩未提出异议，并得到其以往的供述及相关证人证言、书证、价格鉴定等证据证实。原判决认定事实清楚，证据充分。上诉人朱洪岩在承包租赁属于国有性质的食品厂厂房机器设备期间，即具备“受委托管理、经营国有财产人员”的贪污罪主体身份，此间利用负责经营管理的职务之便利，盗卖所承租的国有资产，其行为构成贪污罪。原判决定性适当。故上诉人及辩护人提出朱洪岩不具备贪污罪主体身份的理由及辩护意见不能成立。朱洪岩的辩护人还提出朱洪岩不具备非法占有公共财物的故意。经查，上诉人朱洪岩为弥补在承租期间的经营亏损，而采取秘密手段将国有资产出卖并进行分配等处置，足以认定其具有非法占有的故意。辩护人还提出价格鉴定不能作为证据使用。经查，原判决所采信的价格鉴定是由法定机关法定人员依法作出，并经一审法庭质证，具备证据效力和证明力。上诉人及辩护人提出朱洪岩写信给检察机关的行为构成投案自首。经查，上诉人朱洪岩没有主动到案，也非因病因伤或为挽回损失暂无法到案而事先以电、信方式投案，故不能认定为投案自首。朱洪岩的上诉理由及其辩护人的辩护意见均不能成立，不予采纳。朱洪岩能主动坦白罪行，认罪态度较好，可酌情从轻处罚。原判决量刑并无不当，审判程序合法。据此，依照《中华人民共和国刑事诉讼法》第189条第（1）项之规定，于2005年2月24日裁定驳回上诉，维持原判。

利用受国家税务机关委托行使代收税款的便利侵吞税款的行为，如何定罪处罚？

——黄明惠贪污案①

【裁判要旨】

行为人受税务机关委托代为行使征收税款的权力，属于《刑法》第93条第2款规定的“其他依照法律从事公务的人员”，其利用职务便利侵吞代收税款的行为构成贪污罪。

【关 键 词】

受委托　代收税款　依法从事公务　贪污

【相关法条】

《中华人民共和国刑法》第93条第2款，第382条第1款，第383条第1款第（1）项、第2款

【基本案情】

虎丘区检察院以黄明惠犯贪污罪，向法院提起公诉。黄明惠对被指控的犯罪事实提出异议，辩称：公诉机关指控的贪污数额不清楚；其所在企业是个人独资性质，不存在贪污问题。其辩护人的辩护意见为：（1）依法接受苏州市国家税务局新区分局委托征收税款受托方是苏州市通安食品购销站，不是黄明惠个人，按该协议从事的履行行为是一种劳务或服务性质，不具有管理职能，不是一种公权。企业接受税务部门委托代征的劳务行为，是平等主体间的民事合同行为，对外由购销站承担民事责任。（2）黄明惠截留的税款很大部分用于购销站日常开支、购销站建房等，故对外

① 原载于《刑事审判参考》2011年第2集·总第79集，第692号。

承担责任的是购销站，单位不构成贪污罪的主体。（3）个人独资企业的无限连带责任是指民事债务承担连带，刑事上不存在连带责任，个人独资企业完全是一个独立主体，不能将民事上的连带责任等同于刑事责任。（4）受委托代征人与扣缴义务人是有区别的，代扣代缴人、代收代缴人义务是法定的，但受托代征人是依据双方委托关系，是履行合同的代征义务，如违反协议，按合同约定追究违约责任。

法院经公开审理查明：2004 年 1 月至 2005 年 12 月期间，被告人黄明惠个人独资经营的苏州市通安食品购销站依法接受苏州市国家税务局新区分局委托代征收生猪零售环节增值税，黄明惠利用职务便利，采取收取增值税税款后不出具增值税发票的手段，将收取的增值税共计人民币（以下币种均为人民币）182808 元截留侵吞，非法占为己有。

【裁判结果与理由】

法院认为，苏州市通安食品购销站依法接受苏州市国家税务局新区分局委托代征收生猪零售环节增值税，属于依照《税收征收管理法实施细则》第 44 条委托代征税款的行为，黄明惠作为法定代表人代理苏州市通安食品购销站行使代征的权力，属于依照法律从事公务的人员，应以国家工作人员论。黄明惠利用其在通安食品购销站的职务便利，采取收取增值税税款后不出具增值税发票的手段，截留并占有国家税款 182808 元，其行为构成贪污罪。公诉机关指控被告人黄明惠犯贪污罪的事实清楚，证据确实、充分。依照《刑法》第 93 条第 2 款，第 382 条第 1 款，第 383 条第 1 款第 1 项、第 2 款，第 64 条之规定，判决如下：被告人黄明惠犯贪污罪，判处有期徒刑十年，并处没收个人财产人民币十万元，上缴国库；被告人黄明惠退赔未追缴的赃款人民币十八万二千八百零八元整，发还苏州市国家税务局新区分局。一审宣判后，被告人黄明惠没有上诉，检察机关没有抗诉，判决发生法律效力。

如何审查认定国家出资企业中国家工作人员的身份

——李培光贪污、挪用公款案①

【裁判要旨】

从形式要件分析，认定国家出资企业中的国家工作人员一般要求行为人的职务系经党政联席会等形式批准、任命。从实质要件分析，国家出资企业中的国家工作人员代表负有管理、监督国有资产职责的组织在国有控股、参股公司及其分支机构中从事组织、领导、监督、经营、管理工作，具体可围绕代表性、公务性及与国有资产的紧密关联性三个特征进行审查判断。

【关 键 词】

国家出资企业　国有资产　国家工作人员

【相关法条】

《中华人民共和国刑法》第271条第1款、第272条第1款

【基本案情】

被告人李培光，原系中铁三局集团有限公司第四工程有限公司（以下简称中铁三局四公司）南广铁路NGZQ－4项目部一分部财务主任。

广西壮族自治区人民检察院南宁铁路运输分院以被告人李培光犯贪污罪和挪用公款罪，向南宁铁路运输中级法院提起公诉。

被告人李培光对公诉机关指控的事实无异议，但辩解其行为不构成贪污罪、挪用公款罪。其辩护人提出：公诉机关指控李培光犯贪污罪的事实不清，证据不足，且李培光不具备贪污罪的主体要件，不构成贪污罪；指控李培光犯挪用公款罪定性不准。

南宁铁路运输中级法院经公开审理查明：

① 原载于《刑事审判参考》2014年第4集·总第99集，第1016号。

1. 贪污事实

2009年5月至9月间，被告人李培光利用担任中铁三局四公司南广铁路NGZQ－4项目部一分部财务主任的职务便利，多次到贵港市港北区国家税务局虚开收款人为林建顺、谢茂全，总金额为人民币（以下币种同）1247040元的发票4张，在单位报账后将1247040元据为己有。具体事实如下：

（1）2009年5月8日，李培光虚设西江农场林建顺财务科目，以林建顺名义在贵港市的工商银行开立了账号为6222022111001738478银行账户，制作了科目为“应付账款一应付货款一贵港市西江农场林建顺”、总金额为561060元的转账凭证，并于5月11日到贵港市港北区国家税务局开具收款人为林建顺、金额为561060元的发票在其单位中铁三局四公司南广铁路NGZQ－4项目部一分部报账，一分部财务分别于5月12日、6月26日、7月27日开具转账支票361060元、102000元、98000元付款至工商银行账号为6222022111001738478的林建顺账户，李培光将虚报所得561060元据为己有。

（2）2009年7月至9月，李培光在其单位与谢茂全发生业务后，以谢茂全名义在贵港市的工商银行开立了2111711001202144128银行账户，随后三次到贵港市港北区国家税务局开具收款人为谢茂全、金额分别为98400元、96180元和491400元的发票三张，列入其所在单位中铁三局四公司南广铁路NGZQ－4项目部一分部虚设的“港城镇谢茂全”财务科目中报账。2009年8月18日、9月14日、9月17日，一分部财务分别先后三次转款98400元、300000元、287580元至工商银行账号为2111711001202144128的谢茂全账户，李培光将虚报所得685980元据为己有。李培光将虚报所得款项中的825000元用于购买国债和银行定期存款，370000元取现后交由一分部食堂职工高进庆藏入一分部食堂的库房里。2010年8月25日李培光因挪用公款事实被检察机关立案侦查。8月31日，李培光主动向检察机关交代了检察机关未掌握的自己以林建顺、谢茂全名义到税务局代开发票报销所得款1247040元并据为己有的事实，还向南宁铁路运输检察院供述了其用虚报所得款购买国债和定期存单的藏匿地点及370000元现金藏匿处。检察机关根据其供述，在其一分部宿舍及一分部食堂的库房里查获了825000元国债凭证、银行定期存单及现金370000元。

至此，李培光共退出贪污所得1216855.96元。

2. 挪用公款事实

2010年3月间，被告人李培光利用担任中铁三局四公司南广铁路NG-ZQ-4项目部一分部财务主任的职务便利，挪用公款共计860000元归个人使用，进行营利活动。具体事实如下：

2009年10月至2010年5月，南广铁路NGZQ-4项目部一分部在无真实业务发生的情况下，在贵港市港北区国家税务局港城镇分局虚开“贵港市港北区宝（伟）锋建材经营部”片石销售发票16张，总金额6354208.30元，套出现金5896042元。李培光利用保管上述套现款，一分部在出售商品灰、废旧材料、赔偿、罚款等收入，报销后未归还垫付人刘建球的购车款以及其他账外现金的便利，先后3次将其保管的账外资金860000元挪用，存入账号为606242039200354804、户名为李培光的贵港市邮政储蓄银行个人账户，用于购买银行理财产品。其中，2010年1月28日存入300000元.2月10日将该款全部用于购买名称为“财富日日升”的银行理财产品；2月24日存入350000元，2月28日将该款全部用于购买名称为“财富月月升”的银行理财产品；3月5日存入210000元，3月8日将该款全部用于购买名称为“财富日日升”的银行理财产品。2010年5月，国家审计部门对一分部财务部门进行经济审计后，李培光于5月21日赎回两笔“财富日日升”的银行理财产品，共计510000元归还单位。案发后，尚有350000元“财富月月升”的银行理财产品没有赎回。

2011年9月20日，南宁铁路运输中级法院依法冻结了该350000元“财富月月升”的银行理财产品。

另查明李培光在被司法机关调查期间，提供了贵港市港北区国家税务局工作人员廖晓丽涉嫌职务犯罪的重要线索，并经查证属实。

南宁铁路运输中级法院认为，被告人李培光身为国家出资企业中从事公务的人员，利用职务上的便利，以虚开发票在单位报账的方式，侵吞公款1247040元，其行为侵犯了公共财产的所有权和国家工作人员职务行为的廉洁性，已构成贪污罪。同时，李培光利用职务上的便利，以营利为目的，在任职期间擅自决定挪用本单位公款860000元归个人使用，其行为构成挪用公款罪。公诉机关指控的罪名成立。

李培光所犯贪污罪和挪用公款罪依法应当并罚。李培光挪用公款

860000元，数额巨大，情节严重；其在司法机关立案调查其挪用公款犯罪事实期间，主动向司法机关交代了司法机关尚未掌握的其贪污犯罪事实，属于自首，依法可以减轻处罚；其在被办案机关调查期间，提供侦破其他案件的重要线索，并查证属实，具有立功表现，依法可以从轻处罚；其在案发前退出挪用的大部分公款，依法可以从轻处罚；其归案后主动供述了赃款去向．退出了绝大部分贪污的赃款，可以酌情从轻处罚。据此，根据李培光犯罪的事实、性质、情节和对社会的危害程度，依照《中华人民共和国刑法》第382条、第383条第1款第1项、第384条第1款、第67条第2款、第68条第1款、第69条、第64条，《最高人民法院关于处理自首和立功具体应用法律若干问题的解释》第2条、第3条、第5条以及《最高人民法院关于审理挪用公款案件具体应用法律若干问题的解释》第2条、第3条之规定，南宁铁路运输中级法院判决如下：被告人李培光犯贪污罪，判处有期徒刑七年，并处没收财产人民币二十万元：犯挪用公款罪，判处有期徒刑五年；数罪并罚，决定执行有期徒刑十年六个月，并处没收财产人民币二十万元。

一审宣判后，被告人李培光提出上诉。被告人李培光上诉提出：(1)其所在公司是原国有企业改制后的有限公司，已不属于国有企业。其仅是该公司聘请的工作人员，不属于受委派从事公务的人员，其不具备贪污罪、挪用公款罪的主体要件。(2)其主观上无贪污故意，客观上并未利用职务之便实施贪污的行为，侦查机关收集证据的过程不合法，其供述不能作为证据使用，其行为不构成贪污罪。(3)原判认定其挪用的86万元中有28.9万元是刘建球帮其公司垫付的购车款，其余57.1万元是小金库资金，把小金库资金存在个人名下是单位认可的，其行为亦不构成挪用公款罪，请求宣告无罪。其辩护人还提出：(1)李培光不具有非法占有目的，不存在利用职务上的便利侵吞公款、挪用公款的事实，李培光的行为系职务行为，其上级主管部门领导知道李培光保管小金库资金的情况；原判认定贪污数额错误，虚开的4张发票总金额1247040元与李培光购买国债、存银行定期及查获的现金合计1195000元，相差52040元，贪污数额不准确；套现的1247040元已先用于单位开支：李培光保管小金库资金经过领导同意，挪用资金购买理财产品，没有进行营利活动，李培光的行为不构成犯罪。(2)李培光揭发他人职务犯罪，有立功表现。(3)即使认定李培光构成犯罪，其行为只宜定职务侵占罪一罪，并综合考虑其自首、立功、退赃等情节，请求法院对其适用缓刑。

【裁判结果与理由】

广西壮族自治区高级人民法院经审理认为，上诉人李培光所在中铁三局四公司系国有资本控股公司中铁三局的全资子公司，属于国家出资企业，李培光系该公司合同制员工，只有技术职称，没有行政级别，其担任南广铁路 NGZQ－4 项目部一分部财务主任是经过公司人力资源部提名，主管总会计师同意报公司总经理聘任的，未经公司党委或者党政联席会讨论、批准或者任命，故其不具有国家工作人员身份。上诉人李培光身为国家出资企业中的工作人员，利用职务上的便利，以虚开发票在单位报账的方式，将本单位资金 1247040 元非法占为己有，数额巨大，其行为构成职务侵占罪；同时其利用职务上的便利，挪用本单位资金 86 万元归个人使用，进行营利活动，数额巨大，其行为构成挪用资金罪，依法应当惩处。一审判决定性不准，应予纠正。依照《中华人民共和国刑法》第 271 条第 1 款、第 272 条第 1 款、第 67 条第 2 款、第 68 条第 1 款、第 69 条、第 64 条，《最高人民法院关于处理自首和立功具体应用法律若干问题的解释》第 2 条、第 3 条、第 5 条以及《中华人民共和国刑事诉讼法》第 225 条第 1 款第 2 项之规定，广西壮族自治区高级人民法院改判如下：上诉人李培光犯职务侵占罪，判处有期徒刑四年；犯挪用资金罪，判处有期徒刑三年；数罪并罚，决定执行有期徒刑六年。

登记为集体所有实为国有的企业应认定为国有企业

——王郁青等贪污案①

【裁判要旨】

1. 公司的注册资金来源于全民事业单位的全额拨款，虽登记为集体所有制性质，但实为全民单位独资创办的，且该公司增资亦为国有资产的投

① 原载于《人民司法》2009 年第 22 期。

入。因此，该公司应为国有企业。

2. 在国有企业中从事公务的人员应以国家工作人员论，该人员利用职务上的便利，共同采取收入不入账的手段，在公司改制过程中瞒报、隐匿公司经营收入，非法侵吞国有资产，构成贪污罪。

【关 键 词】

注册资金　集体所有　国有企业　贪污

【相关法条】

《中华人民共和国刑法》第 382 条、第 383 条第 1 款第（1）项、第 2 款

【基本案情】

江苏省南通经济技术开发区人民法院经公开审理查明：

1. 有关主体身份的事实

南通市人才服务中心（以下简称人才服务中心）与南通市人才资源公司（以下简称人才资源公司）均为南通市人事局下设的全民事业单位。仁达拍卖公司前身为仁达拍卖行。仁达拍卖行系于 1996 年 5 月经人才服务中心同意，由人才服务中心下属南通仁达实业公司（以下简称仁达实业公司）以实物投资 50 万元作为注册资金创办的集体企业。同年 8 月，仁达实业公司增资 58 万元，注册资金变更为 108 万元。同年 11 月 20 日，仁达实业公司与人才服务中心签订协议，将仁达拍卖行改由人才服务中心投资，仁达实业公司投入的资本 108 万元收回，仁达拍卖行的组织形式由集体变更为全民，并于同月 22 日办理了相应的工商变更登记手续。1999 年 4 月，根据上级部门有关对拍卖行业统一改制为公司的通知精神，由人才资源公司作为新增股东并增资人民币 10 万元后，仁达拍卖行的企业名称更名为南通仁达拍卖行有限公司，注册资金变更为人民币 118 万元。

被告人王郁青于 1999 年 1 月 25 日经人才服务中心聘任为仁达拍卖行总经理，聘期两年。此前，其为仁达实业公司聘任的财务负责人（总账会计），人员性质登记为全民聘用干部。同年 4 月，被告人曹永梅被仁达拍卖行聘用为财务会计，合同聘期为三年。同月 5 日，仁达拍卖公司两股东人才服务中心和人才资源公司选举王郁青为公司的执行董事、法定代表人，同时聘任王郁青为公司经理。被告人王郁青、曹永梅任职聘期届满后，均未办理续聘手续，但直至 2004 年改制结束前，王郁青、曹永梅均自

然延续行使原有职责。

2004年2月，仁达拍卖公司进行改制，经南通普发会计师事务所评估，仁达拍卖公司净资产评估值为人民币130.71万元，被告人王郁青通过竞拍，以人民币133万元价格买入后，于2004年2月27日作了股权交割。同年3月25日，因涉及仁达拍卖公司当时投资未到位情况，南通市财政局通过南通市人事局将118万元补还给了改制后的仁达拍卖公司。同年4月，被告人王郁青将仁达拍卖公司净资产40%转让给被告人曹永梅，并变更了工商登记。至此，改制后的仁达拍卖公司股东为王郁青和曹永梅，两股东分别占股比例为60%和40%。

另查明：1996年仁达实业公司的初始实物投资50万元未到位，其后增资的58万元在验资后短时间内抽回；1996年11月，人才服务中心按协议转投入的108万元实际也未出资到位；1999年4月，人才资源公司作为新股东投资的10万元在验资后不久也被抽回。2004年改制时因涉及仁达拍卖公司当时投资未到位情况，经改制领导小组研究，按照国有企业进行改制。2004年2月改制结束。同年3月25日，南通市财政局通过南通市人事局将118万元补还给了改制后的仁达拍卖公司。

2. 贪污事实

被告人王郁青、曹永梅分别在担任仁达拍卖公司总经理、会计期间，利用南通市政府有关部门对仁达拍卖公司清产改制的机会相互勾结，为低价竞买仁达拍卖公司，两被告人利用职务上的便利，于2003年3月至2004年2月，在企业改制过程中，先后多次隐瞒国有资产，共同侵吞本单位公款，合计人民币1275410元。

（1）2003年6月28日，仁达拍卖公司对南通资生铸造有限公司破产资产进行拍卖，由竞买人陆志刚竞得该标的，后陆志刚未按规定履行拍卖成交确认书，该公司遂根据拍卖规定将陆志刚缴纳的60万元保证金作为违约赔偿金不予返还。同年7月，经双方交涉，仁达拍卖公司从中返还给陆志刚3万元，余下57万元未予返还。

2003年9月份，被告人王郁青利用其担任仁达拍卖公司经理的职务之便，在公司改制过程中，为达到非法占有公司资产的目的，与被告人曹永梅合谋，采取收入不入账和做假账的方式，将该笔57万元违约金隐匿在账外。直至2004年2月公司改制结束后，两被告人才于2006年12月份将其中的27万元作为咨询费支付给拍卖委托单位，余下的人民币30万元作为公司改制后的收入。2007年1月，仁达拍卖公司为该60万元缴纳各项税费合计人民币232590元，实际非法占有67410元。

（2）2002年8月，中化南通汇丰石化有限责任公司委托仁达拍卖公司对其拥有的汇丰大楼进行拍卖抵债。后中城公司以820万元竞买成功，根据约定，中城公司应缴纳成交总价款4%的佣金给仁达拍卖公司。被告人王郁青想从中城公司处购买汇丰大楼第三层面作为公司办公用房，在与该公司总经理许卫刚洽谈购房事宜过程中，商定将中城公司应当支付给仁达拍卖公司的佣金抵做房产。同年11月，仁达拍卖公司用单位账面其他买受人拍卖价款118万元和公司拍卖佣金32.8万元，以公司名义购买了该南通市跃龙路28号汇丰大楼三楼538.63平方米房产。后被告人王郁青、曹永梅合谋，采取记假账和签订虚假租赁合同的形式隐匿该房产（其中包括拍卖佣金32.8万元的购房款在内）。在公司改制过程中，两被告人为达到非法占有的目的，隐瞒购置汇丰大楼房产的事实，从而将佣金人民币32.8万元非法占有。

（3）2002年10月至2003年初，仁达拍卖公司在承拍启东市相关单位的拍卖业务过程中，被告人王郁青与被告人曹永梅合谋，先后将相关单位缴纳给仁达拍卖公司的553155元佣金及535040元佣金不入账，由被告人曹永梅经手存放在账外。2004年2月，在仁达拍卖公司改制过程中，两被告人利用职务之便将两笔佣金中的人民币88万元用于购买仁达拍卖公司，该款由两被告人非法占有。

3. 有关量刑情节的事实

2007年3月，中共南通市纪律检查委员会在调查有关人员涉嫌受贿违法违纪问题，找被告人王郁青和曹永梅核证时，王、曹二人主动交代了在仁达拍卖公司改制中隐匿资产的问题，并退出了全部赃款。检察机关在侦查期间，分别暂扣了被告人王郁青、曹永梅人民币15万元和8万元。在法院一审期间，被告人王郁青、曹永梅在亲属的帮助下，分别向一审法院预交了财产刑保证金人民币30万元和20万元。

【裁判结果与理由】

江苏省南通经济技术开发区人民法院认为：被告人王郁青、曹永梅系在国有企业中从事公务的人员，以国家工作人员论，两被告人利用职务上的便利，非法占有公共财产，其行为均已构成贪污罪。本案系共同犯罪，被告人王郁青在共同犯罪中起主要作用，是主犯，应当按照其所参与的全部犯罪处罚；被告人曹永梅起次要作用，是从犯。被告人王郁青、曹永梅在接受纪检部门调查有关人员涉及受贿时，能主动如实交代自己的贪污罪行，可视为自首。根据两被告人的犯罪数额、犯罪情节、悔罪表现，两被告人均予以减轻处罚。

综合被告人的辩解及辩护人的辩护意见，评判如下：

1. 关于仁达拍卖公司的企业性质和两被告人的主体资格问题

本院认为：由于仁达拍卖行投资主体前后分别为集体企业和全民企业，设立和变更该拍卖行是集体和全民单位意志，而非个人意志。尽管集体企业或全民企业投资不到位或到位验资后又抽回，但该企业的法定代表人和其他经营者也没有投入，企业生存主要靠自身以及当时政策扶持。由于拍卖行业是一种特许行业，存在着特许经营权，资金对开展业务不是最重要的，关键是通过什么途径有什么能力能接到这种业务。当时的背景是相关部门正在加强对拍卖行业的管理，江苏省贸易厅在苏贸发（1998）140 号文件《关于加强拍卖行业管理有关问题的通知》中明确“开展公物拍卖业务须经当地政府批准，各地主管部门要积极向当地政府提出公物拍卖的指定企业”。为此，通过整顿，南通市贸易局、南通市公安局、南通市工商行政管理局以通贸发（1998）134 号文确定仁达拍卖行可以继续从事拍卖活动。因此可见，仁达拍卖行的设立、生存主要依托于相关法律和当地政府的政策扶持，尽管企业在设立及演变过程中存有瑕疵，但实质并不受影响，企业的性质依法仍应认定为国有企业。尽管王郁青在 1999 年企业困难之时，其个人垫资了部分费用，但并不能因此认定该企业为其个人所有。况且，开办单位在仁达拍卖公司改制时也注意到 118 万元未到位的缺陷，遂进行了补资。据此，应认定仁达拍卖公司为国有企业。被告人王郁青、曹永梅分别作为国有公司的总经理和负责财务工作的会计，其身份均为国家工作人员。

2. 关于两被告人聘期届满后未办续聘手续是否影响两被告人主体身份的问题。本院认为：两被告人聘期届满后，虽均未办理续聘手续，但直至 2004 年改制结束，王郁青一直是该拍卖行的法定代表人、总经理，曹永梅一直是该拍卖行的财务会计，并无因未办续聘手续而改变其两人的身份和职务，事实上仍在行使原有职责，而聘用单位也始终认可两被告人自然延续行使原有职责。故被告人和辩护人所提出的该辩解和辩护意见不能成立，本院不予采纳。

3. 关于30万元拍卖违约金和32.8万元购房款系公司占有，而非个人占有的问题。本院认为：在公司改制过程中，因公司资产部分被隐瞒，行为人相应少缴了购买款。此后虽转移归改制后的新拍卖公司所有，但分配权利均归作为改制后的公司自然人股东享有。因此，被侵吞的公共财物在形式上仍然属于拍卖公司的固定资产，但由于财产所有权事实上已经发生了转移，财产的公共属性已经受到实质性侵犯。因此，两被告人将部分公共财物通过隐瞒的方式，并最终处置给改制后拍卖公司的行为应当视为其非法占有公共财物后的一种处置方式，不影响对其行为性质的认定。

4. 关于拍卖违约金纳税情况以及扣减的问题。本院认为：被告人虽于改制后将60万元违约金作为新公司的收入入账，但支出其中27万元作为应付委托单位的咨询费，另又缴纳了相关的税款计232590元。从有利于被告人出发，宜将该两笔支出予以剔除，故两被告人的实际犯罪数额为人民币67410元。

5. 关于两被告人合谋将启东拍卖佣金收入置于账外，并将其中88万元用于购买公司证据不足的问题。本院认为：被告人王郁青虽否认清楚曹永梅将承拍启东相关拍卖业务两笔佣金共88万元用于购买公司，但其同时也承认其清楚在启东承拍相关业务的收入也存在账外，只是不知道具体数额。由于其与曹永梅均没有个人出资而占有改制后的公司，其对自己是在实施侵吞公共财物的行为是明知的，且曹永梅亦供认到其将账外88万元拍卖佣金用于购买改制企业，本身就是按与王郁青商议后用账外资金所进行的操作，故对被告人王郁青依法应以共同贪污论处。

江苏省南通经济技术开发区人民法院依照《中华人民共和国刑法》第382条、第383条第1款第（1）项、第2款、第91条、第93条第2款、第67条第1款、第25条第1款、第26条第1款、第4款、第27条、第64条，最高人民法院《关于处理自首和立功具体应用法律若干问题的解释》第1条以及最高人民法院、最高人民检察院、司法部《关于适用普通程序审理“被告人认罪案件”的若干意见（试行）》第9条之规定，判决如下：1. 被告人王郁青犯贪污罪，判处有期徒刑七年，并处没收财产人民币30万元；被告人曹永梅犯贪污罪，判处有期徒刑五年六个月，并处没收财产人民币20万元。

2. 已追缴被告人王郁青、曹永梅违法所得人民币1275410元，予以没收，上缴国库。

上诉人（原审被告人）王郁青及其辩护人的上诉理由、辩护意见是：（1）仁达拍卖行、仁达拍卖公司分别是名为集体、国有的企业，实为私营企业，上诉人王郁青并非国家工作人员，其行为不构成贪污罪；（2）上诉人王郁青不清楚仁达拍卖公司承接了启东相关拍卖业务，故一审判决认定上诉人王郁青将仁达拍卖公司承拍启东相关拍卖业务所得88万元佣金用于购买改制企业的证据不足。

上诉人（原审被告人）曹永梅及其辩护人的上诉理由、辩护意见是：因仁达拍卖行、仁达拍卖公司的开办、增资资金实际未到位，原判认定仁达拍卖公司的性质为国有企业错误，且认定上诉人曹永梅的主体身份为在国有企业中从事公务的人员不当。

江苏省南通市中级人民法院根据原审经庭审举证、质证的证据，确认仁达拍卖公司改制前为国有企业，以及上诉人王郁青、曹永梅利用分别担任仁达拍卖公司经理、会计的职务上的便利，采取将收取的拍卖佣金、保证金等收入不入账的手段，在仁达拍卖公司改制过程中予以瞒报、隐匿，从而非法占有国有财产合计人民币1275410元的事实。另外，在原审查明仁达拍卖公司从成立、变更到改制等演变过程的基础上，补充查明：仁达拍卖行的初始开办单位仁达实业公司系由南通市人事局于1993年11月开办，注册资金来源于南通市人事局下设的全民事业单位人才服务中心全额拨款，经济性质登记为集体所有制。1996年5月，仁达实业公司经人才服务中心、南通市人事局同意，以实物出资50万元设立仁达拍卖行，登记为集体所有制。同年8月，仁达实业公司增加货币出资58万元，经验资注册后不久即被抽走。同年11月，经人才服务中心与仁达实业公司达成协议，仁达拍卖行改由人才服务中心投资，经济性质变更为全民所有制，并进行了企业国有资产产权登记。1999年4月，全民事业单位人才资源公司作为新股东向仁达拍卖行增加货币出资10万元，经验资注册后不久也被抽走。至此，企业更名为仁达拍卖公司，注册资金变更为118万元的国有公司。公司财务账册将实物出资50万元记为存货，将货币出资68万元记为其他应收款。2004年2月，仁达拍卖公司改制，被告人王郁青以人民币133万元竞价受让，并进行了股权交割。同年3月25日，该改制后的仁达拍卖公司收到南通市财政局通过南通市人事局拨付的公司改制前的应收款118万元。

江苏省南通市中级人民法院认为：关于仁达拍卖公司的企业性质的上诉理由、辩护意见，经查：仁达拍卖公司的开办单位仁达实业公司的注册资金来源于全民事业单位人才服务中心的全额拨款，虽然登记为集体所有制性质，但实为全民单位独资创办的企业，应认定为国有企业。1996年11月，由原仁达实业公司投资设立并进行了增资的仁达拍卖行改由人才服务中心投资，经济性质变更登记为全民所有制，并在同期进行了国有资产产权登记，确认为国有法人股权，实际上是主管部门对企业经济性质的准确核定。另一股东全民事业单位人才资源公司于1999年4月向仁达拍卖行增资的10万元亦为国有资产的投入，已经国有资产变动产权登记确认为国有法人股权。审计报告、银行进账单、记账凭证及附件等证据证实，增资的68万元货币资金均进入仁达拍卖公司实收资本账户，说明国有资产的投资实际到位。虽然国有投资款之后被抽走，但抽走投资并不能改变仁达拍卖公司实由国有资产投资开办的本质。此外，国有投资款虽被抽走，但仁达拍卖公司在财务处理上仍挂账记为其他应收款，且改制后的仁达拍卖公司收到公司改制前的应收款118万元，也说明国有资产的投资是实际到位的。况且，无证据证明还有其他成分的资产（包括上诉人王郁青、曹永梅个人资产）向仁达拍卖行、仁达拍卖公司进行过注资。故仁达拍卖行、仁达拍卖公司的经济性质应认定为国有企业，其在改制前的经营收入应认定为国有资产。上诉人王郁青、曹永梅分别系仁达拍卖公司的经理、会计，具有履行管理、监督国有资产的职责，均为在国有公司中从事公务的人员，均应以国家工作人员论。上诉人王郁青及其辩护人关于此点的上诉理由、辩护意见，上诉人曹永梅及其辩护人的上诉理由、辩护意见均不能成立，本院不予采纳。

关于王郁青不清楚仁达拍卖公司有启东相关拍卖业务、认定王郁青将该相关拍卖业务所得88万元佣金用于购买改制企业证据不足的上诉理由、辩护意见，经查：尽管用存放于公司账外的88万元经营收入作为购买改制企业的资金系由上诉人曹永梅经手操作，但上诉人曹永梅的供述指证此系上诉人王郁青与其共同商议的结果。对此，上诉人王郁青亦有供述，承认其与上诉人曹永梅商议用公司账外资金购买改制企业，并对公司承拍启东相关拍卖业务的收入放于账外一事知情；其亦承认用于购买改制企业的资金，除向他人借款45万元外，其余均来源于仁达公司小金库资金，其个人并无资金。而且，还有书证证明上诉人王郁青参与了部分启东相关拍卖业务佣金的结算。故上诉人王郁青及其辩护人的该上诉理由、辩护意见不能成立，本院不予采纳。

综上，上诉人王郁青、曹永梅系在国有公司中从事公务的人员，应以国家工作人员论。两上诉人利用职务上的便利，共同采取收入不入账的手段，在仁达拍卖公司改制过程中瞒报、隐匿公司经营收入，非法侵吞国有资产合计人民币1275410元，其行为均构成贪污罪。原审判决认定事实清楚，证据确实、充分，定罪正确，量刑适当，审判程序合法，本院予以支持。

江苏省南通市中级人民法院依照《中华人民共和国刑事诉讼法》第189条第（1）项之规定，裁定如下：驳回上诉，维持原判。

国家事业单位工作人员委派到非国有公司、企业、事业单位、社会团体从事公务的人员，以国家工作人员论

——黄一冰贪污案[①]

【案例要旨】

本罪的犯罪主体是国家工作人员，根据《刑法》第93条规定，国家事业单位工作人员委派到非国有公司、企业、事业单位、社会团体从事公务的人员，以国家工作人员论。其利用虚假发票平账的手段侵吞公款的行为，是利用职务上的便利非法占有公共财产的行为，侵犯了公共财产的所有权、国家机关、国有企业事业单位的正常活动以及国家工作人员职务的

① 《中国审判案例要览》（2007年刑事审判案例卷）。

廉洁性，应当以贪污罪论罪处罚。

【关 键 词】

国家事业单位　委派　从事公务　国家工作人员

【相关法条】

《中华人民共和国刑法》第 382 条第 1 款、第 383 条第 1 款第（1）项

【基本案情】

北京市朝阳区人民法院公开审理查明：被告人黄一冰于 2002 年由民航总局空中交通管理局（以下简称“民航总局空管局”）委派到“航通公司”任财务部经理。2002 年 12 月至 2005 年 2 月期间，被告人黄一冰利用其担任“航通公司”财务经理的职务便利，采用私找发票入账冲抵的手段，侵吞公款人民币 158562. 93 元。

2004 年 9 月 21 日，被告人黄一冰利用其担任“航通公司”财务经理的职务便利，私自使用本单位转账支票 1 张（金额为人民币 27300 元），在“长得瑞华公司”为个人购买笔记本电脑 1 台及电脑配件（价值人民币 10800 元），并从该公司兑现人民币 15000 元，后将该公司开具的虚假发票在本单位入账报销。后被查获归案。案发后，被告人黄一冰的家属帮助黄一冰向“民航总局空管局”退缴人民币 185862. 93 元。

【裁判结果与理由】

北京市朝阳区人民法院认为：被告人黄一冰系国家事业单位的工作人员，在被委派到非国有公司任职期间，为牟取私利，利用职务之便，将本单位资金非法占为己有，其行为已构成贪污罪，依法应予惩处。公诉机关指控被告人黄一冰犯贪污罪的事实清楚、证据确实充分，罪名成立。对于被告人黄一冰的辩护人关于公诉机关认定黄一冰使用虚假发票平账的手段侵吞公款的金额明显高于其实际所侵吞的金额，其除使用虚假发票充抵个人消费外，还有相当一部分系充抵因公消费，该部分不应认定为作案金额的辩护意见，经查：

1. 被告人黄一冰的辩护人向法庭出示的陈丽莹、胡嘉等人的证人证言以及书证材料等证据，仅证明黄一冰曾接待过中南空管局、西北空管局等地方空管局以及外地航站来京人员，不能证明接待的具体时间、地点、次数以及接待费用的金额，更不能证明黄一冰在“航通公司”使用虚假发票抵扣此类接待费用的具体情况，而且地方空管局以及外地航站来京人员均

属于与“民航总局空管局”存在隶属关系或者工作关系的相关单位人员，接待工作应由“民航总局空管局”负责，由此产生的合理的接待费用亦应通过正常的财务报销手续在“民航总局空管局”报销，而超标准、超范围的接待费用则只能由相关责任人自行承担。“民航总局空管局”与“航通公司”是相互独立的法人单位，财务制度亦相互独立，不论“民航总局空管局”合理的接待费用或是超标准、超范围的接待费用均不能由“航通公司”承担，证人胡在平、陈丽莹、胡嘉等人的证言也恰恰证明了这一点，因此黄一冰的辩护人关于黄一冰因公招待地方空管局以及外地航站来京人员的费用应在公诉机关指控的作案金额中予以扣除的意见，缺乏证据支持。

2. 黄一冰的辩护人关于证人时军等人的证言能够证明黄一冰曾为“民航总局空管局”财务处人员发放人民币3000元的电话卡并另找发票在“航通公司”入账报销，故该笔款项不应计入黄一冰作案金额的辩护意见，经查，证人时军等人的证言证明黄一冰曾为“民航总局空管局”财务处人员发放过电话卡，但该项福利的发放对象是“民航总局空管局”的财务人员，因此应经“民航总局空管局”财务处的负责人审核批准并且根据正当的财务手续在“民航总局空管局”财务处入账报销，黄一冰无权自行决定为“民航总局空管局”的财务人员发放福利并在“航通公司”入账报销，因此辩护人上述辩护意见缺乏事实依据。

3. 黄一冰的辩护人关于证人郭文贵、张皑、邢震、孟宪臣、王建军的证言能够证明黄一冰曾为郭文贵发放过通讯费，对工商、税务人员请客送礼，故这些款项不应计入黄一冰作案金额的辩护意见，经查，证人郭文贵、张皑、邢震、孟宪臣、王建军的证言证明黄一冰曾为郭文贵发放过的通讯费，亦曾请工商、税务、公安人员吃饭，但次数和金额与黄一冰的供述存在较大出入。根据黄一冰本人的当庭供述，其请上述人员在餐厅的就餐费用均使用真实的发票并已通过正当的途径入账报销，没有计入使用虚假发票充抵的范畴，其使用虚假发票充抵的是请上述人员在酒吧、歌厅等娱乐场所的非正常消费，而上述人员基本上均证明没有与黄一冰一同在娱乐场所消费，故黄一冰关于使用虚假发票充抵的是请上述人员在酒吧、歌厅等娱乐场所的非正常消费的辩解，缺乏证据支持，辩护人关于上述款项不应计入黄一冰作案金额的辩护意见，缺乏事实依据。

综上，被告人黄一冰的辩护人关于公诉机关认定黄一冰使用虚假发票平账的手段侵吞公款的金额明显高于其实际所侵吞的金额的辩护意见，缺乏证据支持，本院不予采纳。对于被告人黄一冰的辩护人关于黄一冰于2005年1月到加拿大探亲前从公司账户内提取的现金人民币30000元，系暂时挪用，并无非法占有的目的，不应认定为侵吞金额的辩护意见，经查，被告人黄一冰当庭供述以及书证材料均证明，黄一冰到加拿大探亲前从公司账户内提取的现金人民币30000元虽然当时尚未使用虚假发票入账平账，但黄一冰已经准备好了相应的虚假发票，而且黄一冰从加拿大探亲回到单位后，亦未主动归还从公司账户内提取的上述款项，在对单位账目核查的过程中，黄一冰更是使用上述虚假发票并填写报销凭单以弥补其提取现金后造成的亏空，黄一冰的上述行为足以证明其主观上具有非法占有的目的，故辩护人关于此笔款项系暂时挪用的辩护意见，缺乏事实依据，本院不予采纳。关于被告人黄一冰的辩护人关于黄一冰具有自首情节的辩护意见，经查，证人毛兆章、胡嘉的证言均证明黄一冰在被“两规”前主动向单位交待了主要犯罪事实，且有民航总局空中交通管理局纪律检查委员会出具的证明材料予以印证，故被告人黄一冰的辩护人关于黄一冰具有自首情节的辩护意见，本院予以采纳，公诉机关关于被告人黄一冰当庭推翻原有供述，拒不认罪，故不应认定为自首的公诉意见，经查，被告人黄一冰当庭能够如实供述自己的主要犯罪事实并当庭表示自愿认罪，其对自己犯罪行为性质的辩解并不影响自首情节的成立，故公诉机关的上述公诉意见，本院不予采纳。鉴于被告人黄一冰具有自首情节，且其家属在案发后能够帮助其积极退缴全部赃款，故本院依法对其予以减轻处罚。北京市朝阳区人民法院依照《中华人民共和国刑法》第382条第1款、第383条第1款第（1）项、第93条第2款、第67条第1款以及最高人民法院《关于处理自首和立功具体应用法律若干问题的解释》第1条之规定，作出如下判决：被告人黄一冰犯贪污罪，判处有期徒刑四年。

人民法院指定的破产清算组的工作人员属于国家工作人员的范畴

——张正中贪污案①

【裁判要旨】

清算组成员由人民法院从企业上级主管部门、政府财政部门等有关部门和专业人员中指定。但清算组不是司法机关的派出机关，其成员并非法律上或事实上的国家机关工作人员，也不是破产企业的职员。清算组成员的行为不单纯是一般的商事行为，而是一种严格依照《民法通则》、《企业破产法》、《民事诉讼法》等法律从事公务的行为，即符合国家工作人员“从事公务”的本质特征。

【关 键 词】

法院指定　清算组成员　从事公务

【相关法条】

《中华人民共和国刑法》第382条第1款、第383条第1款第（1）项

【基本案情】

江苏省启东市人民法院经公开开庭审理查明：被告人张正中原系该市聚星粮站副站长，2002年9月4日被解除劳动合同关系；于2002年10月8日、2003年3月5日被启东市人民法院分别指定担任汇龙公司与龙权公司破产清算组组员，在两清算组任现金会计。2003年4月27日，汇龙公司清算组提出将张正中清除出清算组的建议，并向法院提交了书面报告。原汇龙公司系股份制企业，其中国有股占百分之六十一，社会和职工股占百分之三十九。被告人张正中犯贪污罪的具体事实如下：

1. 2003年2月26日至3月28日，被告人张正中以汇龙公司清算组名义先后12次向启东市粮油实业公司借入回收菜油票款计430000元。同年2月27日至4月16日，被告人张正中将发放精制油后回收的菜油票调换

① 原载于《中国审判案例要览》（2005年刑事审判案例卷）。

周莹东结报的菜油票 21012.9 公斤，再将调换后的菜油票连同发放精制油后回收的菜油票 34691.3 公斤，合计 55714.2 公斤，混在以 5 元/公斤收购的菜油票中结报给启东市粮油实业公司，被告人张正中一票两用虚报 55714.2 公斤，计人民币 278571 元。后张将他人结报给他的菜油票转开精制油票计 55714.2 公斤的存根联及日报表销毁。剔除被告人张正中借入 430000 元后实际用于 5 元/公斤购菜油票款的 309095.5 元，张一票两用已套取现金 120904.5 元，未遂 157666.5 元。

2. 2003 年 1 月 26 日，被告人张正中虚开号码为 000480 号的汇龙公司代农加工商品转移通知单 1 张，内容为议购散户菜油 12000 公斤，金额 60000 元。张将此单让汇龙公司原法定代表人杨汉新签字证明，并加盖该清算组公章，后于同年 3 月 31 日连同其他凭证结报给该清算组总账会计黄玉英，张因此得人民币 60000 元。

3. 2002 年 10 月 16 日，汇龙公司原财务科长蔡建萍代破产清算组收取张建兵交纳的租金及电费 40000 元，蔡当时开出 005086 现金收入通知单。当月，蔡与被告人张正中一起将此款用于交纳电费，后蔡将上述现金收入通知单入账联等移交给张正中，张于 2003 年 3 月 31 日结报。被告人张正中至案发未将该 40000 元收入入账，且在清算组查出后，张不能提供蔡交给他的现金收入通知单入账联。

综上，被告人张正中侵吞、骗取公共财产合计人民币 378571 元，其中既遂 220904.5 元，未遂 157666.5 元。案发后，被告人张正中已交清算组合计人民币 378695.27 元，其中应退赃款 220904.5 元，应交公款 142740.73 元，多交 15050.04 元。

【裁判结果与理由】

江苏省启东市人民法院认为：被告人张正中是人民法院指定的破产清算组的工作人员，以国家工作人员论，其在从事公务活动中，利用职务之便，采用不法手段侵吞、骗取公共财产数额 10 万元以上，其行为已构成贪污罪。公诉机关指控其犯贪污罪的事实清楚，证据充分，所控罪名成立，依法予以支持。被告人张正中关于“一票两用套取现金”“虚开代农加工商品转移通知单并结报”“收入不入账”是为清算组筹集账外资金，其没有非法占有故意的辩解，经查，清算组无人授意被告人筹集账外资金，且被指控的贪污事实都不是张主动交代，而是由清算组的相关人员查出后，被告人张正中才承认的，张也承认被指控的贪污事实清算组人员是不清楚的，故该辩解与事实不符，本院不予采信。其辩护人提出的关于被告人张正中不属于受委派从事清算工作的人员，不符合贪污罪的主体、客体特征，应定职务侵占罪的辩护意见，因被告人是人民法院指定的破产清算组的工作人员，在该破产清算组中担任现金会计，负责现金保管、油票管理、收购油票、储运等具体工作。指定是委派形式的一种，其被委派前无论身份如何，是长期或是临时，只要是接受委派，均不影响是从事公务人员的认定，故被告人张正中属受国家机关委派从事公务的人员，应以国家工作人员论；且贪污罪所侵犯的公共财物既包括国有财物也包括非国有单位的财物，故对被告人张正中应以贪污罪认定。其辩护人提出被告人具有酌情从轻处罚情节的辩护意见，与事实相符，本院予以采纳。被告人关于借、还施建新 30000 元，与本案无涉；其未非法占有张建兵交纳的 40000 元的辩解理由及其辩护意见亦不成立，不予采信。

江苏省启东市人民法院根据《中华人民共和国刑法》第 382 条第 1 款、第 383 条第 1 款第（1）项、第 93 条第 1 款、第 23 条、第 56 条第 1 款、第 64 条之规定作出如下判决：1. 被告人张正中犯贪污罪，判处有期徒刑十二年，剥夺政治权利二年，并处没收财产人民币 20 万元。2. 被启东市人民检察院暂扣的人民币 133532. 8 元，由启东市人民检察院发还启东方粮食局；被本院暂扣的人民币 15050. 04 元，作被告人张正中被判处的没收财产处理，上缴国库。

江苏省启东市人民法院一审宣判后，被告人张正中不服，上诉至江苏省南通市中级人民法院。张正中上诉称其采用一票两用、虚报冒领及收入不入账等方法套取现金系为清算组筹集资金，并无个人非法占有的故意。其二审辩护人辩称原判决事实不清，上诉人一票两用的目的是向实业公司多借资金，并非个人占有；认定张正中虚报冒领 6 万元既遂的证据不足。

江苏省南通市中级人民法院认为：上诉人张正中系人民法院指定的破产清算组成员，属于刑法规定的“其他依照法律从事公务的人员”，应以国家工作人员论。其在任职期间，利用职务之便采用虚报冒领及收入不入账等方法侵吞、骗取公共财产计人民币 37 万余元（其中 157666. 5 元未遂）的行为构成贪污罪，依法应当判处十年以上有期徒刑，可以并处没收财产。上诉人在司法机关立案侦查前如实交代自己的贪污事实并退清赃款，可以酌情从轻处罚。原判决事实清楚，证据充分，定罪量刑正确，审判程序合法，应予维持。

关于上诉人张正中认为只是为清算组筹集资金，并非占为已有的辩解理由，经查，上诉人系清算组现金会计，被清算组赋予经手结报菜油票的职责，其利用职务之便采用“一票两用”的方法套取现金占为已有，属于贪污行为。上诉人虽辩称其行为动机是为清算组筹集资金，但其在实施该行为过程中从未告知清算组负责人及相关人员，清算组负责人更没有批准或同意其实施该行为。事实上，上诉人采用“一票两用”手法重复结报，并将他人结报的油票存根及日报表烧毁，使清算组失去核实的依据，且将套取的现金以个人名义存入银行，部分已用于家庭承包经营，其非法占有公共财产的行为已完成。据此，认定上诉人具有非法占有故意的证据充分，上诉人及其辩护人的主张没有相应的证据证实，本院不予采纳。关于上诉人对虚开代农加工转移单系为清算组筹集资金的辩解理由，经查，该辩解无相关证据证实，且该款已由其个人处置，应认定其已实现占有，上诉人的该辩解不成立，不予采纳。关于认定上诉人贪污既遂证据不足的辩护意见，经查，上诉人虚报冒领后将该款以个人名义存入银行，已实现对公共财产的占有、处置，也使公共财产失去控制，其犯罪行为已完成，应认定为既遂。故上诉人的上诉理由及辩护人的辩护意见不成立，本院不予采纳。江苏省南通市中级人民法院根据《中华人民共和国刑事诉讼法》第189条第（1）项之规定，裁定如下：驳回上诉，维持原判。

国有信托投资公司兴办的全资子公司在地方设置的分支银行属于国有商业银行

——孔朝晖挪用公款、贪污案[1]

【裁判要旨】

行为人的工作单位属于国有信托投资公司兴办的全资子公司在地方设置的分支银行，性质为国有企业，行为人作为在其中从事公务的人员，属于国家工作人员，其携带挪用的公款人民币潜逃，构成贪污罪。

【关 键 词】

国有公司　全资子公司　分支机构

【相关法条】

《中华人民共和国刑法》第382条第1款、第383条第1款第（1）项、第384条第1款

【基本案情】

1997年6、7月，被告人孔朝晖利用担任中信实业银行南京分行北京西路支行信贷员的职务便利，采用私刻公章的方法，两次将江苏省东台市农村社会养老保险事业管理处在该行的存款计人民币900万元挪至南京市国际信托投资公司云南北路证券交易营业部，用于其个人炒作股票，后于1998年6、7月间归还了该900万元的本息。

1998年7月，被告人孔朝晖利用担任中信实业银行南京分行新街口支行信贷员的职务便利，采用本票转账的方法，将江苏省东台市农村社会养老保险事业管理处在该行的存款人民币500万元挪至南京市国际信托投资公司云南北路证券交易营业部，用于其个人炒作股票。

1999年6月至2002年1月，被告人孔朝晖利用担任中信实业银行南京分行城西支行信贷员、信贷科副科长、行长助理的职务便利，采用私刻江苏省纺织品进出口集团股份有限公司印章并冒用该公司名义的方法，在

① 《人民法院案例选》2004年刑事专辑，总第47辑。

本行设立账户，先后八次将该行“贷款”共计人民币6500万元挪至南京市国际信托投资公司云南北路证券交易营业部，用于个人炒作股票或归还“贷款”及江苏省东台市农村社会养老保险事业管理处的存款等。其中：1999年6月，以“贷款”名义从该行挪用公款人民币1000万元，用于个人炒作股票及归还1998年7月东台农保处的存款人民币500万元的本息；1999年12月，以“贷款”名义从该行挪用公款人民币500万元，用于个人炒作股票；2000年3月，以“贷款”名义从该行挪用公款人民币1000万元，用于个人炒作股票及归还1999年6月挪用的人民币1000万元的本息；2000年7月，以“贷款”名义从该行挪用公款人民币500万元，用于个人炒作股票及归还1999年12月挪用的人民币500万元的本息；2000年11月，以“贷款”名义从该行挪用公款人民币1000万元，用于个人炒作股票及归还2000年3月挪用的人民币1000万元的本息；2001年3月，以“贷款”名义从该行挪用公款人民币500万元，用于归还2000年7月挪用的人民币500万元的本息；2001年7月，以“贷款”名义从该行挪用公款人民币1000万元，用于归还2000年11月挪用的人民币1000万元的本息；2002年1月，以“贷款”名义从该行挪用公款人民币1000万元，用于归还2001年3月挪用的人民币500万元的本息及提现。这样，被告人以后次“贷款”归还前次挪用的公款的办法共计挪用公款1500万元。因炒作股票造成巨额亏损，2002年5月，被告人孔朝晖携带挪用的公款人民币9257000元潜逃。2002年6月26日，公安机关将被告人孔朝晖抓获，追缴人民币5951730元、美元289908元及以“刘军”名义购买的轿车等钱物。

综上，被告人孔朝晖共挪用本单位公款人民币2900万元，案发前归还人民币900万元，尚有人民币1074.3万元未归还。另携带挪用的公款人民币925.7万元潜逃。

江苏省南京市人民检察院以被告人孔朝晖犯挪用公款罪、贪污罪向江苏省南京市中级人民法院提起公诉，被告人孔朝晖对起诉指控的犯罪事实不持异议，但辩解其提款是为到外地炒股以挽回损失，不是逃跑；其辩护人提出中信实业银行不是国有商业银行，被告人不具有贪污罪的主体资格，挪用的数额认定有部分是利息，不应计入数额，被告人没有携款潜逃等辩护意见。

【裁判结果与理由】

江苏省南京市中级人民法院经公开审理认为：被告人孔朝晖身为国有企业中从事公务的人员，利用职务上的便利，挪用公款人民币1974.3万元归个人进行营利活动，其行为已构成挪用公款罪，且有1000余万元不能退还，属挪用公款数额巨大不退还。被告人孔朝晖携带挪用的公款人民币925.7万元潜逃，依照《最高人民法院关于审理挪用公款案件具体应用法律的若干问题的解释》第6条的规定，应构成贪污罪，且属情节特别严重。对被告人孔朝晖及其辩护人提出的辩解、辩护意见，经查，中信实业银行是全民所有制公司即中国信托投资公司兴办的全资子公司，系国有企业，中信实业银行南京分行亦系国有企业，被告人孔朝晖是中信银行南京分行从事管理工作的人员，应以国家工作人员论。其实施的侵吞、挪用单位公款的行为应以贪污罪、挪用公款罪定罪处罚；其挪用公款用于给付利息，属对挪用的公款的使用，不应扣除。至于辩护人提出的孔朝晖没有离开本地，不能认定为潜逃的辩护意见，没有法律依据。故对被告人孔朝晖及其辩护人提出的辩解和辩护意见不予采纳。据此，该院依照《中华人民共和国刑法》第382条第1款、第383条第1款第（1）项、第384条第1款、第93条第2款、第48条第1款、第57条第1款、第59条、第64条、第69条及《最高人民法院关于审理挪用公款案件具体应用法律若干问题的解释》第4条、第5条、第6条之规定，于2003年5月30日作出（2003）宁刑初字第20号刑事判决如下：一、被告人孔朝晖犯贪污罪，判处其死刑缓期二年执行，剥夺政治权利终身，并处没收个人全部财产；犯挪用公款罪判处其无期徒刑，剥夺政治权利终身，并处没收个人全部财产；决定执行死刑缓期二年执行，剥夺政治权利终身，并处没收个人全部财产。

二、对已追缴的人民币5951730元、美元289908元、BORAL轿车一辆（车主刘军、牌号号码苏AV9501、发动机号BAF008049、车架号LFV-BA21J223009009）等发还被害单位中信实业银行南京分行。

本案宣判后，在法定期限内被告人没有上诉，人民检察院也没有抗诉，江苏省南京市中级人民法院依法报送江苏省高级人民法院核准。

江苏省高级人民法院经复核认为：被告人孔朝晖身为国有企业从事公务的人员，利用职务便利，挪用公款人民币1974.3万元归个人进行营利活动，其行为已构成挪用公款罪，且有1000余万元不能退还，属挪用公款数额巨大不退还。被告人孔朝晖携带挪用的公款人民币925.7万元潜逃，依照《最高人民法院关于审理挪用公款案件具体应用法律的若干问题的解释》第六条的规定，应构成贪污罪，且属情节特别严重。原审判决对被告人孔朝晖的定罪量刑均是正确的。据此，该院依照《中华人民共和国刑事诉讼法》第201条及《最高人民法院关于执行〈中华人民共和国刑事诉讼法〉若干问题的解释》第278条第2款第（1）项之规定，于2003年8月12日作出如下裁定：核准江苏省南京市中级人民法院（2003）宁刑初字第20号以贪污罪判处被告人孔朝晖死刑缓期二年执行，剥夺政治权利终身，没收个人全部财产，以挪用公款罪判处其无期徒刑，剥夺政治权利终身，没收个人全部财产，决定执行死刑缓期二年执行，剥夺政治权利终身，没收个人全部财产的刑事判决。

三、贪污罪主观故意的认定

贪污罪中非法占有目的的推定

——胡滋玮贪污案①

【裁判要旨】

贪污罪中的非法占有目的需结合公款的具体去向及行为人的处置意思来加以综合认定，实践中应注意区分形式上的“侵占”行为与贪污罪中以非法占有为目的的侵吞行为，以免客观归罪。

【关 键 词】

非法占有目的　客观推定　国有公司

【相关法条】

《中华人民共和国刑法》第382条第1款，第383条第1款第（1）项

① 原载于《刑事审判参考》2004年第2集·总第37集，第292号。

【基本案情】

被告人胡滋玮，原江苏苏州物贸中心（集团）有限公司副总经理，苏州外贸物资总公司法定代表人、总经理，曾任苏州物资集团公司汽车经营公司总经理、华东汽车贸易苏州联营公司总经理、苏州物资集团公司第三贸易公司总经理。

江苏省苏州市人民检察院于2001年2月22日以被告人胡滋玮犯贪污罪、偷税罪，被告单位苏州外贸物资总公司犯偷税罪，向江苏省苏州市中级人民法院提起公诉，于2001年4月5日依法撤回起诉；2001年4月28日，江苏省苏州市人民检察院以被告人胡滋玮犯贪污罪，向江苏省苏州市中级人民法院提起公诉，2003年5月23日再次依法撤回起诉；2003年6月9日，江苏省苏州市人民检察院以被告人胡滋玮犯贪污罪，向江苏省苏州市中级人民法院提起公诉。

起诉书指控：被告人胡滋玮在1991年至1993年间利用担任苏州物资集团公司汽车经营公司、苏州物资集团公司第三贸易公司总经理的职务便利，先后将本公司国有资产转移、隐匿于海南华洋科技发展有限公司和深圳特发实业有限公司。1993年间，被告人胡滋玮通过王迺玉等人，在香港美国运通银行办事处办理了户名为“胡滋玮”的美国运通卡一张、非法购置外籍护照两本、为邢舸支付个人购车款，并在其隐匿于海南华洋科技发展有限公司和深圳特发实业有限公司的款项中支付上述费用共计人民币168.820263万元。在市纪委审查期间，被告人胡滋玮主动交代了其贪污犯罪事实。被告人胡滋玮的行为已构成贪污罪，被告人胡滋玮有自首情节，提请法院适用《中华人民共和国刑法》第67条第1款之规定依法惩处。

被告人胡滋玮辩称其没有非法占有的故意。美国运通卡系为公司业务而办理；王迺玉用截留的公款为其和付建新办理的外国护照，因护照尚未办成，一直未与王结账；未曾承诺过补贴邢舸购车款，王迺玉在截留公款中支付，是王单方行为。其辩护人提出：起诉书指控被告人胡滋玮贪污了办理护照的款项和补贴邢舸购车的款项，证据不足；被告人胡滋玮用公款办理美国运通卡的行为应认定为挪用公款，起诉书指控贪污定性不当；被告人胡滋玮有自首情节，且赃款全部追回，可依法从轻处罚。

江苏省苏州市中级人民法院经公开审理查明：被告人胡滋玮于1990年11月18日至1997年2月17日担任苏州物资集团公司［后更名为苏州物

贸中心（集团）有限公司］总经理助理；1990年11月至1996年7月间被告人胡滋玮担任苏州物资集团公司汽车经营公司（1993年10月起更名为苏州物资集团汽车贸易总公司）总经理；1992年5月至1995年兼任苏州物资集团公司第三贸易公司总经理。1997年2月17日胡滋玮辞去苏州物贸中心（集团）有限公司董事、苏州物资集团股份有限公司董事职务，同时被苏州物贸中心（集团）有限公司解除其担任的该公司总经理助理的职务。1998年2月，胡滋玮重回苏州物贸中心（集团）有限公司，担任董事、副总经理。被告人胡滋玮于1992年1月15日被吸收为国家干部。另查明：苏州物资集团公司系全民联营企业；苏州物资集团公司汽车经营公司是由苏州物资集团公司投资500万元注册成立的全民企业；苏州物资集团第三贸易公司是苏州物资集团公司拨款50万元注册成立，隶属于苏州物资集团公司的非独立核算全民联营公司。

1991年至1993年间，被告人胡滋玮利用担任苏州物资集团汽车经营公司总经理、苏州物资集团公司第三贸易公司总经理的职务便利，在公司经营活动中，采用“虚开发票”“收入不入账”“串票经营”“两价结算”“抬高进价、故意亏损”及虚设“外汇补差”“联合经营钢材业务利润分成”等手段，将本公司公款人民币1777.620263万元截留至海南华洋科技发展有限公司等单位。被告人胡滋玮于1999年3月利用上述截留利润中1658.8万元，联系了苏州对外贸易公司、苏州物资集团经营服务公司，并借用了吴江市机电工业供销总公司、深圳特发实业有限公司、深圳俊洋电子有限公司、中国第一汽车集团公司供应处、中国第一汽车集团公司吉林轻型车厂供应公司等单位的名义成立了苏州外贸机电产品公司（后更名为苏州外贸物资总公司），该公司经济性质为全民与集体联营，实际由被告人胡滋玮控制。

1992年至1993年间，被告人胡滋玮通过王迺玉等人，在香港美国运通银行办事处办理了户名为“胡滋玮”的美国运通卡一张、非法购置外籍护照两本、为邢舸补贴个人购车款10万元。1993年10月，被告人胡滋玮与王迺玉结账时，以所谓“苏州外贸物资总公司分配利润”的名义从该公司汇给王迺玉所在的深圳特发实业有限公司人民币50万元，连同胡滋玮存放在海南华洋科技发展有限公司的剩余截留利润118.820263万元，共计人民币168.820263万元，支付了上述费用，同王迺玉结清了账目。

案发后，司法机关扣押了全部赃款。被告人胡滋玮在苏州市纪律检查委员会对其审查时，主动交代了贪污犯罪的事实。

【裁判结果与理由】

关于被告人胡滋玮提出美国运通卡是为公司业务办理的辩解意见。经查，该卡系胡滋玮用截留利润通过王迺玉在香港办理，户名为胡滋玮本人，完全由胡滋玮控制，胡滋玮也曾供述该卡在单位财务上始终没有反映。苏州物资集团公司汽车经营公司副总经理柯晓云证实，单位没有办理过外国信用卡；在苏州物资集团公司先后担任总经理的张华明、邵伟忠均证实不知下属单位有办理外国信用卡的情况。故被告人胡滋玮的该辩护意见没有事实依据，不予采纳。

关于被告人胡滋玮提出外国护照在办理过程中、尚未与王迺玉结账；未曾承诺过补贴邢舸购车款，王迺玉在截留公款中支付，是王单方行为的辩解意见。经查，被告人胡滋玮在侦查机关审查期间，多次供认与王迺玉结清了账目，该供述与王迺玉的证言印证，且有王迺玉出具的“代收利润”、“代垫费用”清单等书证证实。在被告人胡滋玮的私人笔记本中，记录有补贴邢舸购车款10万元的内容，故胡滋玮称“未承诺补贴邢舸车款”的辩解理由没有事实依据，不予采纳。

江苏省苏州市中级人民法院认为，被告人胡滋玮系国有公司中从事公务人员，依照《中华人民共和国刑法》第93条第2款之规定，应以国家工作人员论。被告人胡滋玮利用职务便利，侵吞公款人民币168.820263万元，其行为构成贪污罪。公诉机关指控事实清楚，证据充分，定罪准确，予以支持。辩护人关于起诉书指控被告人胡滋玮贪污公款用于办理护照和补贴邢舸购车，证据不足的意见，不能成立。辩护人关于被告人胡滋玮没有贪污的犯罪故意，其用公款办理美国运通卡的行为属挪用公款的意见，虽提供了证人陆平、周帆关于胡滋玮为公司业务办理过运通卡一事知情的证词，但是该二证人对胡滋玮办理运通卡的款项来源、性质、是否得到领导批准、单位账上是否有反映均不知情，尚不足以改变胡滋玮行为的性质，况且被告人胡滋玮在1997年3月辞职离开苏州物贸中心（集团）有限公司时，并未将运通卡移交，说明其主观上具有非法占有该公款的目的，故该辩护意见不予采纳。辩护人关于被告人胡滋玮有自首情节，可依法从轻处罚的辩护意见，因被告人胡滋玮在庭审中未如实供述自己的主要犯罪事实，故其虽在市纪委对其审查时主动交代了贪污犯罪事实，依照最高人民法院《关于处理自首和立功具体应用法律若干问题的解释》第1条第（2）项之规定，不能认定为自首。鉴于案发后司法机关追缴了全部赃款，故对被告人胡滋玮可酌情从轻处罚。为维护国家工作人员职务廉洁性，保障公共财产不受侵犯，依照《中华人民共和国刑法》第12条第1款，第382条第1款，第383条第1款第（1）项，第56条第1款，第64条之规定，判决如下：

1. 被告人胡滋玮犯贪污罪，判处有期徒刑十五年，剥夺政治权利五年，并处没收财产人民币五十万元。

2. 扣押的赃款人民币六十二万六千七百五十二元六角三分及运通卡本息港币一百二十五万二千七百六十二元五角九分发还苏州物资集团公司。

一审宣判后，被告人胡滋玮不服，向江苏省高级人民法院提出上诉。

被告人胡滋玮上诉理由及其辩护人辩护意见称：（1）办理美国运通卡是为了公司开展业务，认定胡滋玮非法占有目的的证据不足；（2）因外国护照未办成，尚未与王逎玉结账；胡未曾承诺过补贴邢舸购车款，王在截留公款中抵扣车款，是其单方行为，认定胡滋玮贪污公款办理护照和补贴邢舸购车款，证据不足。

关于被告人胡滋玮及其辩护人提出的办理美国运通卡是为了公司开展业务，认定胡非法占有的证据不足的上诉理由及辩护意见，二审法院经查，被告人胡滋玮通过王逎玉等人在香港办理美国运通卡并从截留的公司公款中支付了办卡费用，该卡自办理之日起，一直为胡滋玮个人控制。苏州物资集团公司汽车经营公司副总经理柯晓云证实，单位没有办理过外国信用卡，在苏州物资集团公司先后担任总经理的张华明、邵伟忠均证实不知下属单位有办理外国信用卡的情况，单位财务上亦无反映，胡滋玮及其辩护人提出办理运通卡是为公司开展业务的辩解，无证据证实。1997年3月，胡滋玮辞职离开苏州物贸中心（集团）有限公司时，亦未将该运通卡移交单位。1998年，该运通卡因未办理相应的手续而不能继续使用，运通卡内的所有款项实际均已自动转为胡滋玮私人存款。被告人胡滋玮对利用截留公款为其个人办理运通卡及占有卡内存款的行为，有过多次供述，且得到王逎玉等证人证言以及美国运通银行对账单、转存证明等证据证实，其非法占有公款的主观故意明确。故对被告人胡滋玮及其辩护人提出的此上诉理由和辩护意见，不予采纳。

关于被告人胡滋玮及其辩护人提出的因外国护照未办成，胡尚未与王迺玉结账；胡未曾承诺过补贴邢舸购车款，王迺玉在截留公款中抵扣车款，是其单方行为，认定胡滋玮贪污公款办理护照和补贴邢舸购车款，证据不足的上诉理由和辩护意见，二审法院经查，被告人胡滋玮在侦查阶段多次供述，其委托王迺玉找邢舸为其与付某办理外国护照以及为邢舸贴补购车款10万元，并与王迺玉商定费用从公司截留款中扣除，事后，胡滋玮在其私人笔记本中，对补贴邢舸购车款10万元的内容亦作了记载，且得到王迺玉、高勇、吴轶、付建新等证人证言证实；1993年10月，双方经结算，办理护照款、补贴邢舸购车款以及运通卡支出三项费用，以168.820263万元从海南华洋科技发展有限公司等王迺玉处的公司截留利润中抵扣，胡、王各执结算清单1份，以示账目结清，有被告人胡滋玮的供述、证人王迺玉的证言以及双方持有的“代收利润”“代垫费用”清单等书证证实。被告人胡滋玮利用职务之便截留公司利润并侵吞部分公款用于个人支出的事实清楚，证据确实充分，其行为依法构成贪污罪。故对被告人胡滋玮及其辩护人提出的此上诉理由和辩护意见，不予采纳。江苏省高级人民法院经审理认为，被告人胡滋玮身为国有公司中从事公务的人员，利用职务便利，截留单位公款并将其中的168.820263万元用于个人支出，其行为已构成贪污罪。案发后涉案赃款已全部追回，可酌情从轻处罚。原审人民法院判决认定胡滋玮犯贪污罪的事实清楚，证据确实、充分，定罪准确，量刑适当，审判程序合法。依照《中华人民共和国刑事诉讼法》第189条第（1）项之规定，裁定驳回上诉，维持原判。

贪污罪主观故意包括间接故意

——沈国伟贪污案①

【裁判要旨】

行为人明知没有偿还能力，利用职务便利截留本单位巨额钱款用于赌博等高风险活动或犯罪活动，客观上没有归还的，可以推定行为人对钱款具有非法占有的间接故意，构成贪污罪或职务侵占罪。

【关 键 词】

截留　非法占有　间接故意

【相关法条】

《中华人民共和国刑法》第382条第1款、第383条第1款第（1）项

【基本案情】

上海市电力公司系国有企业法人，沪北供电公司系其分支机构。被告人沈国伟自2002年12月起，先后担任沪北供电公司市场部电费账务组账务员、市场开发组营销员、市场开发组组长、市场营销部客户服务专职等职，负责收取沪北供电公司相关客户单位的电费。

2004年2月至2007年12月间，沈国伟利用职务便利，以收缴电费为名，采用收取福德公司、上海乐凯纸业有限公司、上海绿新包装实业有限公司、上海联畅化学纤维厂、上海晶宝铜箔有限公司、上海金叶包装材料有限公司、上海欣丰卓群电路板有限公司等单位向沪北供电公司缴纳的电费不入账的方式，将截留的款项大部分用于赌博，小部分用于归还个人债务、套取现金等。至2007年12月案发，沈国伟的上述行为共计造成沪北供电公司损失5774801.33元。2007年12月14日，沪北供电公司有关领导找被告人沈国伟谈话，沈国伟交代了涉案部分事实后逃逸至澳门。同月22日，沈国伟被抓获归案。公诉机关上海市人民检察院第二分院认为，被告人沈国伟身为国家工作人员，利用在国有企业中收取电费的职务便利，以

① 原载于《人民司法》2010年第2期。

收款不入账的方式，截留并侵吞多家单位缴纳的电费收入后个人花用，其行为已构成贪污罪，提请依法审判。被告人沈国伟及其辩护人对公诉机关指控的事实不持异议，但均认为公诉机关指控沈国伟犯贪污罪的定性不当，沈国伟的行为构成挪用公款罪。

【裁判结果与理由】

上海市第二中级人民法院经审理认为：被告人沈国伟在担任国有企业沪北供电公司电费账务组账务员、市场营销部客户服务专职等职期间，身为国家工作人员，利用负责收取沪北供电公司相关客户单位电费的职务便利，采用收款不入账的方法，截留福德公司等多家单位缴纳的电费后个人花用，侵吞沪北供电公司577万余元国有资产，其行为已构成贪污罪，依法应予惩处。公诉机关指控沈国伟犯贪污罪的罪名成立。沈国伟及其辩护人关于本案应认定为挪用公款罪的辩解及辩护意见，缺乏事实和法律依据，不予采纳。依照《中华人民共和国刑法》第382条第1款、第383条第1款第（1）项、第57条第1款、第59条第1款及第64条之规定，于2009年4月17日作出如下判决：一、被告人沈国伟犯贪污罪，判处无期徒刑，剥夺政治权利终身，并处没收个人全部财产。二、违法所得依法追缴发还被害单位，不足部分责令退赔。

被告人沈国伟以其行为不构成贪污罪而构成挪用公款罪为由上诉于上海市高级人民法院。在二审审理过程中，沈国伟又书面撤回上诉。上海市高级人民法院于2009年6月1日裁定准许沈国伟撤回上诉。

四、贪污罪与受贿罪的界限

截留并非法占有本单位利润款的贪污行为与收受回扣的贪污行为的区分

——胡启能贪污案①

【裁判要旨】

1. 国家机关、国有公司、企业、事业单位向非国有公司、企业、事业单位、社会团体委任、派遣从事公务人员的形式多种多样，如任命、指派、提名、批准等。认定是否属于受委派，不能仅看形式，必须结合具体案件的情况，充分把握是否属于代表国家机关、国有公司、企业、事业单位行使公共权力的实质，准确加以界定。

2. 在经济往来中，国家工作人员利用签订、履行合同的职务便利，经由交易对方以各种名义的回扣、手续费等形式给付其个人的财物，不能不加区别地一概认定为《刑法》第385条第2款规定的受贿行为，而应当结合交易的真实情况，具体分析行为人所获得的财物实际上是属于经济往来的对方单位，还是行为人单位，审慎加以区分，准确认定其行为的性质。在购销活动中，如果购入方行为人收受的各种名义的回扣、手续费等实际上来源于虚增标的金额，或者卖出方行为人收受的各种名义的回扣、手续费，实际上来源于降低标的金额者，因该回扣或者手续费实质上属于本单位的额外支出或者应得利益，侵犯的是本单位的财产权利，属于变相的贪污行为，应认定为贪污罪。

【关 键 词】

受委派　国家工作人员　侵吞利润款

【相关法条】

《中华人民共和国刑法》第383条第1款第（1）项、第93条第2款

---

① 原载于《刑事审判参考》2003年第6集·总第35集，第275号。

【基本案情】

被告人胡启能，原系重庆市农业生产资料总公司总经理。

重庆市人民检察院第一分院以被告人胡启能犯受贿罪、贪污罪向重庆市第一中级人民法院提起公诉。

被告人胡启能及其辩护人辩护提出：胡启能不是国家工作人员。胡启能在供销社时被政府部门任命为干部，随着供销社由全民所有制企业转变为集体所有制企业，胡启能原来的国家干部身份也就随之消失，转变成为集体企业中的劳动合同制职工，且按劳动法的规定与该企业签订了劳动合同，因此，胡启能不具有国家工作人员身份，也非受国家机关、国有公司、企业、事业单位委派到非国有公司、企业、事业单位、社会团体从事公务的人员。胡启能对收受汕头农资公司 180 万元、广源公司 320 万元、收受中农广州公司钱款、收受珠海农资公司 491 万元等指控事实均予否认，其辩护人提出认定上述数笔事实证据不足，指控胡启能受贿犯罪不能成立。胡启能否认与从化公司经理张艳颜联营过化肥配额业务。其辩护人提出，张艳颜将 52 万元交给胡雪梅与胡启能无关；第二笔 50 万元已由谭长寿还给张艳颜，胡启能没有占有该笔款项，指控其贪污犯罪的事实和罪名不能成立。

重庆市第一中级人民法院经公开审理查明：

（一）关于被告人胡启能的主体身份

胡启能于 1980 年 12 月 9 日，经原中共重庆市委组织部经济干部管理处任命为重庆市农业生产资料总公司（以下简称重庆农资公司）副经理；1984 年经原重庆市人事局批准为国家干部（从 1960 年起算）；1986 年 11 月 20 日，经原中共重庆市委财贸政治部任命为重庆市农资公司经理；1990 年 12 月 25 日，又经原中共重庆市委财贸政治部任命为农资公司经理；1994 年 4 月 12 日，经原中共重庆市供销合作总社委员会根据原市委财贸政治部授权，任命为重庆市农资公司总经理。1995 年 12 月 30 日，依照全市范围内所有全民所有制企业和集体所有制企业的领导均需与主管部门签订合同的有关规定，胡启能与原重庆市供销合作总社签订劳动合同。

重庆市供销合作总社受重庆市人民政府领导，行使政府授权的行业管理和某些重要商品的市场调控职能，1997 年改制为事业单位。重庆市农资公司原系重庆市供销合作总社下属的全民所有制企业，体制改革后，系重庆市供销合作总社直属集体所有制企业，重庆市政府农业生产资料协调小组成员单位，其法定代表人仍由政府和其主管部门任命。重庆市农资公司在改为集体所有制性质后，在人员的管理体制上，原属全民所有制的干部和职工，均按中央和省、市关于原有全民所有制职工身份不变的政策执行。

（二）关于受贿事实

1. 1998 年 10 月至 1999 年 8 月，被告人胡启能在转卖重庆农资公司 4 万吨进口化肥配额指标给广东省汕头农资公司过程中，索取人民币 180 万元。具体事实如下：1998 年 10 月，广东省汕头农资公司总经理周鸿耀与胡启能商定联营 3 万吨进口化肥配额指标，每吨以 150 元计价，胡同时提出，其中每吨 100 元汇到重庆农资公司账上，另外 50 元提现金直接付款给胡。此后，胡启能分别于 1998 年 11 月 10 日、12 月 8 日和 1999 年 1 月 23 日 3 次从周鸿耀处收受现金共计人民币 140 万元。1999 年 8 月，周鸿耀与胡启能商定联营 1 万吨进口化肥配额指标，付款方式同上述约定。据此，胡启能于 8 月 12 日从周鸿耀处收受现金共计人民币 40 万元（其中 10 万元系补足上次欠款）。

2. 1999 年 3 月至 7 月，被告人胡启能在转卖 6. 5 万吨进口化肥配额指标给广西广源贸易公司（以下简称广源公司）过程中，索取人民币 320 万元。具体事实如下：1999 年 3 月，胡启能与广源公司总经理莫立柱在其深圳鸿宏达公司（与广源公司系两块牌子，一套班子）商定，以每吨进口化肥配额指标 150 元的价格进行联营，其中 100 元付到重庆农资公司账上，另 50 元付现金给胡。胡当即将随身携带的 4. 5 万吨进口化肥配额指标交给莫。7 月，胡启能向莫立柱提出，他手里有 2 万吨下半年的进口化肥配额指标，要求莫立柱把前次 4. 5 万吨配额应给他的 225 万元和此次 2 万吨配额应给他的 100 万元准备好，马上给他。经公司领导同意后，莫立柱分别于 7 月 6 日、8 日分两次将现金共计人民币 320 万元交给胡启能。剩余 5 万元，胡表示放弃。

3. 1999 年 4 月至 10 月，被告人胡启能在转卖 2 万吨进口化肥配额指标、3 万吨进口实物化肥给中农广州公司过程中，索取人民币 75 万元、美金 8. 24 万元（折合人民币 75 万元）。具体事实如下：1999 年 4 月，中农广州公司化肥科科长张凝与胡启能商定联营 0. 5 万吨进口化肥配额指标，每吨计150元，以每吨配额通过转账方式付给重庆农资公司人民币100元、另每吨配额给付胡现金50元方式付款。据此，胡启能于5月22日收取现金计人民币25万元。同年8月，张凝与胡启能商定联营1.5万吨进口化肥配额的协议，付款方式按上次约定办理。据此，胡启能于8月16日收取现金计人民币25万元，尚欠人民币50万元。之后，双方又商定，将国家拨给重庆的3万吨进口实物化肥，以每吨1270元人民币的价格卖给中农广州公司，其中每吨1250元付给重庆农资公司，每吨20元共计60万元用现金给胡。据此，张凝于10月8日晚交给胡启能8.24万元美金。之后，胡启能在广州将广东增城农资公司经理李小青、余苏伟叫到广州国际大酒店，告诉他们愿支援增城农资公司25万元作为该公司的利润，并叫余同张凝联系。11月10日，张即按胡启能的安排，从广州中岛贸易公司划出原定给胡启能现金的25万元到增城农资公司账上。

4. 1997年3月至下半年，被告人胡启能在转卖4.3万吨进口化肥配额指标给从化农资公司中，索取人民币102万元。具体事实如下：1997年3月，经从化农资公司经理张艳颜要求，胡启能同意给其1.3万吨进口化肥配额指标，同时提出应付款中80万元人民币汇到重庆农资公司账上，另外52万元以现金支付。张艳颜之后按胡的要求，将52万元现金交给其女胡雪梅。1997年下半年，胡启能同意给从化农资公司3万吨进口化肥配额指标，同时向张艳颜提出，其中50万元以现金支付。其间，胡启能曾安排重庆农资公司化肥一公司原副经理谭长寿在张艳颜处拿取现金50万元，送到北京其子胡雪松处，后自感知情人太多，又让谭将该50万元现金还回张艳颜处。11月5日张艳颜在重庆机场出口处，将该50万元现金交给胡启能。

5. 1996年10月至1998年12月，被告人胡启能在转卖13.7万吨进口化肥配额指标给珠海农资公司的过程中，索取现金491万元。具体事实如下：1996年10月，珠海农资公司总经理陈汉兴在重庆与胡启能商定，年底重庆农资公司给珠海农资公司2万吨进口化肥配额指标，每吨110元人民币，其中每吨90元付重庆市农资总公司，每吨20元付现金给胡启能。据此，陈汉兴于10月28日，将40万元现金交给了胡启能。1997年2月10日，陈汉兴在重庆与胡启能谈定，重庆农资公司给珠海农资公司3.7万吨进口化肥配额，每吨配额110元人民币，其中每吨80元付重庆农资公司，每吨30元付现金给胡启能。3月19日，陈汉兴应胡启能电话要求，到重庆将30万元现金交给胡。次日，胡启能将3张共计3.7万吨配额的证明给陈汉兴。1997年4月初，按胡启能要求，陈汉兴交给其子胡雪松现金计人民币30万元。4月28口下午，陈汉兴交给胡启能现金51万元。1997年10月23日，陈汉兴在重庆跟胡启能谈妥，1997年下半年重庆农资公司给珠海农资公司2万吨进口化肥配额指标，每吨130元人民币，其中每吨80元汇到重庆市农资总公司账上，每吨50元付现金给胡。12月16日，陈汉兴给付胡启能现金70万元，并于次年3月18日，给付现金50万元（其中20万元系1998年5万吨配额的应付款）。1998年春节期间，陈汉兴打电话给胡启能商谈1998年配额合作的事情，1998年1月31日，二人按每吨付90元人民币到重庆农资公司账上，付40元给胡本人的条件，谈妥5万吨进口化肥配额后，陈汉兴即将其携带的20万元现金交给了胡启能。1998年4月中下旬，陈汉兴交给胡启能15万元现金，并于6月7日，交给胡启能现金110万元。7月7日，陈汉兴在入住的酒店房间将40万元现金交给胡（其中5万元系多付）。同一天，陈汉兴与胡启能以付90万元人民币到重庆农资公司账上，付40万元现金给胡付款方式，谈妥下半年1万吨配额的合作。由于在此前的5万吨进口化肥配额业务中多付了5万元给胡启能，陈汉兴即将其中的35万元交给了胡启能。

（三）关于贪污事实

1996年7月，重庆农资公司准备将3万吨进口化肥配额转卖给连云港农资公司时，胡启能指使其属下化肥公司的经理周怡（在逃）、副经理谭长寿（已判刑），要求广东省增城市农资公司副经理余苏伟，以该公司名义与连云港农资公司签订假代理协议，将连云港农资公司本应付重庆农资公司的180万元以代理费的名义汇到增城农资公司账上。1997年1月24日，增城农资公司划款32.55万元到拓展公司，由拓展公司分两次兑换为港币30万元，余苏伟将30万元港币取出交给了谭长寿；3月，增城农资公司按谭长寿的要求提取现金70万元交给谭；4月7日，应胡启能要求，余苏伟会同公司业务员赖俊涛将装有30万元现金密码箱交给胡启能之女胡雪梅。剩下的47.45万元现仍在增城农资公司账上。

【裁判结果与理由】

重庆市第一中级人民法院认为：被告人胡启能身为国家工作人员，受政府和上级主管事业单位的委派，在经营、管理进口化肥配额指标及进口实物化肥过程中，利用职务便利，索取贿赂人民币1168万元，美元8.24万元，贪污公款人民币30万元，其行为已分别构成受贿罪、贪污罪，应数罪并罚。且受贿数额特别巨大，给国家和集体造成重大的经济损失，情节特别严重，应依法予以严惩。被告人胡启能的受贿行为连续发生于1997年《中华人民共和国刑法》实施前后，系跨越修订《刑法》实施日期的连续犯罪，且1997年修订《刑法》对受贿罪的构成要件规定较此前《刑法》规定更为严格，且法定最低刑较轻，最高刑无变化，故应适用1997年修订《刑法》。公诉机关指控被告人胡启能犯有受贿罪的事实和贪污罪的罪名成立。被告人胡启能及其辩护人关于不是国家工作人员，不具备贪污罪、受贿罪主体资格的辩解、辩护意见，与查明的事实不符，不予采纳。胡启能国家工作人员的身份从未改变，并受政府和上级主管机关的委派担任集体企业领导，管理公共财产，胡启能具有国家工作人员身份。胡启能及其辩护人关于指控其贪污犯罪的事实和罪名不能成立的辩解、辩护意见，从证据上看，公诉机关指控胡启能犯有贪污罪的罪名成立，但指控胡贪污的金额有误。对于谭长寿称将余苏伟给的30万元港币、70万元人民币交给了胡启能的事实，无其他直接的证据予以证实，公诉机关也未能提供其他证据对谭长寿的供述予以印证，故认定该事实证据不足。胡启能的辩护人对于该事实提出证据不足的意见予以采纳。对于现仍在增城农资公司账上的122.45万元、转到番禺农资公司账上的50万元以及余苏伟提取的现金51万元，公诉机关没有充分证据证明胡启能在主观上具有个人或与谭、余三人共同占有的故意，客观上胡个人又未实际占有，故指控胡启能贪污上述款项的证据不足，其辩护人对此提出异议，本院予以采纳。对于余苏伟按照胡启能的要求付给胡启能的30万元人民币，有充分的证据证明系胡雪梅所收，应认定属胡启能个人占有。依照《中华人民共和国刑法》第12条第1款、第385条、第386条、第382条第2款、第383条第（1）项、第57条第1款、第59条第1款、第69条、第64条的规定，判决如下：

被告人胡启能犯受贿罪，判处死刑，剥夺政治权利终身，并处没收个人全部财产；犯贪污罪，判处有期徒刑十五年，剥夺政治权利五年；决定执行死刑，剥夺政治权利终身，并处没收个人全部财产。

一审宣判后，被告人胡启能以其不构成受贿罪、贪污罪，向重庆市高级人民法院提出上诉。

被告人胡启能上诉称：（1）不具有国家工作人员的主体身份。其身份随所在单位根据国家和地方政府有关文件要求改变为集体所有制企业，并签订劳动合同后，已由最初的全民所有制企业工作人员转变为集体企业的合同制职工；一直在重庆市农资公司工作，不存在受政府和上级主管机关的委派担任集体企业领导，且无委派的相关证据，其1995年年底与市供销社签订劳动合同后，原来的任命关系被合同关系替代。（2）原判认定受贿、贪污犯罪的事实不清，证据不足。认定5笔索贿的证据没有形成证据锁链，周鸿耀、莫立柱、郎诚、张凝、张艳颜、陈汉兴等人的证明属孤证，不能采信；认定贪污公款30万元证据不足，余苏伟个人证实30万元给了胡雪梅，但胡雪梅否认。

其辩护人的辩护意见与胡启能的上诉理由内容基本相同，请求依法改判胡启能不构成受贿罪、贪污罪。

重庆市高级人民法院经审理认为：被告人胡启能作为国家工作人员，在接受政府和上级主管事业单位任命，担任重庆市农资总公司总经理期间，利用经营、管理进口化肥配额指标的职务之便，先后向多个联营的对方单位索取贿赂共计人民币1168万元、美元8.24万元，贪污公款30万元，其行为已分别构成受贿罪、贪污罪，其受贿犯罪的数额特别巨大，给国家和集体造成重大的经济损失，情节特别严重，应依法严惩。一审判决认定的事实和适用法律正确，量刑适当，审判程序合法。胡启能上诉及辩护人提出有关原判事实不清，证据不足，胡启能不构成受贿罪、贪污罪的辩解和辩护理由，与查明的客观事实不符，不予采纳。依照《中华人民共和国刑事诉讼法》第189条第（1）项的规定，裁定驳回胡启能的上诉，维持原判，并依法报请最高人民法院核准。

最高人民法院经复核查明：被告人胡启能在任重庆市农业生产资料总公司总经理期间，在公司以联营形式向其他单位转卖进口化肥配额指标或实物化肥的经营过程中，利用职务便利，侵吞公司利润款占为己有。具体如下：1996年10月至1998年12月，被告人胡启能在将13.7万吨进口化肥配额指标转卖给广东省珠海市农业生产资料总公司的过程中，要求该公司总经理陈汉兴将应付给重庆市农资总公司利润款中的人民币491万元，以支付现金的方式交给其个人。陈汉兴按照胡启能的要求将现金人民币461万元交给了胡启能，将现金人民币30万元交给了胡启能之子胡雪松。

1997年3月至下半年，被告人胡启能在将3万吨进口化肥配额指标转卖给广东省从化市农业生产资料公司的过程中，要求该公司经理张艳颜将应付给重庆市农资总公司利润款中的人民币50万元，以支付现金的方式交给其个人。后张艳颜将现金人民币50万元交给了胡启能。

1998年10月至1999年8月，被告人胡启能在将4万吨进口化肥配额指标转卖给广东省汕头市农业生产资料总公司的过程中，要求该公司总经理周鸿耀将应付给重庆市农资总公司利润款中的人民币180万元，以支付现金的方式交给其个人。后周鸿耀将现金人民币180万元交给了胡启能。

1999年3月至7月，被告人胡启能在将6.5万吨进口化肥配额指标转卖给广西广源贸易公司的过程中，要求该公司总经理莫立柱将应付给重庆市农资总公司利润款中的320万元人民币，以支付现金的方式交给其个人。后莫立柱将现金人民币320万元交给了胡启能。

1999年4月至10月，被告人胡启能在将2万吨进口化肥配额指标、3万吨进口实物化肥转卖给中国农业生产资料广州公司的过程中，要求该公司化肥科科长张凝将应付重庆市农资总公司利润款中的人民币150万元，以支付现金的方式交给其个人。张凝按照胡启能的要求，先后将现金人民币50万元交给胡启能；将人民币75万元兑换美元8.24万元交给胡启能；将人民币25万元转到了广东省增城农业生产资料公司的账上。

综上，被告人胡启能侵吞重庆市农资总公司利润款人民币1116万元、美元8.24万元，共计人民币1191万元。案发后，追缴赃款等共计折合人民币870万余元。

【裁判结果与理由】

最高人民法院认为：被告人胡启能在受国家机关委派担任重庆市农资总公司总经理期间，利用职务便利，侵吞本公司经营进口化肥配额指标及实物化肥的利润款人民币1191万元，其行为已构成贪污罪，贪污数额特别巨大，情节特别严重，应依法严惩。一审判决、二审裁定认定的基本事实清楚，证据确实、充分，审判程序合法。但一审判决、二审裁定将胡启能利用职务便利，侵吞单位利润款的行为认定为胡启能向他人索取贿赂，构成受贿罪，定性不当，应予纠正；认定胡启能从广东省从化市农业生产资料公司收取现金人民币52万元，证据不足，本院不予认定；认定胡启能在将3万吨进口化肥配额指标转卖给江苏省连云港市农业生产资料公司的过程中侵吞本公司利润款人民币30万元，构成贪污罪的事实不清，本院不予认定。依照《中华人民共和国刑事诉讼法》第199条、《最高人民法院关于执行（中华人民共和国刑事诉讼法）若干问题的解释》第285条第（3）项和《中华人民共和国刑法》第383条第1款第（1）项、第93条第2款、第57条第1款的规定，判决如下：

1. 撤销重庆市高级人民法院（2002）渝高法刑终字第99号刑事裁定和重庆市第一中级人民法院（2001）渝一中刑初字第594号刑事判决中对被告人胡启能的定罪、量刑部分；

2. 被告人胡启能犯贪污罪，判处死刑，剥夺政治权利终身，并处没收个人全部财产。

国家工作人员利用职务上的便利以单位的名义向有关单位索要"赞助款"并占为己有的行为是索贿还是贪污

——阎怀民、钱玉芳贪污、受贿案①

【裁判要旨】

对于国家工作人员利用职务上的便利，以本单位的名义向具有被其职权制约的相关单位索要财物并占为已有的行为，在索要人的真实意图和被索要人的行为指向不相对应时，应认定为贪污罪。

【关 键 词】

索要赞助款　职权制约　贪污　受贿

【相关法条】

《中华人民共和国刑法》第382条、第383条第1款第（1）项、第385条第1款、第386条

【基本案情】

被告人阎怀民，原系江苏省体制改革委员会副主任（正厅级）、江苏

① 原载于《刑事审判参考》2005年第1集·总第42集，第334号。

省市场协会理事长、法定代表人。

被告人钱玉芳，原系南京计划生育宣教中心干部，1993 年至 1997 年停薪留职，先后任江苏省富丽华装潢广告公司法定代表人、江苏省昊宇建设发展有限公司法定代表人。

江苏省南京市人民检察院以被告人阎怀民犯受贿罪、滥用职权罪，被告人钱玉芳犯受贿罪，向江苏省南京市中级人民法院提起公诉。

江苏省南京市中级人民法院经公开审理查明：1996 年 1 月，被告人阎怀民利用担任江苏省体制改革委员会（以下简称体改委）副主任、江苏省市场协会（体改委下设机构，以下简称市场协会）理事长的职务便利，以市场协会投资需要为由，向其下属的苏州商品交易所（以下简称苏交所）索要 80 万元的“赞助”。由于苏交所是市场协会的会员，且阎怀民作为体改委的领导及市场协会的理事长，对苏交所多次给予关照，故苏交所按阎怀民的要求为市场协会办理了 80 万元的付款转账手续。该款汇入被告人阎怀民、钱玉芳私设的账户后，钱玉芳按照阎怀民的要求提现，并交给阎 50 万元现金及 9.9904 万元国库券。其后，因群众举报，江苏省纪委对此事进行调查。阎怀民经与钱玉芳及钱的丈夫谷平（另案处理）共谋，由钱玉芳、谷子伪造了虚假的投资协议及账目凭证，被告人钱玉芳并向江苏省纪委调查人员提供了虚假证言，以掩盖阎怀民非法索取 80 万元的犯罪事实。

1998 年间，被告人阎怀民利用职务便利，收受苏交所装修好的位于苏州市桐泾路锦绣新苑 5 幢的住宅一套，价值人民币 38.81 万元。

1996 年 11 月至 1998 年 12 月间，被告人阎怀民利用职务便利，先后 17 次将本人及家庭成员的各类消费发票拿到苏交所报销，金额共计人民币 4.86281 万元。

江苏省南京市中级人民法院认为，被告人阎怀民利用职务上的便利，索取和非法收受他人财物，共计价值人民币 123.67281 万元，为他人谋取利益，其行为已构成受贿罪。被告人钱玉芳明知被告人阎怀民非法索取他人财物占为己有而伪造证据，提供虚假证言，意图掩盖阎怀民的犯罪事实，其行为已构成包庇罪。公诉机关指控被告人阎怀民犯受贿罪，罪名成立，但指控被告人阎怀民犯滥用职权罪、被告人钱玉芳犯受贿罪，证据不足，不予采纳。被告人阎怀民受贿数额巨大，其中人民币 80 万元是索贿，依法应从重处罚；案发后，赃款未能全部退清，酌情予以从重处罚。依照

《中华人民共和国刑法》第12条第1款、第385条第1款、第386条、第383条第1款第（1）项、第310条第1款、第57条第1款、第59条、第64条的规定，于2003年11月18日判决如下：

1. 被告人阎怀民犯受贿罪，判处无期徒刑，剥夺政治权利终身，没收个人全部财产；

2. 被告人钱玉芳犯包庇罪，判处有期徒刑二年六个月。

3. 被告人阎怀民受贿赃款123.67281万元予以追缴。

一审宣判后，阎怀民不服，上诉于江苏省高级人民法院。

阎怀民上诉称，原判决认定其索要人民币80万元事实不清，证据不足；其不符合受贿罪主体身份，原判对其受贿罪定性不当；认定收受价值人民币38.81万元房子事实不清、定性错误；原判决量刑畸重，请求二审法院查清事实，依法改判。

上诉人阎怀民的辩护人当庭发表的主要辩护意见为，原判决认定阎怀民以市场协会名义向苏交所所借人民币80万元系利用职务之便的索贿行为定性有误；认定阎怀民利用职务之便收受苏交所一套住宅的事实，因阎尚未取得该房产证，故认定其构成受贿罪的证据不足。

原审被告人钱玉芳在二审庭审中未就原判对其包庇罪的判决作出辩解。

江苏省人民检察院出庭检察员当庭发表意见为，一审判决对阎怀民接受一套房子及在苏交所报销发票事实部分认定受贿的定性正确，但对阎从苏交所索要的人民币80万元认定为阎怀民受贿定性错误，认定钱玉芳构成包庇罪亦属定性错误，并导致对钱玉芳量刑畸轻，阎怀民伙同钱玉芳私分本应入市场协会账的人民币80万元应认定为贪污共同犯罪，原判对部分事实定性错误，应对本案以事实不清、证据不足为由发回重审。

江苏省高级人民法院经公开审理查明：

1. 1996年1月，上诉人阎怀民以市场协会需投资为由，向苏交所索要80万元。阎怀民、钱玉芳为方便该款的取得，商议开设市场协会的银行临时账户。经阎向钱提供市场协会相关证件，由钱办理了开户事宜。后钱玉芳持阎怀民提供的市场协会介绍信直接到苏交所办理了该80万元转至市场协会上述临时账户的手续。该款到账后，钱玉芳按阎怀民的要求提现并交给阎50万元及以9.9904万元人民币购买的面值为10万元的国库券一张，余款20.0096万元被钱个人取得。苏交所事后要市场协会就以上80万元出具手续，阎怀民遂向体改委工会要了空白收据一张并加盖市场协会公章，经钱玉芳以借款为由填写内容后直接交苏交所入账。因群众举报，在江苏省纪委对此事进行调查时，阎怀民经与钱玉芳及钱的丈夫谷平（另案处理）共谋，由钱玉芳、谷子伪造了市场协会与其他单位的投资协议及财务凭证，钱玉芳还向江苏省纪委调查人员提供了虚假证言，以掩盖其伙同阎怀民非法占有80万元的犯罪事实。

2. 1998年间，上诉人阎怀民利用职务便利，收受苏交所所送装修好的住宅一套（苏州市桐泾路锦绣新苑5幢402室），价值人民币38.81万元。

3. 1996年11月至1998年12月间，上诉人阎怀民利用职务便利，先后17次将本人及家庭成员的各类消费发票拿到苏交所报销，金额共计4.86281万元。

【裁判结果与理由】

江苏省高级人民法院认为：案发前上诉人阎怀民担任的市场协会法定代表人系受国家机关委派，同时其仍任省体改委副主任，市场协会亦由其分管，故符合国家工作人员的主体身份，上诉人阎怀民提出原判认定其为受贿罪主体不当的上诉理由不能成立，不予采纳。

上诉人以市场协会名义向苏交所索要80万元赞助款后，虽应苏交所的要求以市场协会名义出具的系借款手续，但根据阎向苏交所虚构要款事由，“借”款主体为单位，阎、钱二人另开账户秘密私分，至案发前数年未还，苏交所亦从未催要，得知有关部门查处后阎、钱二人共谋伪造证据等事实，应当认定阎在取得该款时没有归还的意图，具有个人占有性质。阎与钱在得知有关部门查处后，以不成对价之货物向苏交所抵“债”的行为，系在上述犯罪既遂后，为掩盖其犯罪事实之行为，不能改变原犯罪行为的性质。上诉人阎怀民对原判认定其索要80万元事实的辩解不能成立，不予采纳。

上诉人阎怀民以单位名义向苏交所要款，以其法定代表人的职权开设账户，并将苏交所汇至其单位账户中的款项与他人秘密私分的行为，缺乏索贿行为中被索贿人对索贿人行为性质的认知和向索贿人付款之行为指向的目的特征，故不属受贿罪的性质，原判对此节事实的定性不当，出庭检察员、上诉人阎怀民及其辩护人就此节事实之定性提出的意见和辩解均成立，予以采纳。

原审被告人钱玉芳为顺利取得苏交所赞助市场协会的款项，利用上诉人阎怀民的职务之便，伙同阎实施了开设市场协会账户，持市场协会介绍信至苏交所办理80万元转账手续，提现后与阎怀民私分，填写阎怀民交付的空白单位收据后交给苏交所充账，向有关部门作假证明等。其虽曾辩解其所得本案之款项已用于市场协会出资的昊宇公司之经营活动，但由于其与阎系秘密取得市场协会公款，即使其将该款项已用于昊宇公司，在市场协会和昊宇公司分别未作相应账务反映的情况下，市场协会作为昊宇公司出资单位之一，对该款项仍然没有出资单位应有的主张权利、取得收益的依据，显然其辩解不能改变市场协会公款被其个人实际控制支配的状态。据此，原判对钱玉芳犯罪事实和性质的认定不当，出庭检察员提出原判对原审被告人钱玉芳以包庇罪定性不当的意见与事实和法律相符，予以采纳。

在上诉人阎怀民的职权对苏交所具有制约关系的情形下，阎怀民之子仅在苏交所之下属单位短暂工作，苏交所以其子名义购买房产并耗资装修，并在其子离开苏交所后以为其子发工资的名义冲抵购房费用，案发前阎的家人一直在该处住宅内居住等事实表明：以阎之子名义购房，以阎本人的名义向苏交所出具虚假借条的行为，均系规避违法事实的行为，应当认定该房产的取得系阎怀民接受苏交所财物的受贿行为。尽管案发前上述住房之产权证尚存放于苏交所，但根据房屋产权以房产管理机关登记为准的规定，房屋产权证持有人与所有人的不一致不影响房屋的权属性质，亦不影响阎怀民此节受贿行为的既遂形态。故上诉人阎怀民及其辩护人以未实际取得产权证为由，对原判认定阎此节受贿的事实及定性提出异议，与事实和法律不符，不能成立，不予采纳。

上诉人阎怀民利用职务便利，伙同原审被告人钱玉芳共同非法占有苏交所赞助市场协会80万元的行为，已构成贪污罪，且数额巨大，属共同犯罪。上诉人阎怀民利用职务便利，非法收受他人财物计价值人民币43.67281万元，并为他人谋取利益，其行为已构成受贿罪，且数额巨大。在阎怀民、钱玉芳的共同贪污犯罪中，上诉人阎怀民起主要作用，系主犯，依法应按照其所参与的全部犯罪处罚；原审被告人钱玉芳起次要作用，系从犯，依法应当减轻处罚。上诉人阎怀民犯有数罪，应数罪并罚。上诉人及其辩护人关于原判部分事实定性不当的辩解和意见、江苏省人民检察院出庭检察员就原判认定本案部分事实定性问题当庭发表的意见正确，予以采纳。原判对上诉人阎怀民部分犯罪事实及原审被告人钱玉芳包庇罪的定性不当，应予改判。

2004 年 12 月 16 日，江苏省高级人民法院依照《中华人民共和国刑事诉讼法》第 189 条第（2）、（3）项及《中华人民共和国刑法》第 12 条第 1 款、第 382 条、第 383 条第 1 款第（1）项、第 385 条第 1 款、第 386 条、第 25 条第 1 款、第 26 条第 1、4 款、第 27 条、第 59 条、第 64 条和第 69 条的规定，判决如下：

1. 撤销江苏省南京市中级人民法院的刑事判决。

2. 上诉人（原审被告人）阎怀民犯贪污罪，判处有期徒刑十四年，没收财产人民币十五万元；犯受贿罪，判处有期徒刑十二年，没收财产人民币十万元。决定执行有期徒刑十八年，没收财产人民币二十五万元。

3. 原审被告人钱玉芳犯贪污罪，判处有期徒刑二年六个月。

4. 案发后扣押的上诉人阎怀民、原审被告人钱玉芳的赃款赃物依法追缴；对违法所得不足部分继续予以追缴。

五、贪污罪与挪用公款罪的界限

如何认定以挪用公款手段实施的贪污犯罪？

——彭国军贪污、挪用公款案[①]

【裁判要旨】

挪用公款罪与贪污罪的本质区别在于行为人主观上是否以非法占有为目的，客观上是否实施了侵吞公款的行为。前者是暂时的占有、使用公款，后者则以非法手段将公物占为己有；前者使用的手段为挪用，后者使用的手段有侵占，窃取，骗取或者其他非法手段。若行为人携带挪用的公款潜逃的，应当认定为贪污罪，因为行为人的主观目的已经由暂时挪用转

① 原载于《刑事审判参考》2003 年第 2 集 · 总第 31 集，第 236 号。

变为永久性的占有。另外，为了掩盖挪用公款的行为，行为人采用做假账，制作假单据等行为造成账面平衡后侵占公款的事实，更可证明其长久占有款项的目的。

【关 键 词】

贪污　挪用公款　携款潜逃　非法占有

【相关法条】

《中华人民共和国刑法》第 382 条第 1 款、第 383 条第 1 款第（1）项、第 384 条第 1 款

【基本案情】

被告人彭国军，原系陕西省人民警察学校财务科出纳员。

陕西省西安市人民检察院以被告人彭国军犯贪污罪，向西安市中级人民法院提起公诉。

西安市中级人民法院经公开审理查明：1997 年元月，被告人彭国军利用其担任陕西省人民警察学校财务科出纳员的职务之便，先后将其管理的学校所收的学生被服装费、代办费、教材费等共计 86.095094 万元，挪归个人使用未归还。

1998 年 7 月 2 日至 1999 年 12 月 13 日，被告人彭国军利用职务上的便利，先后 5 次使用伪造的现金交款单入账，制造自己经手的款项已上交本单位在中国农业银行西安市支行长安结算部账户的假象，将本单位现金共计 221.0275 万元骗出归个人使用。又先后 42 次从本单位农业银行长安县支行结算部账户上提取现金共计 3860032.45 元不记账归个人使用，并于 1999 年 12 月 13 日私自将该账户销户。在此期间，彭国军为掩盖事实，以虚假的银行对账单欺骗单位，通过转账归还 12 万元；用虚假现金支票存根记收入 7 笔共归还单位现金 27.8 万元；个人支付单位费用 360942.01 元。案发时，尚有 5311365.44 元未归还。

1999 年 7 月，被告人彭国军将本单位朱宣交来用于冲抵原借款的 8000 余元发票和 4000 余元现金不入账，并将其中的 4000 余元现金占为已有。

1999 年 8 月 20 日至 1999 年 12 月 15 日，被告人彭国军先后将陕西省人民警察学校学员白志军等人交纳的捐资助学款、代办费、住宿费、学费等共计 23.445 万元，收取后未上财务账，占为已有。

1999 年 9 月 17 日，被告人彭国军收取本单位王或 3505 元报销单据入

账，但未冲抵王或原3000元借款账，又支现金3505元，将505元给王或后，剩余3000元占为己有。

2000年1月11日至2000年6月12日，被告人彭国军先后将单位门面房租金收入9笔，共计90360元现金收取后未上财务账，占为己有。

2000年3月，被告人彭国军利用职务上的便利，将本单位李鹏暂存在财务科由其保管的党费381281元，挪归其个人使用未归还。

2000年7月10日前，被告人彭国军先后将其保管的库存现金16281864元挪归个人使用未归还。

2000年7月初，陕西省人民警察学校让彭国军从中国农业银行西安市支行长安结算部账户将500万元转出另作他用。彭国军自知该账户已销户，且无款可还，其罪行即将败露，便将自己赌博输掉大量公款的事实告知姚晓旭（同案被告人，已判刑）。7月7日，彭国军利用为单位提取现金之机多开了一张现金支票，提取现金99万元；7月10日，彭国军乘单位让其提取公款教职工课时费和暑假奖金之机，从银行账户提取公款20万元现金。当晚，彭国军携上述两笔公款同姚晓旭潜逃。

被告人彭国军将6969757.79元公款中的大部分用于赌博，或者借给他人使用，除追回现金264218.92元、赃物折价43798元外，其余6661740.87元均已无法追回。

西安市中级人民法院认为：被告人彭国军身为国有事业单位的财务人员，利用职务之便，采用制作虚假现金交款单、开具大头小尾现金支票、支出收入不入账、直接动用库存现金等手段，挪用、贪污其管理的公款，进行赌博活动，给国家造成巨大经济损失，罪行即将败露时，携公款潜逃，彭国军从主观上已具有将上述挪用公款不再归还的故意，企图逃避法律制裁，其行为符合最高人民法院《关于审理挪用公款案件具体应用法律问题的解释》第6条的规定，应对全部挪用公款数额以贪污罪定罪处罚，故依照《中华人民共和国刑法》第12条、第382条、第383条第1项、第57条的规定，于2001年11月14日判决如下：

被告人彭国军犯贪污罪，判处死刑，剥夺政治权利终身，并处没收财产五万元。

宣判后，彭国军不服，向陕西省高级人民法院提出上诉。其上诉和辩护理由是：（1）只能对彭国军携款潜逃的部分定贪污罪，潜逃时未携带的挪用数额应认定为挪用公款罪；（2）在彭国军归案后，主动交代了检察机关未掌握的部分挪用事实，对部分挪用金额具有自首情节；（3）主观恶性小，认罪态度好，彭国军挪用公款赌博是为了赚钱还以前借给朋友的公款，是为了弥补自己的过失而采取了错误的方法，是初犯。

陕西省高级人民法院经审理后认为：上诉人彭国军身为国有事业单位的财务人员属国家工作人员，其利用职务上的便利，采用制作虚假现金交款单、开具大头小尾现金支票、支出收入不入账、直接动用库存现金等手段，先后挪用大量公款用于借给他人使用和个人进行赌博活动，在未归还的情况下携款潜逃，其行为已构成贪污罪，贪污数额特别巨大，尚有660万余元无法追回，情节特别严重，应依法严惩。原判认定事实清楚，证据确实、充分，定罪准确，量刑适当。审判程序合法。依照《中华人民共和国刑事诉讼法》第189条第（1）项之规定，于2002年3月6日裁定驳回上诉，维持原判，并依法报送最高人民法院复核。

最高人民法院复核查明：1998年7月2日至1999年12月13日，被告人彭国军利用其担任陕西省人民警察学校财务科出纳员的职务之便，先后5次使用伪造的现金交款单入账，制造自己经手的款项已上交本单位在中国农业银行西安市支行长安结算部账户的假象，将本单位现金共计2210275元骗出归个人使用。又先后42次从本单位农业银行长安县支行结算部账户上提取现金共计3860032.45元不记账归个人使用，并于1999年12月13日私自将该账户销户。在此期间，彭国军为掩盖事实，以虚假的银行对账单欺骗单位，通过转账归还12万元；用虚假现金支票存根记收入7笔共归还单位现金27.8万元；个人支付单位费用360942.01元。其余5311365.44元被彭国军占为已有。

1999年7月，被告人彭国军将本单位朱宣交来用于冲抵原借款的8000余元发票和4000余元现金不入账，并将其中的4000余元现金占为已有。

1999年8月20日至1999年12月15日被告人彭国军分别将该校学员白志军等20人的捐资助学款15.5万元和其中19人的代办费69，350元、98级4班自费生的住宿费1800元、学员李忠强、陈二林补交的学费8300元，共计234450元，收取后未上财务账，占为已有。

1999年9月17日，被告人彭国军收取本单位王或交3505元报销单据入账，但未冲抵王或原3000元借款账，又支现金3505元，将505元给王或后，剩余3000元占为己有。

2000年1月11日至2000年6月12日，被告人彭国军先后将单位门面房租金收入9笔，共计90360元现金收取后未上财务账，占为己有。

2000年7月初，陕西省人民警察学校决定让彭国军从中国农业银行西安市支行长安结算部账户将500万元转出另作他用。彭国军自知该账户已销户，且因赌博输掉公款，无款可还，其罪行即将败露，便将自己因赌博输掉大量公款事实告知姚晓旭（同案被告人，已判刑）。7月7日，彭国军乘为单位提取现金之机，多开了一张现金支票提取现金9.9万元；7月10日，彭国军因公提取公款20万元现金，当晚彭国军携上述两笔公款同姚晓旭潜逃。

此外，被告人彭国军于1997年1月至2000年7月间，将其保管的学生被服装费、代办费、教材费、党费和库存现金等共计1027582.39元，先后挪归其个人使用未归还。

综上所述，被告人彭国军利用职务上的便利，侵吞公款共计5942175.44元，将公款挪归其个人使用未归还1027582.39元，上述被其侵吞和挪用的公款大部分被其赌博输掉。案发后，追回赃款264218.92元、赃物折价43798元。

【裁判结果与理由】

最高人民法院认为：被告人彭国军身为国有事业单位的财务人员，其利用职务上的便利，采取制作假现金交款单和假对账单、收款不入账、直接侵吞等手段将本单位公款5942175.44元占为己有的行为已构成贪污罪，贪污数额特别巨大，且贪污的公款大部分用于赌博，并携款潜逃，情节特别严重，应依法惩处；此外，彭国军将其负责保管的公款1027582.39元挪归个人使用未归还，其行为亦构成挪用公款罪，亦应依法惩处。一审判决、二审裁定认定的事实清楚，证据确实、充分，审判程序合法，但部分事实定性不准。依照《中华人民共和国刑事诉讼法》第199条、最高人民法院《关于执行（中华人民共和国刑事诉讼法）若干问题的解释》第285条第（3）项、《中华人民共和国刑法》第12条第1款、第382条第1款、第383条第1款第（1）项、第384条第1款、第69条、第57条第1款、第59条的规定，于2002年12月9日判决如下：

1. 撤销陕西省高级人民法院刑事裁定和陕西省西安市中级人民法院刑

事判决中对被告人彭国军定罪量刑部分。

2. 被告人彭国军犯贪污罪，判处死刑，剥夺政治权利终身，并处没收财产五万元；犯挪用公款罪，判处无期徒刑，剥夺政治权利终身。决定执行死刑，剥夺政治权利终身，并处没收财产五万元。

金融机构工作人员以单位名义高息吸收存款不入账并挪作他用构成何罪

——柳志勇贪污案[①]

【裁判要旨】

金融机构工作人员实施的职务侵占（贪污）、挪用资金（挪用公款）与吸收客户资金不入账罪之间是递进关系的法条竞合。吸收客户资金不入账罪与挪用公款罪的区分应当从犯罪完成时间、行为人与储户双方之间有无意思沟通、挪用行为是以单位还是个人名义及是否牟取个人利益等三个方面进行。挪用公款行为人的主观目的发生变化，具有不再归还公款的占有故意的，则转化为贪污罪。

【关 键 词】

金融机构　单位名义　吸收存款　贪污

【相关法条】

《中华人民共和国刑法》第 382 条，第 383 条第 1 款、第 2 款、第 384 条

【基本案情】

河南省商丘市人民检察院指控被告人柳志勇犯贪污罪。

被告人柳志勇及其辩护人对指控的基本事实无异议，辩护称不构成贪污罪，而构成吸收客户资金不入账罪。

一审法院经审理查明：1999 年下半年至 2007 年 12 月间，被告人柳志勇利用其担任商丘市郊区邮政局刘口邮政储蓄所主任的便利条件，通过其

① 原载于《人民法院案例选》2013 年第 1 辑。

亲友对外宣传要完成储蓄任务并且有高息，从而骗取周围同事、同学、朋友及其他群众的存款。被告人柳志勇将已废弃的邮政储蓄存单用彩色复印机复印，并加盖所在储蓄所储蓄专用章后，交给存款人。至案发前，共出具储蓄存单127张，所吸收公众存款达1010万余元，由被告人柳志勇及其父柳俨庭、兄柳志强用于经营活动及其家人的日常生活费用。2007年12月中旬，为达到侵吞该款的目的，被告人柳志勇以邮政储蓄所要改成邮政银行需更换新存单为名，将存款人手中的存单全部收回后予以销毁，并于12月23日携款30余万元潜逃。

【裁判结果与理由】

河南省商丘市中级人民法院于2008年9月8日作出（2008）商刑初字第43号刑事判决：被告人柳志勇犯贪污罪，判处死刑，缓期二年执行，剥夺政治权利终身，并处没收个人全部财产；对其他被告人也分别作出判决。宣判后，被告人柳志勇不上诉。河南省高级人民法院于2009年3月27日作出（2008）豫法刑四复字第41号刑事裁定：核准商丘市中级人民法院以贪污罪判处被告人柳志勇死刑，缓期二年执行，剥夺政治权利终身，并处没收个人全部财产的刑事判决。

法院生效裁判认为，被告人柳志勇作为国家工作人员，利用职务上的便利，给储户开具复制的过期存单非法吸收储户资金，且该存单足以使储户认为已将其个人资金款已存入邮政储蓄所，而柳志勇却将吸收到的资金归个人使用，在无力偿还的情况下，又虚构事实销毁存款凭证外逃，主观上具有非法占有的目的，其行为已构成贪污罪，且犯罪数额特别巨大，罪行极其严重，依法应予严惩。关于柳志勇及其辩护人辩称构成吸收客户资金不入账罪的意见，吸收客户资金不入账罪是金融机构或其工作人员对存款进行账外循环，且与储户有共同的故意，但对储户存款无非法占有的故意，而本案中柳志勇主观上具有非法占有储户存款故意的行为，故对被告人及其辩护人意见不予采纳。

六、贪污罪与职务侵占罪的界限

如何理解村基层组织人员协助人民政府从事“国有土地的经营和管理”？

——钱银元贪污、职务侵占案[①]

【裁判要旨】

出租土地事务性质属于村务，而非公务；村委会与租地单位之间是平等的民事租赁关系；村支书以村集体土地需要办理国有土地使用权证为由，增收租地单位土地租金，不属于村基层组织人员协助人民政府从事“国有土地的经营和管理”。其侵吞所增收租地单位土地租金的行为，构成职务侵占罪。

【关 键 词】

基层组织人员　从事公务　国有土地经营管理　职务侵占

【相关法条】

《中华人民共和国刑法》第271条第1款

【基本案情】

被告人钱银元，原无锡市新区鸿山镇鸿声村民委员会党支部书记。

江苏省无锡市开发区人民检察院以被告人钱银元犯贪污罪、职务侵占罪，向无锡高新技术产业开发区人民法院提起公诉。

被告人钱银元未对起诉书指控的罪名及事实提出异议。

无锡市高新技术产业开发区人民法院经审理查明：

（一）职务侵占事实

被告人钱银元于1998年7月被中共锡山市鸿声镇委员会任命为锡山市鸿声镇鸿声村党支部书记，后因行政区划调整，锡山市鸿声镇鸿声村先后变更为无锡市锡山区鸿山镇鸿声村、无锡市新区鸿山镇鸿声村，被告人钱

---

① 原载于《刑事审判参考》2010年第4集·总第75集，第642号。

银元所任职务未有变动。

被告人钱银元与龚燕敏（另案处理）合谋，于2003年3月，利用被告人钱银元职务上的便利，将无锡市锡山区鸿山镇鸿声村民委员会（以下简称鸿声村委）从无锡市锡山区鸿声镇名圆纸张经营部收取的集体土地租用费收款不入账，交龚燕敏处保管。2007年3月，被告人钱银元以及龚燕敏将上述土地租用费中的人民币（以下币种均为人民币）3万元进行私分，非法占为己有。其中，被告人钱银元分得2万元，龚燕敏分得1万元。

（二）公诉机关指控的贪污事实

在2001年至2004年间，鸿声村委先后将六宗集体土地出租给无锡市健明冷作装潢厂（以下简称健明厂）、无锡市海圣五金厂（以下简称海圣厂）、无锡市恒益纸制品厂（以下简称恒益厂）等单位使用，并收取了五十年的集体土地租用费。

被告人钱银元于2004年12月至2005年5月间，利用其职务上的便利，以为租用集体土地的单位办理国有土地使用权证，需增收土地租金的名义，先后收取健明厂、海圣厂、恒益厂共计63000元，后采用收款不入账的手法，将该款非法占为己有。

2005年5月，健明厂、海圣厂、恒益厂所租用的宗地取得国有土地使用权证，登记土地使用权人均为鸿声村委，使用权类型为国有划拨土地，地类（用途）为工业用地。鸿声村委为此向国有土地行政管理机关交纳了相关费用。

2007年4月，在司法机关就宗某受贿一案向被告人钱银元调查时，被告人钱银元主动交代了上述司法机关尚未掌握的罪行。案发后，被告人钱银元退出10万元（该款由检察机关暂扣）。在审判过程中，被告人钱银元检举、揭发安某的犯罪行为，但未能查证属实。

【裁判结果与理由】

无锡市高新技术产业开发区人民法院认为，被告人钱银元伙同他人，利用其职务上的便利，将本单位从无锡市锡山区鸿声镇名圆纸张经营部收取的集体土地租用费3万元非法占为己有，事实清楚。公诉机关关于被告人钱银元犯贪污罪的指控，提供的证据均不能证实被告人钱银元当时是在实施“协助人民政府从事国有土地的经营和管理”的行政管理工作，不能据此认定被告人钱银元属于《中华人民共和国刑法》第93条第2款规定的“其他依照法律从事公务的人员”。因此，对被告人钱银元的该部分犯罪事实同样应当以职务侵占罪追究刑事责任。被告人钱银元单独或伙同他人，利用其职务上的便利，将本单位9.3万元非法占为己有，数额较大，其行为构成职务侵占罪，其中部分罪行系共同犯罪，依法应处五年以下有期徒刑或者拘役。被告人钱银元在罪行尚未被司法机关发觉，接受司法机关调查时，主动交代了自己的罪行，系自首，依法可以从轻处罚。到案后，退出全部涉案赃款，有较好的悔罪表现，酌情予以从轻处罚。根据被告人钱银元的犯罪情节和悔罪表现，适用缓刑确实不致再危害社会，可依法宣告缓刑。据此，依照《中华人民共和国刑法》第271条第1款、第25条第1款、第67条第1款、第72条第1款、第64条以及《最高人民法院关于处理自首和立功具体应用法律若干问题的解释》第1条之规定，作出如下判决：

一、被告人钱银元犯职务侵占罪，判处有期徒刑三年，缓刑三年。

二、被告人钱银元退出十万元中的九万三千元，返还被害单位。犯罪所得予以没收，上缴国库。

一审宣判后，被告人钱银元未提出上诉，检察院未提起抗诉，本案已经生效。

七、贪污罪与私分国有资产罪的界限

私分国有资产与共同贪污的区分

——杨代芳贪污、受贿案①

【裁判要旨】

私分国有资产罪与贪污罪存在明显差别：第一，实施主体方面。私分国有资产罪是单位犯罪，贪污罪则是自然人犯罪。不能因为刑法规定仅处罚相关责任人员以及非为单位谋取利益，而否认私分国有资产罪是单位犯

① 原载于《刑事审判参考》2004年第4集·总第39集，第313号。

罪，认定是否单位犯罪的关键在于行为的实施是否以单位的名义，代表单位的意志。第二，行为方式方面。私分国有资产罪一般表现为本单位领导集体研究决定并由单位统一组织实施，尽管往往采取一定的欺骗手段以逃避有关部门的监管，但就本单位内部而言是相对公开的，因而具有较大程度和较大范围的公开性；贪污罪表现为行为人利用职务便利，以侵吞、窃取、骗取等不为人所知或者他人不知实情的方式实施，除了行为人或者共同行为人之外，其他人并不知情，因而具有相当的秘密性和隐蔽性。第三，受益人员的数量、构成方面。私分国有资产属于集体私分行为，表现为单位多数员工甚至所有员工均实际分取了财物，在受益人员的数量上具有多数性特征，而且一般不以某一特定层面为限，在受益人员的构成上具有广泛性特征。在私分国有资产行为当中，决策和具体执行的人员可以不是实际受益人，但是，实际受益人员不能仅仅局限在决策和具体执行等少数人员。贪污罪属于个人侵占行为，分取赃物人与贪污行为人是直接对应的，具有一致性。在共同贪污犯罪中，分取赃物人仅限于参与决策、具体实施贪污行为以及为贪污行为提供帮助等共同犯罪人。

【关 键 词】

私分国有资产　贪污　单位犯罪

【相关法条】

《中华人民共和国刑法》第382条第1款、第383条第1、2项、第385条第1款、第386条

【基本案情】

被告人杨代芳，原系太白县交通局局长兼太白县姜眉公路建设协调领导小组办公室主任。

陕西省宝鸡市人民检察院以被告人杨代芳犯贪污、受贿罪，向宝鸡市中级人民法院提起公诉。

被告人杨代芳辩称：关于贪污罪的罪名指控不当，应以私分国有资产罪定罪处罚；有自首、立功情节，认罪态度好且退还全部赃款，请求减轻处罚。其辩护人提出：关于贪污罪的指控事实基本准确，但定性错误，应认定为私分国有资产罪。

宝鸡市中级人民法院经审理查明：2000年6月6日，中共太白县委办公室和县政府办公室联合下发太办字〔2000〕19号《关于成立“太白县

姜眉公路建设协调领导小组”的通知》，成立了“太白县姜眉公路建设协调领导小组”，组长由时任太白县县委副书记、县长的杨瑞霞兼任，领导小组成员由太白县交通局、土地局、计经局、财政局、林业局、水利局等有关政府部门领导组成。领导小组下设办公室，时任太白县交通局局长的被告人杨代芳任协调办主任，太白县财政局干部乔拥军和土地局干部谢正平任该办副主任（均另案处理）。同年8月，被告人杨代芳与乔拥军、谢正平在得知太白县广电局有五套在建的职工集资住宅单元房向外出售时，三人商议以协调办的名义购买这五套房。后被告人杨代芳指使协调办出纳向金菊于同年9月25日、10月25日、11月20日，三次从协调办账户上向县广电局各转款10万元，共30万元作为购房首付款，广电局给协调办开具了“购房集资款”的收款收据。2001年6月，在广电局催要购房款的情况下，被告人杨代芳又与乔、谢二人商议，指使向金菊将协调办在姜眉公路征地拆迁补偿费中以虚构补偿人和补偿项目、签订虚假补偿协议方式套出的84，015元中的5万元再次付给县广电局作为购房付款，广电局开具了5万元收据。同年11月，为了应付财务审计，被告人杨代芳与乔、谢商议，以与广电局签订虚假广电杆线迁改协议的形式，支付广电局广电杆线修复款的名义将30万元的集资购房款做账处理。后与广电局签订广电杆线再次迁改协议，并将该虚假协议的签订日期提前为2000年9月15日，由广电局给协调办出具了三张各10万元的“姜眉公路广电线路修复款收款收据”，换回原开具的30万元的集资购房款的收款收据。后该收据由杨代芳报太白县姜眉公路建设协调领导小组副组长、太白县人民政府副县长宫志宏签字核报后，杨代芳交协调办出纳向金菊做账处理。同年底，被告人杨代芳与乔、谢商议，将五套住房除每人一套外，其余二套分给太白县交通局纪检委书记苟周珂和向金菊各一套，并具体确定了房屋。2002年2月，广电局催交剩余房款，杨代芳经与乔拥军、谢正平商议，明确了已付35万元购房款的各自份额，杨代芳、乔拥军、谢正军、向金菊为7.75万元，苟周珂4万元。后在房屋交付前，五人分别自缴了余款。同年4月，五人与广电局补签了《出售集资房的协议》，并出具由广电局盖章的个人向广电局交纳全部集资购房款的收款收据，向房屋管理机关申请办理房屋产权登记，领取了个人房屋产权证。

此外，被告人杨代芳还利用职务上的便利，为他人谋取利益，先后16

次收受他人财物，共计61，230元。

案发后，被告人杨代芳全部退回了上述私分款和受贿款。

【裁判结果与理由】

宝鸡市中级人民法院认为，被告人杨代芳身为太白县姜眉公路建设协调领导小组办公室直接负责的主管人员，违反国家规定，以单位名义将国有资产集体变相私分给个人，数额较大，其行为已构成私分国有资产罪。公诉机关指控杨代芳犯贪污罪罪名不当。被告人杨代芳身为国家工作人员，利用职务上的便利，非法收受他人财物，为他人谋取利益，其行为又构成受贿罪，应数罪并罚。鉴于被告人杨代芳有自首、立功情节，并且全部退赃，认罪态度好，应减轻处罚。依照《中华人民共和国刑法》第93条第1款、第385条、第386条、第396条第1款、第67条、第68条第1款、第69条之规定，判决如下：

被告人杨代芳犯私分国有资产罪，判处有期徒刑1年，并处罚金1万元；犯受贿罪，判处有期徒刑4年，并处没收财产1万元，决定执行有期徒刑4年，并处罚金1万元，没收财产1万元。

一审宣判后，宝鸡市人民检察院以被告人杨代芳利用职务之便与他人共谋，采取伪造虚假补偿协议套取国家建设资金予以侵吞的行为构成贪污罪，有关私分国有资产罪判决部分定罪错误，适用法律不当为由，向陕西省高级人民法院提出抗诉。

被告人杨代芳及其辩护人提出，原审判决认定杨代芳犯私分国有资产罪的定罪并无不妥，要求二审法院维持原判。

陕西省高级人民法院经开庭审理认为，被告人杨代芳身为国家工作人员，伙同他人，利用其管理国家建设专项资金职务上的便利，采取虚构事实的方法，将国家公路建设专项资金用于为自己和少数人谋取私利，非法占有国家公路建设资金，其行为构成贪污罪。且贪污数额巨大，情节严重，依法应予严惩。对于抗诉机关提出的意见和被告人杨代芳及其辩护人提出的理由和意见，经查，（1）协调办只是太白县委、县政府为姜眉公路建设而成立的协调领导小组的内设办事机构，其虽代表政府管理着国家用于征地、拆迁、安置的国有资产，但其只是在姜眉公路建设领导小组领导下开展工作，它的一切活动应以姜眉公路建设领导小组的名义进行，其不能直接支配所管理的国有资金。协调办人员均抽调于县政府各职能部门，没有独立的财政拨款和经费预算，其人员工资待遇由原单位负责，不能因其受委托代表政府行使职能而将其扩大或上升为独立的国家机关。协调办与私分国有资产罪主体要件不符。(2) 杨代芳等人在作案过程中采取虚构事实，虚列支出，以正常支出名义骗得主管领导同意，将购房款在协调办账目上以拆迁补偿费用核报，从而使该笔非法支出在单位账目上得以合法支出反映，符合贪污罪客观方面的特征。(3) 杨代芳等人主要是为给自己和少数人购买住房，且杨代芳等人在分房后隐瞒协调办支出大部分购房款的事实，捏造其个人全部出资的事实，向房屋管理部门办理了个人房屋所有权证，具有非法占有公共财物的主观故意。故抗诉机关的抗诉意见正确，应予采纳；杨代芳及其辩护人的理由和意见不能成立，不予采纳。另外，被告人杨代芳身为国家工作人员，利用职务上的便利，非法收受他人财物，为他人谋取利益，其行为又构成受贿罪，应数罪并罚。鉴于被告人杨代芳有自首、立功情节，且能全部退赃，认罪态度好，可从轻处罚。一审判决认定杨代芳犯受贿罪，定罪准确，量刑适当，审判程序合法。但认定杨代芳犯私分国有资产罪定罪、量刑不当，应予更正。依照《中华人民共和国刑事诉讼法》第 189 条第 1、2 项，《中华人民共和国刑法》第 382 条第 1 款、第 383 条第 1、2 项、第 385 条第 1 款、第 386 条、第 67 条、第 68 条第 1 款、第 69 条之规定，判决如下：

1. 维持宝鸡市中级人民法院（2003）宝市中法刑二初字第 028 号刑事判决对被告人杨代芳犯受贿罪的刑事判决，即被告人杨代芳犯受贿罪，判处有期徒刑 4 年，并处没收财产 1 万元。

2. 撤销宝鸡市中级人民法院（2003）宝市中法刑二初字第 028 号刑事判决对被告人杨代芳犯私分国有资产罪的刑事判决，即被告人杨代芳犯私分国有资产罪，判处有期徒刑 1 年，并处罚金 1 万元。

3. 被告人杨代芳犯贪污罪，判处有期徒刑 11 年，并处罚金 1 万元，与受贿罪判处有期徒刑 4 年、并处没收财产 1 万元合并，决定执行有期徒刑 12 年，并处罚金 1 万元，没收财产 1 万元。

八、贪污罪的犯罪形态

贪污犯罪形态的认定

——徐华、罗永德贪污案①

【裁判要旨】

1. 国有公司工作人员以非法占有的目的，在国有企业改制的资产评估中，隐瞒资产真实情况造成巨额国有资产流失的，构成贪污罪。

2. 贪污罪系结果犯，存在着未遂形态。贪污罪通常应以行为人是否实际取得财物为区分既遂与未遂的标准。

【关 键 词】

国企改制　隐瞒资产　国有资产流失　贪污

【相关法条】

《中华人民共和国刑法》第 382 条第 1 款、第 383 条第 1 款第（1）项

【基本案情】

被告人徐华，原系路桥燃料公司经理。

被告人罗永德，原系路桥燃料公司党支部书记。

路桥燃料公司原系国有企业。1998 年，路桥燃料公司进行产权制度改革，在资产评估过程中，被告人徐华明知公司的应付款账户中有三笔共计 47.435738 万元系上几年虚设，而未向评估人员作出说明，隐瞒该款项的真实情况，从而使评估人员将该三笔款项作为应付款评估并予以确认。同年 12 月，路桥区政府路政发（1998）147 号文件同意路桥燃料公司产权制度改革实施方案。此后，路桥燃料公司在 21 名职工中平均配股。2000 年 4 月，被告人罗永德从徐华处得知公司资产评估中存在虚报负债的情况。同年 6 月，二被告人在部分职工得知内情要求私分的情况下，商定开职工大会，经讨论并确定虚报负债部分用于冲减企业亏损或上缴国有资产管理部

① 原载于《刑事审判参考》2001 年第 8 集 · 总第 19 集，第 124 号。

门。6 月 30 日，路桥燃料有限公司股东大会选举产生董事会，董事长为徐华、副董事长为罗永德。尔后，二被告人和应文伟等 5 人收购了其他 16 名股东的全部股份，并于 2000 年 8 月 17 日正式成立路桥燃料有限公司。自 2000 年 4 月份以来，罗永德明知公司资产评估中存在虚报负债的情况，而未向有关部门报告并继续同徐华一起到有关部门办理企业改制的后继手续。2000 年 9 月 7 日，路桥燃料有限公司向路桥区财政局交清路桥燃料公司国有资产购买款 465.3969 万元。随后，被告人徐华、罗永德等人积极办理公司产权转移手续。案发时，手续尚在办理之中。案发以后，路桥燃料有限公司于 2000 年 11 月 28 日将 47.435738 万元上缴给路桥区财政局国资科。

【裁判结果与理由】

台州市路桥区人民法院认为，被告人徐华身为国有公司工作人员，为达到非法占有的目的，在国有企业改制的资产评估中，对公司虚设负债款不作说明，从而骗取评估人员的确认；被告人罗永德明知该公司在资产评估中存在着虚报负债的情况，而积极与徐华一起到有关部门办理企业改制后继手续，造成国有资产即将转移。被告人徐华、罗永德的行为均已构成贪污（未遂）罪。在共同犯罪中，被告人徐华起主要作用，系主犯；被告人罗永德起次要、辅助作用，系从犯。被告人徐华、罗永德系贪污未遂，依法予以减轻处罚。被告人罗永德认罪态度好，具有一定的悔罪表现，符合适用缓刑的条件。依照《中华人民共和国刑法》第 382 条第 1 款、第 383 条第 1 款第 1 项、第 23 条、第 25 条第 1 款、第 26 条第 1、4 款、第 27 条、第 72 条的规定，于 2001 年 3 月 28 日判决如下：一、被告人徐华犯贪污（未遂）罪，判处有期徒刑三年，并处没收财产人民币三万元；二、被告人罗永德犯贪污（未遂）罪，判处有期徒刑一年，缓刑一年，并处没收财产人民币一万元。

宣判后，徐华不服，以“原判量刑畸重”为由，向台州市中级人民法院提出上诉。其辩护人辩称，徐华在国有资产评估后是民事法律关系的一方当事人，不是国有资产管理者；没有贪污故意；评估结论中隐瞒的 47 万余元已在职工大会上宣布，没有实施秘密占有的行为；徐华的行为不构成贪污罪。

台州市中级人民法院经审理认为，原审人民法院根据上诉人徐华和原审被告人罗永德犯罪的事实、性质、情和对社会的危害程度所作出的定罪和适用法律正确，量刑适当；上诉人徐华请求在原审判决已对其减轻处罚的基础上再予以从轻处罚的理由不能成立。依照《中华人民共和国刑事诉讼法》第189条第1项的规定，于2001年5月31日裁定：驳回上诉，维持原判。

九、贪污数额的认定

贪污犯罪分子将贪污所得财物以高于原有价格销售的，贪污数额应以销赃数额计算

——杨光明贪污案①

【裁判要旨】

贪污罪作为一种贪利性犯罪，贪污数额在贪污罪的认定中起着决定作用。被告人贪污的手段为窃取公共财产，在无其他方法可以认定贪污数额的情况下，应依据其明确获利的数额认定贪污数额，可解决鉴定机构因无实物而无法作价的问题。贪污犯罪分子将贪污所得财物以高于原有价格销售的，贪污数额应以销赃数额计算。

【关 键 词】

贪污罪　犯罪所得　销赃数额　贪污数额

【相关法条】

依照《中华人民共和国刑法》第382条第1款、第383条第1款第（1）项

【基本案情】

公诉机关北京市东城区人民检察院。

被告人杨光明。

杨光明于2001年11月至2002年初，在中国美术出版总社出版发行部

① 原载于《人民法院案例选》2006年第3辑。

工作期间，利用担任出版发行部样书库库管员的职务便利，将其负责保管的该社于1950年至1965年间发行的连环画《三打祝家庄》等样书1800余册盗出并销售，共获销赃款人民币16万元。杨光明于2004年11月在单位调查样书丢失之事时，主动交代了自己的犯罪事实（违法所得已部分退赔）。

【裁判结果与理由】

北京市东城区人民法院经审理认为，杨光明身为国有企业中从事公务的人员，利用职务便利窃取公共财产，其行为侵犯了公共财产的所有权，已构成贪污罪，依法应予刑罚处罚。杨光明在罪行尚未被司法机关发觉，仅因形迹可疑，经单位教育后主动交代并如实供述自己的罪行，系自首，且其积极退赔部分违法所得，依法对其减轻处罚。依照《中华人民共和国刑法》第382条第1款、第383条第1款第（1）项、第67条第1款、第72条第1款、第73条第2款、第3款、第64条和最高人民法院《关于处理自首和立功具体应用法律若干问题的解释》第1条之规定，判决杨光明犯贪污罪，判处有期徒刑三年，缓刑四年；追缴杨光明人民币十六万元，发还中国美术出版总社；在案扣押的存折内所存款项，并入追缴项执行。

一审宣判后，杨光明在法定期限内未提出上诉。

十、国企改制过程中隐匿并实际控制国有资产的行为构成贪污罪

对国有公司改制中利用职务便利隐匿并实际控制国有资产的行为，如何认定

——王妙兴贪污、受贿、职务侵占案[①]

【裁判要旨】

1. 国家工作人员或者受国家机关、国有公司、企业、事业单位、人民

---

① 原载于《刑事审判参考》2011年第5集·总第82集，第734号。

团体委托管理、经营国有财产的人员利用职务上的便利，在国家出资企业改制过程中故意通过低估资产、隐瞒债权、虚设债务、虚构产权交易等方式隐匿公司、企业财产，转为本人持有股份的改制后公司、企业所有，应当以贪污罪定罪处罚。

2. 贪污数额一般应当以所隐匿财产全额计算。改制后公司、企业仍有国有股份的，按股份比例扣除归于国有的部分。

3. 所隐匿财产在改制过程中已为行为人实际控制，或者国家出资企业改制已经完成的，以犯罪既遂处理。

【关 键 词】

国企改制　隐匿国有资产　实际控制　贪污

【相关法条】

第 382 条第 1 款、第 383 条第 1 款第（1）项

【基本案情】

公诉机关上海市人民检察院第二分院。

被告人王妙兴，男，1952 年 1 月 27 日出生于上海市，汉族，原系上海新长征（集团）有限公司（以下简称新长征集团）党委书记、新长征集团董事长，住上海市兰溪路 90 乔 28 号 701 室。因涉嫌犯贪污罪、受贿罪于 2007 年 10 月 23 日被逮捕。

上海市人民检察院第二分院以被告人王妙兴犯贪污罪、受贿罪、职务侵占罪，向上海市第二中级人民法院起诉。

上海市第二中级人民法院经审理查明：

新长征集团是由上海市普陀区长征镇人民政府（以下简称长征镇政府）和其投资成立的上海长征城乡建设开发有限公司（以下简称长征城建公司）共同出资设立。2004 年至 2005 年，长征镇政府决定对新长征集团实行改制，由国有公司改制为非国有公司，并委托上海万隆资产评估有限公司进行资产评估。其间，被告人王妙兴利用担任长征镇党委书记兼新长征集团董事长等职务便利，指使新长征集团会计金枫，在新长征集团资产评估前即 2004 年 7 月至 2005 年 5 月，秘密将长征镇政府拨给新长征集团发展资金等共计人民币（以下币种均为人民币）9700 万元划到由其个人控制和管理的长征镇集体经济合作联社账外账户，没有计入新长征集团的评估资产中，导致新长征集团改制的资产价值仅为 1.7 亿余元。2005 年 10

月和2006年7月，王妙兴辞去了长征镇党委书记的职务，新长征集团通过两次改制，将其资产以1.7亿余元的价格转让给包括王妙兴在内的个人和其他私营性质的单位，其中王妙兴占有5%的股份。2005年12月至2007年2月，王妙兴又指使金枫将上述9700万元转到其个人控制和管理的原新长征集团账外账户，并将其中的2000余万元用于改制后新长征集团发放奖金、购买基金等。

此外，被告人王妙兴还利用担任长征镇政府镇长职务的便利，为上海嘉定区房地产（集团）有限公司等单位参与开发长征镇土地、项目建设等方面提供帮助，并收受上述单位负责人贿赂计630余万元；利用担任非国有性质的上海真北商务服务管理有限公司法定代表人和改制后新长征集团党委书记、董事长职务的便利，侵吞上述单位资金500余万元。

【裁判结果与理由】

上海市第二中级人民法院认为，被告人王妙兴在新长征集团改制期间，利用担任长征镇党委书记兼新长征集团董事长等职务的便利，非法将9700万元国有资产隐匿在其个人控制的账户中，使长征镇政府失去了对该笔国有资产的控制，其行为构成贪污罪；王妙兴还利用担任长征镇政府镇长等职务的便利，非法收受他人贿赂630余万元，为他人谋取利益，其行为又构成受贿罪；王妙兴在担任非国有公司负责人期间，利用职务便利，非法将公司资金500余万元据为已有，其行为还构成职务侵占罪。依照《中华人民共和国刑法》第382条第1款、第383条第1款第1项、第385条第1款、第386条、第271条第1款、第93条、第69条、第67条、第56条第1款、第55条第1款、第57条第1款和第64条之规定，判决如下：以贪污罪判处王妙兴无期徒刑，剥夺政治权利终身，并处没收财产六十万元；以受贿罪判处王妙兴有期徒刑十二年，剥夺政治权利三年，并处没收财产三十万元；以职务侵占罪判处王妙兴有期徒刑八年，并处没收财产十万元；决定对王妙兴执行无期徒刑，剥夺政治权利终身，并处没收财产一百万元；贪污和职务侵占所得予以追缴并分别发还长征镇政府等单位，不足部分责令退赔；受贿所得予以没收。

一审宣判后，被告人王妙兴不服，以其主观上没有非法占有新长征集团9700万元的故意，其行为不构成贪污罪等为由，提出上诉。

针对上诉人王妙兴提出的其不构成贪污罪的上诉理由，上海市高级人民法院认为，被告人王妙兴在新长征集团改制过程中，利用担任长征镇党委书记兼新长征集团党委书记、董事长职务的便利，非法将9700万元国有资产隐匿在其个人控制的账户中，使长征镇政府失去对该笔国有资产的控制，其行为构成贪污罪，且贪污金额为9700万元。上海市高级人民法院经综合审查确认，一审认定王妙兴犯贪污罪、受贿罪、职务侵占罪的事实清楚，证据确实、充分，适用法律正确，量刑适当，审判程序合法，依照《中华人民共和国刑事诉讼法》第189条第1项之规定，裁定驳回王妙兴上诉，维持原判。

国有企业改制中隐匿不动产行为的定性

——王志杰贪污案①

【裁判要旨】

国家工作人员在国有企业改制中隐匿房产，后将该房产登记在改制后企业名下，但实为个人控制的，应认定为贪污罪。国有股全部退出改制企业，行为人未将该房产纳入评估分配，其贪污数额应以该房产的全部价值认定。

【关 键 词】

国企改制　隐匿不动产　贪污数额

【相关法条】

《中华人民共和国刑法》第382条第1款、第383条第1款第（1）项

【基本案情】

公诉机关：江苏省吴江市人民检察院。

被告人：王志杰。

江苏省吴江市人民检察院指控，1999年9月，被告人王志杰利用其担任吴江市医药总公司总经理兼盛泽医药公司经理，负责吴江市医药公司改制工作的职务之便，在盛泽医药公司改制评估过程中，采用隐匿、瞒报等

① 原载于《人民司法》2013年第20期。

手段，侵吞位于盛泽镇后街 25 号的 A－02、A－04、A－06 房产 3 套，共计价值人民币 553056 元。2005 年 3 月 1 日至 2008 年 2 月 29 日，被告人王志杰利用其担任吴江东方大厦法定代表人、总经理，受吴江市商业经营有限公司委托，负责租赁经营吴江东方大厦的职务之便，采取收入不入账等手段，侵吞公款共计人民币 4224760.266 元。

被告人王志杰对起诉书指控的犯罪事实未提出异议。其辩护人辩称：一、起诉书指控的第 1 笔贪污款应扣减国有股和其他自然人股所占的比例部分，即按被告人王志杰在吴江市国医药业有限公司成立时所占的股份比例来认定贪污数额，即 553056×5.37%＝29699.11 元。二、起诉书指控的第 2 笔贪污款，应扣减王志杰个人为东方大厦棋牌室装修而支付给张建良的 71742 元，故贪污数额为 4224760.266－71742×60%＝4181715.066 元。三、被告人王志杰如实供述自己的罪行，又积极挽回国家的损失。综上，建议合议庭对被告人王志杰从轻处罚。

吴江市人民法院经审理查明，吴江市医药总公司及吴江市医药总公司盛泽医药公司系全民所有制企业。1999 年，被告人王志杰任吴江市医药总公司总经理并兼任盛泽医药公司经理，负责包括盛泽医药公司在内的吴江市医药公司改制工作。同年 8 月，被告人王志杰利用其担任上述职务，在负责盛泽医药公司改制评估过程中，采用隐匿、瞒报等手段，侵吞位于盛泽镇太平街后街 25 号的 A－02、A－04、A－06 房产 3 套，共计价值人民币 553056 元。2000 年 6 月 27 日，吴江市国医药业有限公司设立，注册资本 1043.8 万元，其中国有股占 667.79 万元，被告人王志杰任总经理。2001 年 1 月 10 日，涉案房产登记至吴江市国医药业有限公司盛泽分公司名下。2003 年 4 月，吴江市国医药业有限公司变更为自然人投资企业。2010 年 6 月，被告人王志杰交出上述房产所有权证。2010 年 10 月 12 日，涉案房产所有权人变更为吴江市商业资产经营有限公司。

此外，2005 年 3 月 1 日至 2008 年 2 月 29 日，被告人王志杰利用担任全民所有制企业吴江东方大厦的法定代表人、总经理的职务之便，在接受吴江市商业资产经营有限公司委托，负责租赁经营吴江东方大厦过程中，采取收入不入账等手段，侵吞公款共计人民币 417 万余元。

【裁判结果与理由】

江苏省吴江市人民法院认为，被告人王志杰身为国有公司中从事公务的人员，其利用职务上的便利，非法侵吞公共财物，其行为构成贪污罪。理由如下：

第一，被告人王志杰具有非法占有公共财产的目的。贪污罪中的非法占有，不应狭隘地理解为非法据为己有，只要未经所有权人同意而非法处置，永久排除所有权人对财物享有的所有权，即构成非法占有。被告人王志杰在国有公司改制过程中将国有房产隐匿，当时便取得该房产的实际控制。即便他之后又将房产登记至改制后企业的名下，该房产也为改制后企业所使用，但这只是对赃物的具体处置，不影响行为性质的认定。综上，被告人王志杰的行为应当认定为刑法中的非法占有。

第二，被告人王志杰的行为依法认定为贪污罪具有充分的法律依据。最高人民法院、最高人民检察院《关于办理国家出资企业中职务犯罪案件具体应用法律若干问题的意见》（以下简称《意见》）第 1 条规定，“国家工作人员或者受国家机关、国有公司、企业、事业单位、人民团体委托管理、经营国有财产的人员利用职务上的便利，在国家出资企业改制过程中故意通过低估资产、隐瞒债权、虚设债务、虚构产权交易等隐匿公司、企业财产，转为本人持有股份的改制后公司、企业所有，应当依法追究刑事责任，依照刑法第 382 条、第 383 条的规定，以贪污罪定罪处罚。”

关于辩护人提出的房产数额认定问题，经查，在吴江医药公司的改制过程中，被告人王志杰明知国有股将会全部退出，为了减轻改制后的企业负担，个人决定将属于全民所有制企业的房产全部隐匿。在吴江市国医药业有限公司成立后，涉案房产虽然登记在盛泽分公司的名下，但仍未纳入该公司及其盛泽分公司的固定资产账目中，而当国有股先后三次从该公司退出时，涉案房产也未纳入该公司的资产进行评估，这实际上造成了涉案房产即国有资产的全部流失。故辩护人的相关辩护意见不能成立。据此判决：被告人王志杰犯贪污罪，判处有期徒刑 12 年，并处没收财产人民币 300 万元；贪污的赃款予以发还。宣判后，被告人王志杰未上诉，检察机关亦未抗诉，判决已发生法律效力。

国企改革中增设转租环节获取非法利益的行为构成贪污罪

——张盛福等贪污案①

【裁判要旨】

国家工作人员以进行所谓的租赁式经营改革为幌子，增设转租环节，截留国有资产，其行为构成贪污罪。

【关 键 词】

国企改革　租赁或经营　截留国有资产　贪污

【相关法条】

《中华人民共和国刑法》第382条，第383条第1款第（1）项、第2款

【基本案情】

2005年初，国有企业上海申宏冷藏储运有限公司（以下简称申宏公司）因军工路中环线建设市政工程占用其部分土地而获得补偿款，遂决定在军工路461号建造冷藏食品交易市场，市场规模为104间门面（每间均附设一座小型冷库，其中31间另各附带一间办公室），用于对外出租。在市场即将竣工时，申宏公司确定了104间门面的租赁价格（即附带办公室的每间人民币4000元，无办公室的每间人民币2500元），同时由被告人黄伟琳等人员代表申宏公司开展招租工作。同年10月中下旬，在招租工作完成，所有门面已确定出租的情况下，被告人张盛福对被告人黄伟琳、吴以明、彭智学提出并通过黄伟琳告知被告人曹祖康、卢来森，决定成立由黄伟琳、曹祖康、卢来森为股东的杉昌公司承租该市场，然后转租给客户，张盛福、吴以明、彭智学为杉昌公司的隐名股东，并确定杉昌公司每年交纳租赁费人民币220万元。黄伟琳、吴以明、彭智学、曹祖康、卢来森均表示同意。

---

① 原载于《人民司法》2011年第22期。

2005年11月15日，交易市场投入试营业。同月30日，杉昌公司注册成立，注册资金为50万元，黄伟琳、曹祖康及卢来森占股比例各为80%、10%、10%，由黄任法定代表人。（张、吴、彭三人以隐名方式将股权挂在黄伟琳名下，张、黄二人各15万元，其余四人各5万元）。2006年1月25日，上海申宏冷藏食品交易市场经营管理有限公司（以下简称申宏市场管理公司）成立，由被告人彭智学担任法定代表人。同年2月8日，被告人张盛福代表申宏公司作为出租方、被告人黄伟琳代表杉昌公司作为承租方签订了冷库租赁合同，约定申宏公司以年租金200万元的价格（同年4月2日签订补充协议，约定自2007年起，每年递增租赁费用10万元，直至2009年）将军工路461号交易市场内104间门面出租给杉昌公司。同日，被告人彭智学代表申宏市场管理公司作为出租方、被告人黄伟琳代表杉昌公司作为承租方签订了租赁合同，将交易市场的经营管理权租赁给杉昌公司，年租金为20万元。2008年12月，因群众举报，杉昌公司注销登记。至2008年12月，杉昌公司收取客户支付的租赁费共计1148万余元，盈利248万余元，扣除相关税费后，按事先约定的股权比例，被告人张盛福、黄伟琳分别获利63万余元，被告人吴以明、彭智学、曹祖康、卢来森各获利21万余元。

【裁判结果与理由】

上海市杨浦区人民法院认为，被告人张盛福、黄伟琳、吴以明、彭智学、曹祖康、卢来森身为国家工作人员，利用职务上的便利共同侵吞公款，其行为均已构成贪污罪。被告人张盛福、黄伟琳在共同贪污犯罪中起主要作用，是主犯；被告人吴以明、彭智学、曹祖康、卢来森在共同贪污犯罪中起次要、辅助作用，是从犯，应当减轻处罚。被告人黄伟琳、吴以明、彭智学、曹祖康、卢来森具有自首情节，可以减轻处罚。六名被告人均已退赃，可酌情从轻处罚。据此，依照《中华人民共和国刑法》第382条，第383条第1款第（1）项、第2款，第25条第1款，第26条第1、4款，第27条，第55条第1款，第56条第1款，第67条第1款，第72条第1款，第73条第2、3款，第64条之规定，以贪污罪分别判处被告人张盛福有期徒刑十年六个月，剥夺政治权利一年，没收财产六万元；判处被告人黄伟琳有期徒刑六年，没收财产三万元；判处被告人吴以明、彭智学、曹祖康、卢来森有期徒刑三年，缓刑三年；违法所得发还申宏公司。

一审宣判后，被告人张盛福、黄伟琳不服，向上海市第二中级人民法院提出上诉。张盛福辩称，原判认定事实不清，其没有贪污的故意。黄伟琳辩称，成立杉昌公司进行转租由张盛福决定，他只是一名具体执行者，不是主犯。张盛福、黄伟琳的辩护人主要认为：张盛福、黄伟琳等人设立杉昌公司进行租赁式经营是进行国企改革，杉昌公司承担了经营和管理风险，张盛福等人是通过杉昌公司的经营活动获取利益，并没有侵吞、骗取和窃取国家财产，故张盛福、黄伟琳不构成贪污罪。

上海市第二中级人民法院经审理认为，上诉人张盛福、黄伟琳等人在申宏公司冷藏食品交易市场门面租赁价格已定，所有门面均有商户愿意租赁的情况下，未向上级单位汇报并经董事会、职代会通过，利用职务上的便利，经共同商议后成立由其个人入股的杉昌公司，以低于前已确定的租赁价向申宏公司、申宏市场管理公司租赁门面，再由杉昌公司按前已确定的价格租赁给商户，赚取差价。他们通过增设转租中间环节，截留、侵吞了本来应由申宏公司、申宏市场管理公司通过直接租赁获取的国有财产。因此上诉人张盛福、黄伟琳具有共同非法占有国有财产的故意、目的与行为，符合贪污罪的构成要件。黄伟琳根据张盛福的授意，负责杉昌公司的具体运转，代表杉昌公司与申宏公司、申宏市场管理公司、商户签订相关租赁合同，并安排申宏公司工作人员收取租金，操作其与张盛福、吴以明、彭智学、曹祖康、卢来森的分红。黄伟琳在杉昌公司中实际所占股份比例与张盛福相同，均为30%，与张盛福各获利63万余元。黄伟琳在共同犯罪中起主要、积极的作用，系主犯。原判认定张盛福、黄伟琳、吴以明、彭智学、曹祖康、卢来森犯贪污罪的事实清楚，证据确实、充分，适用法律正确，量刑适当，审判程序合法。依照《中华人民共和国刑事诉讼法》第189条第（1）项之规定，裁定驳回上诉，维持原判。

利用企业改制把公共财产转移到自己或亲属占有投资份额的企业的构成贪污罪

——束兆龙贪污案①

【裁判要旨】

被告人在国有事业单位改制中，利用职务便利隐瞒国有资产，并将其转移到改制后自己占有投资份额的公司中，构成了贪污罪，但贪污数额应按照被告人在改制后的公司中所占投资份额的比例认定。

【关 键 词】

国有事业单位　隐瞒国有资产　转移公共财产

【相关法条】

《中华人民共和国刑法》第382条第1款、第383条第1款第（2）项

【基本案情】

无锡市北塘区人民法院经审理查明：2002年下半年，经无锡市北塘区改革工作领导小组办公室同意，全民所有制的原设计所进行改制工作，委托宝光会计所对原设计所的全部资产及负债进行评估，确定2002年11月30日为资产评估基准日。被告人束兆龙利用担任原设计所所长的职务便利，对改制基准日前原设计所承接的建筑设计项目合同应收款1020795元，不按规定如实申报，致使宝光会计所于2003年6月11日提交的资产评估报告书中，对该部分资产未作评估。

2003年9月5日，经工商变更登记确认，原设计所更名为嘉德公司，被告人束兆龙个人投资占嘉德公司总投资的25%，成为嘉德公司的法定代表人，另一国有事业单位市政设计院的投资占嘉德公司总投资的10%。案发后，宝光会计所对原设计所未如实申报的1020795元建筑设计项目合同应收款重新进行了评估。扣除在改制基准日前原设计所为履行合同应当支付的成本费用，再扣除改制基准日后因嘉德公司代为履行了合同而应当由

① 原载于《最高人民法院公报》2005年第7期。

嘉德公司收取的费用，宝光会计所确认原设计所被瞒报的净资产值为413287.78元，此款由原设计所改制成的嘉德公司收取。原设计所委派钱彦为项目负责人履行了盐都宏都花园的建设工程设计合同后，工程设计费86000元于改制基准日后到账。2003年2月，钱彦按25%的比例，领取了完成此项目的奖金21500元。钱彦在改制基准日后领取的奖金，未从宝光会计所确认的瞒报净资产值中扣除。硕放镇星月苑B区工程项目中的勘察费，已由市政设计院在该项目设计费中直接支付给完成此项勘察工作的华东勘察院，宝光会计所确认的瞒报净资产值中，只计算了扣除勘察费后的设计费，故勘察费不应再从瞒报净资产值中扣除。从宝光会计所确认的瞒报净资产值中，扣除钱彦领取的奖金，原设计所被瞒报的净资产值应为391787.78元。

【裁判结果与理由】

本案争议焦点是：在国有事业单位改制过程中，国家工作人员瞒报国有资产的行为，能否构成贪污罪？本案被告人的行为如果构成贪污罪，贪污数额应如何认定？

无锡市北塘区人民法院认为：刑法第382条第1款规定："国家工作人员利用职务上的便利，侵吞、窃取、骗取或者以其他手段非法占有公共财物的，是贪污罪。"被告人束兆龙身为国家工作人员，利用担任国有事业单位法定代表人的职务便利，在国有事业单位改制中隐瞒国有资产，并将国有资产转移到自己占有投资份额的公司中，其行为符合以骗取的手段非法占有公共财物的特征，构成贪污罪。"非法占有"，是贪污罪客观方面应当具有的特征之一。束兆龙在隐瞒原设计所管理的国有资产时，明知这些资产将来只能由原设计所改制后形成的有限责任公司取得，其个人不能直接非法占有。在这种情况下，束兆龙仍实施了隐瞒国有资产的行为。这是因为在主观上，束兆龙有通过按投资份额得到部分国有资产的犯罪动机，客观上也只有这样干，束兆龙才能实现对部分国有资产的非法占有。因此按束兆龙在嘉德公司的投资比例25%计算，被束兆龙隐瞒的391787.78元国有资产中的9.79万余元，才是束兆龙实施贪污行为主观上想得到、客观上也已经实现的贪污数；391787.78元国有资产中的10%即3.91万余元，仍是国有事业单位市政设计院在嘉德公司内占有的国有资产；391787.78元国有资产中的65%即25万余元，是束兆龙犯罪行为给国有资产造成的损失，应当在量刑时考虑。将原设计所被隐瞒的国有资产全部认定为束兆龙的贪污数额，无法解释市政设计院按投资份额分享到的3.91万余元的财产性质。这样认定既不符合事实，也不符合法律规定。

综上所述，公诉机关指控被告人束兆龙的罪名成立，但认定束兆龙的贪污数额不当，应予纠正。束兆龙贪污9.79万余元，给国有资产造成25万余元的损失，应当依照刑法第383条第1款第（2）项关于"个人贪污数额在五万元以上不满十万元的，处五年以上有期徒刑，可以并处没收财产"的规定进行处罚。束兆龙是因他人检举而归案，归案后虽能如实供述自己的犯罪事实，但不具有刑法第67条规定的自动投案这一情节，不是自首。束兆龙关于"钱彦领取的奖金应当从未申报净资产中扣除"的辩解意见，予以采纳；束兆龙及其辩护人关于"华东勘察院的勘察费亦应从未申报净资产中扣除""未申报部分合同应收款，是考虑改制后单位和全体职工的利益，不是为个人牟利，行为不构成犯罪""有自首情节"等辩解和辩护意见，不予采纳。考虑到案发后，被束兆龙瞒报的国有资产全部追缴，国家损失已经挽回，且束兆龙归案后的认罪态度较好，故对束兆龙请求从轻处罚的辩解，予以采纳。据此，无锡市北塘区人民法院于2005年3月18日判决：被告人束兆龙犯贪污罪，判处有期徒刑五年，并处没收财产10万元。一审宣判后，被告人束兆龙在法定期限内未上诉，公诉机关也未抗诉，一审判决发生法律效力。

社保工作人员骗取企业为非企业人员参保并私自收取养老保险费的行为，如何定性？

——李成兴贪污案①

【裁判要旨】

社保工作人员骗取企业为非企业人员缴纳养老保险费，同时收取参保人员缴纳的养老保险费，或利用企业"空名户"名额收取参保人员已被抵

① 原载于《刑事审判参考》2012年第2集·总第85集，第771号。

缴的养老保险费，并占为己有的行为，应以贪污罪定罪处罚。

【关 键 词】

社保 空户名 私收养老保险费

【相关法条】

《中华人民共和国刑法》第382条，第383条第1款、第2款

【基本案情】

被告人李成兴，原系浙江省瑞安市劳动和社会保障局湖岭劳保所所长。

浙江省瑞安市人民检察院以被告人李成兴犯贪污罪，向瑞安市人民法院提起公诉。

被告人李成兴对起诉书指控的犯罪事实及罪名没有异议。李成兴的辩护人提出，本案应定性为挪用公款罪，李成兴已退还赃款，应当从轻处罚。

瑞安市人民法院经审理查明：2004年8月至2008年10月间，被告人李成兴在企业和参保人不知情的情况下，将参保人员（非企业员工）30多人次挂靠到企业名下以企业员工身份办理社会养老保险关系，使企业虚增养老保险参保人数并多缴纳养老保险金合计人民币（以下币种均为人民币）425360.12元，然后再私自收取参保人的养老保险费（数额与企业缴纳的数额基本一致）。此外，李成兴通过操作，将非企业人员代替企业的“空名户”名额，以两种方式非法获利96677.73元：一是占用32位“空名户”名额并让参保人继续参保。由于企业在社保统筹账户内已为“空名户”缴纳了保险费并不得主张返回，这笔预征款被用来折抵占用“空名户”名额参保人员的保险费，又再私自收取了这些参保人员已被抵缴了的保险费计78166元。二是占用企业37位“空名户”名额激活养老保险关系后，随即停止参保，终止养老保险关系。依据相关规定，终止因占用“空名户”名额而成的养老保险关系，可将企业已缴的养老保险预征款约三分之一退还给参保个人，而这部分应退款共计18511.73元也被李成兴领取占有。案发后，李成兴主动退还赃款514424.69元。

【裁判结果与理由】

瑞安市人民法院认为，被告人李成兴身为国家工作人员，利用职务上的便利，非法占有公共财物，数额巨大，构成贪污罪。鉴于其认罪态度好，已退还绝大部分非法所得，可酌情从轻处罚。关于辩护人提出的李成兴的行为应定性为挪用公款罪的意见，与相关法律不符，不予采纳。依照《中华人民共和国刑法》第382条，第383条第1款、第2款，第56条第1款，第64条之规定，瑞安市人民法院以被告人李成兴犯贪污罪判处有期徒刑十一年，剥夺政治权利一年，并处没收个人财产八万元。

一审宣判后，被告人未上诉，检察机关未提出抗诉。

国有企业工作人员利用职务便利以国有企业亏损弥补个人损失行为的，构成贪污罪

——窦沛颖、冼晓玲贪污案①

【案例要旨】

被告人身为国有企业中的工作人员利用职务之便，在为各自单位从事期货交易活动中，利用职务便利，将私人账户上的期货合约在价格下跌时转入国有企业账户，以国有企业亏损来弥补个人损失的手段非法占有国有财物，构成贪污罪。

【关 键 词】

国有企业　期货交易　弥补后损失　贪污

【相关法条】

《中华人民共和国刑法》第383条第（4）项　第12条

【基本案情】

上海市黄浦区人民法院经审理查明：被告人窦沛颖自1995年5月起，担任中国有色金属材料华东公司（以下简称华东公司）期货部经理。被告人冼晓玲自1995年4月至1996年6月间，任上海市金属材料总公司（以

① 原载于《最高人民法院公报》2003年第2期。

下简称金属公司）期货部报单员。二人因业务关系相识后，冼晓玲提出，以其丈夫朱敏的名义开设私人账户。窦沛颖同意，在华东公司期货部为冼晓玲设立了编码为034的私人账户。

1995年11月1日，被告人冼晓玲电话委托被告人窦沛颖，在034账户上买人交割期为1995年11月、代号为9511的胶合板300手（每手200张，买人价为每张43.7元）。成交后，胶合板行情下跌，冼晓玲为避免个人损失，利用其报单员的职务便利，通知窦沛颖将这300手合约转入金属公司开设的001期货自营账户上。窦沛颖同意，但提出冼晓玲必须向该公司副总经理何伟报告。当日交易所收盘后，窦沛颖通知华东公司的结算人员，将原本应入034私人账户上的300手胶合板合约，转入金属公司的001自营账户。冼晓玲则对何伟谎称，该300手合约是其听错指令购入的，因此得到金属公司认可，记人该公司持仓情况汇总表。11月1日胶合板的收盘价为每张43.06元。因冼晓玲的转嫁行为，300手胶合板合约使得金属公司当天持仓亏损3.84万元。之后，冼晓玲按何伟的指令，将这300手合约平仓卖出，共亏损26.9万元。

1995年11月17日，被告人冼晓玲电话通知被告人窦沛颖，要求在034账户上买入交割期为1995年12月、代号为9512的红小豆400手（每手2吨，每吨买人价为2380元）。成交后，红小豆价格上涨，冼晓玲电话通知窦沛颖平仓。而窦沛颖认为红小豆的行情还会继续上涨，劝冼晓玲再看一看，冼晓玲同意。但在当日临收盘前，红小豆价格下跌。交易所收盘后，冼晓玲给窦沛颖打电话，责怪其没有及时平仓。窦沛颖坚称此行情还会看好，并表示如果冼晓玲后悔，这400手可算在他们公司的自营账户上，冼晓玲听后默认。窦沛颖随后电话通知华东公司结算人员，将原本应入冼晓玲私人账户上的合约，转入华东公司编号为018的自营账户上。当日红小豆的收盘价为每吨2345元，400手红小豆合约使华东公司当天持仓亏损2.8万元。同年11月22日，窦沛颖因担心红小豆行情继续下跌会影响当年利润指标的完成，遂决定将400手红小豆平仓，此举使华东公司亏损24.4万元。平仓后，红小豆行情反弹，窦沛颖又大量买入后不久即平仓，又使华东公司获利。

案发后，被告人窦沛颖退缴44万元，被告人冼晓玲退缴9万元。

【裁判结果与理由】

上海市黄浦区人民法院认为：本案所涉被告人的行为，发生在1995年11月。1988年1月21日第六届全国人民代表大会常务委员会第二十四次会议通过的《关于惩治贪污罪贿赂罪的补充规定》第2条，对贪污罪的起刑点作如下规定：“个人贪污数额不满二千元，情节较重的，处二年以下有期徒刑或者拘役；情节较轻的，由其所在单位或者上级主管机关酌情给予行政处分。”1997年修正的《中华人民共和国刑法》第383条第（4）项规定：“个人贪污数额不满五千元，情节较重的，处二年以下有期徒刑或者拘役；情节较轻的，由其所在单位或者上级主管机关酌情给予行政处分。”两相比较，修改后的刑法处刑较轻。根据刑法第12条规定的从旧兼从轻原则，对本案应适用修改后的刑法定罪量刑。

被告人窦沛颖、冼晓玲身为国有企业中的工作人员，在为各自单位从事期货交易活动中，利用职务便利，采取欺骗手法，将私人账户上的期货合约在价格下跌时分别转入国有企业的账户，造成国有企业在转入当天的持仓亏损分别为3.84万元、2.8万元。这种向国有企业转嫁个人损失的做法，虽然没有表现为直接地占有国有财物，但实质是以用国有企业亏损来弥补个人损失的手段占有国有财物，是非法占有的一种行为。依照刑法第382条的规定，窦沛颖、冼晓玲的行为构成贪污罪，公诉机关指控的罪名成立。本案的贪污数额，应按窦沛颖、冼晓玲移仓当日的结算价计算。

根据1995年9月《苏州商品交易所结算细则》的规定，期货合约成交当天的持仓亏损，应从当天的资金结算账户中扣划。合约成交后至平仓的整个持仓过程中每日发生的持仓盈亏，既与成交当天的持仓亏损有联系，又不同于成交当天的持仓亏损，二者是有区别的。区别在于，持仓过程中每日发生的持仓盈亏与每日的期货行情有关，由期货行情决定，是不确定的；而成交当天的持仓亏损，却因应从当天的资金结算账户中扣划，而成为确定的、实际发生的损失。持仓过程中每日发生的持仓盈亏，与持仓者参与的当日期货交易活动有关；而成交当天的持仓亏损，却是成交当天期货交易活动结束后资金结算的结果。二者不能混为一谈。

被告人窦沛颖、冼晓玲身为国有企业中的工作人员，利用职务便利，实施了把价格下跌的私人账户期货合约转入国有企业账户的行为，移仓当日给国有企业造成共计6.64万元的当天持仓亏损，这是认定二人行为构成贪污罪的事实基础。二人转入的期货合约在国有企业持仓期间发生的盈亏，虽与二人的转入行为有一定联系，但不由二人的转入行为决定，而是由期货行情决定。因此，这时发生的盈亏，不是认定二人行为能否构成犯罪的情节，只是对刑法第 25 条第 1 款规定："共同犯罪是指二人以上共同故意犯罪。"被告人冼晓玲为了牟利而开设 034 账户私下进行期货交易，盈利归自己，亏损即转嫁给国有企业；被告人窦沛颖为了多揽客户，同意为冼晓玲设立私人账户，并在冼晓玲预谋转嫁损失时与其配合，分别向各自所在的单位隐瞒事实真相，以实现向国有企业转嫁个人期货亏损的犯罪目的。二人是共同犯罪，应当根据二人在共同犯罪中所起的作用，分别确定刑事责任。二人转嫁亏损获取的违法所得，应当根据刑法第 64 条的规定予以追缴。

被告人窦沛颖、冼晓玲提出的关于成交当天的持仓亏损是不确定的损失，没有占用公司财产，做红小豆交易还使公司获利，因此行为不构成贪污罪，更不是共同犯罪等辩解，不予采纳。此外，窦沛颖、冼晓玲到案后，虽能坦白交代各自的犯罪事实，但不是自动投案，不具备法律规定的自首条件，故以自首要求给予缓刑或免予刑事处罚的辩解，亦不予采纳，但可根据二人到案后坦白交代和退赃的表现，酌情从轻处罚。据此，上海市黄浦区人民法院于 2002 年 8 月 21 日判决：

一、被告人窦沛颖犯贪污罪，判处有期徒刑一年六个月。

二、被告人冼晓玲犯贪污罪，判处有期徒刑一年九个月。

宣判后，被告人窦沛颖、冼晓玲没有提出上诉，公诉机关也未抗诉，一审判决已发生法律效力。

对贪污罪利用职务便利的理解
——王玉文贪污案[①]

【裁判要旨】

利用职务便利，隐瞒离退休人员已死亡的真相并虚构养老金发放地址以占有社保资金的行为构成贪污罪。

【关 键 词】

贪污罪　职务便利　社保资金　公共财物

【相关法条】

《中华人民共和国刑法》第382条

【基本案情】

公诉机关：内蒙古自治区人民检察院呼和浩特铁路运输分院

上诉人（原审被告人）王玉文，男，1972年11月13日出生于内蒙古自治区察哈尔右翼中旗，汉族，大学文化，原系呼和浩特铁路局社会保险管理处财务科科长。

内蒙古自治区人民检察院呼和浩特铁路运输分院以被告人王玉文犯贪污罪，向内蒙古自治区呼和浩特铁路运输中级法院提起公诉。

呼和浩特铁路运输中级法院经公开审理查明：被告人王玉文从1996年起至案发时，一直负责管理呼和浩特铁路局离退休人员养老工作。2004年至2012年间，王玉文利用制作呼和浩特铁路局离退休人员数据库（其中包含离退休人员死亡和住址变更等信息）和向内蒙古自治区社保局报送该数据库的职务便利，先后隐瞒168名离退休人员已死亡的真相，并虚构这些人员社保养老金发放地址由外地变更为呼和浩特市的事实，用这些人员的身份资料在呼和浩特邮政储蓄银行重新开设养老金账户，并将这168个养老金账户的银行卡（折）归其个人掌握使用，骗取国家社保资金共人民币（以下币种同）23236605.79元，并非法占有利息208704.44元。事后，

① 原载于《人民法院案例选》2014年第1辑。

王玉文先后采用转账、提现、消费的方式，从 68 个养老金账户中提出共 5548087.27 元。

【裁判结果与理由】

呼和浩特铁路运输中级法院认为；被告人王玉文身为国家工作人员，利用经手、管理呼和浩特铁路局社保养老工作的职务便利，在行使审核、承办养老金发放的职权过程中，采用隐瞒真相、虚构事实的手段，将本应停止发放的 168 名已死亡职工养老金变更信息重新开户后据为已有，其行为构成贪污罪。内蒙古自治区人民检察院呼和浩特铁路运输分院指控罪名成立。王玉文归案后，能够如实供述自己的罪行，认罪态度较好，所得赃款全部追缴，但其贪污国家社保资金达 23236605.79 元，数额巨大，情节特别严重，应当判处死刑，但可不立即执行。呼和浩特铁路运输中级法院于 2012 年 12 月 27 日作出（2012）呼铁中刑初字第 8 号刑事判决：被告人王玉文犯贪污罪，判处死刑，缓期二年执行，剥夺政治权利终身，并处没收个人全部财产。

宣判后，王玉文不服，向内蒙古自治区高级人民法院提出上诉。上诉理由是：其利用工作之便，骗取的不是本单位的财物，而是社保局的社保资金，其骗取社保养老金的行为不构成贪污罪，而构成诈骗罪。

内蒙古自治区高级人民法院经审理认为：自 1996 年至案发，呼铁局离退休人员养老金工作一直由上诉人王玉文经手和管理，离退休人员基本信息数据库的制作和上报工作也由其专门负责。在此项工作中，王玉文长期利用职务便利，隐瞒离退休人员已死亡的真相并虚构养老金发放地址变更的事实，将本应停止发放的养老金重新开户后由其本人掌握，从而实现其对社保资金的占有。该行为是其利用管理和经手离退休人员养老金的职务上的便利实施的侵吞、骗取社保资金的行为，符合贪污罪的犯罪构成要件特征，其不构成贪污罪的上诉理由不能成立。内蒙古自治区高级人民法院于 2013 年 3 月 1 日作出（2013）内刑二终字第 7 号刑事裁定，驳回上诉，维持原判。同时，根据《中华人民共和国刑事诉讼法》第 237 条的规定，核准以贪污罪判处上诉人王玉文死刑，缓期二年执行，剥夺政治权利终身，并处没收个人全部财产。

第二章　受贿罪

一、受贿罪的主体是国家工作人员

村民小组长在特定情形下属于“其他依照法律从事公务的人员”
——廖常伦贪污、受贿案①

【裁判要旨】

《全国人民代表大会常务委员会关于〈中华人民共和国刑法〉第九十三条第二款的解释》中表述的“村民委员会等村基层组织”，不应仅局限于村民委员会等村级组织，协助人民政府从事行政管理工作的村民小组也应当属于“村基层组织”的范围，从事具体协助工作的村民小组组长等工作人员，应当属于“村基层组织人员”的范围。

【关 键 词】

村民小组长　征地拆迁安置　依法从事公务

【相关法条】

《全国人民代表大会常务委员会关于〈中华人民共和国刑法〉第九十三条第二款的解释》、《中华人民共和国刑法》93 条第 2 款、第 382 条第 1 款、第 383 条第 1 款第（3）项、第 385 条第 1 款、第 386 条

---

① 原载于《刑事审判参考》2009 年第 6 集 · 总第 71 集，第 594 号。

【基本案情】

四川省金堂县人民检察院指控：2007 年 9 月至 12 月期间，被告人廖常伦在协助金堂县赵镇人民政府拆迁安置工作过程中，利用职务上的便利，采用虚报拆迁安置户的方法骗取拆迁搬家费、过渡费等共计 18840 元据为己有。2007 年 9 月，被告人廖常伦在协助金堂县赵镇人民政府拆迁安置工作过程中，利用职务上的便利，为他人谋取不正当利益，收受他人好处费 12000 元。被告人廖常伦在协助人民政府从事行政管理工作中，利用职务上的便利，骗取公共财物据为己有，收受他人财物为他人谋取利益，其行为已分别构成贪污罪和受贿罪，应当依照《中华人民共和国刑法》第 383 条之规定追究刑事责任。

被告人廖常伦对公诉机关指控的事实供认不讳，但认为在归案后退清了全部赃款，有悔过表现，请求从轻判处并适用缓刑。其辩护人肖万能认为，公诉机关指控被告人廖常伦犯贪污罪、受贿罪缺乏法律依据，指控罪名不能成立：被告人廖常伦系村民小组副组长，不是村基层组织人员，不具有国家工作人员身份，不是贪污罪、受贿罪的犯罪主体；被告人廖常伦协助的房屋拆迁安置工作不是赵镇人民政府的工作；被告人廖常伦协助赵镇人民政府拆迁安置工作，每天领取 20 元报酬，该行为不具有职权内容，不属于从事公务的行为，而是一种劳务行为；指控其收受的 12000 元，不是叶某欧的财物，是被告人廖常伦从叶某欧多报拆迁房屋面积多领的拆迁赔偿款分得的，系被告人廖常伦与叶某欧共同故意占有的公共财物。其辩护人何泽礼认为，被告人廖常伦主观恶性不深，请求从轻处罚。

四川省金堂县人民法院经公开审理查明：

（一）贪污部分

2007 年 9 月至 12 月期间，时任金堂县赵镇十里社区三组副组长的被告人廖常伦，在协助金堂县赵镇人民政府“干道 2 号”项目拆迁安置工作中，具体负责所在组被拆迁户资料收集、统计上报，指认被拆迁房屋及附属物，带领拆迁工作人员丈量、核实被拆迁房屋及附属物等协助工作。在从事上述协助工作过程中，伪造户口不在本组、没有被拆迁房屋的廖某容、廖某玉、廖某美、夏某四人为本组村民的户口及拆迁房屋等资料，虚报多年前在其他项目拆迁安置中已安置的陈某先、谢某菊、周某华为拆迁安置户，为不符合拆迁安置条件的上述七户农户分别申请了一套拆迁安置房。2007年9月20日，廖常伦代签了廖某玉（签名为廖某容）、廖某容（签名为廖某美）、夏某、廖某美（签名为廖某玉）四户的农房拆迁协议；2007年9月22日，廖常伦代陈某先、周某华、谢某菊三户签订了农房拆迁协议；2007年10月17日，廖常伦签字代陈某先、周某华、廖某容、夏某、廖某玉、廖某美、谢某菊等领取了拆迁搬家费、过渡费18840元，据为己有。

（二）受贿部分

2007年9月，时任金堂县赵镇十里社区三组副组长的被告人廖常伦，在协助金堂县赵镇人民政府“干道2号”项目拆迁安置工作中，具体负责所在组被拆迁户资料收集、统计上报，指认被拆迁房屋及附属物，带领拆迁工作人员丈量、核实被拆迁房屋及附属物等协助工作。在从事上述协助工作过程中，被告人廖常伦解决了本组村民冯某明为其女儿、本组村民廖某富各申请一套安置房，分别收受冯某明、廖某富二人好处费1000元；应本组村民叶某欧之请，在带领拆迁办人员丈量、复查叶某欧被拆迁房屋面积过程中，对叶某欧将他人的房屋指为其自己的房屋未予干涉、事后也未说明情况，致使叶某欧的拆迁房屋被多丈量、登记、赔偿了100余平方米。事后，被告人廖常伦收受了叶某欧感谢费10000元。

另查明：2007年9月，金堂县人民政府实施“干道2号”项目拆迁工程，所涉及的金堂县赵镇十里社区三组的征地拆迁安置工作，委托由金堂县赵镇人民政府实施，金堂县赵镇人民政府指定由该镇城乡建设管理办公室具体组织实施，当地村组干部配合做拆迁政策的宣传、解释、协调及房屋、附属物指认等工作。

【裁判结果与理由】

四川省金堂县人民法院经审理认为：征地拆迁工作是具有国家管理性质的活动。金堂县人民政府将“干道2号”项目拆迁工程，所涉及的金堂县赵镇十里社区三组的征地拆迁安置工作，委托由金堂县赵镇人民政府实施，赵镇人民政府即具有从事这一行政管理工作的职权。被告人廖常伦基于村民小组副组长的特定身份，应赵镇人民政府的要求和村委会的指派，在协助赵镇人民政府征地拆迁安置工作中，具体从事的所在组被拆迁户的资料收集、统计上报，指认被拆迁房屋及附属物，带领拆迁工作人员丈量、核实被拆迁房屋及附属物等协助工作，其协助的工作是征地拆迁安置行政管理活动不可缺少的工作，其协助行为实际上是履行拆迁安置工作职责的行为，并非是一种劳务行为。基于参加协助的村组人员没有固定的工资收入，赵镇人民政府按日发给被告人廖常伦补助20元，并不因此改变其协助行为的性质。征地拆迁安置工作，虽然不在《全国人民代表大会常务委员会关于〈中华人民共和国刑法〉第93条第2款的解释》列明的六项具体行政管理工作中，但由于该工作是具有国家管理性质的活动，应当属于《全国人民代表大会常务委员会关于〈中华人民共和国刑法〉第93条第2款的解释》第1款第（7）项所规定的“协助人民政府从事的其他行政管理工作”的范围，被告人廖常伦在从事上述协助工作中，属于《中华人民共和国刑法》第93条第2款规定的“其他依照法律从事公务的人员”，应当以国家工作人员论。在从事上述公务活动过程中，被告人廖常伦利用职务上的便利，非法占有公共财物，利用职务上的便利，非法收受他人财物，为他人谋取利益，依其行为应当分别以贪污罪、受贿罪定罪处罚，并应当适用《中华人民共和国刑法》第64条关于数罪并罚的规定决定刑罚。公诉机关指控其犯贪污罪、受贿罪成立。被告人廖常伦的辩护人认为，指控其收受的10000元，是被告人廖常伦从叶某欧多报拆迁房屋面积多领的拆迁赔偿款中分得的，系被告人廖常伦与叶某欧共同故意占有的公共财物。本院认为，被告人廖常伦应本组村民叶某欧之请，在带领拆迁办人员丈量、复查叶某欧被拆迁房屋面积过程中，放弃自己的职责，对叶某欧将他人的房屋指为其自己的房屋当场未予干涉制止、事后也未说明情况，致使叶某欧的拆迁房屋被多丈量、登记、赔偿了100余平方米，收受叶某欧10000元，主观上，叶某欧的故意是虚构事实多获得被拆迁房屋赔偿款，为达此目的而请求被告人廖常伦放弃自己应履行的协助职责，并无与被告人廖常伦共同骗取拆迁赔偿款的故意，被告人廖常伦的故意是放弃自己的协助职责为他人谋取利益，从而获得感谢费，二人无共同骗取拆迁房屋赔偿款的故意；客观上，叶某欧之所以能够多得被拆迁房屋的赔偿款，主要是因为叶某欧的虚构事实与被告人廖常伦放弃自己的协助职责，并非二人共同虚构事实骗取的结果；叶某欧之所以要送给被告人廖常伦10000元，是基于自己已经实际多获得被拆迁房屋赔偿款后，出于对放弃协助职责而为自己谋取了不当利益的被告人廖常伦的感谢，被告人廖常伦之所以收受叶某欧10000元，是其明知此乃是自己利用协助职务上的便利为叶某欧谋取了不当利益的报答。被告人廖常伦所得的10000元，并非被告人廖常伦与叶某共同故意占有的公共财物。对该辩护意见不予采纳。被告人廖常伦归案后，能够如实供述自己的犯罪事实，自愿认罪，退清了全部赃款，认罪态度较好，可依法酌定予以从轻处罚。对被告人廖常伦及其辩护人请求从轻处罚的意见，予以采纳。被告人廖常伦同时犯贪污罪和受贿罪，依据最高人民法院《关于对贪污、受贿、挪用公款犯罪分子依法正确适用缓刑的若干规定》第3条第（4）项，关于犯有数罪的贪污、受贿、挪用公款犯罪分子不应适用缓刑的规定，对被告人廖常伦提出适用缓刑的意见，不予采纳。

四川省金堂县人民法院依照《全国人民代表大会常务委员会关于〈中华人民共和国刑法〉第93条第2款的解释》、《中华人民共和国刑法》93条第2款、第382条第1款、第383条第1款第（3）项、第385条第1款、第386条、第69条、第64条之规定，判决如下：1. 被告人廖常伦犯贪污罪，判处有期徒刑一年；犯受贿罪，判处有期徒刑一年，决定执行有期徒刑一年三个月。2. 被告人廖常伦犯罪所得赃款人民币30840元，其中受贿所得人民币12000元予以没收，贪污所得人民币18840元发还被害单位赵镇人民政府。

村民组组长依法从事公务的认定

——张留群受贿案①

【裁判要旨】

被告人身为村民组组长，负责对村民组在国有土地上的房屋进行出租的行为属村民组的自治管理活动，并不是对国有土地的经营管理，不是受委托协助人民政府从事行政管理工作，因而其不属于“其他依照法律从事公务的人员”，不构成受贿罪；可认定为《刑法》第163条规定的“其他单位人员”，其利用负责代表村民组对外出租村民组集体所有房屋的职务

① 原载于《刑事审判参考》2009年第6集·总第71集，第595号。

便利，为他人谋取利益，非法收受和索取他人财物，符合非国家工作人员受贿罪构成要件的，应以非国家工作人员受贿罪追究刑事责任。

【关 键 词】

村民组长　国有土地　出租房屋　非国家工作人员受贿

【相关法条】

《中华人民共和国刑法》第163条第1款

【基本案情】

张留群，原系郑州市金水区丰产路街道办事处常砦村村民委员会东韩砦村村民组组长。

郑州市金水区人民检察院以被告人张留群犯受贿罪向金水区人民法院提起公诉。

被告人张留群辩称，关于起诉指控的第一项事实，自己当时没有权力也没有给冯强任何优惠，所收款项是冯给的感谢费；关于第二项事实，其向朱广彬要的是剩余材料，不是专门买的，因此其行为不是受贿。其辩护人的辩护意见是，张留群主体不合格，不构成受贿罪；其对本村民组房屋出租活动的影响不属于协助人民政府从事行政管理工作，张留群没有给冯强谋取利益，不构成受贿；张留群向朋友索要建材的行为也不能认定为索贿。

金水区人民法院经公开审理查明：1980年至2005年3月，被告人张留群担任郑州市金水区丰产路街道办事处常砦村村民委员会东韩砦村（以下简称东韩砦村）村民组副组长，2005年4月担任该村民组组长。2002年，在张留群任副组长期间，郑州天诚汽车服务有限公司法定代表人冯强想租用位于郑州市金水区黄河路的东韩砦村村属门面房，让合伙人王建国找张留群帮忙。经张留群向当时任组长的任志民说情后，任志民代表东韩砦村村民组与冯强签订了租赁合同。后冯强给了张留群人民币10000元表示感谢。2005年4月，张留群担任该村民组组长后，冯强又给了张留群人民币10000元；2006年9月，张留群以出去旅游为由，向冯强索要了人民币5000元。

2006年8月9日，被告人张留群代表东韩砦村村民组与河南裕博实业有限公司法定代表人朱广彬签订了租赁本村民组房屋的合同书。后张留群向朱广彬索要装修材料用于自己别墅的装修，朱广彬即派人为张留群购买了价值25733元的装修材料送到张留群的别墅。

案发后，被告人张留群家属退出赃款50873元。

金水区人民法院认为，被告人张留群身为村民组组长，利用职务之便，非法收受及索取他人财物，为他人谋取利益，其行为已构成受贿罪。判决如下：1. 被告人张留群犯受贿罪，判处有期徒刑三年；2. 涉案赃款50733元中20000元依法予以没收，余款5000元依法发还郑州天诚汽车服务有限公司冯强，25733元依法发还河南裕博实业有限公司朱广彬。

一审宣判后，被告人张留群不服，向郑州市中级人民法院提起上诉。张留群上诉称，其不是国家工作人员，其行为不构成受贿罪；其辩护人辩护称，张留群的行为构成了非国家工作人员受贿罪而非受贿罪。

【裁判结果与理由】

郑州市中级人民法院经二审审理认为，上诉人张留群身为村民组组长，负责对村民组在国有土地上的房屋出租的行为进行管理属村民组的自治管理活动，不属协助人民政府从事其他行政管理工作。故上诉人张留群不属《全国人民代表大会常务委员会关于〈中华人民共和国刑法〉第九十三条第二款的解释》规定的“其他依照法律从事公务的人员”，故张留群的行为不构成受贿罪。但其身为村民组组长，在代表村民组处理房屋租赁活动中，利用职务上的便利，索取及非法收受他人财物，为他人谋取利益，其行为符合《中华人民共和国刑法修正案（六）》规定的非国家工作人员受贿罪的特征，构成非国家工作人员受贿罪。故上诉人张留群的上诉理由及其辩护人的辩护意见成立，予以采纳。

《中华人民共和国刑法修正案（六）》生效时间为2006年6月29日，根据刑法从旧兼从轻原则，对刑法修正案（六）之前收受的20000元应不具有溯及力，不计算在犯罪数额之内，故认定上诉人张留群犯罪所得共计30733元，属数额较大，依法应在“五年以下有期徒刑或者拘役”的法定刑幅度内判处刑罚。鉴于其虽对原审判决认定其构成受贿罪提出上诉，但经二审开庭审理时对其所犯罪行表示悔罪，同时考虑归案后其亲属代其退还全部赃款，确有悔罪表现，故对上诉人张留群适用缓刑，不致再危害社会，也符合相关法律规定。

上诉人张留群利用其担任东韩砦村村民组组长负责该村民组房屋租赁工作的职务便利，索取及非法收受他人财物，为他人谋取利益，其行为已构成非国家工作人员受贿罪。原判认定事实清楚，证据确实充分，审判程序合法，但定性错误，量刑不当，应予纠正。依据《中华人民共和国刑法》第163条第1款、第72条第1款及《中华人民共和国刑事诉讼法》第189条第（2）项之规定，判决如下：1. 撤销郑州市金水区人民法院（2007）金刑初字第896号刑事判决第一、二项；2. 上诉人（原审被告人）张留群犯非国家工作人员受贿罪，判处有期徒刑二年，缓刑三年；3. 赃款予以追缴上缴国库。

如何认定国家出资企业中的国家工作人员

——章国钧受贿案①

【裁判要旨】

经国家出资企业中负有管理、监督国有资产职责的组织批准或者研究决定，代表其在国有控股、参股公司及其分支机构中从事组织、领导、监督、经营、管理工作的人员，应当认定为国家工作人员。本案被告人经交通银行湖州分行党委研究决定，先后担任新天地支行的业务管理经理、行长助理的职务，其工作内容主要是通过对贷款客户的调查、贷款的申报，以及贷款发放后的监控与实地查访，对国有财产进行监督、经营、管理。被告人属于国家工作人员，其利用职务之便，收受他人财物，为他人谋取利益的行为，构成受贿罪。

【关 键 词】

国家出资企业　国家工作人员　受贿

【相关法条】

《中华人民共和国刑法》第385条第1款、第386条、第383条第1款第（3）项

【基本案情】

被告人章国钧，原系交通银行股份有限公司湖州新天地支行行长

① 原载于《刑事审判参考》2014年第2集·总第97集，第974号。

助理。

浙江省湖州市吴兴区人民检察院以被告人章国钧犯受贿罪，向吴兴区人民法院提起公诉。

被告人章国钧基于以下理由请求对其从轻处罚，并适用缓刑：其是在公安机关仅掌握其收受礼金问题的情况下，主动交代受贿事实，系自首；其案发前已退还赃款。其辩护人辩称：被告人章国钧不属于国家工作人员，不构成受贿罪；章国钧有自首情节。

湖州市吴兴区人民法院经公开审理查明：交通银行股份有限公司（以下简称交通银行）是国有参股的股份制银行。2003 年 7 月至 2012 年 2 月 26 日，被告人章国钧系交通银行湖州分行的合同制职工。经交通银行湖州分行党委研究决定，2008 年 8 月至 2011 年 3 月，章国钧担任交通银行湖州新天地支行公司（以下简称新天地支行）的业务管理经理。2011 年 3 月至 2012 年 2 月，章国钧担任新天地支行行长助理，主要负责公司类客户的营销和日常管理工作，及公司客户经理队伍的日常管理，2011 年 2 月至 9 月，章国钧利用担任新天地支行业务管理经理、行长助理职务上的便利，为李金星谋取利益，先后多次非法收受李金星贿送的现金，共计约人民币（以下未特别注明的均为人民币）49200 元。具体分述如下：

1. 2011 年 2 月至 3 月，章国钧利用职务之便，收受李金星为求得并感谢章国钧在交通银行办理贷款业务中的关照而贿送的 20000 元。

2. 2011 年 5 月，章国钧利用职务之便，收受李金星出于上述同一事由而贿送的 10000 元。

3. 2011 年 9 月中秋节前后，章国钧利用职务之便，收受李金星出于上述同一事由而贿送的美金 3000 元。后于同年 9 月 17 日将美金兑换成人民币。

2011 年 9 月 28 日，新天地支行出现因客户企业资金链断裂而无法返还贷款的情况，该行随即安排贷款负责人员和信贷员至各放贷企业跟踪了解情况。章国钧在掌握了李金星所在的浙江金贸竹木家具有限公司出现资金周转困难后，害怕无法及时收回该企业贷款被追责，以及害怕自己收受贿赂的事实败露，于 2011 年 11 月 20 日从银行取款后，由其妻子向浙江金贸竹木家具有限公司账户汇款 50000 元。案发后，章国钧向湖州市吴兴区人民检察院退出全部赃款。

【裁判结果与理由】

湖州市吴兴区人民法院认为，被告人章国钧身为国家工作人员，利用职务上的便利，非法收受他人财物，为他人谋取利益，其行为构成受贿罪。公诉机关指控的罪名成立，依法应予惩处。章国钧到案后，能如实供述犯罪事实，且当庭认罪，依法可以从轻处罚。章国钧已退缴全部赃款，酌情可以从轻处罚。据此，依照《中华人民共和国刑法》第385条第1款、第386条、第383条第1款第3项、第93条第2款、第67条第3款、第64条之规定，吴兴区人民法院以被告人章国钧犯受贿罪，判处有期徒刑二年六个月。扣押在案的赃款，予以追缴，上缴国库。

一审宣判后，被告人章国钧未提出上诉，公诉机关亦未抗诉，该判决已发生法律效力。

如何认定公司改制后国家工作人员的身份

——卫建峰受贿案①

【裁判要旨】

被告人在国家出资企业中作为高层管理人员，所任职务系经国家出资企业中负有管理、监督国有资产职责的组织研究决定，从事组织、领导、监督、经营、管理的工作，应当认定为国家工作人员。

【关 键 词】

公司改制　国家出资　从事公务

【相关法条】

第385条第1款、第386条、第383条第1款第1项、第93条第2款

【基本案情】

被告人卫建峰，原系广东珠三角城际轨道交通有限公司副总经理。

广西壮族自治区人民检察院南宁铁路运输分院以被告人卫建峰犯受贿罪，向南宁铁路运输中级法院提起公诉。

---

① 原载于《刑事审判参考》2014年第4集·总第99集，第1018号。

被告人卫建峰及其辩护人对起诉书指控的受贿事实无异议，同时卫建峰辩解：（1）陈月忠在其离任时给的人民币（以下币种同）10万元属于馈赠，收受赵龙成的3万元用于公务支出，性质上不应认定为受贿金额；（2）其检举他人犯罪线索，具有立功表现。其辩护人提出：（1）卫建峰仅仅是受国有公司中国铁道建筑总公司（全民所有）提名，而不是委派到股份有限公司中铁二十五局集团（非国有公司）担任副总经理，卫建峰不属于中国铁道建筑总公司的管理人员，而属于中国铁建股份有限公司的管理人员，因此卫建峰身份不符合《刑法》第93条的规定，不应以国家工作人员论。（2）卫建峰兼任的湘桂Ⅶ标指挥长的职务不具有公务性质，因为指挥部是临时机构，指挥长的工作属于劳务、服务性质，是为各实际施工的项目部服务的，不宜认定为从事公务。（3）卫建峰收受张顺安、孙伟杰送给其的110.7万元，性质上不属于受贿，因为卫建峰没有为张顺安、孙伟杰谋取不正当的利益，不属于《刑法》第385条所规定的为他人谋取利益。陈月忠在其离任时给的10万元属于馈赠，收受赵龙成的3万元用于公务支出，性质上不应认定为受贿金额。（4）卫建峰在办案机关采取强制措施前，就如实供述了大部分犯罪事实，应当认定具有自首情节。卫建峰还检举他人犯罪线索，具有立功表现。

南宁铁路运输中级法院经公开审理查明：2009年9月至2010年8月，被告人卫建峰担任中铁二十五局集团有限公司副总经理兼任湘桂Ⅶ标指挥部指挥长期间，利用职务之便，为他人谋取利益，多次收受他人贿赂款共计188.775万元。具体事实如下：

1.2009年9月间，卫建峰得知原柳州市博浩贸易有限公司通过投标成为湘桂Ⅶ标指挥部的水泥供应商后，便通过湘桂Ⅶ标指挥部物资设备部部长韦唯（另案处理）向该公司法定代表人、总经理张顺安（另案处理）提出，要张按照该公司向湘桂Ⅶ标指挥部销售的水泥数量给予回扣款，张顺安为了能够及时结清水泥款表示同意。2009年10月至2010年8月，张先后按照销售每吨水泥给予10元或者7元的标准，通过韦唯先后6次送给卫建峰共计88.7万元。

2.2009年6月，卫建峰应天津隆鑫达建筑基础工程有限公司法定代表人李子玉（另案处理）的请求，将李子玉安排到湘桂Ⅶ标指挥部下属的第三项目部分包水泥搅拌桩和高压旋喷桩工程。2010年8月，卫建峰再次应李子玉的请求，将其安排到中铁二十五局集团广州铁路工程有限公司南宁枢纽工程Ⅲ标工程指挥部第二项目部分包水泥搅拌桩工程。李为了感谢卫建峰帮助其获得工程，先后三次送给卫建峰好处费共计37.075万元。

3.2010年春节前至8月间，中铁二十五局集团有限公司恒元建筑工程有限公司副总经理兼湘桂Ⅶ标指挥部第三项目部经理陈月忠（另案处理）先后5次送给卫建峰好处费共计38万元。其中，因卫建峰提出过节需要慰问费，为能及时拨付工程款，陈分别于2010年春节前和中秋节前先后送给卫建峰30万元，卫建峰留了15万元自用。2010年8月底，卫建峰让陈月忠报销购买世博会纪念品发票，陈月忠给了卫建峰11万元。为了感谢卫建峰推荐自己担任项目部经理以及在卫建峰调任广东珠三角城际轨道交通有限公司后，其公司能打开广州市场，陈月忠送给卫建峰12万元。

4.2010年春节前至2011年春节前，原湘桂Ⅶ标指挥部第二项目部经理（后任南宁枢纽Ⅲ标指挥部第二项目部经理）孙伟杰（另案处理）因卫建峰提出搞经营开发及接待需要经费，其给了卫建峰20万元；同时，为感谢卫建峰及时拨付工程款保证施工顺利，又送给卫建峰好处费2万元。

5.2010年6月，卫建峰和有关单位的人员对中铁二十五局集团柳州工程有限公司柳州制梁场进行检查验收，该场场长兼湘桂Ⅶ标指挥部制架梁项目部项目经理赵龙成为顺利通过验收从而获得《全国工业产品生产许可证》，送给卫建峰3万元。

卫建峰将收受的部分资金用于储蓄、炒股、消费和购买商品房，卫建峰在被司法机关调查期间，主动向司法机关交代了大部分受贿犯罪事实。案发后，卫建峰通过其家属已向广西壮族自治区人民检察院南宁铁路运输分院退出赃款140万元。

南宁铁路运输中级法院认为，被告人卫建峰经国有公司决定任命在国有控股公司的分支机构从事组织、领导、经营、管理工作，应当认定为国家工作人员。卫建峰在从事组织、领导、经营、管理工作中，利用职务上的便利，为他人谋取利益，收受财物，其行为侵犯了国家工作人员职务行为的廉洁性，已构成受贿罪。公诉机关指控的罪名成立。经查，中国铁道建筑总公司属于国有公司，中铁二十五局集团是国有控股公司中国铁建股份有限公司的全资子公司，属于国家出资企业。卫建峰担任中铁二十五局集团副总经理的职务是由中国铁道建筑总公司决定任命的。2004年中国铁道建筑总公司给中铁二十五局集团并党委下发了关于决定卫建峰等人为二十五局集团副总经理的通知。中铁二十五局2009年度、2010年度卫建峰的干部任免审批表证实，其一直担任中铁二十五局集团副总经理，并由中国共产党中铁二十五局集团组织干部部、中国共产党铁道部党组考核。2010年8月19日，卫建峰调任珠三角城际轨道交通有限公司任筹备组副组长，是由铁道部党组下发给广州铁路（集团）公司并党委的通知。由此可知，卫建峰从2004年起，一直是由铁道部管理的副局级干部。因此，卫建峰的主体身份符合《最高人民法院、最高人民检察院关于办理国家出资企业中职务犯罪案件具体应用法律若干问题的意见》（法发〔2010〕49号，以下简称《意见》）第6条的规定，属于国家工作人员。中铁二十五局湘桂Ⅶ标指挥部指挥长职责第2条明确规定：“指挥长是工程项目管理的第一责任人，根据合同对项目实施过程行使全面管理职权。”指挥长管理公务的重要职权之一就是购料款、工程款的拨付决定权。本案中的行贿人送钱给卫建峰的主要原因就是为了能让卫建峰及时拨付购料款和工程款。因此，指挥长职务具有管理公务性质，符合受贿罪的主体特征。故辩护人关于卫建峰主体身份不属于国家工作人员及指挥长职务不具备从事公务性质的辩护意见，不予采纳。根据被告人犯罪的事实、性质、情节和对于社会的危害程度，依照《中华人民共和国刑法》第385条第1款、第386条、第383条第1款第1项、第93条第2款、第64条以及《意见》第6条和《最高人民法院、最高人民检察院关于办理职务犯罪案件认定自首、立功等量刑情节若干问题的意见》第1条、第3条、第4条之规定，南宁铁路运输中级法院以被告人卫建峰犯受贿罪，判处有期徒刑十一年，并处没收财产三十万元。

一审宣判后，被告人卫建峰提出上诉。

被告人卫建峰及其辩护人上诉提出：（1）一审适用法律错误。其犯罪行为发生在2009年9月至2010年8月，按当时的刑法和司法解释，其不属于国家工作人员，而一审却适用2010年12月2日颁布实施的《意见》认定其为国家工作人员是错误的，在卫建峰犯罪时已有相关的司法解释，应当依照“从旧兼从轻”的原则，适用行为时的司法解释。（2）一审认定事实错误。①一审认定卫建峰“担任中铁二十五局副总经理的职务是由中国铁道建筑总公司决定任命的”“从2004年起一直是铁道部管理的副局级干部”是错误的。中铁二十五局集团公司、中国铁建与铁道部没有隶属关系，中国铁建上市之前，卫建峰仅是被国有公司提名作为副总经理人选，委派与提名是两种不同的概念，卫建峰不是国有股代表，不属受委托管理国有资产的人选，不能认定为代表国有投资主体行使监督、管理职权；中国铁建上市以后，卫建峰担任中铁二十五局副总经理兼湘桂Ⅶ标指挥部指挥长一职，是由中国铁建任命的，而且指挥长的职责是组织合同施工，不具备监督、管理国有资产的职务活动性质，不属于法律规定的经国有机关、国有公司提名、推荐、任命、批准等，在国有控股公司、参股公司及其分支机构中从事公务。②卫建峰收受李子玉的一笔20万元是李子玉交给其代为炒黄金的资金，不是受贿；陈月忠在其离任时送给其的10万元，是馈赠不是受贿；赵龙成送的3万元是给其用于接待检查制梁厂的检查组使用的，已开支完毕，不是受贿。③原判量刑畸重。自首情节在量刑时没有得到体现。

【裁判结果与理由】

广西壮族自治区高级人民法院经审理认为，上诉人卫建峰属于国有公司委派到非国有公司从事公务的人员，应当认定为国家工作人员。其在担任中铁二十五局集团有限公司副总经理兼任湘桂铁路Ⅶ标指挥部指挥长期间，多次利用职务便利主动索取或者收受他人贿赂共计188.775万元，为他人谋取利益，其行为亦构成受贿罪。一审判决认定的事实清楚，证据确实、充分，适用法律正确，量刑适当，审判程序合法，应予维持。据此，广西壮族自治区高级人民法院依法裁定驳回上诉，维持原判。

国有媒体的记者能否构成受贿罪的主体
——李万、唐自成受贿案[①]

【裁判要旨】

1. 记者从事的新闻报道等业务活动属于职务行为，利用采访等实现舆论监督的手段索要财物的，属于“利用职务上的便利”。

2. 国有媒体记者对公共事务行使舆论监督权，属于从事公务活动，其利用舆论监督权索取他人财物的，符合受贿罪权钱交易的本质特征。

3. 将有关舆论监督界定为公务活动应具备两个条件：一是定位在国有媒体的舆论监督权。非国有媒体的权利义务不同于国有媒体，只有国有媒体的舆论监督才具备行使公务的形式条件。二是定位在对公共事务行使的舆论监督。对私务进行舆论监督不具备行使公务的实质特征，不应界定为公务活动。

【关 键 词】

国有媒体　记者　舆论监督　公共事务

【相关法条】

《中华人民共和国刑法》第 93 条、第 385 条第 1 款、第 386 条、第 383 条第 1 款第（1）项

【基本案情】

被告人李万，原系《经济日报农村版》报社广西记者站副站长。

被告人唐白成，原系《经济日报农村版》报社广西记者站工作人员。

广西壮族自治区贵港市港南区人民检察院以被告人李万、唐自成犯受贿罪，向贵港市港南区人民法院提起公诉。

港南区人民法院经审理查明：《经济日报农村版》报社是国有事业单位，《经济日报农村版》报社广西记者站是该报社的派出机构。2005 年 9 月至 11 月间，被告人李万、唐自成在分别担任《经济日报农村版》报社

① 原载于《刑事审判参考》2010 年第 1 集 · 总第 72 集，第 608 号。

广西记者站副站长、工作人员期间，利用职务之便，在采访全区“对农民直接补贴与储备粮订单挂钩试点工作”（以下简称“粮食直补工作”）过程中，利用各粮食系统因粮食直补工作中存在一些问题害怕上报、曝光的心理，共同索取来宾市的象州县、兴宾区粮食局各1万元、贵港市覃塘区粮食局6万元、桂平市粮食局6万元和河池市环江县粮食局8万元，以上共计现金22万元，得款后两人均分，各分得11万元。

港南区人民法院认为，被告人李万和唐自成是受聘于国有事业单位《经济日报农村版》报社的记者和工作人员，其对广西粮食系统直补工作的采访、报道、进行舆论监督属于履行公务行为，依法应以国家工作人员论。李万、唐自成在采访过程中，利用相关单位工作中存在问题，向相关单位索取钱款，得款后二人平分，其行为构成受贿罪。在共同犯罪中，李万、唐自成共同采访、共同索取钱款并平均分赃，均起主要作用，应按其参与的全部犯罪处罚。李万、唐白成在司法机关未采取强制措施和讯问前，如实供述收到各粮食局人民币22万元的事实，成立自首，依法可以减轻处罚。依照《中华人民共和国刑法》第93条、第385条第1款、第386条、第383条第1款第（1）项、第25条第1款、第26条第1、4款，第67条第1款、第45条、第47条、第59条第1款、第64条的规定，判决如下：1. 被告人李万犯受贿罪，判处有期徒刑三年，并处没收个人财产人民币五万元：2. 被告人唐自成犯受贿罪，判处有期徒刑三年，并处没收个人财产人民币五万元：3. 追缴被告人李万、唐自成违法所得人民币二十二万元，上缴国库。

一审宣判后，被告人李万、唐自成提出上诉。

被告人李万上诉称，一审判决认定其构成受贿罪的事实不清、证据不足，其所收取的22万元是四个粮食局的订报赞助款，其亦就此事向报社领导汇报过，没有将钱据为己有的主观故意，请求二审对其宣告无罪。其辩护人提出，法院采信证据有严重瑕疵，认定事实错误，错误将“赞助费”认定为“索取款”；将媒体记者以国家工作人员论缺乏法律依据。

被告人唐自成上诉称，其不是国家工作人员，不符合受贿罪的主体资格，且22万元是四个单位主动赞助的订报款，请求改判无罪。其辩护人提出，一审法院错误认定唐自成是国家工作人员，且认定唐自成索贿并将收取的22万元分赃占为己有的证据不足，所认定的事实缺乏证据支持。

【裁判结果与理由】

贵港市中级人民法院经审理认为，上诉人李万、唐自成作为国有事业单位《经济日报农村版》报社聘用的记者和工作人员，代表报社对广西粮食系统直补工作进行调查采访，履行社会舆论监督职能，行使对国家公共事务的管理监督权力，属于国有事业单位中从事公务人员，符合《中华人民共和国刑法》第93条第2款的规定，应以国家工作人员论。原判认定上诉人李万、唐自成受贿22万元的事实，有证人证言、相关会议记录、现金支出单据、有关聘用文件、被告人供述等证据证实，证据间能相互印证，形成证据链，足以证明本案事实。李万、唐自成的上诉理由及其辩护人的辩护意见不能成立，不予采纳。原判认定事实清楚，证据确实、充分，定罪准确，审判程序合法。但原判认定李万、唐自成有自首情节，与法律规定不符，不予确认。依照《中华人民共和国刑事诉讼法》第190条第1款及最高人民法院《关于执行〈中华人民共和国刑事诉讼法〉若干问题的解释》第257条第1款第（5）项的规定，对原审判决应予维持。依照《中华人民共和国刑事诉讼法》第189条第（1）项的规定，裁定驳回上诉，维持原判。

对于依照公司法规定产生的公司负责人能否认定为受国有单位委派从事公务的人员

——曹军受贿案①

【裁判要旨】

国有单位是有限责任公司的实际投资人，聘任行为人担任有限责任公司经理，属于履行投资主体的权利。国有投资主体委派有限责任公司经理与股东选（推）举公司执行董事兼经理是两个不同的程序，不能因为有限责任公司经理须经过股东会的选举程序而否认其受国有单位委派从事公务的性质。

① 原载于《刑事审判参考》2005年第1集·总第42集，第335号。

【关 键 词】

公司法　国有单位委派　从事公务　受贿

【相关法条】

第385条、第386条、第383条第1款第（1）项

【基本案情】

被告人曹军，原系南通市兴隆房地产开发有限公司经理、法定代表人、南通兴胜房地产开发有限公司董事长，曾任南通市兴隆房地产开发公司副总经理。

江苏省南通市人民检察院以被告人曹军犯受贿罪和企业人员受贿罪［《刑法修正案（六）》已于2006年6月29日修改为非国家工作人员受贿罪——下同，编者注］，向南通市中级人民法院提起公诉。起诉书指控：被告人曹军在担任中国农业银行南通分行基建办公室负责人和南通市兴隆房地产开发公司副总经理、南通市兴隆房地产开发有限公司经理期间，利用负责南通农行农金科技培训中心基建的职务便利，在决定施工单位、供货单位、支付工程款等方面为他人谋取利益，先后收受施工单位、供货单位人民币99.82万元、港币1万元、欧米茄手表（价值人民币1.25万元）1块和玉观音1件，其行为触犯了刑法第385条第1款的规定，构成受贿罪；曹军还在担任南通兴胜房地产开发有限公司董事长期间，利用负责兴胜大厦基建的职务便利，在决定施工单位、支付工程款等方面为他人谋取利益，非法收受人民币1万元，其行为触犯了刑法第163条第一款的规定，构成企业人员受贿罪。

被告人曹军对公诉机关指控其利用职务便利，为他人谋取利益，非法收受他人财物的事实予以供认，但辩称，其系企业工作人员，其职务来源于股东会决议，不属于国家工作人员，其行为不构成受贿罪，而构成公司、企业人员受贿罪。辩护人的辩护意见与曹军相同。

南通市中级人民法院经公开审理查明：1992年7月，中国农业银行南通分行（以下简称南通农行）注册设立了南通市兴隆房地产开发公司（以下简称兴隆公司），性质为集体所有制，公司注册登记材料载明注册资金为人民币1000万元，其中，南通农行筹集信用合作资金900万元，南通农行工会筹集100万元，但注册资金没有到位。南通农行为主管单位，工作人员除个别聘用的外，基本上是南通农行的原工作人员调动而来，工资仍

由南通农行发放，差旅费、招待费等在兴隆公司支出。

对于兴隆公司所需资金，南通农行确定了一个原则，就是不用银行的钱，可以动用中国农业银行江苏省信托投资公司南通办事处（以下简称信托公司）管理的信用社资金。自1992年9月至1992年12月，在兴隆公司开发房地产过程中，信托公司陆续为兴隆公司代垫或者向其支付人民币1000万元，信托公司财务账上记为兴隆公司暂付款。1992年12月21日，信托公司将此前分别向如皋市信用联社、海安县信用联社筹集的共同资金各500万元，用于结转暂付款1000万元。

1996年9月，南通农行不再管理农村信用社。同年10月，南通农行不再办理信托业务，其信托业务并入南方证券，但原信托公司的债权债务由农行承受。1996年，因国家政策限制银行兴办企业，对于已经兴办的，要求与银行脱钩。同年3月20日，南通农行与如皋市长江信用社、海安县大公信用社、南通农行工会签订转股协议，将其在兴隆公司的500万元股权转让给如皋市长江信用社，400万元转让给海安县大公信用社、100万元转让给南通农行工会。由于二信用社实际已经有资金1000万元被信托公司投入兴隆公司，故转股协议签订后并未进行相应的资金转移。至此，如皋市长江信用社、海安县大公信用社和南通农行工会为兴隆公司股东，但如皋市长江信用社和海安县大公信用社除在转股协议上签字、推举曹军任兴隆有限公司执行董事兼经理，并在1997年12月获得本息外，没有行使其他股东权利。1997年底，海安县大公信用社和如皋市长江信用社向南通农行索要原信托公司借款，即后来转为对兴隆有限公司的投资部分。南通农行原来认为兴隆公司已经将信用社的钱还掉，结果得知没有归还，即同意由农行归还，1997年12月31日，南通农行青年西路办事处退如皋市农业银行共同资金及利息550万元、海安县信用联社共同资金及利息590.72万元。南通农行将该笔资金从当年利润中核减，未做其他账。

1993年5月，兴隆公司与外方合资成立中外合资企业——南通兴胜房地产开发有限公司（以下简称兴胜公司）。1995年3月，南通农行任命被告人曹军为南通农行住房信贷部副主任兼任兴隆公司副总经理，主持兴隆公司的全面工作。同年4月，兴隆公司委派曹军任兴胜公司董事长。1996年3月27日，兴隆公司股东推举曹军担任兴隆公司执行董事兼经理、法定代表人。同年6月，兴隆公司变更为南通市兴隆房地产开发有限公司（以下简称兴隆有限公司），法定代表人仍为曹军。1997 年 4 月，南通农行聘任曹军为兴隆有限公司经理。

兴隆有限公司主要开发建设了南通农行的南通市农金科技培训中心工程，即农行大楼。1992 年，南通农行决定建农行大楼，筹建工作由办公室负责，在办公室下面设基建办。1996 年以后，兴隆公司没有项目，南通农行党组研究决定将基建办与兴隆公司合署办公。建设资金由会计科管理，按进度从会计科拨付到基建账户。由曹军具体负责使用。1996 年 2 月，南通农行与兴隆公司签订《联合建设协议书》和《工程委托承包建设合同》，约定双方共同投资建造南通市农金科技培训中心；南通农行将南通市农金科技培训中心工程全权委托给兴隆公司发包建设，兴隆公司按工程造价的 1% 收取管理费。在建设大楼过程中，南通农行会计科按照工程进度，适时将工程款拨给兴隆有限公司，资金紧张时兴隆有限公司就以自己的名义向银行贷款，农行资金到位时再归还。农行大楼竣工后，兴隆有限公司因没有年检，于 2002 年被工商局吊销营业执照，其工作人员绝大多数回到南通农行，曹军被聘任南通农行金隆物业公司总经理。兴隆有限公司解散后账上盈余 81 万余元转给管理农行大楼的南通农行金隆物业公司，因兴隆有限公司仍欠银行贷款，其所拥有的兴隆城房地产剥离给长城资产管理公司。

1997 年夏至 2001 年底，被告人曹军利用担任兴隆有限公司法定代表人的职务便利，在决定南通市农金科技培训中心工程施工单位、供货单位、支付工程款等方面为他人谋取利益，先后收受他人人民币 81.98 万元、港币 1 万元、欧米茄手表（价值人民币 1.25 万元）1 块和玉佛 1 件。

1998 年初，被告人曹军利用担任兴胜公司董事长、负责兴胜大厦建设的职务便利，在决定施工单位、支付工程款等方面为海门三建集团谋取利益，收受该集团梁贻伦人民币 1 万元。

2003 年 1 月，南通市人民检察院根据群众举报，以涉嫌犯受贿罪决定对被告人曹军立案侦查。曹军在被检察机关第一次讯问后，如实交代了其受贿犯罪的事实。但群众举报曹军收受高某财物的行为，经查不构成受贿犯罪。

案发后，侦查机关扣押被告人曹军的家庭财产共计人民币 130 余万元。

南通市中级人民法院认为，兴隆公司的注册资金系南通农行筹集，属南通农行管理下的集体企业。被告人曹军原系南通农行工作人员，被南通农行任命为兴隆公司副总经理，系受委派从事公务的人员。但1996年6月兴隆公司改制为股份有限公司，股东变更为如皋市长江信用社、海安县大公信用社和南通农行工会，三家股东一致推举曹军为兴隆有限公司执行董事兼经理、法定代表人，并办理了工商变更登记手续。兴隆公司与南通农行脱钩后，曹军的经理职务来源于股东的推举，南通农行于1997年4月依照管理习惯任命曹军为兴隆有限公司经理，违背了《中华人民共和国公司法》及兴隆有限公司章程有关公司经理产生的程序，不能成为认定曹军受南通农行委派从事公务的依据，曹军不再属于受国有企业委派从事公务的人员。根据南通农行与兴隆公司之间签订的委托建设协议，二者之间形成委托代建关系。虽然南通农行基建办未被撤销，但基建办的职能及职责并未明确，也无相关证据证实曹军被任命为基建办负责人。曹军在基建过程中受贿是利用担任兴隆有限公司经理、法定代表人的职务便利，其主体身份应是公司、企业工作人员。公诉机关指控曹军系受委派从事公务人员的证据不足，曹军及其辩护人关于曹军系公司、企业工作人员，不具有国家工作人员主体身份的辩护理由成立，予以采纳。

被告人曹军利用担任兴隆有限公司经理、执行董事的职务便利，为他人谋取利益，收受他人巨额贿赂，其行为构成公司、企业人员受贿罪。曹军在涉嫌受贿犯罪被侦查机关审查时，主动交代司法机关尚未掌握的全部犯罪事实，应视为自首，可从轻处罚。归案后，被告人曹军积极退清赃款，可酌情从轻处罚。依照《中华人民共和国刑法》第163条第1款、第67条第1款、第59条第1款、第64条的规定，于2003年11月27日判决如下：1. 被告人曹军犯公司、企业人员受贿罪，判处有期徒刑七年，并处没收财产人民币三十万元。2. 所得予以追缴，上缴国库。一审判决宣判后，曹军不服，提出上诉，南通市人民检察院亦提出抗诉，江苏省人民检察院支持抗诉。

上诉人曹军对原审判决认定的犯罪事实无异议，但提出，其有投案自首情节，又全部退清赃款，应减轻处罚。

南通市人民检察院抗诉提出，除收受梁贻伦的1万元外，原审判决认定被告人曹军为公司、企业工作人员不当，适用法律错误，量刑畸轻。

江苏省人民检察院提出，原审判决认定罪名错误，被告人曹军在兴隆有限公司中的任职应属南通农行委派，应以国家工作人员论，适用受贿罪的法律规定，对曹军应判处十年以上有期徒刑或无期徒刑。

曹军的二审辩护人提出，兴隆有限公司是依照公司法成立的，曹军的任职是股东推举的，检察机关认定曹军的任职系南通农行委派没有依据，原审判决定性准确。

【裁判结果与理由】

江苏高院经审理后认为，南通农行是兴隆有限公司的实际投资人，对该公司进行了全面管理，如皋市长江信用社和海安县大公信用社已经撤回对该公司的投资，只是公司的挂名股东。上诉人曹军属于南通农行委派到非国有公司中从事公务的人员，应当以国家工作人员论，其利用担任兴隆有限公司经理的职务便利，非法收受他人财物，为他人谋取利益，其行为已构成受贿罪；上诉人曹军还利用担任兴胜公司董事长的职务便利，非法收受他人财物，为他人谋取利益，数额较大，构成公司人员受贿罪，应予并罚。原审判决认定曹军非法收受他人贿赂的事实清楚，证据确凿，但认定曹军在兴隆有限公司的任职属于公司工作人员不当，定罪不准，应予纠正。南通市人民检察院及江苏省人民检察院所提抗诉及支持抗诉意见成立，应予支持。曹军辩护人提出曹军系公司、企业工作人员的辩护意见不能成立。曹军在涉嫌受贿犯罪被侦查机关审查时，主动交代司法机关尚未掌握的全部犯罪事实，应视为自首，可从轻处罚；曹军归案后，积极退清赃款，可酌情从轻处罚。依照《中华人民共和国刑事诉讼法》第189条第（2）项、《中华人民共和国刑法》第385条、第386条、第383条第1款第（1）项、第67条第1款、第69条第1款、第59条第1款、第64条的规定，于2004年12月8日判决如下：1. 撤销江苏省南通市中级人民法院的刑事判决。2. 上诉人曹军犯受贿罪，判处有期徒刑十一年，并处没收财产三十万元；犯公司人员受贿罪，判处有期徒刑六个月。决定执行有期徒刑十一年，并处没收财产三十万元。3. 对于上诉人曹军的受贿所得予以追缴，上缴国库。

国有企业改制期间，国家工作人员与企业解除劳动关系后，还能否被认定为国家工作人员，从而构成受贿罪

——黄长斌受贿案①

【裁判要旨】

判断被告人是否属于国家工作人员，应以其是否从事公务为依据；国有企业在改制期间仍然是国有企业，其资产仍然是国有资产，被告人虽然签订了解除劳动关系的协议并进行了失业登记，但其对国有资产仍负有监督、管理等职责，应认定其为国家工作人员。

【关 键 词】

国企改制　解除劳动关系　从事公务

【相关法条】

《中华人民共和国刑法》第385条第1款，第386条，第383条第1款第2项，第93条第2款

【基本案情】

被告人黄长斌，原系武汉市无线电电表厂（以下简称电表厂）厂长。

湖北省天门市人民检察院以被告人黄长斌犯受贿罪，向天门市人民法院提起公诉。

被告人黄长斌辩称，起诉书指控其受贿人民币（以下币种均为人民币）11万元，由三笔款项组成。第一笔2万元是其向新纪元公司的借款，于案发前已经还付；第二笔1万元是新纪元公司给的拆迁奖金，其已付给被奖励人张万平；另外的8万元是其收的，其表示认罪。黄长斌的辩护人提出如下辩护意见：（1）关于公诉机关指控黄长斌收受新纪元公司2万元现金支票的事实，证据不足，被告人已提供的证据证实该2万元已还付给新纪元公司；（2）关于公诉机关指控黄长斌收受新纪元公司1万元现金支

① 原载于《刑事审判参考》2011年第2集·总第79集，第693号。

票的事实，已有证据证实该1万元是作为新纪元公司给付的拆迁奖金，黄长斌将此款如数给付被奖励人张万平；（3）黄长斌不属于国家工作人员，既不属于国有企业工作人员，也不属于受国有单位委派人员，黄长斌没有为新纪元公司谋取任何利益。综上，黄长斌的行为不构成受贿罪。

天门市人民法院经审理查明：1998年3月31日，被告人黄长斌被中共武汉市洪山区委计经工作委员会任命为电表厂厂长。2000年12月22日，经武汉市洪山区经济体制改革委员会同意，电表厂实行企业改制，黄长斌为该厂企业改制领导小组组长。2001年7月5日，电表厂经上级主管部门批准，将其位于武汉市洪山区卓刀泉南路12号土地（面积为51.06亩）以1697.5万元转让给湖北省住宅发展有限公司（以下简称住宅公司），并签订了《土地使用权转让协议书》。此后，住宅公司又将该《土地使用权转让协议书》确定的权利义务转让给了新纪元公司。因电表厂在买断职工时资金存在缺口，上级主管部门与该厂改制领导小组协商后，遂向新纪元公司要求追加缺口资金80万元。2003年年初，新纪元公司在给付电表厂追加的80万元后，该公司执行董事程发明感到心里很烦，但考虑到马上开始的拆迁工作还得靠黄长斌出力，便对黄长斌说："算了，只要你把拆迁工作搞好、速度快，以后我还是会好好地照顾你的。"2003年11月，拆迁工作完成后，黄长斌通过新纪元公司副经理肖智军向程发明要求兑现其先前的承诺，程发明为感谢黄长斌在拆迁时所做的工作，遂给了黄长斌现金8万元。

2003年2月25日，黄长斌在新纪元公司以差旅费名义领取2万元的银行现金支票一张。同年3月20日，电表厂向洪山区经贸委写出报告，要求给付拆迁小组组长张万平奖励金1万元。3月25日，黄长斌在新纪元公司以土地征用款的名义领取1万元银行现金支票一张，后将此款支付给了张万平。7月1日，黄长斌交给该公司出纳、会计李洋现金2万元。

2009年7月22日，黄长斌在检察机关只掌握其受贿3万元线索的情况下，主动交代了其于2003年11月向程发明索取现金8万元的事实。2009年8月10日，黄长斌向天门市人民检察院退款11万元。

另查明，电表厂属国有企业，于1990年4月2日成立，最后年检年度为2000年，2001年破产进行企业改制，2005年8月8日放吊销执照。被告人黄长斌从1999年开始担任电表厂厂长，其厂长身份一直未行文免除。

2003年被洪山区政府任命为东方水泥公司书记，负责处理东方水泥公司的改制工作。电表厂通过整体出让土地实现改制，其间，黄长斌系企业改制领导小组组长，同时系拆迁组成员。2002年1月28日，黄长斌与电表厂签订解除劳动关系的协议。电表厂至今仍未行文免去黄长斌电表厂厂长的职务。

【裁判结果与理由】

天门市人民法院认为，被告人黄长斌身为国家工作人员，利用其担任电表厂厂长和该厂改制领导小组组长的职务之便，在电表厂土地转让和在动员该厂职工搬迁以便新纪元公司顺利完成拆迁的过程中，为该公司提供职务上的帮助并从中索取财物，其行为构成受贿罪。公诉机关指控的罪名成立，依法应对黄长斌从重处罚。

公诉机关指控黄长斌向新纪元公司索取2万元现金支票和1万元现金支票的事实，证据不足，不能成立。黄长斌在检察机关所掌握的线索针对犯罪事实不成立的情况下，主动交代其于2003年11月向程发明索取现金8万元的犯罪事实，根据《最高人民法院、最高人民检察院关于办理职务犯罪案件认定自首、立功等量刑情节若干问题的意见》的规定，应以自首论，依法可对其减轻处罚。被告人黄长斌归案后退出全部违法所得，可酌情从轻处罚。根据被告人黄长斌的犯罪情节及悔罪表现，决定对其减轻处罚并适用缓刑。据此，依照《中华人民共和国刑法》第385条第1款，第386条，第383条第1款第2项，第93条第2款，第67条第2款，第72条，第73条第2款、第3款，第64条之规定，判决如下：被告人黄长斌犯受贿罪，判处有期徒刑三年，缓刑四年，并处没收财产八万元；对被告人黄长斌违法所得八万元予以没收，上缴国库。

一审宣判后，黄长斌没有上诉，天门市人民检察院没有抗诉，判决已经发生法律效力。

在国家机关设立的非常设性工作机构中从事公务的非正式在编人员是否属于国家工作人员

——钱政德受贿案①

【裁判要旨】

地方人民政府设立的行使特定管理职能的非常设性机构，是地方人民政府的组成部分，属于国家行政机关；只要是在国家机关中从事公务，即使是非正式在编人员，亦属于《刑法》第93条第1款规定的“国家工作人员”。“从事公务”是国家工作人员的本质特征。

【关 键 词】

国家机关　非常设性机构　非在编人员　从事公务

【相关法条】

《中华人民共和国刑法》第385条第1款、第386条、第383条第1款第（1）项

【基本案情】

被告人钱政德，男，1956年5月1日生，初中文化，原系上海市北外滩地区动迁工作指挥部项目管理部副部长。因涉嫌犯受贿罪于2004年7月30日被逮捕。

上海市虹口区人民检察院以被告人钱政德犯受贿罪，向上海市虹口区人民法院提起公诉。

公诉机关认为，被告人钱政德作为国家工作人员，利用职务之便，非法收受他人人民币33万元，为他人谋取利益，其行为构成受贿罪，有自首情节。

被告人钱政德及辩护人对指控事实均无异议。但钱政德辩称，自己不是国家工作人员。其辩护人提出，钱政德所在的上海市轨道交通三号线等工程虹口区指挥部及上海市北外滩地区动迁工作指挥部是虹口区政府设立

---

① 原载于《刑事审判参考》2006年第3集·总第50集，第399号。

的非常设性机构，不具有国家工作人员的身份；指挥部是受总承包建设单位委托签订相关工程项目合同的，钱受指挥部委托签订该些合同，且钱在该些合同项目中没有决定权等权利，从事的是一种民商事行为，收取好处费是朋友之间的馈赠，而非公务，不构成受贿罪。

上海市虹口区人民法院经公开审理查明：上海市轨道交通三号线工程虹口区指挥部、上海市轨道交通明珠线工程虹口区指挥部、上海市轨道交通杨浦线工程虹口区指挥部及上海市北外滩地区动迁工作指挥部均是上海市虹口区人民政府为上述重大市政工程建设而成立的非常设性机构，主要是负责协调、管理相关工程中的具体事项，并受国有建设单位的委托签订部分合同。

被告人钱政德以工人身份，受上海市虹口区人民政府聘用，先后担任上海市轨道交通三号线工程虹口区指挥部、上海市轨道交通明珠线工程虹口区指挥部、上海市轨道交通杨浦线工程虹口区指挥部工作人员及上海市北外滩地区动迁工作指挥部项目管理部副部长，主要负责房屋建筑拆除、垃圾清运等工程项目的处理、管理等工作。

2000 年 11 月至 2004 年 1 月，上海市虹口区市容建设公司总经理王红根为了获得各工程中的垃圾清运等业务，先后 3 次送给被告人钱政德共计人民币 33 万元。钱政德利用职务上的便利，通过协调操作，帮助上海市虹口区市容建设公司的总经理承揽了一些工程中的垃圾清运业务。案发后，被告人钱政德已退出全部赃款。

【裁判结果与理由】

上海市虹口区人民法院认为，被告人钱政德身为国家工作人员，利用职务上的便利，非法收受他人财物，为他人谋取利益，其行为已构成受贿罪。公诉机关指控的罪名成立。被告人钱政德在指挥部领导找其谈话时，能主动如实地供述自己受贿事实，属自首，依法可减轻处罚。依照《中华人民共和国刑法》第 385 条第 1 款、第 386 条、第 383 条第 1 款第（1）项、第 67 条第 1 款及第 64 条之规定，2004 年 12 月 20 日判决如下：1. 被告人钱政德犯受贿罪，判处有期徒刑六年，并处没收财产人民币三万元。2. 退出的赃款予以没收，上缴国库。

宣告后，钱政德没有上诉，检察机关亦未抗诉，判决发生法律效力。

受国有公司委派担任非国有公司诉讼代理人过程中收受他人财物能否构成受贿罪?

——王海峰受贿、伪造证据案①

【裁判要旨】

受国有公司委派担任非国有公司诉讼代理人过程中，收受他人财物的构成受贿罪。

【关 键 词】

国有公司　委派　诉讼代理人　受贿

【相关法条】

《中华人民共和国刑法》第385条、第386条、第383条第1款第（2）项

【基本案情】

被告人王海峰，因涉嫌犯受贿罪、伪造证据罪，于1999年9月18日被逮捕。

湖北省武汉市人民检察院以被告人王海峰犯受贿罪、伪造证据罪，向武汉市中级人民法院提起公诉。

武汉市中级人民法院经公开审理查明：1997年11月至1998年7月间，湖北中钢物贸有限责任公司（以下简称中钢公司）与湖北鑫鹰物贸公司（以下简称鑫鹰公司）口头约定购销钢材8258.605吨，总金额2415.7669万元，鑫鹰公司按约定交货后，中钢公司支付货款1945.1699万元，尚差货款470余万元。1997年11月20日，中钢公司通过武汉钢铁（集团）公司（以下简称武钢集团）委托辽阳铁合金厂、南通港务局、镇江港务局利用武钢集团内部转账支票将651万元货款汇至鑫鹰公司在武钢集团的账户上。由于是通过中间环节转入鑫鹰公司账户，鑫鹰公司的账上未反映是中钢公司付的货款。1998年6月，中钢公司法人代表赵锅生因车

① 原载于《刑事审判参考》2001年第6集·总第17集，第113号。

祸身亡。由于中钢公司拖欠武钢集团货款8700余万元，武钢集团对中钢公司提起诉讼，并通过青山区人民法院查封了中钢公司的全部财产及账务。同时要求与中钢公司有业务往来的公司与中钢公司对账，否则，冻结与其业务往来。鑫鹰公司于1998年9月以中钢公司拖欠货款470万余元为由向武汉市中级人民法院提起民事诉讼，武汉中院受理后，于1998年9月作出（1998）武刑初字第357号民事判决，判处中钢公司支付鑫鹰公司钢材款475万余元，并付违约金9.4万余元。中钢公司不服，向湖北省高级法院提出上诉。武钢集团经中钢公司认可，指派被告人王海峰担任中钢公司二审诉讼代理人。

在二审期间，被告人王海峰在调查过程中，发现中钢公司于1998年1月20日通过南通港务局、镇江港务局、辽阳铁合金厂服务部3个单位，共支付给鑫鹰公司人民币651万元。该证据证实中钢公司不仅不欠鑫鹰公司的货款，而且还多支付了人民币180.4万余元。王海峰将此情况告诉了鑫鹰公司法定代表人蒋某和总经理樊某，并说明此证据在二审时将对鑫鹰公司不利。樊某提出以中钢公司的名义出个证明，让王海峰帮忙盖中钢公司的章，王海峰表示同意。樊某等人合谋伪造了一份中钢公司函件，内容为：“湖北鑫鹰物资有限公司：我公司通过镇江港务局、南通港务局以及辽阳铁合金厂服务部三家付给湖北锦鹰贸易有限公司订购武钢钢坯货款共计651万元，现根据锦鹰公司的要求汇入你公司在武钢的账户上。特此证明，落款，湖北中钢物贸有限公司。1997年12月26日”。王海峰以中钢公司诉讼代理人的身份，在该函件上偷盖了中钢公司的印章从而改变了原有的法律关系。然后由鑫鹰公司律师提交给湖北省高级人民法院。湖北省高级人民法院据此认定651万元系另一法律关系，裁定驳回上诉，维持原判。事后，王海峰收受樊某给的人民币8万元。

1998年10月，被告人王海峰作为中钢公司诉讼代理人会同青山区人民法院对江苏省常州市常州经济发展公司的债权进行清理，青山区法院将该公司165.872吨钢材查封后，委托中钢公司全权委托人樊某变卖。事后，王海峰陪同法院的两名工作人员到上海等地办事。回武汉后，王海峰找到樊某以有些费用不能报销为由，收受樊某给的人民币1万元。

武汉市中级人民法院认为：被告人王海峰受国有公司委派，作为非国有公司诉讼代理人，利用职务便利帮助对方当事人伪造证据，严重妨害国家司法机关的正常诉讼活动，并在代理活动中收受贿赂人民币 9 万元，其行为构成受贿罪、帮助伪造证据罪。依照《中华人民共和国刑法》第 385 条、第 386 条、第 383 条第 1 款第（2）项、第 307 条第 2 款、第 69 条第 1 款的规定，于 2000 年 8 月 9 日判决如下：被告人王海峰犯受贿罪，判处有期徒刑六年；犯帮助伪造证据罪，判处有期徒刑二年。决定执行有期徒刑七年。

一审宣判后，王海峰不服，以不具备受贿罪的主体资格，不构成受贿罪为由，向湖北省高级人民法院提出上诉。

【裁判结果与理由】

湖北省高级人民法院经审理认为：上诉人王海峰作为武钢集团法律顾问处工作人员，受国有公司委派担任非国有公司诉讼代理人，所代表的是武钢集团的利益，其诉讼活动的行为是执行公务的行为。在代理活动中，利用职务便利帮助对方当事人伪造证据并收受人民币 9 万元的行为，已构成受贿罪、帮助伪造证据罪。上诉人王海峰及辩护人提出不是执行公务，不具备受贿罪的主体资格，不构成受贿罪的理由不能成立。原审判决定罪准确，量刑适当，审判程序合法。依照《中华人民共和国刑事诉讼法》第 189 条第（1）项的规定，于 2001 年 3 月 22 日判决（因有其他被告人被依法改判，故用判决）驳回上诉，维持原判。

二、受贿罪的犯罪形态

“以借为名”的受贿行为，受贿人收受行贿人出具的“借据”至案发时也没有兑现的，应认定为受贿未遂

——杨光亮受贿案[①]

【裁判要旨】

受贿人收受行为人出具的“借据”并未实现对贿赂款项的实际控制，

① 原载于《人民法院案例选》2012 年第 4 辑。

后因案发而未实际获得贿赂款项，属于因意志以外的原因致犯罪实际结果没有发生，应当认定为受贿罪未遂。

【关 键 词】

以借为名　借据　受贿　未遂

【相关法条】

《中华人民共和国刑法》第385条第1款、第386条、第383条第1款第（1）项

【基本案情】

1. 受贿事实部分。1992年至2009年，杨光亮在担任广东省茂名市电白县人民政府副县长、县长、县委书记、茂名市人民政府副市长、常务副市长期间，利用职务上的便利，为他人谋取利益，非法收受他人财物共折合人民币1048.5658万元、港币200万元：（1）2007年初，杨光亮提出向柯某某和黄某某借款。为与杨光亮搞好关系以便得到生意上的关照，柯某某和黄某某以支持杨光亮竞争茂名市市长的名义，分别送给杨光亮港币100万元，共计港币200万元。（2）2008年年底至2009年年初，杨光亮接受茂名市博汇投资有限公司总经理黄某某的请托，利用担任茂名市常务副市长的职务便利，为解决茂名市博汇投资有限公司受让的土地使用权的权属等问题提供支持和帮助。为此，黄某某向杨光亮承诺待该项目完工后给予杨光亮人民币500万元，并于2009年5月出具了向杨光亮借款500万元的借据一张交给杨光亮。直至案发，黄某某仍未向杨光亮给付500万元现金。（其余受贿事实略）

2. 巨额财产来源不明部分（略）。

【裁判结果与理由】

广东省广州市中级人民法院经一审审理认为，杨光亮身为国家工作人员，利用职务上的便利，非法收受他人财物，为他人谋取利益，其行为已构成受贿罪。杨光亮的财产明显超过合法收入，差额特别巨大，杨光亮不能说明来源，其行为已构成巨额财产来源不明罪。杨光亮犯受贿罪、巨额财产来源不明罪两罪，依法应予数罪并罚。杨光亮收受500万元借据的受贿行为属于犯罪未遂，依法可比照既遂犯从轻处罚。杨光亮归案后，检举揭发他人涉嫌重大职务犯罪的线索，经查证属实，有重大立功表现，依法可从轻处罚。依照《中华人民共和国刑法》第385条第1款、第386条、

第383条第1款第（1）项、第395条第1款、第68条、第69条第1款、第59条第1款、第64条、《最高人民法院关于处理自首和立功具体应用法律若干问题的解释》第7条之规定，判决如下：一、被告人杨光亮犯受贿罪，判处有期徒刑十五年，并处没收财产人民币八百万元；犯巨额财产来源不明罪，判处有期徒刑七年，决定执行有期徒刑十九年，并处没收财产人民币八百万元。二、没收被告人杨光亮的赃款，上缴国库（略）。宣判后，被告人杨光亮表示服判，不上诉。公诉机关表示接受该判决结果。该案判决已发生法律效力。

三、利用职务上的便利为他人谋取利益之认定

如何认定利用职务上的便利为他人谋取利益？

——王小石受贿案①

【裁判要旨】

国家工作人员所索取或者收受的财物与其职务行为有关，即可认定为利用了职务上的便利。“为他人谋取利益”是一种许诺行为。许诺行为既可以是明示的，也可以是暗示的。《贪污解释》第十五条规定：“对多次受贿未经处理的，累计计算受贿数额。国家工作人员利用职务上的便利为请托人谋取利益前后多次收受请托人财物，受请托之前收受的财物数额在一万元以上的，应当一并计入受贿数额。”

【关 键 词】

职务行为　许诺行为　为他人谋取利益

【相关法条】

《中华人民共和国刑法》第388条、第386条、第383条第1款第（1）项

---

① 原载于《人民法院案例选》2007年第1辑。

【基本案情】

公诉机关：北京市人民检察院第一分院。

被告人：王小石。

2002年3月至9月间，被告人王小石利用担任中国证券监督管理委员会（以下简称证监会）发行监管部发审委工作处助理调研员的便利条件，通过东北证券有限责任公司（以下简称东北证券公司）工作人员林碧介绍，接受福建凤竹纺织科技股份有限公司（以下简称凤竹公司）的请托，通过证监会发行监管部其他工作人员职务上的行为，为凤竹公司在申请首次发行股票的过程中谋取不正当利益，为此王小石收受请托人通过林碧给予的贿赂款人民币72.6万元。

检察机关指控被告人王小石的行为构成受贿罪。被告人的辩护人认为：王小石没有利用职权或地位形成的便利条件为他人谋利，其未通过其他国家工作人员职务上的行为为请托人谋取不正当利益，因此不构成受贿罪。

【裁判结果与理由】

北京市第一中级人民法院审理认为：被告人王小石身为国家工作人员，利用本人职权或地位形成的便利条件，通过其他国家工作人员职务上的行为，为请托人谋取不正当利益，收受请托人通过他人给予的贿赂款人民币72.6万元，其行为已构成受贿罪，且受贿数额巨大，依法应予惩处，依照《中华人民共和国刑法》第388条、第386条、第383条第1款第（1）项、第163条第1款、第392条第1款、第69条、第61条、第64条作出如下判决：被告人王小石犯受贿罪，判处有期徒刑十三年，并处没收个人财产人民币十二万元。

一审宣判后，被告人王小石不服，提出上诉称：没有利用职权或地位形成的便利条件，通过其他国家工作人员职务上的行为，为请托人谋取不正当利益；其辩护人的辩护意见为，王小石不构成斡旋受贿罪。

北京高级人民法院经审理认为：王小石身为国家证券监督管理机构的工作人员，对凤竹公司申请上市发行股票的正当程序已经知悉，但其接受发行股票申请单位的请托后，不遵循正当申报程序，而是利用本人的职权及地位形成的便利条件，采用“吃请送礼”的手段，介绍参与审核和核准股票发行申请的人员与申请单位私下接触，为请托人谋取不正当利益，其从中收受请托人巨额钱财的行为已构成受贿罪，故王小石的上诉理由及其辩护人的辩护意见，缺乏事实和法律依据，不予采纳。上诉人王小石身为国家工作人员，利用本人职权或地位形成的便利条件，通过其他国家工作人员职务上的行为，为请托人谋取不正当利益，收受请托人通过他人给予的巨额贿赂，其行为已构成受贿罪，依法应予惩处。原审法院根据王小石犯罪的事实、犯罪的性质、情节和对于社会的危害程度所做的判决，事实清楚，证据确实、充分，定性及适用法律正确，量刑适当，审判程序合法，应予维持。据此，依照《中华人民共和国刑事诉讼法》第189条第（1）项的规定，裁定如下：驳回王小石的上诉，维持原判。

四、受贿罪与非国家工作人员受贿罪、单位受贿罪的界限

省农村信用合作社联合社委派到市、县、乡、镇农村信用合作社联合社、农村信用合作联合社的人员是否属于“以国家工作人员论”的范围？

——陈凯旋受贿案①

【裁判要旨】

本案中阳东农村信用合作社联合社、阳东农村信用合作联社不是国家出资企业，被告人虽然具有受国有单位委派的形式特征，但其管理活动不具有公务性质，依法不属于国家工作人员，其行为应当构成非国家工作人员受贿罪。

【关 键 词】

信用合作社　委派　非国家工作人员

【相关法条】

《中华人民共和国刑法》第163条第1款

① 原载于《刑事审判参考》2013年第6集·总第95集，第937号。

【基本案情】

被告人陈凯旋，原系广东阳东农村商业银行股份有限公司党委书记、董事长，

广东省阳江市江城区人民检察院以被告人陈凯旋犯受贿罪，向阳江市江城区人民法院提起公诉。

被告人陈凯旋及其辩护人对公诉机关指控的罪名提出异议，认为陈凯旋为非国家工作人员，构成非国家工作人员受贿罪。

阳江市江城区人民法院经公开审理查明：广东省农村信用合作社联合社（以下简称省联社），注册资本由广东省内各市、县农村信用合作社联合社自愿认购省联社发行的全部股份，是具有独立企业法人资格的地方性金融机构。经广东省人民政府授权，省联社承担对辖区内农村信用社的管理、指导、协调和服务职能。省联社在阳江市的办事处是省联社的派出机构，不具有法人资格。阳东农村信用合作社联合社成立于1997年2月19日，性质为集体所有制，注册资金100万元。2009年1月改为阳东农村信用合作联社，性质为其他企业（股份合作制），注册资金5142万元，注册资本由自然人和法人股本构成，不接受各级财政资金入股，陈凯旋为法定代表人。2011年8月阳东农村信用合作113联社改为广东阳东农村商业银行股份有限公司，公司类型为股份有限公司，陈凯旋为法定代表人。

2005年至2007年3月，阳东农村信用合作社联合社累计获得省财厅497万元不良贷款压降奖励及425.545万元省、市、县三地财政增资扩股应补贴资金，并在2000年兑付专项中央银行票据7818.5万元。

阳东农村信用合作社联合社、阳东农村信用合作联社设立理事会，理事会的理事由社员代表大会选举产生，经银行业监督管理机构作任职资格审查后行使职权。理事长人选由省联社阳江办事处（报省联社同意）或者省联社提名后交由理事会，理事会按照章程由理事提名，再由全体理事的三分之二以上通过选举产生，经银行业监督管理机构核准任职资格后履行职责，联社主任由理事会聘任。

陈凯旋在阳东农村信用合作社联合社、阳东农村信用合作联社担任副理事长、副主任、理事长、主任等职务期间，利用职务便利，于2006年11月至2007年间多次收受林国钦所送“感谢费”共计人民币（以下币种同）27万元。2009年11月，陈凯旋以其姐夫伍为国的名义到阳江涛景度假村有限

公司（以下简称涛景公司）办理高尔夫会员卡，为感谢陈凯旋在公司贷款一事上的帮忙，涛景公司以6.8万元的优惠价格为陈凯旋办理家庭终身会员卡，而同期该卡的市场价为12.8万元，陈凯旋从中收受6万元好处。

【裁判结果与理由】

阳江市江城区人民法院认为，被告人陈凯旋无视国家法律，身为公司、企业的工作人员，利用职务上的便利，非法收受他人财物价值33万元，为他人谋取利益，受贿数额巨大，其行为构成非国家工作人员受贿罪。鉴于陈凯旋已全部退清赃款，有悔罪表现，依法可以对其酌情从轻处罚。据此，依照《中华人民共和国刑法》第163条第1款、第64条之规定，阳江市江城区人民法院以被告人陈凯旋犯非国家工作人员受贿罪，判处有期徒刑五年二个月，并处没收个人财产10万元；对被告人陈凯旋受贿的赃款33万元予以追缴，上缴国库。

一审宣判后，被告人陈凯旋不服向阳江市中级人民法院提出上诉。陈凯旋及其辩护人认为，原判认定陈凯旋是非国家工作人员恰当，应予维持；原判认定陈凯旋收受6万元高尔夫会员卡好处费有误，请求改判。

阳江市江城区人民检察院提出抗诉。江城区人民检察院的具体抗诉意见是：陈凯旋属于国家工作人员，其行为构成受贿罪。1. 省联社符合刑法规定的委派主体身份。广东省人民政府关于同意筹建省联社的批复（粤府〔2005〕）、广东省人民政府办公厅（粤府〔2005〕20号）规定："广东：省人民政府授权，省联社承担对辖区内农村信用社的管理、指导、协调和服务职能"。因此，省联社具有管理、指导、协调和服务全省各参股信用社的行政管理职能，符合刑法关于委派主体的规定。2. 陈凯旋是受省联社委派的人员。省联社先提名陈凯旋为阳东农村信用合作社联合社的副理事长兼主任候选人，之后阳东农村信用合作社联合社通过内部程序选举陈凯旋为副理事长兼副主任或理事长兼主任。陈凯旋符合受贿罪主体。3. 陈凯旋履行职务应当认定为受委派从事公务的行为。阳东农村信用合作社联合社是集体所有制企业，根据《中华人民共和国刑法》第91条的规定，劳动群众集体所有的财产属于公共财产，陈凯旋是受委派管理公共财产，是从事公务的人员。阳江市人民检察院支持抗诉。理由是：1. 阳东农村信用合作联社属于国家出资企业：虽然企业性质是集体所有制企业，但农村信用社改革前后国家均有实际出资，应当遵循"谁投资，谁拥有产权"的原则来确定阳东农村信用合作联社为国家出资企业。2. 陈凯旋为国家工作人员。陈凯旋是经省联社提名，并经中国银监会阳江银监分局进行任职资格审查，后被核准在阳东农村信用合作社联合社任理事长兼副主任（主持全面工作），代表其在国家参股的金融机构中从事公务，应当认定为国家工作人员。故原审判决认定陈凯旋构成非国家工作人员受贿罪属于适用法律错误。

阳江市中级人民法院经二审审理认为，原判认定的犯罪事实清楚，证据确实、充分，定罪准确，量刑适当，审判程序合法，遂依法裁定驳回上诉、抗诉，维持原判。

如何认定国有控股企业中一般中层管理干部的国家工作人员身份

——宋涛非国家工作人员受贿案①

【裁判要旨】

在对国有控股、参股公司中国家工作人员身份进行认定时，除了需要审查行为人的任命程序，还需要着重核实其所从事的工作性质，看其是否“代表负有管理、监督国有资产职责的组织”，从事“组织、领导、监督、经营、管理工作”。本案被告人职权的变动并未经负有管理、监督国有资产职责的组织批准或者研究决定，其所从事的工作也并非代表上述组织在国家出资企业中从事公务，因此不能认定其为国家工作人员。其利用职务之便，为他人谋取利益，收受他人贿赂的行为，应当以非国家工作人员受贿罪论处。

【关 键 词】

国有控股企业　中层干部　非国家工作人员

【相关法条】

《中华人民共和国刑法》第163条第1款

---

① 原载于《刑事审判参考》2014年第2集·总第97集，第959号。

【基本案情】

被告人宋涛，系上海国际港务（集团）股份有限公司（以下简称上港集团）生产业务部生产调度室经理。

上海市虹口区检察院以被告人宋涛犯受贿罪，向法院提起公诉。

被告人宋涛及其辩护人对指控的犯罪事实、证据均无异议。但同时宋涛否认自己属于国家工作人员。宋涛的辩护人基于以下理由提请法庭对宋涛从宽处罚并适用缓刑：宋涛从事一般业务管理活动，不属于代表国家出资企业中负有管理、监督国有资产职责的组织从事公务的人员，不构成受贿罪的主体；宋涛系初犯，并在家属的帮助下退缴了全部赃款。

上海市虹口区法院经公开审理查明：2009 年年底至 2012 年 8 月，被告人在担任上港集团生产业务部生产调度室副经理、经理期间，利用负责上港集团下属港区码头货物装卸、船舶到港、浮吊作业计划、分配、调度和管理等职务便利，先后多次收受上海铨兴物流有限公司负责人丁华给予的价值 1.5 万元的联华 OK 消费积点卡及 LV 皮包 1 只，收受上海顶晟国际货物运输代理有限公司负责人陈立军给予的现金 20 余万元。上述收受的消费积点卡、贿赂款共计价值 21.5 万余元，均被宋用于个人消费。2012 年 10 月 30 日，宋涛在上港集团监管部门找其谈话期间，主动供述收受 OK 消费积点卡及 LV 包的事实。后在检察机关调查期间，又主动供述收受 20 余万元现金的事实。在法院审判阶段，宋涛在家属的帮助下退缴了全部赃款。

另查明，上港集团于 2005 年改制为国有控股、中外合资的股份有限公司，并于 2006 年 10 月在上海市证券交易所上市。上港集团的高层领导，列入上级领导部门管理范围；集团总部部门领导的任命，由集团人事组织部根据相关规定，向集团领导部门提出任用人选，经集团领导部门扩大会议讨论同意，然后发文任命。同时，按照上港集团的公司章程，公司员工的聘用和解聘，由公司总裁决定。宋涛在上港集团生产业务部下设的生产调度室从主管到担任副经理、经理的职务变动，均由其上级部门领导个人提出聘任意见，由人事组织部审核后，由公司总裁在总部机关职工岗位变动审批表上签署同意意见即成，无须经过人事组织部提名、领导部门扩大会议讨论决定的程序。

【裁判结果与理由】

上海市虹口区法院认为，被告人身为上港集团公司工作人员，利用职务便利，非法收受他人财物，为他人谋取利益，数额巨大，其行为构成非国家工作人员受贿罪。上海市虹口区检察院指控宋涛犯罪的事实清楚，但是指控的罪名不当，应予纠正。宋涛具有自首情节，且在家属帮助下退缴全部赃款，确有悔罪表现，可以减轻处罚并适用缓刑。关于宋涛提出的非国家工作人员的辩解及其辩护人提出的宋涛不构成受贿罪、请求从宽处罚并适用缓刑的辩护意见，有事实及法律依据，应予采纳。据此，依照《刑法》第163条第1款，第67条第1款，第72条第1款、第3款，第64条之规定，上海市虹口区法院以被告人宋涛犯非国家工作人员受贿罪，判处有期徒刑三年，缓刑四年，并处没收财产人民币三万元；退缴的赃款予以没收。

一审宣判后，被告人宋涛未提起上诉，检察机关亦未抗诉，该判决已发生法律效力。

分别在国有独资公司委派到国有参股公司、国有参股公司改制为非国家出资企业任职期间收受贿赂的行为如何定性

——杨孝理受贿、非国家工作人员受贿案①

【裁判要旨】

国家工作人员在国家出资企业改制前后利用职务上的便利实施犯罪，在其不具有国家工作人员身份后又实施同种行为，依法构成不同犯罪的，应当分别定罪，实行数罪并罚。

【关 键 词】

国有独资公司　国有参股公司　非国家出资企业　数罪并罚

---

① 原载于《刑事审判参考》2013年第2集·总第91集，第855号。

【相关法条】

《中华人民共和国刑法》第385条第1款、第386条、第383条第1款第2项、第163条第1款、第93条

【基本案情】

被告人杨孝理，尤溪县电力公司职工，2001年1月11日至2003年4月任尤溪县银龙电力建设工程有限责任公司（以下简称银龙公司）经理，2003年4月至2004年11月任尤溪县银力电力工程有限责任公司（以下简称银力公司）经理。

尤溪县人民检察院指控，2001年至2004年11月间，被告人杨孝理在担任尤溪县电力公司下属的银龙公司、银力公司经理期间，利用职务上的便利，在安排电工电器货款、工程人工费、指定工程承包人的过程中，非法收受他人贿赂人民币（以下币种同）60000元，并为他人谋取利益，应当以受贿罪追究其刑事责任。

尤溪县人民法院经审理查明：1999年6月15日，尤溪县银龙公司成立，系国有参股公司。股东为尤溪县电力公司（国有独资公司）、尤溪县电力公司工会委员会。其中尤溪县电力公司出资105万元，占34%；工会职工个人集资205万元，占66%。2001年1月21日，被告人杨孝理被电力公司任命为银龙公司经理，履行组织、领导、监督、管理职责。2003年3月，银龙公司召开公司股东会作出决议，同意解散银龙公司，撤回尤溪县电力公司注入银龙公司的资本金及由此形成的收益资金，直接由职工出资组建新的公司，公司名称由原来的银龙公司变更为银力公司，银力公司由尤溪县电力公司37名职工共同发起组建，公司注册资本233万元，其中杨孝理个人出资6.3万元。2003年4月9日，经全体股东会研究决定由杨孝理担任银力公司经理。

2001年1月至2002年年底杨孝理在担任银龙公司经理期间，利用职务上的便利，在办理电器电工配件采购与货款结算、电力线路架设、变压器安装工程等过程中，共收受王亦龙贿赂15000元、苏锦标贿赂15000元；2003年4月至2004年年底在担任银力公司经理期间，利用职务上的便利，在安排电器电工配件采购与货款结算、电力线路架设、变压器安装工程等过程中共收受王亦龙贿赂20000元、苏锦标贿赂10000元。

2012年6月5日，被告人杨孝理被尤溪县人民检察院传唤到案，到案

后退出全部赃款。

【裁判结果与理由】

尤溪县人民法院认为，银龙公司系国有参股公司，被告人杨孝理受尤溪县电力公司委派至该公司担任公司经理，履行组织、领导、监督、管理职责，系从事公务，其在担任该公司经理期间，利用职务便利收受他人贿赂30000元，为他人牟利，其行为构成受贿罪。但由银龙公司改制成功的银力公司系电力公司职工个人出资，没有国有股份，不属于国家出资企业。杨孝理系根据银力公司全体股东会研究决定担任该公司经理，在银力公司管理电力公司职工个人出资的资金，其行使的不是国家公务，其利用经理的职务便利，收受他人贿赂30000元，为他人牟利，其行为构成非国家工作人员受贿罪。依照《中华人民共和国刑法》第385条第1款、第386条、第383条第1款第2项、第163条第1款、第93条、第64条之规定，尤溪县人民法院以被告人杨孝理犯受贿罪，判处有期徒刑二年；犯非国家工作人员受贿罪，判处有期徒刑一年；决定执行有期徒刑二年六个月。

一审宣判后，被告人杨孝理没有提出上诉，检察机关没有抗诉，判决已发生法律效力。

如何区分单位受贿罪和受贿罪？

——倪毓民等受贿案[①]

【裁判要旨】

区分单位受贿罪与受贿罪，主要看行为人受贿是否在单位意志的支配下实施以及收受的财物是否归单位所有。国有公司内设机构的下属科室负责人及工作人员在经济往来中，违反规定，共同收受回扣并予以私分或共同占有的行为，应当认定为相关行为人共同受贿而非单位受贿。

① 原载于《人民法院案例选》2010年第1辑。

【关 键 词】

单位受贿罪　受贿罪　国有单位内设机构　共同收受回扣

【相关法条】

《中华人民共和国刑法》第385条第2款、第386条、第383条第1款第（1）项

【基本案情】

公诉机关：上海市浦东新区人民检察院。

被告人：倪毓民、刘晓明、顾秋兵、钱利铭。

2006年1月至2009年1月，被告人倪毓民先后担任上海外高桥造船有限公司（简称外高桥造船公司）品质保证部检测技术室副主任、退休返聘专家。被告人顾秋兵先后担任该室探伤员、副主任，被告人刘晓明、钱利铭担任该室的探伤员。四名被告人在对本单位新建H1058号船无损检测工作进行监督管理过程中，利用职务之便，共同收受承接本单位无损检测业务的上海基实无损检测技术有限公司（简称基实公司）总经理钟阿定以及上海船舶检测公司（简称船舶检测公司）焊接室主任陈永康按业务量的比例给予的回扣费，包括多次收受钟阿定给予的回扣费计人民币72万元（以下币种均为人民币），其中16万元四人均分，6万元私下分给科室其他工作人员，50万元用于共同炒股；共同或单独收受陈永康给予的回扣费70余万元，部分钱款归入被告人个人账户，部分用于共同炒股。案发时，上述共同炒股的钱款尚未予以私分。

案发后，倪毓民、刘晓明、顾秋兵、钱利铭的家属分别帮助退还9.5万元、12.3万元、8万元、3万元。

【裁判结果与理由】

上海市浦东新区人民法院经审理认为，被告人倪毓民、刘晓明、顾秋兵、钱利铭身为国家工作人员，在经济往来中，违反国家规定，共同收受回扣归个人所有，其行为均已构成受贿罪，应依法处罚。倪毓民、刘晓明、钱利铭归案后，能主动交代司法机关尚未掌握的同种罪行，而倪毓民、刘晓明、顾秋兵、钱利铭的家属分别帮助退出了部分钱款，应酌情从轻处罚。依据《中华人民共和国刑法》第385条第2款、第386条、第383条第1款第（1）项、第55条、第56条、第25条、第64条及《最高人民法院关于处理自首和立功具体应用法律若干问题的解释》第4条的规

定，判决如下：一、被告人倪毓民犯受贿罪，判处有期徒刑十一年六个月，剥夺政治权利三年，没收财产人民币三万元；二、被告人刘晓明犯受贿罪，判处有期徒刑十一年六个月，剥夺政治权利三年，没收财产人民币三万元；三、被告人顾秋兵犯受贿罪，判处有期徒刑十二年，剥夺政治权利三年，没收财产人民币三万元；四、被告人钱利铭犯受贿罪，判处有期徒刑十一年六个月，剥夺政治权利三年，没收财产人民币三万元。

一审宣判后，被告人倪毓民、刘晓明、顾秋兵、钱利铭分别提出上诉。其辩护人均认为被告人的行为应定性为单位受贿罪，而非个人共同受贿。

上海市第一中级人民法院经审理认为，上诉人倪毓民、刘晓明、顾秋兵、钱利铭利用职务上的便利，共同收受其他单位回扣费，因其行为既没有体现单位意志，所受钱款又未归单位所有，不构成单位受贿罪，而应认定为个人共同受贿。依照《中华人民共和国刑事诉讼法》第189条第（1）项的规定，裁定如下：驳回倪毓民、刘晓明、顾秋兵、钱利铭的上诉，维持原判。

区分受贿罪和单位受贿罪关键在于判断行为人为个人还是单位谋取利益

——唐国俊受贿案①

【裁判要旨】

行为人利用单位法定的动物卫生监督管理职权，事前私自与经营动物冻品的货主协商，同意以单位执法名义帮助货主将无检疫合格手续的动物冻品运出辖区，并商定了收费数额，其在将动物冻品押运回港口区进行处罚时，收取货主好处费没有经过集体讨论决定，也没有将收取费用的数额告知同去的执法人员，而是将收取的费用部分作为罚款交给单位，部分分给同去的执法人员，大部分占为己有。因此，被告人唐国俊收受冻品货主

① 原载于《中国审判案例要览》（2012年刑事案例卷）。

的好处费并非单位行为，而是借单位执法之名收受他人钱财的个人行为，因此构成受贿罪。

【关 键 词】

受贿　单位受贿　谋取利益

【相关法条】

《中华人民共和国刑法》第385条第1款、第386条、第383条第1款第（2）项

【基本案情】

广西壮族自治区防城港市防城区人民法院经公开审理查明：被告人唐国俊在担任防城港市卫生监督管理所所长期间，于2010年6月5日至同月16日，利用职务之便，以执法为名，先后六次带领本所部分执法人员到东兴、那良等地帮助谢乃艺押运非法运载的无检疫合格证明的“冻货”途经广西公安边防总队横江公安检查站和那梭公安检查站回防城港市港口区，并由本所出具相关手续放行，事后收受谢乃艺给予的好处费共计166500元。被告人唐国俊收款后将其中的75000元作为罚款交给单位上缴国库，自己非法占有63000元，分给杨纯兴9500元，分给朱胜明7500元，分给黄春7000元，分给缪德明4000元，分给钟为民500元。

【裁判结果与理由】

广西壮族自治区防城港市防城区人民法院经审理认为：被告人唐国俊利用单位法定的动物卫生监督管理职权，事前私自与经营动物冻品的货主协商，同意以单位执法名义帮助货主将无检疫合格手续的动物冻品运出辖区，并商定了收费数额。被告人唐国俊在将动物冻品押运回港口区进行处罚时，收取货主好处费没有经过集体讨论决定，也没有将收取费用的数额告知同去的执法人员，而是将收取的费用部分作为罚款交给单位，部分分给同去的执法人员，大部分占为已有。因此，被告人唐国俊收受冻品货主的好处费并非单位行为，而是借单位执法之名他人钱财的个人行为。综上，被告人唐国俊身为国家机关工作人员，利用职务之便，收受他人财物，为他人谋取利益，其行为构成受贿罪，公诉机关指控的罪名成立。辩护人提出被告人唐国俊的行为是单位受贿或私分国有资产的违法行为，并不构成犯罪的意见，不予采纳。被告人唐国俊在办案机关掌握其犯罪事实后通知其调查谈话时能如实供认，案发后积极退出全部赃款，可酌情从轻

处罚。根据本案的犯罪事实、情节及社会危害性，决定对其酌情从轻处罚。依照《中华人民共和国刑法》第385条第1款、第386条、第383条第1款第（2）项、第64条，作出如下判决：唐国俊犯受贿罪，判处有期徒刑六年，并处没收财产人民币2万元；2. 唐国俊退出赃款人民币63000元，予以没收，上缴国库。

五、新型受贿的认定

国家工作人员利用职务便利索要高额投资回报的行为是否构成受贿罪

——胡发群受贿、巨额财产来源不明案①

【裁判要旨】

国家工作人员假借投资合伙经营，在实际并未经营的情况下，利用职务便利强要“合伙”相对方支付高额投资回报的行为是否构成受贿罪？

【关 键 词】

投资合作经营　高额回报　索贿

【相关法条】

第385条第1款、第386条、第383条第1款第（1）项、第395条第1款

【基本案情】

被告人胡发群，原系中共江西省上饶市委副书记。

江西省吉安市人民检察院以被告人胡发群犯受贿罪、巨额财产来源不明罪，向江西省吉安市中级人民法院提起公诉。

起诉书指控：

（一）受贿

1998年至2004年6月，被告人胡发群利用其先后担任原上饶地区行

① 原载于《刑事审判参考》2006年第1集·总第48集，第384号。

署副专员、上饶市人民政府常务副市长和中共上饶市委副书记的职务之便，分别索取和收受姚贵禄人民币145万元；收受谢冠森人民币1.6798万元；收受胡旺钱人民币8万元；收受吕美庆港币2万元、人民币1万元；收受毛永生人民币3万元；收受段天式、张新华劳力士手表一块，价值2.5万元；收受邱亨龙人民币2万元；收受汪兴荣、徐梅英夫妇人民币2万元；收受张少敏人民币2万元。以上共计受贿170.1798万元。

（二）巨额财产来源不明

被告人胡发群家庭总财产为706.34249万元（包括存款、现金、不动产折币及有关支出），除去能够说明来源的家庭合法收入90.00624万元，胡发群本人的不合法收入243万元和已查实的受贿金额167.6798万元（受贿的手表折价2.5万元除外）以外，尚有205.65645万元不能说明来源。

公诉机关认为，被告人胡发群身为国家工作人员，利用职务之便，索取和非法收受他人财物170.1798万元，且其家庭财产和支出明显超过其合法收入，其中尚有205.65645万元不能说明合法来源，其行为构成受贿罪和巨额财产来源不明罪。

被告人胡发群及其辩护人的主要辩护意见是，其收受姚贵禄的145万元属投资姚的公司经营出租车业务的结算款，合理合法；部分受贿事实不符合实际情况；认定巨额财产来源不明事实时，合法收入计算不准确；胡发群主动如实供述案件事实，应认定自首。

吉安市中级人民法院经公开审理查明：被告人胡发群先后于1995年5月任原上饶地区行署副专员，2000年10月任上饶市人民政府常务副市长，2002年8月至案发前任中共上饶市委副书记。

2001年下半年，上饶市信州区商业局下属企业华联商厦改制并在原址开发建设“时代广场”，需筹集资金。上饶市民营企业江西龙江实业有限公司（以下称龙江公司）有意收购，公司法人代表姚贵禄考虑以外资介入有优惠政策，即邀请上海瑞文实业有限公司董事长陆百湖合伙开发。2001年10月，姚贵禄在上饶把陆百湖介绍给被告人胡发群，陆百湖向胡发群说明了意图，并请胡帮忙。嗣后，胡发群先后两次给信州区委书记蒋英明打电话，提出上海这家公司有实力，建议将华联商厦卖给他们。2001年12月，上海瑞文公司退出。同年12月12日，上饶市华联有限公司与龙江公司签订了合作协议，双方合作开发“时代广场”。后上饶市华联有限公司因职工安置费及退休职工医疗费等问题，经与龙江公司协商同意，退出该项目的合作联建，由龙江公司独家开发建设。在以后姚贵禄办理时代广场土地使用证等手续的过程中，胡发群还多次出面给有关部门打招呼，要求关照。

2002年2月，被告人胡发群得知姚贵禄准备在上海经营出租车业务，即向姚贵禄提出要参与投资，姚贵禄考虑到华联改制项目还在做，今后还有求于胡发群，便同意了胡的要求。同年3月初，胡发群来到上海其儿子胡德雄家，要胡德雄起草了一份投资协议，甲方是上海贵禄实业有限公司，乙方是胡德雄，主要内容是：乙方投资10辆车，每辆以23万元计，共计投资230万元，先期投资115万元，另一半以利润冲抵；每辆车每月利润5000元。乙方不参与经营管理，但按约定分享经营权益。到3月中旬，胡发群先后付给姚贵禄现金115万元。2002年底，胡发群到上海，打电话要姚贵禄到其住处来结算一次。胡发群提出：按10个月结算，每个月每辆车收益5000元，10辆车共计50万元，用来冲抵投资欠款。并要姚贵禄写了一张收条给胡德雄。2003年10月，胡发群打电话要胡德雄回到上饶，告诉胡德雄说姚贵禄的车要卖掉，要胡德雄和姚贵禄结算一下。姚贵禄到胡发群家中后，说没有收购到出租车，生意没做成。胡发群说没做成不要紧，把账结清楚。胡发群提出：本金115万元，每辆车每月收益5000元，10辆车20个月收益100万元，卖车升值45万元（每辆车升值4.5万元），总金额为260万元。胡发群要姚贵禄写了一张260万元的欠条给胡德雄，让姚贵禄到上海后把钱付给胡德雄。姚贵禄于2003年11月至2004年2月，先后共付给胡发群260万元，扣除胡发群自己原有的115万元，胡发群实际从姚贵禄处获得145万元。此外，胡发群还利用职务便利，在1997年8月至2003年下半年间，先后非法收受毛永生、张少敏、徐梅英、胡旺钱、姚贵禄、吕美庆、邱亨龙等人21万元钱款，为他人谋取利益。

被告人胡发群家庭总财产为706.34249万元。能说明来源的财产共计511.08304万元，包括家庭合法收入90.00324万元；非法收受礼金255.0798万元。已认定为受贿的犯罪金额除外，尚有195.25945万元不能说明合法来源。

吉安市中级人民法院认为：被告人胡发群身为国家工作人员，利用职务上的便利，索取他人钱财145万元，非法收受他人钱财21万元，为他人谋取利益，其行为已构成受贿罪，因具有索贿情节，依法应从重处罚。此外，被告人胡发群的家庭财产和支出明显超过其合法收入，尚有195.25945万元不能说明合法来源，其行为还构成巨额财产来源不明罪。公诉机关指控被告人胡发群犯受贿罪和巨额财产来源不明罪罪名成立。被告人胡发群提出的辩解及其辩护人提出的辩护意见，经查，除收受谢冠森的1.6798万元及收受段天式、张新华送给的劳力士手表不构成受贿罪的意见成立，予以采纳外，其余辩解和辩护意见均与查明的事实、证据和法律不符，不予采纳。另提出被告人胡发群具有自首情节的意见，经查，被告人胡发群是在有关部门已掌握其部分受贿事实，并对其进行询问以后才交代了所有犯罪事实，并非主动投案，因其不具备法定的自首构成要件，自首不能成立。鉴于被告人胡发群到案后能坦白交代自己的犯罪事实，退清赃款，具有一定的悔罪表现，可酌情从轻处罚。依照《中华人民共和国刑法》第385条第1款、第386条、第383条第1款第（1）项、第395条第1款、第57条第1款、第69条、第64条的规定，于2005年5月30日判决如下：1. 被告人胡发群犯受贿罪，判处无期徒刑，剥夺政治权利终身，并处没收个人全部财产；犯巨额财产来源不明罪，判处有期徒刑四年。决定执行无期徒刑，剥夺政治权利终身，并处没收个人全部财产。2. 追缴被告人胡发群的犯罪所得，予以没收，上缴国库。

宣判后，胡发群不服，上诉于江西省高级人民法院。胡发群上诉称，一审将其违纪经商的投资行为认定为索贿，无事实依据，也不符合法律。在查证其巨额财产来源不明时，一是少算了合法收入，二是不合法收入计算有误，利息漏算。有关部门找其谈话时，除收受徐梅英的2万元外，其余问题都是主动交代的，符合刑法关于“被采取强制措施的嫌疑人，如实供述司法机关尚未掌握的犯罪事实，以自首论”的规定。

胡发群的辩护人提出，认定索贿145万元定性错误。投资协议是在平等、自愿基础上所签，符合“等价有偿”的特征，没有经营出租车的过错不在胡发群。姚贵禄在收到投资款后将其用于公司业务开支，事实上属于融资，将145万元全部认定为索贿，有失公平。胡发群不存在索贿情节，也没有利用职权为姚谋取私利。一审未能充分考虑胡发群具有自首、案发后全部退赃等从轻、减轻情节，量刑畸重。

【裁判结果与理由】

江西省高级人民法院审理后认为，姚贵禄介绍陆百湖给上诉人胡发群，胡发群为其收购华联商厦给有关领导打招呼，尔后又为姚办理土地证、广告牌等向有关领导打招呼的事实，有证人姚贵禄、陆百湖、蒋英明、孙建明、徐二毛等证言证实，胡发群在侦查阶段也作过供述，足以认定。关于投资协议，证人胡德雄证实，其按照父亲胡发群的要求起草了一份投资协议，经父亲修改后定了下来，并按照父亲嘱咐约了姚贵禄签字，姚未作修改就签了字。姚贵禄证实胡发群在得知其准备在上海经营出租车业务后，即要求参与投资，并单方面起草了投资协议，其内心是不愿与胡合作的，但因华联改制项目还在做，考虑胡在当地的身份和影响，今后还有求于他，只好同意。证人史以正证言也证实曾对姚贵禄说过这个协议回报率太高，姚当时说这是给领导的，你不要管。从以上三证人证言可以看出，该协议不是姚贵禄真实意思表示。胡德雄还证实协议签订一两个月后，其父让其找姚把车牌号抄过来，当时即告知其父姚没有收购到出租车的情况；姚贵禄证言证实其在胡德雄问要车牌号、第一次结算、第二次结算等情况下多次告知没收购到出租车、生意没做成的事实。胡发群明知姚贵禄没有收购到出租车，没有经营出租车业务，仍提出按协议结算，要求姚付给其100万元的投资收益、45万元的汽车升值款。如果胡发群与姚贵禄签订的是投资合作经营协议，合作双方应当共同经营、共享利润、共担风险。没有经营，就没有利润，也就无所谓分红，胡发群就无权占有145万元的收益。胡发群及其辩护人辩解认为此协议属投资协议，具有融资性质。作为投资协议，就该实实在在投入资金，而胡发群以利润冲抵投资款的行为，与投资的性质相悖；再则，若认定系投资款，则投资方不能享受增值的权益，胡发群既要认定其先期付款为投资款，又享有了卖车升值款45万元，二者是相互对立，不能互存的。综上，胡发群的行为应当认定为索贿。一审判决对胡发群家庭财产的计算，是根据有关部门出具的证明材料、胡发群本人及其亲属的陈述，本着有利于被告人的原则确定的，并未少算。胡发群在有关部门已掌握了其部分犯罪事实后，如实交代全部受贿事实，依法只能认定其认罪态度好。胡发群上诉理由及辩护人辩护意见不能成立。上诉人胡发群利用其国家工作人员职务便利，索取他人人民币145万元，非法收受他人钱物21万元，为他人谋取利益，其行为已构成受贿罪，且具有索贿情节；上诉人胡发群的家庭财产和支出明显超过其合法收入，尚有195.25945万元不能说明合法来源，其行为还构成巨额财产来源不明罪。原审法院认定事实清楚，证据确实、充分，定罪准确，量刑适当，审判程序合法。2005年8月5日，江西省高级人民法院依照《中华人民共和国刑事诉讼法》第189条第（1）项的规定，裁定驳回上诉，维持原判。

以房产交易形式收受贿赂的犯罪数额认定问题

——马平、沈建萍受贿案①

【裁判要旨】

1. 受贿罪的本质在于"权钱交易"，即国家工作人员利用手中职权换取行贿方给予的财物。以"感情投资"方式多次收受数额巨大的财物，最后被告人接受具体请托为请托人谋利的，应当将多次收受的财物数额予以累计，以受贿犯罪论处。"为他人谋取利益"的时间是在非法收受他人财物的同时还是之前或者之后，均不影响受贿罪的成立，只要受贿人明知所收受的财物具有与之相对的具体请托事项，即受贿人明知收受的财物与具体的请托事项具有因果关系的，就成立受贿罪。

2. 以房产交易形式收受贿赂的，受贿数额应当按照交易时该房产的市场价格与实际支付价格的差额计算。

【关 键 词】

权钱交易　为他人谋取利益　房产交易　受贿数额

【相关法条】

《中华人民共和国刑法》第385条第1款、第386条、第383条第1款第（1）项

【基本案情】

被告人马平，原系中共重庆市铜梁县委书记。

① 原载于《刑事审判参考》2007年第6辑·总第59辑，第470号。

被告人沈建萍，原系重庆市南岸区人民检察院检察员。

重庆市人民检察院第一分院以被告人马平、沈建萍犯受贿罪，向重庆市第一中级人民法院提起公诉。

重庆市第一中级人民法院经公开审理查明：

（一）被告人马平在担任铜梁县委书记期间，利用其职务之便，多次分别收受熊泽亮贿赂现金共计12.36万元、刘久伦贿赂现金共计5.7万元人民币，在该县干部人事调整中为二人谋取了利益。

1.2003年年初，原铜梁县委组织部副部长熊泽亮通过他人与马平联系，向马表示希望到较好的部门任职，事成后予以感谢。后马平主持县委书记办公会和县委常委会，讨论通过熊泽亮任财政局党组书记、局长的方案。同年6月，熊泽亮被任命为铜梁县财政局局长。为感谢马平的关照，熊泽亮以熊泽亮以铜梁县财政局获得各种奖励为借口，多次送给马平现金共计12.36万元。

2. 原任铜梁县安溪镇镇长的刘久伦想调动到县城工作，为得到马平的支持，于2002年春节至2006年1月间多次送给马平现金共计5.7万元。此后，马平主持县委书记办公会和县委常委会。讨论通过刘久伦任铜梁县畜牧业发展服务中心党组书记、主任的方案。2006年3月，刘久伦调任铜梁县畜牧业发展服务中心党组书记、主任。

（二）1996年前后，时任黔江县副县长的马平及其妻沈建萍与叶显军相识。2000年年初，叶显军被重庆市天龙房地产开发有限公司（以下简称天龙公司）聘为公司副总经理，后经叶显军引见，该公司总经理刘栋华认识了二被告人。马平、沈建萍在与天龙公司的多次房产交易中共同收受天龙公司财物共计折合人民币205.5763万元；在此期间，天龙公司总经理刘栋华等人于2003年年初向马平提出到铜梁县投资水泥项目，马平多次利用其职务之便为天龙公司在铜梁县投资的金江水泥项目的引进、文件审批、用地审批、办理采矿许可证、贷款、道路建设等方面谋取利益。具体收受贿赂的事实如下：

1.2000年9月23日，马平、沈建萍与天龙公司签订合同，购买其开发的金紫大厦5单元16－1、17－1号住宅，房价29.4273万元，沈建萍当日支付现金15.4273万元，并约定欠款14万元由银行按揭支付。2001年2月，天龙公司向沈建萍出具购房全款发票。2002年3月28日，中国建设银行南坪支行将沈建萍申请的按揭贷款15万元划至天龙公司账上。2002年10月，马平、刘栋华等人约定并将金紫大厦住宅15万元按揭款作为马平、沈建萍另欲购买的天龙公司开发的天龙广场门面款，并约定原欠房款免交。2004年，天龙公司清理财务账时发现账上还挂着沈建萍购买金紫大厦的住宅欠款，刘栋华考虑到天龙公司正在铜梁县进行的金江水泥项目，为取得马平对金江水泥项目的支持，安排财务人员按照约定将该笔欠款从公司账上冲销平账。2005年11月，沈建萍取得金紫大厦住宅房地产权证。至案发，二被告人一直未支付应交的14万元欠款。综上，马平、沈建萍非法收受天龙公司财物14万元。

2. 2001年2月，马平、沈建萍以其女儿马某某的名义签订合同，以每平方米1万元的低价购买天龙公司开发的南坪商业大楼负一楼181、180号商铺，面积为27.5平方米，总价27.5万元。2002年年底，因商铺出现经营困难等原因，天龙公司有意按原价返购已售出商铺，后由于公司资金困难，取消了返购计划。2003年6月左右，刘栋华、叶显军为了争取马平对天龙公司在铜梁县投资的金江水泥项目的支持，决定单独返购二被告人所购商铺，并与其约定返购价为每平方米2万元。同年7月7日，天龙公司支付沈建萍返购款54.68万元。二被告人以此方式非法收受天龙公司财物27.18万元。

3. 2001年下半年，马平、沈建萍得知天龙公司准备开发重庆市南岸区南坪正街的天龙广场项目，便对刘栋华、叶显军提出优惠购买门面，并初步选定现中国银行所处的位置，价格约定为每平方米5000元。2001年12月沈建萍向天龙公司付款25万元。2002年10月7日，马平、沈建萍按照此前与刘栋华、叶显军的约定，将金紫大厦住宅15万元银行按揭贷款作为交纳天龙广场门面的购房款。2002年8月，天龙广场开盘预售后，二被告人发现其原先选定的门面已出售给中国银行，遂对刘栋华、叶显军表示不满。刘栋华、叶显军当即陪同二人另选了99号门面。2003年年初，沈建萍与天龙公司签订天龙广场99号门面购房合同，约定每平方米5000元，总价49.275万元。在此期间，刘栋华和叶显军为了争取马平对金江水泥项目的支持，以补偿99号门面为由，提出将天龙广场101号门面送给马平，二被告人认为送门面不妥，叶显军便提出按每平方米2000元计算，后沈建萍与天龙公司天龙广场101号门面购房合同，每平方米2000元，总价

12.672万元。沈建萍于2004年7月29日、2005年7月23日分别取得99号、101号门面房产证。重庆康华会计师事务所《房价比较报告》载明：天龙广场99号门面区域平均销售价为每平方米20296.46元、天龙广场101号门面区域平均销售价为每平方米5000元。扣除已付现金，二被告人以低价购房形式非法收受天龙公司财物164.3963万元。

重庆市第一中级人民法院认为，被告人马平身为国家机关工作人员，在担任铜梁县委书记期间，利用职务之便，收受熊泽亮、刘久伦、天龙公司贿赂共计折合人民币223.6363万元，并为其谋取利益。被告人沈建萍身为国家机关工作人员，伙同马平收受天龙公司贿赂共计折合人民币205.5763万元，其行为均已构成受贿罪。鉴于在共同犯罪中，被告人沈建萍起帮助作用，系从犯，综合其在案件中的地位和作用，对沈建萍可予减轻处罚。根据《中华人民共和国刑法》第385条第1款、第386条、第383条第1款第（1）项、第25条第1款、第27条、第93条第1款、第64条之规定，判决如下：

1. 被告人马平犯受贿罪，判处有期徒刑十三年；

2. 被告人沈建萍犯受贿罪，判处有期徒刑五年；

3. 对被告人马平受贿所得赃款人民币18.06万元继续予以追缴，对被告人马平、沈建萍共同受贿赃物折合人民币205.5763万元继续予以追缴。

一审宣判后，被告人马平、沈建萍不服，向重庆市高级人民法院提起上诉。

被告人马平、沈建萍的上诉理由及其辩护人的辩护意见均认为其二人的行为均不构成受贿罪，其具体意见是：1. 马平、沈建萍均提出原判所采用的二人的有罪供述系受刑讯逼供所作，内容不实，不应采信。2. 马平及其辩护人均提出熊泽亮送给马平的奖金金额应为2.9万元，且马平主观上没有收受熊泽亮贿赂的故意，不应认定为受贿。3. 马平提出其从未收受过刘久伦的贿赂，其辩护人认为认定马平收受刘久伦贿赂的证据不足。4. 马平、沈建萍及其辩护人均提出马、沈二人与天龙公司的涉案房产交易均系民事行为，且与天龙公司投资金江水泥项目之间没有内在联系，马平、沈建萍亦未利用职权为天龙公司谋利，二人行为均不构成受贿罪。5. 马平有检举他人犯罪的立功表现。

【裁判结果与理由】

重庆市高级人民法院经审理认为，上诉人马平身为国家工作人员，在担任铜梁县委书记期间，利用职务之便，在干部人事调整和私人购买商品房过程中，收受熊泽亮、刘久伦、天龙公司贿赂折合人民币共计223.6363万元，并为其谋取利益；上诉人沈建萍身为国家工作人员，伙同马平收受天龙公司贿赂折合人民币205.5763万元，并利用马平的职务之便为天龙公司谋取利益。二上诉人的行为均已构成受贿罪。马平、沈建萍及其辩护人上诉提出的相关无罪的意见均不能成立，不予采纳。马平及其辩护人提出马平有检举他人犯罪的立功表现的意见，与所查证的事实不符，不予采纳。在共同犯罪中，马平起主要作用，系主犯；沈建萍起辅助作用，系从犯，对其可予以减轻处罚。原判决认定事实清楚，证据确实、充分，定罪准确，审判程序合法。原判决对马平的量刑适当。鉴于在共同受贿犯罪中沈建萍并未利用其本身国家工作人员的身份，而是其丈夫马平利用县委书记的身份受贿，沈建萍只是作为家庭成员在共同受贿中办理具体事项等情节，可对沈建萍在原判刑罚的基础上酌情从轻处罚。依照《中华人民共和国刑事诉讼法》第189条第（2）项和《中华人民共和国刑法》第385条第1款、第93条第1款、第386条、第383条第1款第（1）项、第25条第1款、第28条第1款、第4款，第27条、第64条之规定．判决如下：

1. 维持重庆市第一中级人民法院（2006）渝一中刑初字第327号刑事判决第一项、第三项以及第二项中对被告人沈建萍的定罪部分，即被告人马平犯受贿罪，判处有期徒刑十三年；对被告人马平受贿所得赃款人民币18.06万元继续予以追缴，对被告人马平、沈建萍共同受贿赃物折合人民币205.5763万元继续予以追缴；被告人沈建萍犯受贿罪。

2. 撤销重庆市第一中级人民法院（2006）渝一中刑初字第327号刑事判决第二项中对被告人沈建萍的量刑部分，即被告人沈建萍因犯受贿罪判处有期徒刑五年。

3. 上诉人沈建萍犯受贿罪，判处有期徒刑三年。

房产交易型受贿案件中受贿数额的认定

——杨海受贿案①

【裁判要旨】

1. 交易时间的认定。交易型受贿案件中，涉案房屋市场价格具有较大的波动性，以不同的时间基准计算交易时间犯罪数额相差悬殊。原则上应以商品房买卖合同成立时间为交易时间。交易型贿赂案件中的腐败交易，集中表现为行贿人与受贿人之间的犯罪意思表示。因此，房屋买卖合同成立时，受贿人与行贿人已经完全具备贿赂犯罪的意思表示，双方均明知签订合同为形式，贿赂为实质，受贿行为已经完成，危害结果也实际发生，因而应当认定为“交易时间”。

2. 市场价格的认定。真正反映市场交易价格的是开发商针对不特定人优惠折扣后的实际成交价格，这不仅能够避免控辩双方对于评估价格是否准确的争论，而且充分考虑了房产交易的实际操作惯例。在认定实际成交价格时，一要根据商品房买卖合同、房地产权属登记簿证明、房地产销售专用发票、商品房销售明细证明、客户优惠申请单、现金存款凭证证明、刷卡交易记录、记账凭证、银行进账单、收据证明等证据查明在交易时间、地理位置、面积、户型、朝向、所在层数相同或较为相近的开发商针对不特定人的商品房最低优惠价格；二要查清开发商的优惠价格是否针对不特定对象，市场价格包括商品经营者事先设定的不针对特定人的最低优惠价格。针对特定人的最低优惠价格不能认定为市场价格。同时，还应当查清最低优惠价格是否附有条件；三是如果商家真实交易价格无法查明，而评估价格能够反映当时的市场行情，则应采用评估价格。

3. “明显低于市场价格”标准的界定。判断是否“明显低于市场价格”，应从受贿罪权钱交易的本质出发，通过查证房产开发商内部的优惠销售记录，结合特点地区、特定时期的经济发展水平、房产市场的交易规

① 原载于《人民法院案例选》2013 年第 1 辑。

则及差额所占涉案房屋价值总额的比例等多方面进行综合判断。

【关 键 词】

房产交易型受贿　交易时间　市场价格　明显低于市场价格

【相关法条】

《中华人民共和国刑法》第385条第1款、第386条、第383条第1款第（1）项

【基本案情】

被告人杨海自1996年4月先后担任天津市人防办财务处处长、计划财务处处长。自2001年4月，担任市人防办副主任，分管指挥和通信（信息化）工作，负责天津市人防系统通信工作的总体规划及通讯队伍的训练和演练、通信设备采购标准的制定等。1998年至2010年间，被告人杨海利用职务之便，或利用职权、地位形成的便利条件通过其他国家工作人员职务上的行为，为请托人谋取利益，先后收受长业建设集团有限公司、天津市亿隆工程建设咨询服务有限公司等5家企业贿赂计90.45万元，索取天津市中环系统工程有限责任公司、天津佰都房地产开发有限公司等15家企业或个人贿赂计593.077万元，受贿金额共计人民币683.527万元。案发后，被告人杨海主动坦白了办案机关尚不掌握的三起受贿犯罪事实，受贿金额共计39万元。被告人杨海及其家属退缴或由办案机关扣押、冻结了赃款510.336万元、证券资金账户资产价值44.442836万元，办案机关查封或冻结了涉案房产5套。其中，2004年被告人杨海以明显低于市场的价格购得“时代奥城”1号楼1门1501号商品房，扣除其实际支付的购房款，折合索贿金额为63.4142万元；2004年，被告人杨海以明显低于市场的价格购得“欣水园”5－1－1901号商品房，扣除其实际支付的购房款，折合索贿金额为58.6115万元；2002年，被告人杨海以明显低于市场的价格购得“帝旺温泉花园”住宅小区内的“林语居”2－3、2－4号别墅两套，扣除其实际支付的购房款，折合索贿金额为140万元；2006年至2009年间，被告人杨海以明显低于市场的价格购得“玛歌庄园·悦水园”26号别墅，扣除其实际支付的购房款，折合索贿金额为106.92万元。

【裁判结果与理由】

天津市第一中级人民法院于2012年7月30日作出（2012）一中刑初字第1号刑事判决：一、被告人杨海犯受贿罪，判处无期徒刑，剥夺政治

权利终身，并处没收个人全部财产。二、扣押在案的赃款、赃物依法上缴国库。宣判后，被告人杨海提出上诉。天津市高级人民法院于2012年10月12日作出（2012）津高刑二终字第35号刑事判决：一、维持天津市第一中级人民法院（2012）一中刑初字第1号刑事判决第一项对上诉人杨海的定罪量刑；二、撤销天津市第一中级人民法院（2012）一中刑初字第1号刑事判决第二项对涉案款物的处理；三、扣押在案的款物中，价值683.527万元的赃款、赃物依法上缴国库。

法院生效判决认为，上诉人杨海身为国家工作人员，利用职务之便为他人谋取利益，索取、非法收受他人财物，其行为构成受贿罪，应根据犯罪数额依法予以处罚。其具有索贿情节，依法从重处罚。杨海在被调查期间主动坦白了办案机关尚未掌握的部分犯罪事实，认罪态度较好，且受贿赃款、赃物已追缴在案，可依法从轻处罚。公诉机关指控被告人杨海受贿犯罪的事实清楚，证据充分，罪名成立，应予确认。但对被告人杨海以低价购房形式受贿的犯罪数额在认定上不尽客观，应对部分指控数额予以重新认定。被告人杨海辩解以及其辩护人为其辩护，相关涉案房屋价值确定有误的意见，经查符合法律规定，予以采纳；其余辩护意见均缺乏事实及法律依据，不予采纳。

被告人杨海及其辩护人辩称：购买“世纪梧桐”10号楼1门102号商品房的行为不构成索贿，指控犯罪数额不属实。经查，杨海多次向张晓兵主张低价购房的客观行为可以得出杨海主动索要物质性利益的结论，应认定其构成索贿。在《最高人民法院、最高人民检察院关于办理受贿刑事案件适用法律若干问题的意见》中规定：“受贿数额按照交易时当地市场价格与实际支付价格的差额计算”。所谓“交易时当地市场价格”，通常是指交易时的真正市场成交价格，而非房地产开发商对外公布的计划销售价格。天津新塘投资有限公司出具的“溪水园”10号楼销售明细记载，杨海所购“溪水园”10－1－102商品房的计划销售价格为1.8万元/平方米，高于同时期售出的类似面积商品房价格。参照“溪水园”其他商品房同时期的实际出售价格，认定杨海所购房屋总价值为237.8027万元较为客观，扣除杨海实际支付的178.737万元购房款，索贿数额为59.0657万元。故对被告人杨海以及其辩护人关于犯罪数额的辩解或辩护意见，部分予以采纳，所提不具有索贿情节的辩解和辩护意见，均不成立。

被告人杨海及其辩护人辩称：购买“时代奥城”1号楼1门1501号商品房不构成索贿，指控犯罪数额不属实。经查，被告人杨海主动向融创公司提出购房，在选定房屋后，进一步提出低价购买的要求，明显具有索要贿赂的主动性，应认定其构成索贿。另外，融创公司出具的“时代奥城”1号楼销售明细记载，在杨海购买“时代奥城”1-1-1501号商品房同一时期，面积相同商品房实际成交平均单价为0.7716万元/平方米。以此价格作为杨海所购房屋的真实市场价格，认定总价值为143.4142万元较为客观，扣除其实际支付的购房款80万元，其索贿数额为63.4142万元。故对被告人杨海以及其辩护人关于犯罪数额的辩解或辩护意见，部分予以采纳。其另提不具有索贿情节的辩解或辩护意见，均不成立。

被告人杨海及其辩护人辩称：购买“玛歌庄园·悦水园”26号别墅的犯罪数额不属实。经查，被告人杨海从最初预订的“玛歌庄园·悦景园”9号别墅至2007年8月13日调为“悦水园”26号别墅，且自2006年6月6日起陆续交纳了购房款，并得到了津滨创辉公司的认可。关于该房屋的价值，津滨创辉公司自2006年4月28日起的销售定价为376万元，2007年8月1日起销售定价为648万元，鉴于该价格变动包含一定市场因素，并非被告人杨海所能控制。在无法准确评估涉案房屋价值的情况下，以其与津滨创辉公司签订预订协议并实际支付购房款时的销售定价认定该房屋的价值，符合行贿、受贿双方的客观认识，更具有合理性。扣除杨海实际支付的购房款269.08万元，认定其索贿数额为106.92万元。故对被告人杨海以及其辩护人关于犯罪数额的辩解或辩护意见，合理部分予以采纳。

一审法院认定的受贿犯罪数额为683.527万元，而扣押在案的款物价值总和超过犯罪数额，且根据现有证据不能证明在案房产全部用赃款购买，故不能认定扣押在案的款物均为赃款、赃物，一审法院全部按照赃款、赃物处理不当，二审予以调整。

收受无具体金额的会员卡、未出资而委托他人购买股票获利是否认定为受贿

——梁晓琦受贿案①

【裁判要旨】

1. 收受无具体金额的会员卡的，具体受贿数额应以行为人持该卡实际消费（支付）的资费计算。根据《贪污贿赂解释》第12条的规定，贿赂犯罪中的“财物”，包括货币、物品和财产性利益。财产性利益包括需要支付货币的其他利益如会员服务、旅游等，犯罪数额以实际支付或者应当支付的数额计算。

2. 以明显低价购买商品房，虽未签订商品房买卖合同且未验收，但买卖双方履行完主要买卖义务的应当认定为受贿。受贿数额按照交易时当地市场价格与实际支付价格的差额计算。

3. 未出资而委托他人购买股票获利的应当认定为受贿。以投资理财名义收受贿赂的情形，在计算受贿数额时，应当区分具体情况进行处理：(1) 国家工作人员未实际出资，由请托人出资以国家工作人员名义购买记名股票等证券，其受贿数额应当为请托人为购买该记名股票等证券的出资额。至于国家工作人员所得的股票等证券的收益，应按受贿孳息处理。(2) 国家工作人员未实际出资，由请托人出资为其购买无记名股票等证券，如果股票等证券获利后，请托人收回购买股票等证券的出资额，应以国家工作人员所持股票等证券的实际收益计算其受贿数额；如果请托人没有收回购买股票等证券的出资额，应以请托人购买股票等证券的出资额加上国家工作人员所持股票的实际收益计算受贿数额；案发时股票等证券还未转让出售的，应以案发时该股票等证券的市场行情计算受贿数额。(3) 国家工作人员并未实际出资，而委托请托人购买股票等证券，请托人也未交付股票等证券，而是直接将收益交付国家工作人员，这种情况下，无论

① 原载于《刑事审判参考》2009年第3集·总第68集，第562号。

请托人是否真正购买股票等证券，其交付给国家工作人员的资金即为受贿数额。

【关 键 词】

收受会员卡 低价购房 未出资 股票 受贿数额

【相关法条】

《中华人民共和国刑法》第385条第1款、第386条、第383条第1款第（1）项、第2款

【基本案情】

被告人梁晓琦，男，1957年5月14日出生，曾任重庆市规划局总规划师、副局长，捕前系重庆市江北嘴中央商务区开发投资有限公司（国有独资公司）董事长兼党委书记。因涉嫌犯受贿罪于2008年7月9日被逮捕。

重庆市人民检察院第一分院以被告人梁晓琦先后利用其担任重庆市规划局总规划师、副局长等职务之便，为他人谋取利益，非法收受财物折合人民币1589.3836万元，其行为已构成受贿罪，向重庆市第一中级人民法院提起公诉。

被告人梁晓琦及其辩护人对起诉书指控的事实及罪名无异议。

重庆市第一中级人民法院经公开审理查明：

1. 被告人梁晓琦于2002年至2008年1月先后担任重庆市规划局总规划师、副局长和重庆市江北城开发投资有限公司董事长期间，利用审批规划调整、建设工程选址定点和检查董事会决议执行、签署董事会文件文书等职权，27次为请托人谋取利益，非法收受财物折合人民币1370万余元。

2. 2005年初，梁晓琦应重庆国际高尔夫俱乐部有限公司总经理杨传全的请托，调整了国际高尔夫俱乐部的规划，增加了居住用地、商业用地和公共绿地。为此，杨传全送给梁晓琦人民币18万元和一张免费高尔夫荣誉会员消费卡，梁晓琦使用该卡实际消费人民币12292元。

3. 2005年下半年，梁晓琦应重庆浦辉房地产开发公司董事长曾礼浦的请托，通过调整规划，将该公司开发的“海棠晓月”商业街二期17号、18号楼，改建为滨江温泉大酒店，并扩大了“海棠晓月”B区城市之窗滨江花园商务区项目建设用地规模。同年9月，曾礼浦将其公司开发的“海棠晓月”B区2号楼2套住宅以每平方米人民币3000元，总价人民币

86.32万元的价格销售给梁晓琦。梁晓琦安排妻子于2005年9月24日支付了全额房款，重庆浦辉房地产开发公司开具了销售不动产专用发票。经鉴定，该房在价格鉴定基准日（2005年9月24日）的价格为人民币186.5万元。此外，曾礼浦还两次送给梁晓琦人民币共计21.5万元。

4. 2005年，梁晓琦应重庆中渝物业发展有限公司总经理曾维才的请托，通过调整规划，将该公司渝北区新溉路北侧18号、19号地块内的学校用地规模减少，开发用地增加，容积率上调，满足了该公司的要求，并为曾维才的加州高尔夫练习场搬迁选址提供了帮助。2007年5月，梁晓琦得知一支港股要涨一倍多，在没有给付股本金的情况下，让曾维才在香港帮其买100万股，同年7月又让曾维才将该股卖出，获利50万港元，后曾维才将50万港元按照梁晓琦的指示换成50万元人民币交给梁晓琦。另外，曾维才还先后送给梁晓琦人民币20万元和港币5万元。

被告人梁晓琦将收受他人的财物用于个人购房、购买股票、家庭日常开支、借与他人等，案发后已收缴涉案的款物折合人民币共计900余万元。

【裁判结果与理由】

重庆市第一中级人民法院认为，被告人梁晓琦利用其职务上的便利，为他人谋取利益，共计收受他人财物折合人民币1589.3836万元，其行为已构成受贿罪，情节特别严重，依法应予惩处。鉴于其案发后认罪态度较好，积极配合司法机关追回赃款赃物，有一定悔罪表现，可对其判处死刑，不立即执行。依照《中华人民共和国刑法》第385条第1款、第386条、第383条第1款第（1）项、第2款、第48条第1款、第57条第1款、第64条的规定，判决如下：1. 被告人梁晓琦犯受贿罪，判处死刑，缓期二年执行，剥夺政治权利终身，并处没收个人全部财产。2. 对违法所得人民币1589.3836万元予以追缴。

一审宣判后，被告人梁晓琦未提出上诉，检察院未提出抗诉，该判决已被重庆市高级人民法院核准生效。

如何认定以“合作投资房产”名义收受贿赂?

——朱永林受贿案①

【裁判要旨】

国家工作人员利用职务上的便利为请托人谋取利益，而后由请托人出资，“合作”开办公司或者进行其他“合作”投资的，仅有投资之名但不承担投资风险，在项目获得利润后收受投资本金和收益的，应认定为受贿。受贿数额为请托人给国家工作人员的出资额。

【关 键 词】

合作投资买房 谋取利益 权钱交易 受贿

【相关法条】

《中华人民共和国刑法》第385条第1款、第386条、第383条第1款第（1）项、第2款

【基本案情】

公诉机关：浙江省湖州市吴兴区人民检察院

被告人：朱永林

被告人朱永林系湖州市吴兴区织里镇政府机关工作人员。2005年3月起担任湖州市吴兴区环渚乡副乡长，分管城建、土管等工作，2006年8月起担任湖州市吴兴区东林镇人大副主席，2008年起担任湖州市吴兴区织里镇副镇长。2005年至2006年，被告人朱永林利用职务之便，分别收受苏四荣、邱新明、张根年、费其昌、潘建华、李双生现金人民币56000元，以及手机、礼卡等财物，合计价值人民币80580元。2006年，苏四荣为感谢被告人朱永林在拆迁补偿中的帮助，和购买日月城小区22号商务楼时帮助谈价钱，与被告人朱永林一起购买该商务楼，以转手获利。2007年4月28日，苏四荣向日月置业有限公司缴纳了第一笔定金60万元。5月初，苏四荣联系了买家邱小根，商定加价180万元转售给邱小根。5月10日，被

① 原载于《刑事审判参考》2011年第4集·总第81集，第724号。

告人朱永林向苏四荣支付了由苏垫付的30万元定金。7月18日，苏四荣又向日月置业有限公司缴纳了40万元。10月22日和11月1日，苏四荣分别向朱永林支付了20万元和30万元。至案发，被告人朱永林实际收到本金和溢价款人民币110万元。案发后，被告人朱永林退出赃款人民币10万元。一审法院依照《中华人民共和国刑法》第385条第1款、第386条、第383条第1款第（1）项、第2款、第64条之规定，于2009年12月21日以受贿罪判处被告人朱永林有期徒刑十三年；暂扣于湖州市吴兴区人民检察院的赃款人民币十万元，予以追缴，上缴国库，其余违法所得人民币七十八万零五百八十元，继续予以追缴。

一审宣判后，被告人朱永林以其未收受潘建华、苏四荣等人所送的现金，和苏四荣合作投资购买商务楼，原审认定其受贿50万元并无依据等为理由提出上诉。

【裁判结果与理由】

湖州市中级人民法院经审理后认为，朱永林身为国家工作人员，利用职务便利，为他人谋取利益，非法收受他人财物，其行为已构成受贿罪。在湖州融达机械设备有限公司拆迁赔偿中，苏四荣得到了朱永林的帮助，苏四荣许诺给予朱永林30万元好处，朱永林并未拒绝；在朱永林为苏四荣与日月置业有限公司谈妥商务楼价格后，两人共同投资该商务楼，苏四荣前后共支付定金100万元，朱永林虽曾支付给苏四荣30万元作为投资款，但该款是在转手出让商务楼基本谈妥的情况下支付的，且后又被抽回。故朱永林和苏四荣名义上是共同投资，实质上是权钱交易，应以受贿论处。据此2010年1月27日裁定：驳回上诉，维持原判。

潘玉梅、陈宁以合营公司、低价购房等手段受贿案

——潘玉梅、陈宁受贿案[①]

【裁判要旨】

1. 国家工作人员利用职务上的便利，为请托人谋取利益，并采取以他人名义与请托人合作开办公司之名获取“利润”的，其“利润”属权钱交易之对价，应以受贿论处。

2. 国家工作人员利用职务上的便利，在知道或应当知道请托人有请托事项的情况下，收受他人财物作出明示或默示的承诺，即构成受贿罪，有无实际为他人谋取利益或谋取到利益，不影响受贿罪的认定。

3. 国家工作人员以房产交易形式收受贿赂，较之于直接收受财物的典型受贿手法虽有不同，但只是以形式上支付一定数额的价款来掩盖其受贿犯罪行为的手段，具备了非法收受他人财物差价的实质要件。

4. 国家工作人员收受财物后，因与其受贿有关联的人、事被查处，为掩盖犯罪逃避处罚而退还所收受财物的行为，不影响对其受贿罪的认定。

【关 键 词】

合营公司　谋取利益　低价购房　受贿

【相关法条】

《中华人民共和国刑法》第385条第1款、第386条、第383条第1款第（1）项、第2款、

【基本案情】

公诉机关：江苏省南京市人民检察院。

被告人：潘玉梅，原南京市栖霞区人民政府区长助理、中共南京市栖霞区委迈皋桥街道工作委员会书记，曾任南京市栖霞区迈皋桥镇镇长、栖霞区人民政府迈皋桥办事处主任。

被告人：陈宁，原南京市栖霞区财政局局长，曾任南京市栖霞区人民

---

① 最高人民法院指导案例3号。

政府迈皋桥办事处主任。

（1）2003年8、9月间，被告人潘玉梅、陈宁分别利用担任迈皋桥街道工委书记、迈皋桥办事处主任的职务便利，为南京华纺房地产开发有限公司总经理陈铎在迈皋桥创业园区获取100亩土地提供帮助，并于9月3日分别以亲属名义与陈铎共同注册成立南京多贺工贸有限责任公司（以下简称多贺公司）以“开发”上述土地。2004年6月，陈铎以多贺公司的名义将公司及其土地转让给南京海泰科体育用品有限公司，被告人潘玉梅、陈宁以参与利润分配名义，分别收受陈铎给予的人民币480万元。2007年3月，陈宁在美国出差期间安排其驾驶员退给陈铎80万元。案发后，潘玉梅、陈宁非法所得的赃款及赃款所产生的收益以及陈铎的非法所得均被依法扣缴。

（2）2004年2月至2004年10月，被告人潘玉梅、陈宁分别利用担任迈皋桥街道工委书记、迈皋桥办事处主任的职务之便，为南京薪加德置业发展有限公司在南京迈皋桥创业园购买土地提供帮助，并在购买对方开发的千秋情园商品房时，先后四次共计各收受该公司总经理吴兆兰给予的人民币50万元。

（3）2000年春节前至2006年12月，被告人潘玉梅利用担任南京市栖霞区迈皋桥镇镇长、迈皋桥办事处主任、迈皋桥街道工委书记及栖霞区人民政府区长助理的职务便利，为迈皋桥办事处兴卫村及南京海派商贸有限责任公司在房产开发、解决资金困难等方面提供帮助，先后5次收受时任迈皋桥办事处兴卫村党支部书记兼海派公司总经理高家贵给予的人民币201万元，美元49万元。

（4）2004年上半年，被告人潘玉梅利用担任迈皋桥街道工委书记的职务便利，为南京百市发展有限公司受让金桥大厦项目减免有关费用提供帮助，并在购买对方开发的东城水岸房产时接受该公司总经理许晓军为其支付的房屋差价款及相关税费共计人民币61.08174万元。（房价含税费总计121.08174万元，潘仅支付60万元）2006年4月，潘玉梅退还了55万元给许晓军。

（5）2004年，被告人潘玉梅利用担任迈皋桥街道工委书记的职务便利，为浙江美达房地产集团南京置业有限公司竞拍土地提供帮助，收受该公司范少军给予的1万美元。

（6）2003年下半年至2005年下半年间，被告人陈宁利用担任南京市栖霞区迈皋桥办事处主任、栖霞区财政局局长的职务便利，为迈皋桥办事处下属的兴卫村在办公楼建设、小城镇建设及税收考核等方面提供帮助，先后2次收受时任兴卫村党支部书记的高家贵给予的人民币共计21万元。

（7）2002年至2005年间，被告人陈宁利用担任南京市栖霞区迈皋桥办事处主任、栖霞区财政局局长的职务便利，为时任栖霞区迈皋桥办事处副主任的刘军在干部考核及财政拨款等方面提供帮助，于2005年12月收受刘军给予的人民币8万元。

综上，被告人潘玉梅收受贿赂计人民币792.08174万元，美元50万元（折合人民币398.1234万元），合计收受贿赂人民币1190.20514万元；被告人陈宁收受贿赂共计人民币559万元。

【裁判结果与理由】

江苏省南京市中级人民法院经审理后认为：被告人潘玉梅、陈宁身为国家工作人员，利用职务便利为他人谋取利益，并收受他人财物，其行为均已构成受贿罪。二被告人归案后能如实供述犯罪事实，坦白态度好，并交待侦查机关尚未掌握的同种余罪，案发前退出部分赃款，案发后配合侦查机关追缴涉案全部赃款，可酌情从轻处罚。依照《中华人民共和国刑法》第385条第1款、第386条、第383条第1款第（1）项、第2款、第59条、第64条之规定，于2009年2月25日作出（2008）宁刑初字第49号刑事判决：一、被告人潘玉梅犯受贿罪，判处死刑，缓期二年执行，剥夺政治权利终身，没收个人全部财产。二、被告人陈宁犯受贿罪，判处无期徒刑，剥夺政治权利终身，没收个人全部财产。三、已扣押的被告人潘玉梅受贿赃款人民币792.08174万元、美元50万元，予以追缴，上交国库；已扣押的被告人陈宁受贿赃款人民币559万元，予以追缴，上交国库。

一审宣判后，被告人潘玉梅、陈宁不服，均向江苏省高级人民法院提起上诉。

上诉人潘玉梅的上诉理由：（1）潘玉梅与陈宁、陈铎共同出资（系向陈铎借款20万元）成立多贺公司，三人共同经营，480万元是其在多贺公司作为股东应得的利润，而一审判决却将其定性为受贿不当。（2）许晓军虽有请托的意思，但潘玉梅并未为其谋取利益；潘玉梅购买许晓军的房子没有对许晓军说过不给钱，且在案发前已将房子差价款给了许晓军。

上诉人陈宁的上诉理由：陈宁与潘玉梅参与投资与陈铎成立多贺公司，陈铎为陈宁与潘玉梅各垫付出资款20万元，陈宁负责多贺公司的招商和协调工作，480万元系陈宁作为股东应得的红利，一审判决将此定性为受贿不当。

江苏省高级人民法院经审理，确认了一审查明的事实。本案二审的争议焦点为：（1）上诉人潘玉梅、陈宁分别利用担任迈皋桥街道工委书记、迈皋桥办事处主任的职务便利，为房地产开发商陈铎在迈皋桥创业园获取土地提供帮助，并分别以亲属名义与陈铎共同成立多贺公司开发土地获取“利润”的行为是否构成受贿罪；（2）上诉人潘玉梅利用担任迈皋桥街道工委书记的职务便利，接受请托人许晓军的请托，而收受贿赂的行为，应否以受贿论处；（3）上诉人潘玉梅以明显低于市场的价格向请托人许晓军购买房屋，是否构成受贿罪；（4）上诉人潘玉梅事后退还请托人许晓军为其支付的房屋差价款及相关税费的情节是否影响认定受贿罪。

关于第一个争议焦点，该院认为，国家工作人员利用职务上的便利为请托人谋取利益，并以合作开办公司或者以其他合作投资的名义获利，反映了权钱交易的本质，应以受贿论处。本节事实中，上诉人潘玉梅、陈宁的供述、证人陈铎、钱蔚琥、聂建强等人证言及购地协议、工商登记资料等书证已证实，潘玉梅时任迈皋桥街道工委书记、陈宁时任迈皋桥街道办事处主任，对迈皋桥创业园区的招商工作具有职务上的便利，潘玉梅、陈宁分别利用各自职务便利，为陈铎低价取得创业园区的土地和不按协议支付土地款等提供帮助，具备了利用职务上的便利，为他人谋取利益的构成要件；在此期间，潘玉梅、陈宁与陈铎商议以合作成立多贺公司名义用于开发上述土地，在公司的成立、运作过程中，公司注册资金来源于陈铎，潘玉梅、陈宁未实际出资亦未实际参与公司的管理、经营，潘玉梅、陈宁之后以分配“利润”的名义各自获取人民币480万元。综上，潘玉梅、陈宁与陈铎以合作开办公司开发土地的名义，在明知公司利润来源于土地转让的非法获利，且公司利润与其二人前期利用职务便利为陈铎低价取得土地等密切相关的情况下，分别收受陈铎给予的人民币480万元，完全符合受贿罪的本质特征，当然应以受贿论处。

关于第二个争议焦点，请托人许晓军向潘玉梅行贿时，有请托事项，即要求在受让金桥大厦项目中减免100万元的费用，潘玉梅明知也应知许晓军有请托事项而收受贿赂，虽然该请托事项未实现，但对于“为他人谋取利益”的认定，应从为他人谋取利益的明示或默示的承诺开始即可认定。据此，潘玉梅明知亦应知他人有请托事项而收受财物，应认定为承诺为他人谋取利益。只要潘玉梅知道或应当知道所收受的财物具有相应的请托事项，就成立受贿罪，有无实际为他人谋取利益及未为他人谋取到利益不影响受贿犯罪的构成。

关于第三个争议焦点，潘玉梅利用职务之便为他人谋取利益，以明显低价购买行贿方南京百市发展有限公司开发的东城水岸房产的行为，是以形式上支付一定数额的价款来掩盖其受贿犯罪行为的一种手段，并不能改变双方权钱交易的实质，应以受贿论处。潘玉梅购买的房产市场价格含税费总计人民币121.08174万元，潘玉梅仅支付人民币60万元，明显低于该房产交易时当地市场价格，受贿数额应按照交易时当地市场价格与实际支付价格的差额计算。

关于第四个争议焦点，根据《最高人民法院、最高人民检察院关于办理受贿刑事案件适用法律若干问题的意见》第九条“关于收受财物后退还或者上交问题”的规定，国家工作人员收受请托人财物后及时退还或者上交的，不是受贿。国家工作人员受贿后，因自身或者与其受贿有关联的人、事被查处，为掩饰犯罪而退还或者上交的，不影响认定受贿罪。本节事实中，2006年4月，上诉人潘玉梅在案发前将购买许晓军房屋的差价款中的55万元退还给许晓军，相距2004年上半年其收受许晓军财物约有2年时间，显然不属于及时退还的情形；上诉人潘玉梅供述、证人许晓军证言等证据已证实，潘玉梅的退还行为，是由于许晓军因其他案件被检察机关找去谈话，检察机关从许晓军的公司账上已得知潘玉梅购房仅支付了部分款项的事情后，潘玉梅出于掩盖和推卸罪责目的而采取的退赃行为，不影响认定受贿罪。

此外，被告人潘玉梅、陈宁受贿案，数额特别巨大，情节特别严重，特别是第一被告论罪更应属于情节特别严重，应当从严惩处。但其均具有归案后如实供述犯罪事实、认罪态度好、案发前后能退出及协助追缴涉案全部赃款等酌定从轻处罚情节。因此，根据本案的具体情况，一审法院分别以受贿罪对被告人潘玉梅判处死刑，缓期二年执行，剥夺政治权利终身，没收个人全部财产；对被告人陈宁判处无期徒刑，剥夺政治权利终身，没收个人全部财产的量刑亦属适当。

综上，江苏省高级人民法院认为，上诉人潘玉梅、陈宁作为国家工作人员，分别利用各自的职务便利，为他人谋取利益，收受他人财物的行为均已构成受贿罪，且受贿数额特别巨大，情节特别严重，依法应予严惩。潘玉梅、陈宁归案后能如实供述犯罪事实，认罪态度好，并主动交代侦查机关尚未掌握的同种余罪，案发前退出部分赃款，案发后配合侦查机关追缴涉案全部赃款，可酌情从轻处罚。原审判决认定事实清楚，证据确实、充分，定性准确，量刑适当，审判程序合法。上诉人潘玉梅、陈宁提出的上诉理由及其辩护人提出的辩护意见不能成立，不予采纳，江苏省人民检察院的出庭意见予以支持。据此，依照《中华人民共和国刑事诉讼法》第189条第（1）项的规定于2009年11月30日作出（2009）苏刑二终字第0028号刑事裁定：驳回上诉，维持原判决。

根据《中华人民共和国刑事诉讼法》第201条的规定，本裁定即为核准以受贿罪判处上诉人潘玉梅死刑缓期二年执行，剥夺政治权利终身，没收个人全部财产的刑事裁定。

如何区分国家工作人员以优惠价格购买商品房与以交易形式收受贿赂

——胡伟富受贿案①

【裁判要旨】

1. 交易型受贿具有受贿罪权钱交易的本质特征。在交易型受贿中，从形式上看，行贿人和受贿人双方存在一般市场交易行为，以金钱和物品的对价进行支付，通常包含打折、让利等优惠，但是上述优惠并不是一般商品买卖活动中为了促销而进行的正常销售手段，而是为了通过这种优惠换取国家工作人员手中的公权力。所谓市场交易只不过是权钱交易的幌子，权钱交易才是交易型受贿的本质特征。

① 原载于《刑事审判参考》2014年第2集·总第97集，第975号。

2. 交易型受贿中的“市场价格”包括“事先设定的不针对特定人的优惠价格”。应当从是否“事先设定”和“不针对特定人”两个方面，结合案件实际来判断国家工作人员所享受的“优惠价格”是正常市场优惠还是交易型受贿。“事先设定”是指在正常的市场优惠购房中，交易价格通常是由经营者预先设定的，事先确定折扣幅度，按照事先制定的程序进行销售和结算，而交易型受贿犯罪中的房产优惠价格往往具有较大的随机性和任意性，经营者会根据交易对象（国家工作人员）的具体情况来临时确定房产价格优惠幅度、结算方式等，因而难以事先确定优惠幅度。“不针对特定人”是指在正常的市场优惠购房中，能够以优惠条件购买房产的人是不特定的多数人，所有愿意支付相关对价的（符合相关法律政策规定的）人均可参与优惠购买房产。而在交易型受贿犯罪中，优惠房价仅针对特定的国家工作人员等个别对象，社会上的不特定多数人是不可能享受到同等优惠的。

【关 键 词】

交易型受贿　优惠价格　市场价格　事先设定　不针对特定人

【相关法条】

《中华人民共和国刑法》第385条第1款、第386条、第383条第1款第（1）项

【基本案情】

被告人胡伟富，男，1967年12月25日出生，原系浙江省常山县城市规划管理所原所长。2010年6月23日因涉嫌犯受贿罪被逮捕。

浙江省常山县人民检察院以被告人胡伟富犯受贿罪，向常山县人民法院提起公诉。

浙江省常山县人民法院经公开审理查明：

常山县城市规划管理所为全额拨款事业单位，对常山县天马镇（即县城所在地）范围内建设项目的选址、建设用地和建设工程规划许可证的核发、建筑设计方案的审查以及工程验收、批后管理、组织综合验收、配合依法查处各类违章违法建设等方面具有职权。被告人胡伟富于1988年1月至2003年4月在常山县规划建设局规划办（后改为城市规划管理所）工作，2003年4月30日任常山县城市规划管理所副所长，2007年1月任所长。

2002年，江山市民建房地产有限公司（以下简称民建公司）在常山县

天马镇东苑小区A－2地块开发商住楼。同年11月1日，胡伟富的妻子徐敏向民建公司常山县开发项目部负责人周小明预定了东苑小区26幢东单元401号商品房一套，购房联系单上载明，优惠1%后房价计人民币（以下币种同）157155元，同日胡伟富交纳首付57155元。2003年，胡伟富及其弟弟胡伟贵到该公司购买东苑小区26幢东单元401号、402号商品房时，胡伟富要求周小明给予优惠，周小明经与民建公司总经理姜建益商量后同意给予优惠，但考虑到查账等原因，周小明让胡伟富仍旧按市场基准价签订购房合同并付款，事后由胡伟富向公司提供一张他人名义的购货发票，再将优惠的钱以报销的形式返还给胡伟富，胡伟富表示同意。2003年3月25日、9月4日，胡伟贵和胡伟富分别以优惠1010的价款与公司签订了买卖合同，并付清房款，后胡伟富凭购货发票从民建公司获取现金5万元。民建公司针对不特定对象售楼的最高优惠幅度为3%，胡伟富和胡伟贵实际支付给该公司房款比该公司售房的最优惠价格少4万余元。

2004年，浙江晨源置业有限公司（以下简称晨源公司）在常山县天马镇开发柚香城综合大楼。2006年10月，晨源公司因市场需要调高房价，并实际以8.8左右的折扣向社会销售。2007年10月左右，晨源公司进入尾房销售，时任该公司销售主管的汪素芳以7.3折的优惠价购房一套，后又经公司老总的同意以7.5折的优惠为其父亲的朋友郑某购房一套，并从中赚取差价3万元。为此，公司不再支付汪素芳2007年的年终奖。2007年11月，胡伟富的妻子徐敏（曾在该公司工作过）得知公司已经进入尾房销售，且汪素芳已经以7.5折的优惠购得一套房屋后，便与胡伟富商量后到晨源公司以7.5折的优惠价购买一套商品房。晨源公司经理缪建勋、茅建如陈述如果不考虑胡伟富的职务因素，仅考虑徐敏本身在公司做过销售，最多只能优惠到7.9折，与7.5折之间差价为19000余元。

此外，胡伟富在常山县规划建设局工作及任常山县城市规划管理所副所长、所长期间，利用其职务便利收受刘国林、费小志、严东炎共计10万元，案发前胡伟富将该10万元分别退还刘国林、费小志、严东炎。胡伟富归案后，又退出赃款10万元。

【裁判结果与理由】

常山县人民法院认为，被告人胡伟富身为国家工作人员，利用职务上的便利，非法收受他人财物14万余元，并为他人谋利，其行为构成受贿罪。胡伟富在案发前主动退赃，案发后积极退赃，依法可以从轻处罚，相关辩护意见予以采纳。据此，依照《中华人民共和国刑法》第385条第1款、第386条、第383条第1款第1项、第67条第3款、第64条之规定，常山县人民法院以受贿罪判处被告人胡伟富有期徒刑十年，并处没收财产人民币十五万元。

一审宣判后，被告人胡伟富以其在事先即与民建公司谈好优惠条件，判决书认定其从民建购房中得到的5万元优惠中超出3010优惠幅度的4万余元为受贿款依据不足等为由提出上诉。

衢州市中级人民法院经公开审理认为，胡伟富2003年4月任常山县城市规划管理所副所长，对在常山县开发房地产的民建公司存在职务上的监管，民建公司在售房时针对不特定对象的最高优惠幅度为3010，胡伟富及其弟弟胡伟贵各以1%的优惠幅度与民建公司签订购房合同，付清房款后，胡伟富于2003年10月用其他购货发票从民建公司获取5万元，使其兄弟二人购房比民建公司售房的最高优惠幅度还少付房款4万余元，优惠幅度达总房款的13%以上，显然超出正常优惠幅度，民建公司负责人的证言也证实是基于胡伟富的职权考虑才给予该幅度的优惠，故对该4万余元应当认定为采用交易的形式收受贿赂，相关上诉理由依据不足，据此裁定，驳回上诉，维持原判。

以明显高于市场的价格向请托人出租房屋，所收取的租金与市场价格的差额是否应当认定为受贿数额

——凌吉敏受贿案[①]

【裁判要旨】

1. 明知他人有与自己职务相关的请托事项，仍然将自己房屋以明显高于市场的价格租给请托人的，视为承诺为他人谋取利益。

2. 以明显高于市场的价格让请托人租赁其房屋，实质上是一种变相收

① 原载于《刑事审判参考》2014年第4集·总第99集，第1019号。

受请托人财物的行为，属于采取交易形式变相收受贿赂，受贿数额为实际收取的租金与市场租金的差额。

【关 键 词】

明显高于市场价　出租房屋　为他人谋取利益　受贿数额

【相关法条】

《中华人民共和国刑法》第385条第1款、第386条、第383条

【基本案情】

被告人凌吉敏，原系人力资源和社会保障部养老保险司待遇处副处长。

北京市东城区检察院以被告人凌吉敏犯受贿罪，向东城区人民法院提起公诉。

被告人凌吉敏对指控的事实不持异议，但辩称其没有利用职务之便为吉林省扶余华侨农场（以下简称扶余华侨农场）谋取利益，房租高于平均的市场价是因为承租对象和房屋用途与一般住宅不同。

被告人凌吉敏的辩护人基于以下理由提出凌吉敏的行为不构成受贿罪：（1）凌吉敏没有为扶余华侨农场直接分配专项补贴的职权，且事后的租房行为与之前制定专项补助政策并没有必然的因果关系；（2）扶余华侨农场通过较高的租金租赁房屋并不排除有事后答谢的意思，但凌吉敏没有与其事先约定、承诺或者达成默契；（3）凌吉敏不知道扶余华侨农场改变专项资金的用途，亦没有监督职责。

北京市东城区人民法院经公开审理查明：2003年至2011年，被告人凌吉敏担任人力资源和社会保障部养老保险司待遇处副处长，负责对农垦企业基本养老保险专项转移支付资金进行分配、监督。在此期间，凌吉敏利用职务便利，将其房产以明显高于市场的价格租赁给吉林省扶余华侨农场，以此方式收受该农场贿赂款人民币（以下币种同）633864元。案发后赃款已全部退缴。

【裁判结果与理由】

北京市东城区人民法院认为，被告人凌吉敏的供述、亲笔供词、证人证言、相关书证均证实凌吉敏有负责制定养老保险专项补助政策、分配养老保险专项补助资金以及监督该项政策实施的职务便利。凌吉敏明知扶余华侨农场有与其职务相关的请托事项，仍然以明显高于市场的价格向请托

方出租房屋收取贿赂，应当以受贿罪论处，依法应予惩处。鉴于被告人家属代为退缴全部赃款，可以对凌吉敏从轻处罚。据此，依照《中华人民共和国刑法》第385条第1款、第386条、第383条、第64条之规定，东城区人民法院以被告人凌吉敏犯受贿罪，判处有期徒刑十年。在案扣押的人民币六十三万三千八百六十四元，予以没收。

一审宣判后，被告人凌吉敏不服，向北京市第二中级人民法院提出上诉。凌吉敏的上诉理由及其辩护人的辩护意见是：凌吉敏没有利用职务上的便利为扶余华侨农场谋取利益，将房屋租赁给扶余华侨农场是双方自愿的市场行为，房屋租金公平、合理，其行为不构成犯罪。

北京市第二中级人民法院经审理认为，人力资源和社会保障部养老保险司出具的证明、说明等书证证实，上诉人凌吉敏作为人力资源和社会保障部养老保险司待遇处副处长，具有制定养老保险专项补助政策、分配养老保险专项补助资金以及监督该项政策实施的职务便利。凌吉敏在明知扶余华侨农场有与其职务行为相关的请托事项的情况下，仍然以明显高于市场的价格向请托方出租自有房屋，其房屋租金高于市场价格的部分，应当认定为凌吉敏变相收取的贿赂款，构成受贿罪，依法应予惩处。一审法院根据凌吉敏犯罪的事实、犯罪的性质、情节及对于社会的危害程度所作出的定罪正确，量刑适当，审判程序合法。据此，依照《中华人民共和国刑事诉讼法》第225条第1款第1项之规定，北京市第二中级人民法院裁定驳回上诉，维持原判。

国家工作人员以炒房之名收受财物构成受贿罪

——施百泉受贿案①

【裁判要旨】

国家工作人员利用职务上的便利，假借炒房名义，收受他人送予的所谓房屋溢价款，为他人谋取利益的，应当认定为受贿罪。

---

① 原载于《人民司法》2013年第20期。

【关 键 词】

国家工作人员 房屋溢价款 受贿

【相关法条】

《中华人民共和国刑法》第385条第1款，第386条、第383条第1款第（1）项、第2款

【基本案情】

公诉机关浙江省湖州市吴兴区人民检察院。

被告人施百泉，原系浙江省湖州市国土资源局吴兴区分局副局长兼织里镇土地管理所所长。

2006年至2009年10月，被告人施百泉在担任湖州市国土资源局吴兴区分局副局长兼吴兴区织里镇土地管理所所长期间，利用职务上的便利，先后非法收受湖州广际房地产开发有限公司总经理郁林强、湖州义祥房地产有限公司总经理沈新康、湖州金属科技有限公司总经理周国旗、湖州星火房地产开发有限公司总经理周新明贿送的财物，价值共计人民币184000元、港币10000元，并为他们谋取利益。具体分述如下：

（1）2007年12月，广际公司总经理郁林强为感谢被告人施百泉工作中给予的支持，并希望今后能继续得到关照，利用一起去香港旅游的机会，贿送被告人施百泉港币1万元，折合人民币9504元。

（2）2006年春节前，被告人施百泉在办公室收受湖州义祥房地产公司经理沈新康贿送的现金人民币10000元。

（3）2008年春节前，被告人施百泉收受湖州金属科技有限公司总经理周国旗贿送的现金人民币5000元。

（4）2006年至2008年春节前，被告人施百泉每年收受湖州星火房地产有限公司总经理周新明贿送的消费卡3000元，三次共计价值人民币9000元。

（5）2006年左右，被告人施百泉以买房为名，预订了位于湖州市吴兴区织里镇广际童装苑的两间店面房，后该童装苑的开发商湖州广际房地产开发有限公司（以下简称广际公司）总经理郁林强以补偿差价为由，将人民币160000元作为房屋溢价款贿送给被告人施百泉，被告人施百泉予以收受。2010年6月8日，被告人施百泉在获知相关人员被检察机关查处后，将现金人民币160000元及港币10000元退还给郁林强。次日，被告人施百

泉主动投案，并如实供述了自己受贿的事实。

湖州市吴兴区人民检察院以被告人施百泉的行为构成受贿罪，向湖州市吴兴区人民法院提起公诉。

被告人施百泉及其辩护人对公诉机关指控的前四笔受贿事实无异议，但对第五笔受贿事实提出异议。被告人施百泉辩称，其从郁林强处收取的人民币160000元是其所订房屋的溢价款，不是受贿；其辩护人称，被告人施百泉以其姐夫王新芳的名义预订了广际童装苑的两间店面，并缴纳了人民币200000元的订房款，被告人施百泉收取郁林强的人民币160000元属于其所预订房屋的溢价款，系正当炒房投资所得，不属于受贿。

【裁判结果与理由】

浙江省湖州市吴兴区人民法院审理认为，被告人施百泉身为国家机关工作人员，利用职务之便，非法收受他人财物价值共计人民币193504元，为他人谋取利益，其行为已构成受贿罪。公诉机关指控的罪名成立，依法应予惩处。被告人施百泉在客观上无房可订，也不存在房屋转让的情况下，借炒房名义收受他人人民币160000元的行为构成受贿罪，其缴纳订金只是一种掩盖其受贿犯罪事实的行为。被告人施百泉主动投案，并如实供述自己的罪行，系自首，依法可以从轻或者减轻处罚。被告人对其犯罪事实基本予以供认，且退缴了部分赃款，酌情从轻处罚。依照刑法第385条第1款，第386条，第383条第1款第（1）项、第2款，第93条第1款，第67条第1款，第59条，第64条之规定，以受贿罪判处被告人施百泉有期徒刑7年，并处没收财产人民币5万元；暂扣于湖州市吴兴区人民检察院的赃款人民币184000元、港币1万元，予以追缴并上缴国库。

一审宣判后，被告人施百泉以原判将其收取郁林强的房屋溢价款人民币160000元认定为受贿显属错误为由，提出上诉，请求二审予以改判。

浙江省湖州市中级人民法院经审理认为，上诉人施百泉并未实际预订房屋，其收受行贿人的人民币160000元系炒房所得并无事实根据，在上诉人提出房屋转让的期间，广际公司仅转让三套房屋，差价共计人民币68000元，上诉人及其辩护人提出该人民币160000元系炒房所得的意见明显与事实不符，不予采信；上诉人辩称其预订的湖州市吴兴区织里镇利济路7幢1－2号的两间店面房早已在2006年5月被吴阿金所订，且该房一直登记在吴阿金名下，上诉人及其辩护人称自己已缴纳订金订房的意见与查明的事实不符，不予采信。原判鉴于上诉人施百泉有自首情节，且退缴部分赃款，已对其减轻处罚，所处量刑适当，上诉人及其辩护人请求改判，理由不足，不予支持。依照《刑事诉讼法》第189条第（1）项之规定，裁定驳回上诉，维持原判。

利用职务便利为他人谋取利益，授意他人向第三人出借款项，还款义务最终被免除的，是否属于受贿

——雷政富受贿案[①]

【裁判要旨】

免除第三人债务可以成为受贿罪的对象。利用职务便利为他人谋取利益，授意他人向第三人出借款项，还款义务最终被免除的，属于受贿。根据《贪污贿赂解释》第12条的规定，贿赂犯罪中的“财物”，包括货币、物品和财产性利益。财产性利益包括可以折算为货币的物质利益如房屋装修、债务免除等。

【关 键 词】

第三人　免除还款义务　权钱交易

【相关法条】

《中华人民共和国刑法》第385条第1款，第386条，第383条第1款第1项、第2款

【基本案情】

重庆检察一分院以雷政富犯受贿罪，向法院提起公诉。

法院经审理查明：2007年7月至2008年12月，雷政富利用职务之便，为勇智公司承接工程项目等提供帮助。2008年1月，华伦达公司法定代表人肖烨（另案处理）等人为谋取非法利益，安排赵某（另案处理）偷拍赵某与雷政富的性爱视频。同年2月14日，雷政富与赵某在金源大饭店再次开房时被肖烨安排的人当场“捉奸”，假扮赵某男友的张进、扮私家

---

① 原载于《刑事审判参考》2013年第4集·总第93辑，第885号。

侦探的严鹏（另案处理）对雷政富播放了雷与赵某的性爱视频，双方为此发生纠纷。肖烨接赵某的电话通知来到饭店后假意协调解决，让雷政富离开。2008年2月16日，肖烨以张进要闹事为由，以借为名向雷政富提出“借款”300万元，雷担心不雅视频曝光，在明知其被肖烨设局敲诈的情况下，要求勇智公司法定代表人明勇智“借款”300万元给肖烨的公司。同年2月18日，肖烨向勇智公司出具借条。次日，勇智公司向华伦达公司转账300万元。同年8月18日，该“借款”期满后，肖烨个人及其永煌公司的账上均有足额资金，但未归还。雷政富得知肖烨未归还后向明勇智表示由其本人归还，明勇智提出不用雷归还，雷予以认可。2010年11月，雷政富害怕事情败露，经与肖烨共谋后，为掩饰该事实，于2010年11月16日，以“还款”的名义，由永煌公司转账100万元到勇智公司账上。

另查明，2011年，雷政富利用职务之便，为重庆市北碚大学科技园发展有限公司（以下简称北碚公司）争取扶持资金等提供帮助，于2011年6月在美国纽约考察学习期间，收受该公司法定代表人印小明1万美元（折合人民币6.5053万元）和“BVLGARI”牌手表一只，回国后将该手表上交。2012年年初，雷政富利用职务之便，为时任重庆市第九人民医院骨科主任的范大礼职务升迁提供帮助。之后，范大礼通过雷政富妻子聂玉荣转送感谢费10万元。

【裁判结果与理由】

法院认为，雷政富身为国家工作人员，利用职务之便，为他人谋取利益，非法收受他人财物共计316万余元，其行为构成受贿罪，且受贿数额巨大。依照《刑法》第385条第1款，第386条，第383条第1款第1项、第2款，第55条，第56条第1款，第59条，第61条，第64条之规定，以被告人雷政富犯受贿罪，判处有期徒刑十三年，剥夺政治权利三年，并处没收个人财产三十万元。对雷政富受贿赃款316.5053万元予以追缴，上缴国库。

一审宣判后，被告人雷政富不服，向重庆市高级法院提起上诉。

上诉人雷政富及辩护人的意见是明勇智支付给肖烨的300万元系勇智公司与华伦达公司之间的借款，不能认定为雷政富受贿。一审认定雷政富收受印小明、范大礼财物的证据不足。

重庆市高级人民法院认为，上诉人雷政富身为国家工作人员，利用职务之便，为他人谋取利益，非法收受他人财物共计折合316万余元，其行为构成受贿罪，依法应予惩处。原判认定的犯罪事实和适用法律正确、量刑适当，审判程序合法。据此，依照《刑事诉讼法》第225条第1款第1项之规定，重庆市高级法院裁定驳回上诉维持原判。

被告人利用职权便利向管理对象高息放贷行为性质的认定

——陈建飞受贿案①

【裁判要旨】

国家工作人员利用职务便利，向职权管理对象放贷收受巨额利息，其行为构成受贿。国家工作人员受贿后，因自身或者与其受贿有关联的人、事被查处，为掩饰犯罪而退还或者上交的，不影响认定受贿罪。

【关 键 词】

国家工作人员　放贷　利息　受贿

【相关法条】

《中华人民共和国刑法》第385条

【基本案情】

浙江省金华市人民检察院以被告人陈建飞犯受贿罪，向金华市中级人民法院提起公诉。

被告人陈建飞及其辩护人提出，陈建飞借款给杨伯伟、吴文红并收取利息属于正常的民事行为，与陈建飞本人的职权无关，不构成受贿；在案发前退还、主动上交的钱物不应认定为受贿数额；归案后认罪态度好，要求从轻处罚。

法院经审理查明：2002年春节至2010年3月，被告人陈建飞在担任浙江省金华市公安局消防支队永康大队大队长、消防支队防火监督处处长、消防支队副支队长期间，利用职务上的便利，在消防工程项目设计、

① 原载于《人民法院案例选》2013年第3辑。

审核、验收、日常管理及消防产品推荐、人员提拔等事项上，先后为陈文兵、朱中英等31人谋取利益，并收受前述人员所送的现金、烟票、购物卡、消费卡等财物共计价值人民币52.36万元。后在单位相关人员被查处及被检察机关调查时，陈建飞先后退回行贿人贿赂款计人民币13.2万元，上缴单位赃款计人民币6.56万元。

原判还认定，2008年1月至4月，被告人陈建飞在担任金华市公安局消防支队副支队长期间，先后向金华世贸中心项目负责人杨伯伟提出以其妻方某某、外甥女陈某某名义放贷，按5%、8%月利率收取利息，杨伯伟为了在金华世贸中心消防设计、审核、验收等方面得到陈建飞的关照，予以同意。之后，被告人陈建飞以方某某、陈某某名义陆续放贷给杨伯伟共计人民币900万元，至2010年5月，陈建飞共收取利息计人民币1503.1万元，超出银行同类贷款利率4倍以上利息计人民币819.25万元。2010年10月，在单位有关人员被查处后，陈建飞退还给杨伯伟人民币600万元。

2007年5月至2009年9月，被告人陈建飞在担任金华市公安局消防支队副支队长期间，负责浙江省义乌市九州建设开发有限公司（以下称“九州公司”）开发的义乌金福源珠宝广场消防项目的验收，即向该公司负责人吴文红提出放贷及高利率回报要求。之后，陈建飞先后放贷给九州公司计人民币800万元，按月利率3%～3.2%收受利息计人民币116.93万元，超出银行同类贷款利率4倍以上利息计人民币53.75万元。2010年5月，被告人陈建飞在单位有关人员被查处后退还吴文红人民币41万元。

【裁判结果与理由】

浙江省金华市中级人民法院于2011年11月17日作出（2011）浙金刑二初字第28号刑事判决，认定被告人陈建飞犯受贿罪，判处无期徒刑，剥夺政治权利终身，并处没收个人全部财产。宣判后，陈建飞提出上诉。浙江省高级人民法院于2012年4月18日作出（2011）浙刑二终字第147号刑事裁定，驳回上诉，维持原判。

法院生效裁判认为：被告人陈建飞身为国家工作人员，利用职务上的便利非法收受他人财物总计人民币925万余元，并为他人谋取利益，其行为已构成受贿罪。其中，陈建飞利用其担任金华市公安局消防支队副支队长的职务之便，在行使对金华世贸中心和九州公司开发的义乌金福源珠宝广场的消防设计、审核、验收的职权过程中，向职权管理对象杨伯伟、吴文红提出高息放贷要求，并实际收受高额利息款计人民币873万元，主观上利用职权非法收受他人财物的故意明显，其行为符合受贿罪的特征。其受贿犯罪既遂后，因本单位相关人员被司法机关查处，以及在其被调查时，为逃避法律追究，先后退还、上缴部分赃款赃物，均不影响对其受贿行为的定性。

六、特定关系人共同受贿

如何认定国家工作人员与特定关系人的共同受贿行为？

——蒋勇、唐薇受贿案①

【裁判要旨】

1. 国家工作人员和特定关系人共谋后，特定关系人直接接受请托事项并收受财物，国家工作人员利用自己的职务行为以及下属的职务行为，为请托人谋取利益，应当认定为国家工作人员和特定关系人共同受贿。

2. 国家工作人员和特定关系人共谋后，特定关系人和请托人“合作”投资，国家工作人员利用职务之便为该投资项目谋取利益，以较少投资获取高额利润的应当认定为国家工作人员和特定关系人共同受贿。

【关 键 词】

国家工作人员　特定关系人　共同受贿

【相关法条】

《刑法》第385条第1款、第386条、第383条第1款第（1）项、第2款

【基本案情】

被告人蒋勇，原系重庆市规划局局长。

被告人唐薇，重庆久源商品信息咨询有限公司、重庆嘉汇置业顾问有限公司及重庆瑜然房地产开发有限公司法定代表人。

① 原载于《刑事审判参考》2009年第5期·总第70集，第585号。

重庆市检察一分院以蒋勇、唐薇犯受贿罪，向市一中院提起公诉。

蒋勇、唐薇对被指控的犯罪事实及罪名无异议，提出归案后如实供述全部罪行，退出大部分赃款，认罪态度好，请求从轻处罚。辩护人的辩护意见主要是：(1) 唐薇直接联系调规业务并收受费用，蒋勇不知情，二人没有共谋和共同行为，未共同占有钱财，不构成共同受贿；(2) 蒋勇对唐薇利用陈明职务便利办理调规业务不知情，未利用蒋勇本人的职务便利，不构成共同受贿；(3) 柏昌福未请托蒋勇为"瑜然星座"项目提供帮助，蒋勇未持有干股，唐薇有实际投入，约定的利润分配比例系双方自愿，不是对蒋勇的感谢；(4)"瑜然星座"项目的利润尚未分配，应认定为犯罪未遂。

法院经公开审理查明：2002 年上半年，蒋勇、唐薇确立情人关系后，共谋由唐薇出面为开发商办理规划手续和规划调整业务并收受钱财，利用蒋勇担任重庆市规划局领导的职务之便协调关系，解决调规问题。2004 年 11 月，唐薇在蒋勇的帮助下成立重庆嘉汇置业顾问有限公司，取得丙级城市规划资质等级。为了让该公司顺利开展代办规划业务，蒋勇要求下属市规划局用地处原处长陈明关照唐薇的业务，陈明表示同意。

（一）蒋勇、唐薇共同收受 1615.0367 万元的事实

1. 2004～2007 年，重庆长安房地产开发有限公司薛松、重庆市锦天集团卢志红、重庆金鹏物业（集团）有限公司戴相超、重庆市沙坪坝区覃家岗塑料制品有限公司徐光荣、重庆三木实业有限公司范奉琴、重庆佰富实业有限公司李云旗、重庆天龙房地产开发有限公司叶炳均、中国四联仪器仪表集团有限公司卿玉玲、四川省成都市华瑞实业有限公司刘聚臻、重庆市沙坪坝联芳园区管委会徐生明，为相关项目规划事宜，请托唐薇到市规划局协调关系，唐薇接受请托后告知蒋勇，蒋勇利用自己的职务行为或安排下属予以关照，以及蒋勇接受重庆鲁能开发（集团）有限公司孙瑜有关项目规划事宜的请托，通过唐薇共收受 687.3016 万元。

2. 2004～2005 年，重庆艺洲生态农业发展有限公司张华荣、重庆金鹏物业（集团）有限公司戴相超、重庆才宇房地产开发有限公司通过李坚、重庆都市房屋开发有限公司周祖刚、重庆华辰物业发展有限公司林锋、重庆市卢山房地产开发有限公司王大贤，为相关项目规划事宜，请托唐薇到市规划局协调关系，陈明利用职务上的便利予以关照，唐薇共收受 273.84

万元。

3. 2005年7月，蒋勇、唐薇商议后成立重庆瑜然房地产开发有限公司，并在蒋勇的帮助下取得房地产开发资质。后蒋勇向唐薇提出将位于重庆市江北区花果小区一地块性质由绿化用地调整为居住用地后，供该公司进行房地产开发。唐薇找到重庆市利丰达房地产开发公司柏昌福，提议合作开发。2006年5月，唐薇与柏昌福签订合同，约定唐薇出资100万元，柏昌福出资1900万元；唐薇负责该地块的取得、地块性质调整等，柏昌福负责项目资金的筹措、项目建设和销售策划；项目利润分配由唐薇占49%，柏昌福占51%。后唐薇为调整该项目规划事宜找到蒋勇，蒋勇利用职务之便协调相关单位和职能部门，办理了相关规划手续。至2008年12月，该项目完成一期工程，净利润为人民币1486. 1253万元，扣除实际投入的本金折合股份，唐薇应当分得利润人民币653. 8951万元。

（二）蒋勇个人受贿的事实

2001～2008年，重庆麦迪绅投资有限公司、重庆市明瑜实业有限公司委托的王培庆，重庆庆业置业有限公司王晓燕，重庆富洲房地产开发有限公司林金清，重庆协信城市建设发展有限公司吴旭，重庆市国际高尔夫俱乐部有限公司杨传全，重庆美心房地产开发有限公司夏明宪，重庆浦辉房地产开发有限公司曾礼浦，重庆中研房地产开发有限公司陆魁等人，因有关项目规划事宜，请蒋勇关照，蒋勇予以支持，共收受财物折合人民币181. 2517万元。

蒋勇、唐薇共同受贿赃款由唐薇保管，并主要用于购买房产、汽车，投资股票、房地产等。蒋勇将个人受贿赃款用于个人或家庭消费。案发后，蒋勇亲属为其退出赃款70万元，检察机关从唐薇处追回赃款979. 378909万元，二者共计1049. 378909万元。检察机关还从唐薇处查扣其用赃款购置的部分房产。

【裁判结果与理由】

法院认为，蒋勇身为国家工作人员，利用职务上的便利，为他人谋取利益，单独或伙同唐薇非法收受他人财物折合人民币共计1796. 2884万元；唐薇伙同蒋勇共同收受贿赂1615. 0367万元，二人的行为均已构成受贿罪，且情节特别严重。鉴于二人归案后能如实供述自己的全部罪行，且能积极退出大部分赃款，具有悔罪表现，可依法予以从轻处罚。公诉机关指控的基本事实和罪名成立。蒋勇、唐薇的其他辩解及其辩护人提出的其他辩护意见均不能成立，不予采纳。依照《刑法》第385条第1款、第386条、第383条第1款第（1）项、第2款、第25条第1款、第48条第1款、第57条第1款、第64条的规定，判决如下：1. 蒋勇犯受贿罪，判处死刑，缓期二年执行，剥夺政治权利终身，并处没收个人全部财产；2. 唐薇犯受贿罪，判处有期徒刑十五年；3. 对蒋勇、唐薇共同受贿所得赃款人民币1615.0367万元继续予以追缴，对蒋勇个人受贿所得除案发前已退出的赃款赃物外，其余赃款共计167.7803万元继续予以追缴。

一审宣判后，本案在法定期限内没有上诉、抗诉，重庆市一中院依法报送重庆市高级院核准。

重庆市高级人民法院经复核认为，原判认定事实和适用法律正确，量刑适当，审判程序合法。依法裁定核准重庆市第一级人民法院以受贿罪判处蒋勇死刑，缓期二年执行，剥夺政治权利终身，并处没收个人全部财产的刑事判决。

特定关系人在受贿案件中的认定问题

——周小华受贿案①

【裁判要旨】

1. 特定关系人是指“与国家工作人员有近亲属、情妇（夫）以及其他共同利益关系的人”。根据我国《刑事诉讼法》第82条第（6）项的规定，近亲属是指“夫、妻、父、母、子、女、同胞兄弟姐妹”。其他共同利益关系的人，关键在于该人是否与国家工作人员有共同利益关系。对于共同利益关系的理解，应注意把握两点：一是共同利益关系主要是指经济利益关系，纯粹的同学、同事、朋友关系不属于共同利益关系，受贿罪的本质是权钱交易，没有经济利益往来的不符合受贿本质特征；二是共同利益关系不限于共同财产关系，除共同财产关系外，情夫情妇等关系亦属于

① 原载于《刑事审判参考》2009年第5集·总第70集，第584号。

特定关系。

2. 国家工作人员利用职务便利要求给特定关系人安排工作，但特定关系人实际付出相应劳动的，不属于挂名领取薪酬的情形，不能认定被告人受贿。

3. 检察机关掌握的事实未被法院认定为犯罪，被告人主动交代其余犯罪事实的，构成自首。

【关 键 词】

特定关系人　安排工作　领取薪酬　受贿

【相关法条】

《中华人民共和国刑法》第385条第1款、第386条、第383条第1款第（3）项、第2款

【基本案情】

南浔区检察院以周小华犯受贿罪，向区法院提起公诉。

周小华及其辩护人提出，公诉机关指控周小华向冯荣兴索贿3万元、周小华收受周文荣3万元、收受董连富价值1800元的购物券，不应认定为受贿犯罪，请求从轻处罚。

法院经公开审理查明：2006年初至2007年底，周小华在担任湖州市工商局南浔区分局经检科副科长兼经检大队副大队长（主持工作）期间，利用其对辖区内市场进行监管和对违法经营的企业、个人进行查处等职务便利，为他人谋取利益，分别收受冯荣兴等人现金和礼卡，合计价值人民币25400元。其中2006年9月，董连富在被告人周小华单位门口，将浙北大厦价值人民币1800元的购物券放在月饼盒中，送给被告人周小华，周予以收受。

另查明，2006年上半年，湖州市东迁建筑工程有限公司直港巷分公司（以下简称东迁分公司）经理周文荣因无照经营而被南浔工商分局经检大队查处。事后，被告人周小华通过东迁建筑有限公司总经理董连富，安排其妻子张金仙的妹妹张金莲到东迁分公司担任会计。从2006年4月起至2007年年底，无会计从业资格的张金莲出面担任东迁分公司的会计，期间，张金莲在其有会计证的姐姐张金仙的帮助和指导下，完成了东迁分公司2006年度及2007年度的会计工作。周文荣分别在2006年及2007年的年底，先后两次以工资名义交付给被告人周小华现金人民币3万元（其中

2006年度为2万元，2007年底，周文荣以2007年度工作量较少，给付1万元)。被告人周小华拿到钱后将钱交给其妻张金仙，张金仙将其中的一部分给予张金莲。

2007年初，周小华妻子的表弟沈子良准备购买湖州巨赢置业有限公司(以下简称巨赢公司，系私营企业）开发的巨赢花园小区的住房，为此，被告人周小华多次向巨赢公司董事长冯荣兴要求给沈子良购房予以优惠。后沈子良购买标价为人民币335088元的住房1套，享受销售单位的优惠后，房价为人民币327423元，并以此价由沈子良与巨赢公司、湖州远大房地产代理经营有限公司签订了购房合同，购房的首付款收据开票额为人民币147098元，但沈子良实付人民币117098元。对该套房屋，沈子良实付总房款为人民币297423元（比签订合同的价格少人民币30000元)。

2008年4月2日，周小华因涉嫌索取巨赢公司董事长冯荣兴3万元，被湖州市南浔区人民检察院传唤，周小华到案后主动交代了上述犯罪事实。案发后，周小华向湖州市南浔区人民检察院退缴全部赃款。

【裁判结果与理由】

法院认为，周小华身为国家工作人员，利用职务上的便利，收受他人钱财共计人民币25400元，为他人谋取利益，其行为已触犯刑律，构成受贿罪，公诉机关指控的罪名成立，应依法惩处。关于被告人的辩解和辩护人的辩护意见，经审理认为：1. 冯荣兴应被告人周小华的要求，而给予沈子良买房3万元优惠，沈子良因被告人周小华的身份而获利，鉴于沈子良既非被告人周小华的近亲属，且本案亦无证据证明被告人周小华与沈子良之间具有共同利益关系，故公诉机关指控被告人周小华对沈子良所获得的3万元购房优惠构成受贿罪，不能成立。2. 张金仙、张金莲为东迁分公司做账，是基于被告人周小华的原因，但张金莲和张金仙共同完成了公司两年的会计工作，并非属于“仅是挂名，不实际工作却获取所谓薪酬”之情形，故公诉机关指控被告人周小华收受周文荣3万元构成受贿罪，不能成立。3. 2006年9月周小华收受董连富价值人民币1800元的购物券，并无相应人情事由，并非正当的人情往来，而是董连富为得到被告人周小华职权上的照顾，借中秋节之机送给周小华的，被告人周小华明知对方的用意，仍予以收受，符合受贿罪的犯罪特征，应认定为受贿。被告人周小华因其他事实而到案，到案后主动交代了本案犯罪事实，可视为自首，依法可以从轻或减轻处罚。案发后，被告人周小华退清全部赃款，酌情从轻处罚。根据被告人周小华犯罪的事实、犯罪性质、情节和对社会的危害程度，依照《刑法》第385条第1款、第386条、第383条第1款第（3）项、第2款、第67条第1款、第64条及《最高人民法院关于处理自首和立功具体应用法律若干问题的解释》第1条的规定，判决如下：1. 周小华犯受贿罪，判处有期徒刑二年。2. 周小华退缴的受贿款人民币二万五千四百元，由扣押单位上交国库。

一审宣判后，被告人没有提出上诉，公诉机关亦未抗诉，判决发生法律效力。

七、间接受贿

国家工作人员通过其情人职务上的行为收取贿赂，为他人谋取不正当利益的行为，如何定性？

——陆某受贿案①

【裁判要旨】

1. 行为人通过上级的职务行为，为请托人谋取不正当利益，索取或收受财物，属于利用本人职权或者地位形成的便利条件受贿。

2. 行为人既是国家工作人员，又与被其利用的其他国家工作人员之间具有不正当男女关系，其利用本人职权或者地位形成的便利条件的行为应适用《刑法》第388条的规定，而不是第388条之一的规定。

【关 键 词】

斡旋受贿　国家工作人员　上下级　职务便利

【相关法条】

《中华人民共和国刑法》第388条，第386条，第383条第1款第1项、第2款，第93条第1款

① 原载于《刑事审判参考》2012年第1集·总第84集，第754号。

【基本案情】

被告人陆某，捕前系某市某区信访局局长，之前历任该区新城管委会办公室主任、发展和改革局副局长。

某市某区人民检察院以被告人陆某犯受贿罪向某区人民法院提起公诉。

被告人陆某对公诉机关指控其受贿人民币（以下币种均为人民币）86万元不持异议，但辩称其与刘某（男）有特殊关系，在中共某市纪律检查委员会对其调查时即主动交代了受贿事实，并在归案后检举张某和陈某之间有不正当的经济往来。陆某的辩护人提出：（1）陆某构成利用影响力受贿罪，而非受贿罪；（2）陆某有自首情节；（3）陆某具有自愿认罪、退赔赃款、初犯等酌定从轻处罚情节。

某区人民法院经公开审理查明：2009年年底至2010年5月期间，被告人陆某利用其担任某市某区新城管委会办公室主任及某市某区发展和改革局副局长这一职权、地位形成的便利条件，通过刘某担任某市某区人民政府副区长、中共某区新城工委书记并全面负责某区新城建设的职务上的行为，使不具备投标资格的某区森林地面工程有限公司，通过挂靠有资质的企业参与某区新城4个建设工程的投标并中标，为该公司谋取不正当利益，先后4次收受该公司法定代表人薛某所送的现金合计70万元。

2009年年底至2010年5月期间，陆某又利用自己职权形成的便利条件，通过刘某职务上的行为，使某市建设管理咨询有限公司违规承接了某区新城建设项目编标业务，为该公司谋取不正当利益，先后两次收受该公司董事长陈某所送的现金合计15万元。

2010年春节前，陆某以同样的手段，使不具备投标资格的某市市政工程有限公司，通过挂靠有资质的企业参与某区道路及排水工程的投标并中标，为该公司谋取不正当利益，收受该公司董事长薛某所送的现金1万元。

2011年1月10日，证人陈某在接受调查时交代向陆某行贿的事实，陆某在同月10日、11日分别接受某市人民检察院和某市某区人民检察院调查时均否认有收受他人贿赂的行为，某市某区人民检察院于同月12日将陆某抓获归案。案发后，陆某退出赃款86万元。

【裁判结果与理由】

某区人民法院审理认为，刑法第388条规定的“利用本人职权或者地位形成的便利条件”，是指行为人对被其利用的国家工作人员之间在职务上没有制约关系，但是行为人利用了本人职权或者地位产生的影响。本案被告人陆某先后担任某区新城管委会办公室主任、发展和改革局副局长，与时任某区人民政府副区长、某区新城工委书记的刘某在职务上没有制约关系，但有工作联系，且陆某的职权和地位对刘某职务上的行为能够产生一定的影响，因此，陆某通过刘某职务上的行为，为请托人谋取不正当利益，并收受请托人财物的，应以受贿论处。陆某及其辩护人提出的相关辩护意见不能成立。陆某利用其担任某区新城管委会办公室主任、发展和改革局副局长的便利条件，通过其他国家工作人员职务上的行为，为请托人谋取不正当利益，收受请托人的财物合计86万元，其行为构成受贿罪，依法应判处十年以上有期徒刑或者无期徒刑，可以并处没收财产。公诉机关的指控成立。陆某及其辩护人分别提出的自首、立功情节的意见，无事实依据，不能成立。陆某归案后退出全部赃款，当庭自愿认罪，有悔罪表现，可酌情从轻处罚，辩护人提出的酌情从轻处罚的意见可予采纳。依照《中华人民共和国刑法》第388条，第386条，第383条第1款第1项、第2款，第93条第1款，第59条，第64条之规定，以受贿罪判处陆某有期徒刑十年六个月，并处没收财产十万元；暂扣于某区人民检察院的赃款86万元予以追缴，上缴国库。

一审宣判后，被告人陆某提出上诉，某市中级人民法院经公开审理，裁定驳回上诉，维持原判。

国家工作人员利用职权和地位形成的便利条件，通过其他国家工作人员，为他人谋取不正当利益，收受贿赂的，构成受贿罪

——黄学、王丽华受贿，李林科、袁西洪介绍贿赂、袁富全伪证案[①]

【裁判要旨】

1. 国家工作人员利用本人职权或者地位形成的便利，通过其他国家工作人员职务上的行为，为请托人谋取不正当利益，收受请托人财物的，以受贿论处。

2. 在行贿人与受贿人之间进行沟通、撮合，并代为传递贿赂款，使行贿、受贿得以实现的，其行为构成介绍贿赂罪。

3. 刑法规定的不正当利益包括：一是利益本身不正当；二是为请托人谋取利益的手段不正当。

【关 键 词】

国家工作人员　谋取不正当利益　受贿　介绍贿赂

【相关法条】

《中华人民共和国刑法》第 388 条、第 386 条、第 385 条第（1）项、第 392 条

【基本案情】

2009 年 9 月底，被告人袁西洪因筹备其女袁某与被告人李林科 10 月 5 日的婚事，电话邀请袁某某（另案处理）时得知袁某某的儿子袁明、袁识凯涉嫌开设赌场罪被成都市公安局新都区分局查处并羁押。电话中袁某某询问被告人袁西洪是否有办法帮其将儿子放出来，事后肯定会记情的。袁西洪答应帮忙找一下关系。之后袁西洪与李林科联系，让其想办法。李林科答应帮忙问一下再说。被告人李林科随后找到被告人王丽华，让其帮忙

---

① 《人民法院案例选》，2011 年第 3 辑。

问。王丽华找到成都市公安局刑侦局刑警黄学帮忙。被告人黄学答应帮忙，并先通过市公安局内网2009年9月19日关于该案的治安简报了解到相关信息，后找到成都市公安局新都区分局钱某（另案处理）为袁明、袁识凯开设赌场案打探消息，积极运作。然后，黄学给王丽华、李林科说要二三十万元才放得出来，李林科说没有问题。10月7日，李林科对袁西洪说，让袁某某先准备20万元。袁某某当天便准备了13万元到袁西洪家，由于钱暂时不够，袁西洪临时从家里借了7万元给袁某某（几天后归还了袁西洪）凑足，一起交给李林科并带出门。李林科出门后给王丽华打电话说钱已经准备好了，20万元是否全部送过来？王丽华随后给黄学打电话说李林科凑了20万，问先拿多少过来，黄学说先拿5万元。于是，李林科回家放了15万元后，由李、王一起把黄学接上给付黄学现金5万元。之后黄学将该款拿到新都送给钱某，但钱某未收，由黄学自己得了这笔钱。被告人黄学对收到这5万元钱无异议，但当庭提出其在收这5万元钱时在车上抽了4000元给被告人王丽华。

成都市新都区人民检察院指控：2009年9月至2009年12月期间，被告人李林科、袁西洪得知其亲戚袁某某（另案处理）的儿子袁明、袁识凯涉嫌开设赌场罪被成都市公安局新都区分局查处并羁押，袁西洪、李林科遂承诺在有代价的前提下能找关系帮袁某某将儿子放出来，继后李林科通过被告人王丽华找到成都市公安局刑侦局刑警黄学帮忙。被告人黄学答应帮忙并找到成都市公安局新都区分局钱某（另案处理）为袁明、袁识凯开设赌场案打探消息，积极运作。期间，黄学等四人先后收受袁某某贿赂共30万元，其中黄学个人实得22.1万元，王丽华个人实得2.9万元，李林科和袁西洪两人实得5万元。案发后，黄学退赃10万元，王丽华退赃5万元，李林科与袁西洪退赃5万元。

2010年4月22日，成都市公安局新都区分局以涉嫌诈骗罪对李林科等人立案侦查。被告人黄学得知后多次组织李林科、王丽华、袁西洪等同案犯以及被告人袁富全等知情人商量如何对抗侦查，建立攻守同盟。被告人袁富全作为该案的重要证人，在2010年7月12日公安机关对其进行取证时，为帮助黄学、李林科等人逃避刑事处罚，故意作虚假陈述，隐瞒了黄学牵涉该案以及李林科收取袁某某30万元等重要情节，妨害了刑事司法活动的正常进行。

另查明，2010年8月26日，被告人王丽华以信件的形式，向成都市公安局纪律检查委员会寄去了《关于李林科一案的事实真相》，交代了其伙同黄学等人受贿的犯罪事实。

【裁判结果与理由】

四川省成都市新都区人民法院经审理认为：被告人黄学、王丽华的行为构成受贿罪，被告人李林科、袁西洪的行为构成介绍贿赂罪，被告人袁富全的行为构成伪证罪，成都市新都区人民检察院指控被告人李林科、袁西洪犯受贿罪不成立，应当依法予以变更。理由如下：

《刑法》第388条规定，国家工作人员利用本人职权或者地位形成的便利，通过其他国家工作人员职务上的行为，为请托人谋取不正当利益，索取请托人财物或者收受请托人财物的，以受贿论处。依据庭审查明的现有事实，被告人黄学的行为构成受贿罪。其理由在于，其一，被告人黄学系成都市公安局刑侦局侦查员，属于国家工作人员，符合受贿罪的主体构成要件。其二，被告人黄学以“捞”一个人15万元，两个人30万元的代价为前提下，先是通过公安局的内网查阅与请托事项相关的内部信息，为请托事项的实现做前期准备工作。之后又利用其系市局警察的身份通过区公安分局刑警钱某为请托人谋取“捞人”之事。并前后获款共计22.1万元用于赌博和日常开支。依照最高人民法院《全国法院审理经济犯罪案件工作座谈会纪要》的规定，“刑法第388条规定的‘利用本人职权或者地位形成的便利条件’，是指行为人与被其利用的国家工作人员之间在职务上虽然没有隶属、制约关系，但是行为人利用了本人职权或者地位产生的影响和一定的工作联系，如单位内不同部门的国家工作人员之间、上下级单位没有职务上隶属、制约关系的国家工作人员之间、有工作联系的不同单位的国家工作人员之间等”。故其行为符合“利用本人职权或者地位形成的便利条件”的要件。其三，最高人民法院在《全国法院审理经济犯罪案件工作座谈会纪要》中明确：为他人谋取利益包括承诺、实施和实现三个阶段的行为，如国家工作人员收受他人财物时，根据他人提出的具体请托事项，承诺为他人谋取利益的，就具备了为他人谋取利益的要件。明知他人有具体请托事项而收受其财物的，视为承诺为他人谋取利益。由此看来，只要具有其中一个阶段的行为就具备了为他人谋取利益的要件。本案中被告人黄学在明知请托人具体、明确的请托事项的前提下，不但承诺了请托人的请托事项，还利用自己的职权便利条件具体实施、运作请托事项，属于为请托人谋取利益。同时，《最高人民法院、最高人民检察院关于在办理受贿犯罪大要案的同时要严肃查处严重行贿犯罪分子的通知》规定，谋取不正当利益，是指违反法律、法规、国家政策和国务院各部门规章规定的利益，以及要求国家工作人员或者有关单位提供违反法律、法规、国家政策和国务院各部门规章规定的帮助或者方便条件。本案中请托人的请托事项为以钱将涉嫌犯罪的人放出来，其利益明显违反刑事法律的规定，其利益显然属于不正当利益。故被告人黄学的行为系为请托人谋取不正当利益。其四，受贿罪的本质系“权钱交易”的行为，即是国家工作人员基于其具有某种职务而收受了他人的财物，此财物与行为人的职务具有关联性和对价性，行为人不应当收受却收受了这种利益。本案中被告人黄学基于其职务伙同他人共收受请托人现金25万元，系非法收受请托人财物。综上所述，被告人黄学身为国家工作人员，利用其职权和地位形成的便利条件，通过其他国家工作人员职务上的行为，为请托人谋取不正当利益，实际收受请托人财物22.1万元，其行为完全符合《刑法》第388条关于受贿罪的规定。被告人黄学的行为构成受贿罪。成都市新都区人民检察院指控被告人黄学犯受贿罪成立。

被告人王丽华明知被告人黄学利用职权为他人谋取不正当利益，而与被告人黄学相互勾结，共同非法收受请托人财物25万元，并实际分得赃款2.9万元，属于共同受贿。成都市新都区人民检察院指控被告人王丽华犯受贿罪成立。

被告人袁富全作为刑事诉讼中的重要证人，对与案件有关的重要情节，故意作虚假陈述，隐匿罪证，其行为构成伪证罪。成都市新都区人民检察院指控被告人袁富全犯伪证罪成立。

被告人李林科、袁西洪在行贿人袁某某和受贿人黄学等人之间进行沟通、撮合，并代为传递贿赂款，使行贿和受贿得以实现，其行为构成介绍贿赂罪。公诉机关指控被告人李林科、袁西洪犯受贿罪罪名不当，本院依法予以变更。理由是，作为行贿受贿案件，必然存在受贿一方和行贿一方，直接构成受贿的必须具备国家工作人员的主体身份要件，非国家工作人员只有与其相互勾结才能以共犯的身份以受贿罪论处。本案中，行贿人为袁某某，受贿人为黄学。两者之间的王丽华、李林科、袁西洪三人当中，被告人王丽华与黄学明显相互勾结，共同分赃，构成受贿罪共犯。但对于被告人李林科与袁西洪，一方面，二被告人虽然明知被告人黄学利用职权为他人谋取利益而非法收受财物，但是二人主观上自始并无参与分配赃款的故意，即在主观上，二被告人无受贿取财的意图。虽然在事实上收受了行贿人袁某某 30 万元，但其中 25 万元都是转送给了王丽华、黄学。对于剩余的 5 万元也多次提出全部抱过去，用于继续“捞”袁识凯，其在主观上具有牵线搭桥、代为保管、转交受贿款的故意。在客观上，二人实施了在行贿人袁某某和受贿人黄学、王丽华之间牵线搭桥、引荐撮合、联系沟通、传递贿赂款的行为。另一方面，客观上讲被告人袁西洪、李林科与黄学、王丽华并不熟悉，特别是与受贿人黄学更不熟悉，在袁某某找到袁西洪帮忙找关系时，还想不到找黄学，仅仅是让女婿李林科努力找关系，将事情办好，其目的主要为逞能耐、挣面子，事后还可能得到好处。但达不到与黄学相互勾结并谋取利益的程度。相反，其帮助行贿方送钱出去以达到“捞人”目的，为行贿人寻找受贿目标的目的更为明显。同样，对于李林科来说，不仅碍于老丈人的强硬请求，而且由于想在老丈人面前显示自己的能干，努力为其寻找受贿人或者寻找能够帮助找到受贿人的人，还故意编造一些假象，使行贿受贿更容易成功，其行为符合介绍贿赂的特征。故被告人李林科和袁西洪的行为相对于被告人黄学、王丽华的行为具有独立性，应当予以区分。因此，本院认为二被告人的行为应当以介绍贿赂共同犯罪定罪处罚。

被告人黄学的辩护人提出被告人黄学没有从请托人袁某某家人手中收受过财物，从而否认被告人黄学收受过请托人财物的辩护意见。本院认为，《刑法》规定的“收受请托人财物”在于明确受贿人收受财物的所有权人是请托人，而并不强调受贿人必须是直接从请托人手上收受财物。因此辩护人的该辩护意见本院不予支持。被告人黄学的辩护人还提出被告人黄学没有为请托人谋取不正当利益的辩护意见。本院认为，《刑法》规定的不正当利益包括两种情况，一种情况是提供不符合法律、法规、国家政策和国务院各部门规章规定的利益，即利益本身不正当；二是提供不符合法律、法规、国家政策和国务院各部门规章规定的帮助或者方便条件，即为请托人谋取利益的手段不正当。而从本案来看，通过被告人黄学帮助“捞人”的利益本身不合法，而其为请托人提供相关办案信息等帮助或者方便条件，手段也不符合法律规定。因此辩护人的辩护意见本院不予支持。被告人黄学辩解自己受贿实得金额是17.1万元，而不是22.1万元，与庭审查明的事实不符，本院不予采纳。被告人黄学称其有自首情节的辩解意见，本院认为，虽然被告人黄学在采取强制措施之前如实供述了案件事实，但之后又在公安机关、检察机关作了不同的供述并当庭翻供，故其自首不成立，本院不予采纳。

被告人王丽华提出自己不是共同受贿的主犯的辩护意见。本院认为，依照《刑法》的规定，非国家工作人员不能单独构成受贿罪，但是可能会作为共犯而构成受贿罪。根据《刑法》总则关于共同犯罪的规定，认定共同受贿要求双方具有共同受贿的故意和行为。被告人王丽华明知黄学系国家工作人员，且利用其职权为他人谋取利益，而相互配合，从中分赃，其行为构成受贿罪的共犯，在共同犯罪的过程中，二被告人所起作用相当，不分主从。被告人王丽华在犯罪后以信件的形式主动投案，如实供述自己以及同案犯的罪行，属自首，本院对被告人王丽华依法予以减轻处罚。五被告人均系初犯，被告人王丽华退清了个人所得的赃款、被告人黄学退出了部分赃款，被告人李林科、袁西洪交出了尚未送出的行贿款5万元，均有悔罪表现，本院酌情对五被告人从轻处罚。被告人袁西洪主观恶性较小，在侦查阶段检举黄学、王丽华的犯罪行为并亲笔写信给被告人李林科，劝导其主动交代犯罪事实，使案件的侦查取得重大突破，属于有立功表现；被告人袁富全犯罪情节较轻，对被告人袁西洪、袁富全适用缓刑不致再危害社会，本院依法对二被告人适用缓刑。被告人李林科在介绍贿赂犯罪中所起作用较大，情节严重，社会危害性较大，不宜适用缓刑。依照《中华人民共和国刑法》第388条、第386条、第383条第（1）项、第25条第1款、第67条、第392条、第72条第1款、第73条第2、3款、第305条、第64条之规定，作出如下判决：一、被告人黄学犯受贿罪，判处有期徒刑十一年六个月。二、被告人王丽华犯受贿罪，判处有期徒刑五年。三、被告人李林科犯介绍贿赂罪，判处有期徒刑二年。四、被告人袁西洪犯介绍贿赂罪，判处有期徒刑一年，缓刑一年六个月。五、被告人袁富全犯伪证罪，判处有期徒刑六个月，缓刑一年。六、依照《中华人民共和国刑法》第64条之规定，被告人黄学、王丽华违法所得的赃款25万元，以及被告人李林科、袁西洪尚未送出的行贿款5万元全部予以追缴，上缴国库。

事后收受财物能否构成受贿罪？

——陈晓受贿案①

【裁判要旨】

事后收受财物通常具有以下特点：行为人利用其职务行为为他人谋取了利益；行为人在利用职务之便为他人谋取利益之时或者之前，没有收受财物；行为人在为他人谋取利益之后收受对方财物；没有充分证据证明行为人在利用职务便利为他人谋取利益时就意在以后收受对方的财物，但行为人事后收受对方财物时，却明知对方送的财物是因为自己的职务行为使对方获取了利益。事后收受财物的行为构成受贿罪。《贪贿解释》第15条规定：履职时未被［第一款第（3）项］请托，但事后基于该履职事由收受他人财物的，应当认定为：为他人谋取利益，构成犯罪的，应当依照刑法关于受贿犯罪的规定定罪处罚。

【关 键 词】

事后收受财物　为他人谋取利益　受贿

【相关法条】

《中华人民共和国刑法》第385条第1款、第386条、第383条第1款（1）项

【基本案情】

被告人陈晓，原系中国电子物资公司安徽公司顾问。

安徽省合肥市人民检察院以被告人陈晓犯受贿罪，向合肥市中级人民法院提起公诉。

安徽省合肥市人民检察院起诉书指控：被告人陈晓担任中国电子物资公司安徽公司（以下简称安徽公司）总经理期间，利用职务之便，为他人谋取利益，于1993年春节前、1994年春节前后三次非法收受下属单位能源化工处处长兼庐海实业有限公司（以下简称庐海公司）承包人李剑峰所

① 原载于《刑事审判参考》2000年第3集·总第8集，第64号。

送33万元人民币、15万元港币，其行为已构成受贿罪。

被告人陈晓及其辩护人辩称，陈晓的行为不构成犯罪。理由是：主持制定《关于能源化工处、庐海实业有限公司试行新的奖励办法的通知》、《关于试行业务人员六项费用承包经营核算办法的报告》、申请原油配额、协调李剑峰与财务部门之间的关系等行为，均是陈履行职务的正当行为；陈未利用职务之便为李剑峰谋取利益；没有受贿故意；李剑峰所送的33万元人民币、15万元港币，其中20万元是陈晓之子在庐海公司的工作所得，其余钱款系李剑峰馈赠。

合肥市中级人民法院经审理认为：被告人陈晓系由中国电子物资总公司任命的安徽公司总经理，是领导和管理国有企业相关事务的工作人员，其主持制定《关于能源化工处、庐海实业有限公司试行新的奖励办法的通知》，出发点是为了公司利益，是在邓小平南巡讲话的大气候下，对公司分配机制进行改革的一项尝试，建立的是“公司得大头，个人得小头”的激励机制，不是为他人谋取利益。此文件的出台，没有经过由公司所有领导参加的经理办公会的讨论，且控制发文范围，在制定程序上不完备，但安徽公司实行总经理负责制，被告人陈晓曾于1992年5月就此文件向原中国电子物资总公司总经理赵德海汇报，赵表示可以试试，同意承包三七分成，故不能完全否定《关于能源化工处、庐海实业有限公司试行新的奖励办法的通知》合法有效性。被告人陈晓主持制定《关于试行业务人员六项费用承包经营核算办法的报告》，帮助李剑峰承包的能源化工处向省计委申请并获得进口原油配额，是其正当的职务行为，不是为李剑峰谋取利益。现有证据无法证实被告人陈晓主观上具有权钱交易的受贿故意。陈晓的行为在客观上给李剑峰带来一定的个人利益，李剑峰在事后给付陈晓钱财表示感谢而陈晓予以收受，这是一种事后收受财物行为。故认定被告人陈晓的行为构成受贿罪的证据不足。起诉书指控的罪名不能成立。依照《中华人民共和国刑事诉讼法》第162条第（3）项的规定，于1998年10月8日判决如下：被告人陈晓无罪。

一审宣判后，合肥市人民检察院认为，一审判决认定事实错误，适用法律不当，显系错判，提起抗诉。

安徽省高级人民法院经审理认为，原判认定事实不清，依照《中华人民共和国刑事诉讼法》第189条第（3）项的规定，于1999年12月10日裁定如下：1. 撤销合肥市中级人民法院的刑事判决；2. 发回合肥市中级人民法院重新审判。

合肥市中级人民法院依法重新组成合议庭，经公开审理查明：原审被告人陈晓自1986年至1996年间任安徽公司总经理。1992年初，安徽公司下达公司各部门承包经营方案。同年4月，能源化工处处长兼庐海公司经理李剑峰向陈晓递交书面报告，提出新的承包经营方案，建议超额利润实行三七分成。陈晓在没有通知公司其他领导的情况下，与公司党委书记、副总经理徐某（另案处理）、财务处长吴某及李剑峰四人研究李剑峰提出的建议，决定对李剑峰承包经营的能源化工处、庐海公司实行新的奖励办法，由陈晓亲笔草拟，并会同徐某签发《关于能源化工处、庐海实业有限公司试行新的奖励办法的通知》，规定超额利润70%作为公司利润上缴，30%作为业务经费和奖金分成，并由承包人支配。发文范围仅限财务处、能源化工处、徐某及陈晓个人。1993年初，陈晓在公司办公会上提出在全公司实行新的承包方案，主持制定《业务处室六项费用承包核算办法实施细则》。依据《关于能源化工处、庐海实业有限公司试行新的奖励办法的通知》、《业务处室六项费用承包核算办法实施细则》的规定，李剑峰于1992年提取超额利润提成21万余元，1993年提取超额利润提成160万余元。

在李剑峰承包经营期间，原审被告人陈晓以公司总经理身份及公司名义于1992年11月、1993年5月先后两次向安徽省计划委员会申请拨要进口原油配额6.5万吨，交给李剑峰以解决其进口加工销售业务所需，并多次协调李剑峰与公司财务部门之间就资金流通、使用等方面的矛盾。

李剑峰为感谢陈晓为其制定的优惠政策及承包经营业务中给予的关照，于1993年春节前，送陈晓人民币3万元，1994年春节前后又两次送给陈晓人民币30万元、港币15万元。陈晓收受李剑峰的钱款后，其妻李某利用此款在广东珠海市吉大园林花园购买房屋一套（价值人民币51万余元）。

【裁判结果与理由】

合肥市中级人民法院认为：原审被告人陈晓身为国家工作人员，利用职务便利，根据下属部门承包经营人李剑峰建议，制定新的承包经营政策，协调、帮助李剑峰承包经营，在李剑峰获取巨额利润后，非法收受李剑峰所送33万元人民币、15万元港币，其行为侵害了国家工作人员公务活动的廉洁性，已构成受贿罪，依法应予惩处。公诉机关指控犯罪成立。

依照《中华人民共和国刑法》第12条第1款、第385条第1款、第386条、第383条第1款（1）项、第64条的规定，于2000年1月10日判决如下：1. 原审被告人陈晓犯受贿罪，判处有期徒刑十年。2. 原审被告人陈晓以违法所得购买广东珠海市吉大园林花园房屋一套，予以没收。

宣判后，原审被告人陈晓没有上诉，检察机关也未抗诉。

国家工作人员以“劳务报酬”为名收受请托人财物的应认定为受贿

——方俊受贿案①

【裁判要旨】

1. 国家对事业单位实行聘用合同制改革，并不改变受聘于国有事业单位并在其中担任一定管理职务的人员属于从事公务的性质，只要是在国有事业单位中实际处于从事公务的职位、行使和承担具有公务性质的权力和责任，无论其职务是依据何种人事政策或以何种程序确定，均应当以国家工作人员论。

2. 区分国家工作人员受贿与收取合理劳务报酬的界限在于国家工作人员是利用职务便利为他人谋取利益收受财物还是利用个人技术换取报酬。受贿行为的社会危害本质在于职务便利与金钱交易（通常表述为权钱交易），侵犯国家工作人员的职务廉洁性。对于国家工作人员利用职务之便，为他人谋取利益收受财物的，应认定为受贿；对于国家工作人员没有利用职务便利，仅仅是利用个人的技术、管理专长为他人提供服务，收取相应报酬的，因为没有职权与金钱交易性质，故该报酬属于合理收入，不应认定为受贿。正确区分正当的劳务报酬与非法的行贿受贿的界限，司法中应当注意从以下几个方面进行综合把握：（1）国家工作人员是利用职务便利为他人谋取利益收受财物还是利用个人技术换取报酬；（2）是否确实提供了有关服务，（3）接受的财物是否与提供的服务等值。

---

① 原载于《刑事审判参考》2006年第4集·总第51集，第407号。

【关 键 词】

国有单位　聘用人员　从事公务　劳务报酬　受贿

【相关法条】

《中华人民共和国刑法》第385条第1款、第386条、第383条第1款第（1）项

【基本案情】

被告人方某，原系×市园林管理处副主任。

浙江省×市人民检察院以被告人方某犯受贿罪，向×市人民法院提起公诉。公诉机关认为，被告人方某在担任×市园林管理处副主任期间，利用职务之便，为绿化建设及养护施工单位×市××园林有限公司提供方便，于2002年12月5日收受该公司经理施某送的人民币12万元，其行为已构成受贿罪。

被告人方某对其收受施某的12万元人民币的事实无异议，但辩称，该款是其付出劳务应得的报酬。其辩护人提出，方某是事业单位职员，与×市园林管理处签订有聘用合同，并非刑法所规定的国家机关工作人员和受委派从事公务的人员，故方某不属于受贿罪主体；方某利用自己的工作和技术能力为×市××园林有限公司服务，不存在受贿的故意，并且其基于同施某达成的口头聘用合同，利用休息日及业余时间为施某所在公司工作，故施某依承诺给付的12万元属于方某的劳动报酬；施某所在公司在2001~2002年期间与×市园林管理处之间签订了几份承包合同，但控方没有举证证明在合同签订过程中，方某利用职务上的便利提供了哪些方便；即使认定方某有受贿嫌疑，也必须认定本案牵涉的12万元当中包含着劳动报酬的成分，但现在没有法律依据能够区分此类比例的情况下，不能认定被告人有罪。

×市人民法院经公开审理查明：×市园林管理处系国有事业单位。2000年12月，被告人方某被聘任为×市园林管理处副主任，分管绿化建设及绿化养护等工作，对绿化建设、养护等工程的方案、招投标、竣工验收等方面具有一定的决定权。

2000年12月到2002年11月间，×市××园林有限公司多次与×市园林管理处签订了绿化养护工程合同，承接了×市园林管理处发包的绿化养护增绿工程。为了方便工程竣工验收，以及在“养护工程邀请招标时予

以考虑”，×市××园林有限公司经理施某与被告人方某达成口头协议，约定方某利用休息日及业余时间为施某所在公司承建的×市西大门景观绿地建设工程提供技术支持和进行质量监督管理，×市××园林有限公司付给方某12万元报酬。此后，方某并未实际参与×市××园林有限公司的任何工作。2002年12月5日，×市××园林有限公司经理施某送给方某面额为人民币12万元的现金支票一张。嗣后，方某通过委托他人将该支票兑现并将之藏匿于家中。案发后，此款已被侦查机关收缴。

×市人民法院认为，被告人方某身为国家工作人员，利用职务之便，非法收受他人贿赂，为他人谋取利益，其行为已构成受贿罪。公诉机关指控罪名成立。被告人方某受全民事业单位×市园林管理处聘任担任职务，应认定为在国有事业单位中从事公务的人员。国家对事业单位实行聘用合同制改革，并不改变受聘于国有事业单位并担任管理职务的人员属从事公务的性质，且《刑法》第93条第2款对国有事业单位中从事公务的人员，以国家工作人员论，也未有任何其他限制性条件。故辩护人有关被告人方某的身份不符合受贿罪主体的辩护意见与法相悖，不予采纳。本案没有证据能够证实被告人方某参加了×市西大门景观绿地建设工程的施工指挥和指导，故被告人方某与施某之间即使曾形成口头聘用合同，也因未实质履行而自不产生权利、义务关系，有关劳务报酬的辩解不能成立。

×市园林管理处具有参与本案所涉及的绿化建设工程验收、养护工程考核、后续绿化养护工程招投标的组织管理等权力，被告人方某系该单位分管绿化建设、养护工程的副主任，因此，其职权与前述工程具有关联性。被告人方某正是利用其职务便利，承诺为行贿人谋取利益，至于其是否着手为他人谋取利益，有否为他人谋取了利益，并不影响受贿罪的构成，贿赂双方就行送与收受的意图或认识，彼此是否明示，也不改变行为的贿赂性质。

本案被告人方某与施某之间借支取劳务报酬之名，行贿赂之实，足以认定。被告人方某及其辩护人的相关辩护意见无事实和法律依据，均不予采纳。为维护国家机关正常的管理活动和国家工作人员职务行为的廉洁性，打击犯罪活动，依照《中华人民共和国刑法》第385条第1款、第386条、第383条第1款第（1）项、第64条、第55条第1款、第56条第1款之规定，于2003年5月28日判决如下：1. 被告人方某犯受贿罪，判处有期徒刑十年，剥夺政治权利一年。2. 被告人方某犯罪所得的赃款十二万元，予以追缴。

宣判后，方某不服，上诉于浙江省宁波市中级人民法院。

方某上诉提出：2001 年 11 月，×市××园林有限公司承接西大门绿化工程时，该公司经理施某曾邀请其帮助工作并支付其人民币 12 万元劳务费，在工程施工过程中其为该公司提供了 40 余天的技术、管理服务，因此，其于 2002 年 12 月收取施某的人民币 12 万元系其提供劳务应得报酬，与其在 2002 年 10 月应允施某在“养护工程邀请招标时予以考虑”无必然联系，要求二审查明事实，改判其无罪。

方某的二审辩护人提出，上诉人方某曾接受西大门绿化工程承建单位×市××园林有限公司的邀请任该工程的总指挥，与××园林有限公司订立口头聘用合同，且在施工过程中，方某实质性地履行了口头聘用合同，××园林有限公司支付人民币 12 万元是履约行为；方某在西大门绿化工程中履约为××园林有限公司提供技术、管理服务的行为与其担任园林管理处副主任的职务无关，其以普通技术人员的身份参与工程施工并收取报酬，并无受贿故意；方某参与施工给××园林有限公司增加了约 70 万元收入，并保证了工程按期保质完成，其收取 12 万元报酬并无不合理因素。即使认定方某有受贿嫌疑，也必须认定涉案人民币 12 万元当中包含劳动报酬的成分，在没有依据区分二者比例的情况下，不能认定上诉人有罪。

【裁判结果与理由】

宁波市中级人民法院经审理认为，在×市西大门景观绿地建设工程中，×市园林管理处具有绿化建设、养护工程验收、养护工程考核等参与权，后续绿化养护工程的组织管理权，上诉人方某恰系×市园林管理处分管绿化建设、养护工程的副主任；行贿人施某供述称，在×市西大门景观绿地建设工程中，其公司外聘一位资深的项目经理，月薪也不会超过 1 万元，且辩方提供的证据不能说明方某具体提供了哪方面的技术和管理服务。因此，即使上诉人方某在×市西大门景观绿地建设工程中为×市××园林有限公司提供了技术、管理服务，根据上诉人方某的职权，结合上诉人方某收受的“劳务报酬”的数额，也应当认定上诉人方某与施某之间的“劳务聘用关系”基于上诉人方某的职务之便所形成，属于以劳务聘用为名，行贿赂之实，应全额认定。故上诉人方某及其辩护人关于涉案人民币12万元属于方某付出劳务而应得劳务报酬的上诉理由和辩护意见，均不能成立，不予采纳。

上诉人方某身为国家工作人员，利用职务上的便利，非法收受他人钱财，为他人谋取利益，其行为已构成受贿罪。原判认定事实清楚，证据确实，适用法律正确，量刑适当，审判程序合法。据此，根据《中华人民共和国刑事诉讼法》第189条第（1）项之规定，于2003年7月1日裁定驳回上诉，维持原判。

滥用职权同时又受贿是否实行数罪并罚

——黄德林滥用职权、受贿案①

【裁判要旨】

滥用职权是独立于受贿行为之外的犯罪行为，两者是没有必然的联系。行为人在实施滥用职权等渎职犯罪行为的同时又收受贿赂齐备两个犯罪的构成要件，除刑法有特别规定的以外，应当认定为两罪，实行数罪并罚。《贪污贿赂解释》第17条规定，国家工作人员利用职务上的便利，收受他人财物，为他人谋取利益，同时构成受贿罪和刑法分则第三章第三节、第九章规定的渎职犯罪的，除刑法另有规定外，以受贿罪和渎职犯罪数罪并罚。

【关 键 词】

滥用职权　受贿　数罪并罚

【相关法条】

《中华人民共和国刑法》第397条、第385条第1款、第386条、第383条第1款第（1）项

【基本案情】

被告人黄德林，原系洞头县民政局福利中心主任。

① 原载于《刑事审判参考》2010年第5集·总第76集，第652号。

浙江省洞头县人民检察院以被告人黄德林犯受贿罪、滥用职权罪，向洞头县人民法院提起公诉。

被告人黄德林及其辩护人提出：黄德林作为福利企业年检年审领导小组下设的办公室主任，虽然参与年检年审工作，但在整个年审年检工作中没有决定性的作用，因此与国家的税收损失没有必然的因果关系；即使被告人的行为构成滥用职权罪，由于滥用职权行为与受贿行为有牵连关系，应当择一重罪处罚，而不是数罪并罚。

浙江省洞头县人民法院经审理查明：2000 年至 2005 年，被告人黄德林在担任洞头县民政局福利中心主任期间，每年率县福利企业年检年审检查小组到浙江恒博电气制造有限公司（2003 年前称洞头电器开关厂）检查，该企业的董事长郑西平明确告诉黄德林自己在正常员工人数上弄虚作假，瞒报企业员工人数，使残疾员工数占全部员工数的比例符合福利企业全额退税的标准，并伪造虚假的福利企业材料应付检查。黄德林发现该问题后，不履行自身职责，不对企业正常员工人数进行检查，不将该问题在年审表中如实反映，仍以企业虚报的材料为准进行检查，致使浙江恒博电气制造有限公司顺利通过福利企业的年检年审，在 1999 年至 2004 年期间享受了本不应享受的退税优惠政策，造成国家税收损失共计人民币（以下币种均为人民币）7513284.9 元。1999 年底至 2006 年，黄德林利用其担任洞头县民政局福利中心主任的职务便利，为郑西平福利企业的设立和骗取退税优惠提供帮助，先后 6 次收受郑西平的贿赂共计 10 万元。黄德林因涉嫌犯滥用职权罪接受检察机关讯问后，主动交代了检察机关尚未掌握的受贿事实。案发后，黄德林已退赃款 10 万元。

【裁判结果与理由】

洞头县人民法院认为，被告人黄德林利用职务之便非法收受他人 10 万元，为他人谋取利益，同时，黄德林身为国家机关工作人员，在履行职责过程中滥用职权，造成国家税收损失 7513284.9 元，情节特别严重，其行为分别构成受贿罪、滥用职权罪，应予数罪并罚。鉴于其受贿部分系自首，可对其所犯受贿罪减轻处罚。依照《中华人民共和国刑法》第 397 条、第 385 条第 1 款、第 386 条、第 383 条第 1 款第 1 项之规定，判决如下：被告人黄德林犯受贿罪，判处有期徒刑六年；犯滥用职权罪，判处有期徒刑三年；决定执行有期徒刑七年。

宣判后，黄德林没有上诉，检察机关也未提出抗诉，判决已发生法律效力。

国有医院信息管理员“拉统方”非法收受财物构成受贿罪

——丁利康受贿案[①]

【裁判要旨】

国有医疗机构中，从事医疗数据统计、传输、维护等信息管理工作的事业编制人员，其统计、传输、维护的信息和数据系国有医疗机构对医疗业务进行管理、监督、决策的重要依据，属于医保信息，工作内容具有公务信息，该人员系国有事业单位中从事公务的人员，应以国家工作人员论。该类人员利用从事信息管理的职务便利，非法收受医药营销人员财物，向其提供本医疗机构药品使用情况统计数据等信息，为相关药品生产、销售企业以不正当手段销售药品提供便利的行为，应当以受贿罪定罪处罚。

【关 键 词】

国有事业单位事业编　从事公务　受贿

【相关法条】

《中华人民共和国刑法》第385条第1款、第386条、第383条第1款第（3）项、第2款

【基本案情】

抗诉机关（原公诉机关）：上海市嘉定区人民检察院。

原审被告人：丁利康。

丁利康在担任上海市嘉定区马陆镇社区卫生服务中心办公室信息管理员期间，利用负责构建、维护计算机网络及日常信息统计工作的便利，于2006年至2011年间收受销售非洛地平片、伤湿止痛膏等药的医药销售代

---

① 原载于《人民司法》2014年第10期。

表许某给予的好处费人民币（以下币种均为人民币）27600 元，于 2007 年下半年至 2011 年 3、4 月间收受浙江海力生制药公司医药销售代表张某给予的好处费 18000 元，并向上述医药销售代表提供医院药品使用情况；2008 年至 2010 年间，收受电脑设备供应商上海银兵贸易有限公司负责人吴某给予的价值 2000 元的礼券、消费卡。上述收取的好处费共计 4.7 万余元。2011 年 5 月 23 日，丁利康向单位领导主动交代了收受有关医药销售代表贿赂的事实，并在接受检察机关调查时，如实供述了上述犯罪事实。在一审审理期间，丁利康退出了违法所得。

上海市嘉定区人民法院经审理后认为，被告人丁利康原系上海市嘉定区马陆镇社区卫生服务中心办公室信息管理员，具有构建、维护计算机网络及日常信息统计工作职责，其向医药销售代表提供该院相关药品使用情况，系利用了不具有职权内容的工作便利，不具有从事公务的性质，对其不应以国家工作人员论，其行为构成非国家工作人员受贿罪，应依法惩处。丁利康具有自首情节，且退出赃款，可从轻处罚。嘉定区人民法院于 2012 年 12 月 21 日以非国家工作人员受贿罪判处丁利康有期徒刑 1 年 9 个月，缓刑 1 年 9 个月；违法所得予以没收。

一审判决后，原公诉机关上海市嘉定区人民检察院以丁利康从事的工作具备公务性质，其行为应构成受贿罪，原判定性错误导致适用法律错误、量刑明显不当为由提出抗诉。上海市人民检察院第二分院当庭补充出示、宣读了证人吕某的证言，认为上海市嘉定区人民检察院抗诉正确，应予支持。据此，建议二审法院依法纠正。

【裁判结果与理由】

上海市第二中级人民法院经审理后认为，丁利康是国有事业单位上海市嘉定区马陆镇社区卫生服务中心的事业编制人员。丁利康作为办公室信息管理员，工作职责包括监控信息数据库使用情况、管理用户权限、协助相关部门进行医保数据的统计、传输等信息管理工作，并对数据的真实性、准确性和安全性负责。这些信息是国有事业单位医院对医疗业务进行管理、监督、决策的重要依据。丁利康管理、监控医院用药数据等医保信息，是履行公共事务管理、监督等职责，从事的活动具有公务性质，故其应以国家工作人员论。丁利康身为国有事业单位中从事公务的国家工作人员，利用信息管理的职权，私自向药商提供数据，收受钱款，符合受贿罪钱权交易的特征，其还利用具有单位电脑采购建议权的职务便利，在计算机网络日常维护管理工作中，收取电脑设备供应商的礼券、消费卡，相关金额应与前述收取医药销售代表的贿赂款累计，一并以受贿罪论处。原判认定丁利康收受贿赂的行为及数额正确，但定性错误，导致适用法律及量刑不当，依法应予纠正。抗诉机关及上海市人民检察院第二分院的意见正确。丁利康自动投案，并如实供述自己的罪行，系自首，案发后又退出赃款，具有悔罪表现，采纳指定辩护人提出对丁从轻处罚并宣告缓刑的意见。据此，上海市第二中级人民法院依照《中华人民共和国刑事诉讼法》第225条第1款第2项和《中华人民共和国刑法》第385条第1款、第386条、第383条第1款第（3）项、第2款、第93条第2款、第67条第1款、第72条第1款、第73条第2款、第3款、第64条的规定，于2013年5月17日判决如下：一、维持上海市嘉定区人民法院（2012）嘉刑初字第1117号刑事判决的第二项，即违法所得予以没收；二、撤销上海市嘉定区人民法院（2012）嘉刑初字第1117号刑事判决的第一项，即被告人丁利康犯非国家工作人员受贿罪，判处有期徒刑一年九个月，缓刑一年九个月；三、原审被告人丁利康犯受贿罪，判处有期徒刑三年，缓刑三年。

社区卫生服务中心网管员为医药销售代表“拉单”收受财物的行为，如何定性？

——吕辉受贿案①

【裁判要旨】

社区卫生服务中心（国有事业单位）网管员对该中心的网络信息予以维护的范围包括对医生的工作量、业务总金额、看病人次、人均费用、药品所占业务总金额的比例等进行统计、汇总，监控医生超量或者异常用药情况，确保统计数据的真实性、安全性和保密性。其在事业单位中履行了对国有资产的管理及对公共事务的监督职责，从事的活动具有公务性质，

① 原载于《刑事审判参考》2012年第4集·总第87集，第806号。

应当将其认定为国家工作人员。其利用网络管理员的职务便利，收受供货单位相关人员以及医药销售代表给予的财物，并在采购计算机及配件和提供医生药品用量信息等方面为他们谋取利益的行为，构成受贿罪。

【关 键 词】

社区卫生服务中心　网管员　从事公务　受贿

【相关法条】

《中华人民共和国刑法》第385条第1款，第386条，第383条第1款第（1）项、第2款

【基本案情】

被告人吕辉，原系上海市虹口区新港路街道社区卫生服务中心（以下简称新港卫服中心）、上海市虹口区嘉兴路街道社区卫生服务中心（以下简称嘉兴卫服中心）网络管理员。

上海市虹口区人民检察院以被告人吕辉犯受贿罪，向上海市虹口区人民法院提起公诉。

被告人吕辉对公诉机关指控的犯罪事实及罪名均无异议。其辩护人提出，涉案的新港卫服中心和嘉兴卫服中心两家单位在对外公开的信息中，其所有制形式是集体所有制事业单位，吕辉的身份不符合国家工作人员的认定条件，不构成受贿罪，应以非国家工作人员受贿罪论处。

上海市虹口区人民法院经审理查明：2004年5月被告人吕辉进入新港卫服中心担任网络管理员，系临时工，2008年8月成为新港卫服中心的正式职工。2009年12月，新港卫服中心并入嘉兴卫服中心，吕辉继续担任新合并成立的嘉兴卫服中心的网络管理员。上述两家社区卫生服务中心的性质均系上海市虹口区卫生局差额拨款的国有事业单位。2006年至2010年，吕辉利用担任上述两家单位网络管理员的职务便利，在负责为本单位采购计算机及相关配件的业务过程中，多次收受供货单位上海广创科技有限公司销售员吴丽、上海切尔顿企业管理咨询有限公司总经理卢中秋、上海紫越网络科技有限公司销售员郁凯以及UPS供应商王健宏的贿赂，共计人民币（以下币种同）14.47万元。在负责管理本单位医药信息的过程中，多次擅自对外提供医生药品用量等信息并收受医药销售代表邓施方、刘文军的贿赂，共计2.35万元。2011年4月19日，吕辉主动向所在单位投案，并如实供述了上述受贿犯罪事实。到案后，吕辉又主动向有关部门检

举揭发了他人犯罪行为，且经查证属实。吕辉在其家属的帮助下主动向法院退赃10万元。

上海市虹口区人民法院认为，被告人吕辉身为在国有事业单位中从事公务的国家工作人员，利用职务上的便利，非法收受他人财物，为他人谋取利益，其行为构成受贿罪。吕辉具有自首情节和立功表现，可以减轻处罚。吕辉在其家属的帮助下主动退出部分赃款，可酌情从轻处罚。依照《中华人民共和国刑法》第385条第1款，第386条，第383条第1款第1项、第2款，第67条第1款，第68条，第64条之规定，上海市虹口区人民法院以受贿罪判处被告人吕辉有期徒刑六年，并处没收财产二万元，尚未退出的赃款连同已退出的赃款一并予以追缴。

一审宣判后，吕辉提出上诉，其对原判认定其利用职务便利收受贿赂的事实不持异议，但辩称其大部分收受贿赂的情况发生于2008年8月之前，然而其2004年5月进入新港卫服中心工作时仅是临时工，不具有国家工作人员身份，直到2008年8月才成为正式职工，故不构成受贿罪，而仅构成非国家工作人员受贿罪。吕辉的辩护人提出，原判认定吕辉构成受贿罪属定性错误，且量刑过重。具体理由如下：（1）辩护人通过政府信息公开渠道得到的上海市卫生局出具的《“嘉兴卫服中心”医疗机构执业登记信息》显示嘉兴卫服中心的所有制形式系集体所有制，一审法院判决认定嘉兴卫服中心和新港卫服中心系国有事业单位的证据不足；（2）吕辉作为单位的网络管理员，从事的是劳务活动，而非公务活动，故吕辉不属于国家工作人员，不构成受贿罪；（3）吕辉具有自首情节和立功表现，并退出部分赃款，一审法院对其判处有期徒刑六年，并处没收财产二万元的刑罚过重。

【裁判结果与理由】

上海市第二中级人民法院经审理认为，综合上海市虹口区卫生局出具的情况说明和相关证人证言以及《事业单位登记管理暂行条例》的规定，2006年至2010年吕辉收受贿赂期间，新港卫服中心和嘉兴卫服中心系事业单位，资产性质为国有资产。吕辉自2004年5月进入新港卫服中心担任网络管理员，2010年1月起担任嘉兴卫服中心网络管理员，负责采购计算机及其设备以及管理医药信息。吕辉在事业单位中履行了对国有资产的管理及对公共事务的监督职责，从事的活动具有公务性质，应当认定吕辉为国家工作人员。原判认定吕辉犯受贿罪的事实清楚，鉴于吕辉具有自首情节、立功表现以及其家属帮助退赔部分赃款，对其分别予以减轻处罚、酌情从轻处罚，量刑适当，程序合法：依照《中华人民共和国刑事诉讼法》第189条第1项之裁定，裁定驳回上诉，维持原判。

因受贿案发后又主动交代用受贿款向他人行贿事实，使其他贿赂案件得以侦破的，是否构成立功

——刘凯受贿案[①]

【裁判要旨】

1. 因涉嫌受贿到案后如实供述所收受财物的使用情况的，不属于其对受贿犯罪事实的如实供述范围，由此又涉嫌其他犯罪或者揭发他人犯罪的，可能构成自首、立功。

2. 主动供述行贿事实并由此破获他人受贿案件的，其中揭发他人受贿犯罪的内容属于如实供述行贿事实的一部分，可构成行贿罪的自首，不构成立功。

【关 键 词】

受贿　行贿　立功

【相关法条】

《中华人民共和国刑法》第385条第1款、第386条、第383条、第93条第2款

【基本案情】

被告人刘凯，原系江苏省徐州市恒达路桥工程有限公司（以下简称恒达公司）经理。

徐州市贾汪区人民检察院以被告人刘凯犯受贿罪，向贾汪区人民法院提起公诉。

徐州市贾汪区人民法院经公开审理查明：2004年至2008年间，被告人刘凯利用担任恒达公司经理的职务之便，收受乔文焕、庞宏等人财物，

① 原载于《刑事审判参考》2014年第4集·总第99集，第1020号。

共计价值人民币（以下币种同）18.5万元，在支付货款、租赁费等方面为乔文焕、庞宏等人谋取利益。刘凯到案后退回赃款15万元，如实供述司法机关没有掌握的其他受贿事实，并主动交代了其向张海行贿的事实。

【裁判结果与理由】

徐州市贾汪区人民法院认为，被告人刘凯身为国家工作人员，利用职务之便，非法收受他人财物共计价值18.5万元，并为他人谋取利益，其行为构成受贿罪。刘凯具有坦白、退赃等情节，依法可以从轻处罚。刘凯被采取强制措施后主动交代行贿事实，由此破获他人受贿案件，不符合立功的法律规定，不构成立功。据此，依照《中华人民共和国刑法》第385条第1款、第386条、第383条、第93条第2款、第64条、第67条第3款之规定，贾汪区人民法院以被告人刘凯犯受贿罪，判处有期徒刑十年。

一审宣判后，被告人刘凯提出上诉。刘凯及其辩护人基于以下理由提请法庭对刘凯减轻处罚：刘凯为司法机关查获其他贿赂犯罪提供线索，具有立功表现：刘凯到案后如实供述其犯罪行为并主动退赃。

徐州市中级人民法院经审理认为，被告人刘凯供述其使用部分受贿款向他人行贿，必然要供述对方收受其贿赂的犯罪事实，不属于检举揭发他人犯罪，不能认定为立功。原判决认定事实清楚，证据确实、充分，定罪准确，量刑适当，审判程序合法。据此，依照《中华人民共和国刑事诉讼法》第225条第1项之规定，徐州市中级人民法院于2013年7月19日裁定驳回上诉，维持原判。

收受贿赂后用于公务支出不影响受贿罪的构成

——徐朕良受贿案①

【裁判要旨】

国家工作人员利用职务上的便利，非法收受他人贿赂，为他人谋取利益，其行为已构成受贿罪。收受贿赂后是否用于公务接待，系受贿后对赃

① 原载于《人民司法》2012年第10期。

款的处理，不影响受贿罪的认定。《贪污贿赂解释》第16条规定，国家工作人员出于贪污、受贿的故意，非法占有公共财物、收受他人财物之后，将赃款赃物用于单位公务支出或者社会捐赠的，不影响贪污罪、受贿罪的认定，但量刑时可以酌情考虑。

【关 键 词】

收受贿赂　公务支出　受贿

【相关法条】

刑法第385条第1款，第386条，第383条第1款第（2）项、第2款

【基本案情】

公诉机关：奉化市人民检察院。

被告人：徐朕良，系奉化市溪口镇人民政府农业办公室工作人员。

被告人徐朕良在奉化市溪口镇人民政府农业办公室工作管理农林公路工程期间，利用职务便利，2007年至2008年先后5次非法收受村公路工程施工员林仲光的贿赂款共计人民币22000元；2007年非法收受村公路工程承建人孙永产的贿赂款计人民币2000元，并以孙永产为其支付餐费的形式非法收受孙永产的贿赂款计人民币9000元；2010年春节前非法收受工程承建人叶信用的贿赂款计人民币10000元；2010年春节前以支付餐费为名非法收受村公路工程承建人葛启臣的贿赂款计人民币10000元。

【裁判结果与理由】

浙江省奉化市人民法院审理后认为，被告人徐朕良身为国家工作人员，利用职务上的便利，非法收受他人贿赂，为他人谋取利益，其行为已构成受贿罪。对于被告人徐朕良以支付餐费的形式非法收受的19000元，是否用于公务接待，系其受贿后对赃款的处理，不影响以受贿罪认定。辩护人关于19000元用于公务接待应从受贿金额中剔除的相关辩护意见及被告人徐朕良的相关辩解意见，不予采纳。被告人徐朕良到案后主动交代了除收受林仲光的22000元以外收受31000元贿赂的事实，应酌情从轻处罚。案发后被告人徐朕良退赔了赃款，可酌情从轻处罚。被告人徐朕良认罪态度较好，可酌情从轻处罚。据此依照刑法第385条第1款，第386条，第383条第1款第（2）项、第2款，第64条，及最高人民法院《关于处理自首和立功具体应用法律若干问题的解释》第4条之规定，判决如下：

一、被告人徐朕良犯受贿罪，判处有期徒刑5年；二、赃款人民币

53000元追缴后予以没收。二、一审判决后，公诉机关未抗诉，被告人亦未提出上诉。一审判决已发生法律效力。

国家机关工作人员收取“中介费”如何定性？

——许士梅受贿案①

【裁判要旨】

国家机关工作人员利用管理职权，为被监管企业从事违法交易提供帮助，并使之谋取利益，从而收受请托人给予的好处费，其行为构成受贿罪。《贪贿解释》第13条规定：“国家工作人员索取、收受具有上下级关系的下属或者具有行政管理关系的依仗管理人员的财物价值三万元以上的，可能影响职权行使的，视为承诺为他人谋取利益。”

【关 键 词】

管理职权　谋取利益　收取中介费　受贿

【相关法条】

《中华人民共和国刑法》第385条第1款、第386条、第383条第1款第（1）项、第2款

【案情简介】

浙江省慈溪市人民检察院指控：被告人许士梅在担任慈溪市环境保护局监理站站长、环境监察大队大队长、杭州湾新区环保分局负责人期间，利用职务上的便利，先后7次非法收受陈某等4人给予的人民币21.25万元，其中10万元是被告人许士梅因受陈某请托，为其出资设立的私人企业转让部分排污指标提供方便而予收受。

被告人许士梅有自首情节。被告人许士梅的辩护人辩称，该10万元，系被告人许士梅利用业余时间提供中介服务而获得的合理报酬，不应以受贿论处。

慈溪市人民法院经审理查明，2004年至2005年期间，陈某的企业为

① 原载于《人民司法》2010年第20期。

筹集资金，欲转让部分排污指标。于是，就请托时任慈溪市环境保护局环境监察大队大队长的被告人许士梅介绍买主。当时，陈某许诺，事成之后会给予被告人许士梅“香烟钿”。经被告人许士梅撮合，陈某以400万元的总额将8只染缸的排污指标转让给了他人。为此，陈某先后两次给予被告人许士梅共计人民币10万元。

【裁判结果与理由】

法院认为，陈某的企业属于环保监管企业，被告人许士梅利用其所掌握的信息为陈某联系买主，而收受陈某给予的大额财物的行为，已严重侵害了国家工作人员职务行为的廉洁性，其行为已符合受贿罪的构成要件。被告人许士梅有自首情节，依法予以减轻处罚。据此，依照《中华人民共和国刑法》第385条第1款，第386条，第383条第1款第（1）项、第2款，第67条第1款，第64条之规定，判决被告人许士梅犯受贿罪，判处有期徒刑八年；被告人许士梅违法所得人民币185000元，予以追缴，上缴国库。

一审宣判后，被告人许士梅没有上诉，公诉机关没有抗诉，判决已发生法律效力。

收受他人财物后没为他人谋取利益的，可否以受贿罪定罪？

——仲华兵受贿案①

【裁判要旨】

国家工作人员在收受他人财物时，承诺为他人谋取不正当利益，即使后来没有利用本人职权或者地位形成的便利条件，通过其他国家工作人员职务上的行为，为请托人谋取不正当利益，也应认定构成受贿罪。

【关 键 词】

收受财物　谋取利益　受贿

① 原载于《人民法院案例选》2011年第1辑。

【相关法条】

《中华人民共和国刑法》第388条第1款、第386条、第383条第1款第（3）项

【基本案情】

原公诉机关：河南省正阳县人民检察院

被告人：仲华兵。

河南省驻马店市正阳县人民法院审理查明，2008年8月，被告人仲华兵在任正阳县公安局真阳镇派出所副所长期间，该县陡沟镇理发个体户张英强因涉嫌盗窃被正阳县公安局刑警队逮捕，张英强的妻子徐少萍找到在县城卖家电的高文亮（高文亮的哥与仲华兵是战友），让其找人活动此事，高文亮就找到仲华兵让其帮忙，仲华兵答应活动此事，张英强亲属分两次共送给仲华兵35000元。其间，仲华兵并未过问此事，张英强因证据不足被取保候审。案发后，被告人仲华兵将赃款全部退出。

公诉机关认为，被告人仲华兵的行为构成受贿罪。

被告人仲华兵对公诉机关指控的犯罪事实不持异议，但辩称不构成受贿罪。被告人的辩护人提出，被告人的行为不构成受贿罪。被告人没有利用本人职权或地位形成的便利条件，通过其他国家工作人员职务上的行为，为请托人谋取不正当利益。

【裁判结果与理由】

正阳县人民法院审理认为：被告人仲华兵身为正阳县公安局工作人员，明知张英强的亲属利用他谋取不正当利益，承诺为张英强的亲属谋取不正当利益而收受人民币35000元，其行为已构成受贿罪。正阳县人民检察院指控的罪名成立，予以支持。关于被告人仲华兵及其辩护人辩称被告人仲华兵没有利用本人职权或地位形成的便利条件，通过其他国家工作人员职务上的行为，为请托人谋取不正当利益，其行为不构成受贿罪的辩护意见，根据有关规定，为他人谋取利益包括承诺、实施和实现三个阶段，明知他人有具体请托事项而收受财物的，视为承诺为他人谋取利益，被告人仲华兵明知张英强亲属的请托事项而收受其财物，即是承诺为他人谋取不正当利益，故此辩护理由不能成立，不予采纳。被告人仲华兵在案发后，退出全部赃款，庭审中认罪态度较好，表达了悔罪之意，可酌定从轻处罚。依照《中华人民共和国刑法》第388条第1款、第386条、第383

条第1款第（3）项、第72条第1款、第73条第2、3款之规定，判决：被告人仲华兵犯受贿罪，判处有期徒刑三年，缓刑四年。

一审宣判后，被告人仲华兵不服，提出上诉。驻马店市中级人民法院审理后裁定驳回上诉，维持原判。

如何区分受贿行为与投资获利行为的界限？

——于纪豹受贿案[①]

【裁判要旨】

行为人向其曾给予过便利的公司投资，但不管公司的经营业绩如何，只收取高额回报，不承担任何投资风险的行为，是受贿行为。

【关 键 词】

投资获利　高额回报　受贿

【相关法条】

《中华人民共和国刑法》第385条第1款、第386条、第383条第1款第（1）项

【基本案情】

公诉机关：新疆维吾尔自治区乌鲁木齐市人民检察院。

被告人：于纪豹。

1995年11月6日和1999年9月，被告人于纪豹利用在任乌鲁木齐市计划委员会主任之时曾对新疆德隆国际实业总公司补宏源大厦工程项目立项审批手续及固定资产调节税税率减让等方面给过便利和照顾，先后共交给（以下简称“德隆公司”）唐万里1000000元人民币，作为其在德隆公司的投资款，要求每年给予高额回报。自1997年1月至2003年4月期间，被告人于纪豹领取所谓回报款共计1700000元。此外，1995年4月18日至2002年2月4日期间，被告人于纪豹还利用职务之便，以借款、治病、出国考察、领取董事费、购买飞机票的名义，分七次收受他人贿赂款合计

① 原载于《人民法院案例选》2007年第2辑。

714500 元、美元 1000 元。公诉机关认为：被告人于纪豹身为国家工作人员，利用职务之便，先后收受、索取他人贿赂款共计人民币 2414500 元、美元 1000 元，其行为已构成受贿罪。

被告人于纪豹及其辩护人辩解，其中一些款项是私人之间的借款，特别是从德隆公司所得 1700000 元是投资获利，虽有不妥，但不构成犯罪。此外，被告人在双规期间主动供认了主要犯罪事实，依法应认定为自首，请求法院从轻或减轻处罚。

乌鲁木齐市中级人民法院经审理认为：被告人于纪豹以其妻鞠芬的名义实际先后两次交给德隆公司唐万里共 1000000 元人民币，并约定了较固定的收益比率，后以投资回报的形式从德隆公司领取 1700000 元人民币，虽有不当，但不构成犯罪。公诉机关指控被告人于纪豹领取德隆公司投资回报款 1700000 元人民币属实，但指控被告人于纪豹的该行为构成受贿罪，证据不足，本院不予支持。公诉机关指控被告人于纪豹身为国家机关工作人员，利用职务之便为他人谋取相关利益，先后多次收受他人钱款或以借款为名向他人索取钱款共计人民币 714500 元、美元 1000 元，其行为已构成受贿罪，事实清楚，证据确实、充分，本院予以支持。鉴于被告人于纪豹归案后如实坦白所犯罪行，且退赔了全部非法赃款，依法可酌情从轻处罚。被告人于纪豹及其辩护人关于起诉书指控的 1700000 元不构成犯罪及要求从轻处罚的辩解及辩护意见，本院予以采纳。被告人于纪豹的辩护人关于被告人于纪豹有自首情节、私人借款不构成犯罪的辩解意见与本院查明的事实不符，且无法律依据，本院不予采纳。新疆维吾尔自治区乌鲁木齐市中级人民法院依照《中华人民共和国刑法》第 385 条第 1 款、第 386 条、第 383 条第（1）项、第 56 条第 1 款、第 64 条之规定，判决如下：一、被告人于纪豹犯受贿罪，判处有期徒刑十三年，剥夺政治权利二年；二、被告人于纪豹犯罪所得赃款人民币 714500 元、美元 1000 元，依法没收，上缴国库。

一审宣判后，公诉机关提起抗诉，认为于纪豹以向德隆公司“投资”100 万元为手段，索取高额回报 170 万元的行为构成受贿罪，但一审法院认为不构成犯罪不当。理由如下：（1）于纪豹基于其是市计委主任这个身份，才要求唐万里接受其投资 100 万元，并得到高额回报 170 万元。德隆公司也是看中这一点才“接受投资”的。（2）于纪豹在为德隆公司已经谋取利益的前提下，才提出所谓的“投资”并索要高额回报。所谓的“投资”，是掩盖其收受贿赂的手段。（3）一审判决适用法律错误，量刑畸轻。

原审被告人于纪豹及辩护人认为：（1）乌鲁木齐市检察院虽在法定期限内提出抗诉，但自治区检察院却在长达一年近四个月后才决定支持抗诉，抗诉程序严重违法，抗诉无效，请求二审法院裁定终止审理；（2）于纪豹妻子鞠芬先后二次交给唐万里投资款合计100万元，收取投资回报款170万元的行为，系德隆公司与鞠芬之间签订的民事合同，与于纪豹职务没有任何关系，不应认定为受贿罪；（3）于纪豹在“双规”期间，主动交待自己的受贿事实，应认定为自首。

二审法院经审理确认的事实和证据与一审法院确认的事实和证据相同。另确认：2003年初，群众举报反映于纪豹与私营企业老板关系很不正常，很有钱且在银行有大量的存款。经自治区纪委领导批准，监察室组织人员对于纪豹及其配偶、子女在银行、证券金融机构的存款进行了查询，发现于纪豹及其家人在银行等金融机构存款高达200多万元，仅2003年春节期间，于纪豹便在一天内两次存款11万元，且多数都在于纪豹名下，引起怀疑。经自治区纪委领导批准并经自治区党委同意，于6月10日将于纪豹“双规”，让其说明存款来源和不廉洁问题。当天，于纪豹在自述材料中交待了向德隆公司投资两笔合计100万元，收益210万元，于的爱人在德隆公司下属的股份公司任董事，月工资2000元，董事费合计20万元的问题。在和其谈话核实存款来源时，于纪豹又交待了从陈怀亮处拿30万元。自治区纪检委于是将此案交自治区检察院反贪局侦查，案件得以侦破。

【裁判结果与理由】

正当的投资是平等主体间的民事行为。在本案中，于纪豹因其具有市计委主任的职权，和德隆公司之间形成的不是平等主体间的关系，而是管理者与被管理者的关系。正常的投资行为是双方合意、意思表示一致的结果，而本案中的相关证据证明，这100万元的投资、回报的具体内容是于纪豹个人主动提出的，德隆公司只是被迫服从，德隆公司给100万元投资的“回报”的用意也是为了感谢于纪豹的帮助而支付的酬谢款。正当的投资应当有合理的投资期限、投资项目，接受投资方也有接受投资的合法资格，而本案所谓投资从形式上和实际履行上均无确定的期限，直到案发为止，于纪豹仍然在收取所谓的回报款；双方没有约定投资项目，100 万元投资款根本没有用于德隆公司的任何项目上；回报款也不是从德隆公司投资利润中支付，而是从唐万里的个人掌握款中支付；德隆公司本身并未从事代客理财即接受所谓投资的行为，是德隆公司下属的有法人资格的子公司金新信托公司等法人在非法从事代客理财业务。于纪豹明知这一点，却硬要将 100 万元“投资”到德隆公司，完全是因为其曾向德隆公司提供过很多“帮助”，德隆公司不敢拒绝其“投资”并支付报酬的要求。所以，170 万元应该认定是名为投资回报款实为受贿款。索取高额回报 170 万元的行为构成受贿罪的抗诉意见成立，本院予以支持。

关于于纪豹的行为是否构成自首的问题。从本案案发情况看，纪检部门只是掌握于纪豹在银行有大量存款，经政策教育，于纪豹主动交待了全部受贿犯罪事实。其行为应认定为自首。关于自治区检察院在长达一年近四个月后决定支持抗诉，其程序是否违法的问题。相关法律和司法解释对上一级检察院审查抗诉的期限没有明文规定，故辩护人提出抗诉违法的辩护意见没有法律依据，不能成立。

自治区高级人民法院认为：于纪豹身为国家工作人员，利用职务之便，先后收受或索要他人贿赂款共计人民币 241.45 万元、美元 1000 元，其行为已构成受贿罪。新疆维吾尔自治区高级人民法《中华人民共和国刑法》第 385 条第 1 款、第 386 条、第 383 条第 1 款第（1）项之规定，判决如下：一、撤销乌鲁木齐市中级人民法院（2004）乌中刑初字第 156 号刑事判决。二、被告人于纪豹犯受贿罪，判处无期徒刑，剥夺政治权利终身；三、被告人于纪豹受贿犯罪所得予以追缴。

以急需用钱以及偿还住房贷款为由，向他人索贿的，构成受贿罪

——王益受贿案①

【裁判要旨】

国家工作人员先后利用职务便利为他人谋取利益后，分别以有急事需要用钱和偿还住房贷款为由，向他人索要钱款的，构成受贿罪。

【关 键 词】

利用职务便利　为他人谋取利益　索贿

【相关法条】

《中华人民共和国刑法》第385条第1款、第386条、第383条第1款第（1）项、第2款

【基本案情】

1999年11月至2008年2月，被告人王益利用其担任国家开发银行副行长的职务便利，分别接受利联安邵公司总经理李涛、昆钢朝阳公司法定代表人周法和中裕煤层气公司北京办事处主任王磊的请托，在减少工程勘察设计费用支出、继续经营钢渣处理业务、贷款申请和发放等事宜上为对方提供帮助，索取和非法收受上述3人给予的钱款共计折合人民币11968668元。具体事实如下：

一、2006年9月至2007年2月，被告人王益利用职务便利，接受利联安邵公司总经理李涛的请托，在湖南省与国家开发银行开展金融合作、需要该行贷款支持的情况下，通过向湖南省人民政府分管交通和金融工作的副省长打招呼，为利联安邵公司在高速公路工程中减少勘察设计费用人民币500余万元、增加地质勘察进尺量2万余延米提供帮助。为此，1999年11月至2007年11月，王益先后在深圳、北京等地5次非法收受李涛为获得和感谢其帮助而给予的人民币200万元、港币110万元和美元1万元，

① 原载于《最高人民检察院公报》2010年第6期。

并向李涛索取人民币200万元，共计折合人民币5238668元。

二、2005年至2006年间，被告人王益利用职务便利，通过其弟王磊接受昆钢朝阳公司法定代表人周宏的请托，在云南省开展公路投资体制改革、该省交通统变更贷款主体需要国家开发银行支持的情况下，通过向云南省人民政府分管工业和交通工作的副省长打招呼，为周宏个人出资设立的玉溪市朝阳钢渣开发有限责任公司（以下简称玉溪朝阳公司）继续经营昆钢集团下属企业的钢渣处理业务提供帮助。为此，2005年7月至2008年2月，王磊在云南省昆明市等地先后十余次收受周宏为获得和感谢王益的帮助，在王磊未实际出资的情况下，以入股分红的名义给予的钱款共计人民币643万元，并将收受钱款的情况告知王益。

三、2000年下半年至2003年2月，被告人王益利用职务便利，接受中裕煤层气公司北京办事处主任王磊的请托，通过向国家开发银行郑州分行负责人打招呼、在该行贷款委员会审议贷款项目时发表有条件同意的意见等方式，为郑州开发区向国家开发银行申请贷款人民币3亿元提供帮助，使王磊从中获取好处费人民币300万元。为此，2005年3月，王益以急需用钱为由向王磊索取人民币30万元。

【裁判结果与理由】

本院认为，被告人王益身为国家工作人员，利用职务上的便利，索取和非法收受他人财物，为他人谋取利益，其行为已构成受贿罪。北京市人民检察院第一分院指控被告人王益犯受贿罪的事实清楚，证据确实、充分，指控罪名成立。王益所犯受贿罪，数额特别巨大，为请托人谋取了不正当利益，且有索贿情节，其行为严重侵害了国家工作人员职务行为的廉洁性，败坏了国家工作人员的声誉，犯罪的情节、后果均特别严重，论罪应当判处死刑。鉴于其归案后能如实交代所犯罪行，认罪态度较好，赃款已全部追缴，对其判处死刑，可不立即执行。据此，根据被告人王益犯罪的事实、犯罪的性质、情节和对于社会的危害程度，依照《中华人民共和国刑法》第385条第1款、第386条、第383条第1款第1项、第2款、第48条、第51条、第57条第1款、第59条、第61条、第64条之规定，判决被告人王益犯受贿罪，判处死刑，缓期二年执行，剥夺政治权利终身，并处没收个人全部财产。

受贿罪如何适用死刑

——王怀忠受贿、巨额财产来源不明案①

【裁判要旨】

被告人受贿数额特别巨大，并具有多次索贿的法定从重处罚情节，且为逃避法律制裁，在有关部门查处其涉嫌经济犯罪期间，仍继续向他人索贿，将索贿的巨额贿赂用于企图阻止有关部门对其经济犯罪问题的查处，受贿犯罪情节特别恶劣，社会危害性极大，罪行极其严重。

【关 键 词】

受贿罪　利用职务便利　谋取非法利益　死刑

【相关法条】

《中华人民共和国刑法》第383条、第385条、第386条、第395条

【基本案情】

被告人王怀忠。

山东省济南市中级人民法院审理济南市人民检察院指控被告人王怀忠犯受贿罪、巨额财产来源不明罪一案，于2003年12月29日作出（2003）济刑二初字第32号刑事判决，认定被告人王怀忠犯受贿罪，判处死刑，剥夺政治权利终身，并处没收个人全部财产；犯巨额财产来源不明罪，判处有期徒刑四年，决定执行死刑，剥夺政治权利终身，并处没收个人全部财产。宣判后，王怀忠不服，提出上诉。山东省高级人民法院于2004年1月15日以（2004）鲁刑二终字第6号刑事裁定，驳回上诉，维持原判，并依法报送本院核准。本院依法组成合议庭，对本案进行了复核。现已复核终结。

经复核查明，一审法院判决认定：

1994年9月，被告人王怀忠利用担任中共安徽省阜阳地委副书记、阜阳地区行政公署专员的职务便利，指使原阜阳市长王汉卿等人，为涉嫌偷

① 原载于《最高人民法院公报》2004年第3期。

税犯罪的阜阳飞龙皮革有限公司副董事长杨晓明办理取保候审手续。同年12月，王怀忠收受杨晓明人民币6万元。

1995年至1997年，被告人王怀忠先后利用担任阜阳地区行政公署专员、中共阜阳市委书记的职务便利，多次主持召开阜阳行署、阜阳市有关部门负责人参加的协调会，为安徽国银阜阳国际工业园开发有限公司在阜阳市开发的国际工业园、银海花园等项目，解决建设用地、减免银海花园二期工程城市建设配套费等。1997年7月底，王怀忠收受该公司董事长相坤1万澳元（折合人民币6.1万元）。

1997年至2000年，被告人王怀忠利用担任中共阜阳市委书记的职务便利，多次主持召开阜阳市有关部门负责人参加的协调会，为安徽省阜阳汇鑫发展有限公司解决阜阳商贸城和敬贤山庄的开发用地、拆迁、安置等问题，先后4次收受该公司负责人姜旭、余永强、王忠人民币共计40万元。1998年10月，被告人王怀忠利用担任中共阜阳市委书记的职务便利，要求阜阳市有关部门解决安徽省阜阳市龙腾实业有限公司（以下简称龙腾公司）在开发静馨山庄过程中所遇到的拆迁问题，收受龙腾公司董事长马萍、总经理卢强（马萍之夫）人民币30万元；1999年1月，王怀忠利用担任中共阜阳市委书记的职务便利，要求阜阳市公安机关不追究龙腾大酒店员工砸坏白金汉宫大酒店玻璃橱窗及车辆的责任，事后收受马萍、卢强人民币40万元；同年2月，王怀忠在龙腾公司《关于建设龙腾购物中心的报告》上签署要求阜阳市有关部门给予支持的意见，事后收受马萍、卢强人民币20万元；同年5月，王怀忠给阜阳市颍州区有关领导打招呼，为龙腾公司办理龙腾加油站的土地使用证手续，收受马萍、卢强人民币20万元。

1998年8月至1999年8月，被告人王怀忠利用担任中共阜阳市委书记的职务便利，先后7次在阜阳市东方宾馆董事长周伟关于买断东方宾馆和申请流动资金贷款的报告上签署意见，帮助周伟买断东方宾馆和协调解决贷款人民币1496.3万元，先后4次收受周伟人民币共计50万元。

1997年4月，被告人王怀忠利用担任中共阜阳市委书记的职务便利，主持召开阜阳市有关部门负责人参加的协调会，要求对安徽省天力房地产开发有限公司开发汽运大厦的城市建设配套费、土地出让金以及汽运税收等予以减免。1999年8月，王怀忠收受该公司董事长王新华人民币10

万元。

1996年下半年至1999年1月，被告人王怀忠利用担任中共阜阳市委书记的职务便利，主持召开阜阳市有关部门负责人参加的协调会，为阜阳市白金汉宫大酒店有限公司解决扩建白金汉宫大酒店过程中遇到的拆迁问题，并先后两次要求安徽省信托投资公司阜阳办事处为白金汉宫大酒店解决建设资金共计人民币320万元。1999年8月，王怀忠收受该公司董事长刘士强人民币20万元。

1996年2月至1998年11月，被告人王怀忠利用担任中共阜阳市委书记的职务便利，通过召开协调会、签批文件等方式，为倪超所在的阜阳市绿洲房地产开发有限责任公司减免土地出让金、城市建设配套费等费用共计人民币149.29万元。2000年5月，王怀忠在天津市开会期间，向倪超索要人民币5万元。

1996年7月至1999年，被告人王怀忠利用担任中共阜阳市委书记的职务便利，通过签批文件、召开协调会等方式，为李洲任法定代表人的安徽省阜阳国贸商城有限公司、安徽国立房地产开发有限公司和安徽亚杰国贸集团股份有限公司减免城市建设配套费、固定资产投资调节税等费用共计人民币587.448万元。2000年12月，已升任安徽省人民政府副省长的王怀忠得知有关部门正在对其涉嫌经济犯罪问题进行调查，向李洲索要人民币200万元，并将其中的120万元作为“活动经费”交给侯万清（化名“陈思宇”，已因犯诈骗罪被判刑），企图阻止有关部门对其经济犯罪问题的查处，另80万元让杨应宇代为保管。

2000年12月和2001年2月，被告人王怀忠利用担任安徽省人民政府副省长、分管农业工作的职务便利，先后向拟在安徽亳州建农业基地的安徽牛王皮业服饰（集团）公司董事长王静索要人民币20万元，向正在筹建常青镇农业高科技园项目的安徽云鹏置业有限公司负责人邓双梅、于旦生夫妇索要人民币50万元，并安排于旦生将其中的30万元交给北京新世纪四环投资有限公司副经理余永强，20万元交给个体户苏辉满，用于寻找关系，试图阻止有关部门对其涉嫌经济犯罪问题的查处。

案发后，侦查机关依法扣押、冻结了被告人王怀忠的财产。除受贿犯罪所得和合法收入外，王怀忠对价值人民币480.581103万元的财产不能说明合法来源。

被告人王怀忠对一审判决不服，上诉提出：一审判决认定的事实基本属实，但向李洲索要200万元后，又让杨应宇将其中的80万元退给李洲，此次受贿数额应为120万元；一审判决量刑过重；一审判决宣判后，检举了他人的犯罪，有真诚的悔罪表现，请求从轻处罚。王怀忠的辩护人除提出与王怀忠相同的辩护理由外，还提出：王怀忠受贿犯罪情节尚未达到特别严重的程度，一审判决对受贿罪量刑过重，建议从轻处罚：计算来源不明财产的方法不正确，有重复计算的可能。

山东省高级人民法院经二审确认，王怀忠的辩解理由及其辩护人的辩护意见，均不能成立，遂作出维持一审判决驳回其上诉的裁定，并依法报本院核准。

【裁判结果与理由】

最高人民法院经复核认为，被告人王怀忠身为国家工作人员，利用职务上的便利，索取他人人民币275万元，非法收受他人人民币230万元、澳币1万元，共计折合人民币517.1万元，为有关单位和个人谋取利益，其行为已构成受贿罪；王怀忠的财产和支出明显超过合法收入，差额巨大，本人对价值人民币480.581103万元的巨额财产不能说明合法来源，其行为已构成巨额财产来源不明罪。王怀忠受贿数额特别巨大，并具有多次索贿的法定从重处罚情节。更为恶劣的是，王怀忠为逃避法律制裁，在有关部门查处其涉嫌经济犯罪期间，仍继续向他人索贿，且将索取的巨额贿赂用于企图阻止有关部门对其经济犯罪问题的查处，受贿犯罪情节特别恶劣，社会危害性极大，罪行极其严重。在法院审理期间，王怀忠检举他人犯罪，经有关部门查证，其检举或者无时间、地点等具体情节，不具备立案查证条件，或者所涉人员在王怀忠检举之前已经被举报、查处，或者不构成犯罪，王怀忠的行为不符合《刑法》第68条第1款关于立功的规定，不具有法定的从轻处罚情节。在一审期间，王怀忠拒不认罪：二审期间，王怀忠对其所犯大部分罪行予以供认，但对有确凿证据证明的其他犯罪事实仍予以否认，不足以从轻处罚。一审判决、二审裁定认定的事实清楚，证据确实、充分，定罪准确，量刑适当，审判程序合法。依照《中华人民共和国刑事诉讼法》第199条、《最高人民法院关于执行〈中华人民共和国刑事诉讼法〉若干问题的解释》第285条第（1）项的规定，裁定如下：

核准山东省高级人民法院（2004）鲁刑二终字第6号维持一审对被告

人王怀忠以受贿罪判处死刑，剥夺政治权利终身，并处没收个人全部财产；以巨额财产来源不明罪，判处有期徒刑四年，决定执行死刑，剥夺政治权利终身，并处没收个人全部财产的刑事裁定。

第三章　挪用公款罪

一、挪用公款罪的主体是国家工作人员

国有公司长期聘用的管理人员是国有公司中从事公务的人员还是受国有公司委托管理、经营国有财产的人员

——刘某挪用公款案①

【裁判要旨】

1. 挪用型财产犯罪是暂时的占有、使用特定款项，具有归还的意图，而非法占有型财产犯罪是以侵吞、窃取、骗取或其他手段非法将财物占为己有，不具有归还的意图。区分两类犯罪的关键在于行为人主观上是否具有非法占有的目的，如果具有非法占有目的，就是贪污或职务侵占；反之，如果不具有非法占有目的，就是挪用公款或挪用资金。

2. 国有公司长期聘用的管理人员属于《刑法》第93条第2款规定的国有公司中从事公务的人员，其利用职务便利挪用本单位资金归个人使用，构成犯罪的，应当以挪用公款罪定罪处罚。

【关 键 词】

国有公司　聘用人员　从事公务

【相关法条】

《中华人民共和国刑法》第384条第1款

① 原载于《刑事审判参考》2006年第4集·总第51集，第406号。

【基本案情】

被告人刘某，某市烟草有限公司某分公司副经理。

人民检察院以被告人刘某犯贪污罪，向人民法院提起公诉。公诉机关认为，被告人刘某身为国有公司委托管理、经营国有财产的人员，利用职务上的便利，侵吞国有财物，数额特别巨大，其行为触犯了《中华人民共和国刑法》第382条第2款、第383条第1款第（1）项之规定，构成贪污罪，提请法院依法惩处。

被告人刘某及其辩护人的辩护意见为：起诉书指控刘某贪污的款项中绝大部分是刘某低价销售香烟造成的亏损，只有6万元用于归还刘某的个人欠款，对低价销售造成的亏损不应认定为贪污。而且刘某还曾向某市烟草公司出具了欠条，制定了还款计划，承诺还款，不具有将公款据为己有的故意，不应认定为贪污。

一审法院经公开审理查明：某市烟草公司是国有独资经营企业。1999年9月2日，该公司聘任农民刘某担任分公司副经理并全面主持该分公司工作，可获得相应提成工资。1999年9月2日至2001年2月间，刘某利用职务便利采取每月压款的手段拖欠烟款（用后一月烟款交前一月烟款），将销售香烟得款用于归还个人欠款等，共拖欠该公司烟款60.263万元。在市烟草公司的催要下，刘某于2001年1月8日向市烟草公司出具了欠条，承认上述欠款，并保证在1月19日下午还清，但到时未归还，刘某谎称客户路途远一时难以收回。3月1日，市烟草公司作出决定免去刘某副经理职务，调回市烟草公司负责追款。3月18日刘某向公司写出还款计划，称4月15日前全部还清，但到期未能归还。

一审法院经审理认为，被告人刘某系国有公司中从事公务的人员，利用职务上的便利，挪用国有资金人民币60万余元归个人使用，数额巨大不退还，其行为已构成挪用公款罪，依法应予惩处。人民检察院指控被告人刘某利用职务便利占用公款的事实清楚，证据确实、充分，应予认定，但认定占为己有而非占用的证据尚不充分，且指控罪名有误。依照《中华人民共和国刑法》第384条第1款、第64条之规定，于2002年12月5日判决如下：1. 被告人刘某犯挪用公款罪，判处有期徒刑十二年。2. 继续向被告人刘某追缴人民币六十万两千六百三十元，发还某市烟草公司。

宣判后，刘某没有上诉，人民检察院提出抗诉。

人民检察院抗诉意见为：一审判决确有错误，刘某先后多次截留卷烟销售款60余万元，据为己有。被公司发现后编造虚假理由，欺骗某市烟草公司，掩盖侵吞公款的事实。刘某主观上具有非法占有公共财物的故意，客观上实施了侵吞公共财物的行为，其行为已构成贪污罪。

上级人民检察院出庭支持抗诉的意见为：一审判决对被抗诉人刘某的犯罪事实定性不准，适用法律不当，量刑畸轻，应予依法纠正。被抗诉人刘某所犯贪污罪事实清楚，证据确实、充分，足以认定。建议二审法院对本案依法予以改判。

刘某的辩护人的辩护意见为：公诉机关指控刘某犯贪污罪，事实不清、证据不足，指控罪名不成立。刘某挪用销售款的行为应认定为挪用公款罪。刘某挪用6万元销售款的事实清楚，其余50余万元证据不足。刘某系初犯，认罪态度好，主观恶性不大，恳请二审法院从宽处理。

【裁判结果与理由】

二审法院经审理认为：对于人民检察院抗诉所提抗诉意见及支持抗诉意见，经查，刘某在受聘担任某市烟草有限公司分公司副经理期间，利用职务便利，以每月压款的手段将销售所得烟款截留归个人使用，并对烟草公司谎称因客户住所远，交通不便，资金一时难以收回，在烟草公司追讨的情况下，刘某承认欠款并向公司写出还款计划，刘某虽有欺骗公司行为，但该行为只能拖延还款期限，且公司财务账未平，现有证据不能证实刘某将公款占为己有，在法院审理期间检察机关亦未提交新的证据，故检察机关所提抗诉意见，法院不予采纳。原审被告人刘某受国有公司长期聘用，在管理、经营国有财产过程中，利用职务上的便利，挪用国有资金归个人使用，且数额巨大不退还，其行为已构成挪用公款罪，依法应予惩处。一审法院根据刘某犯罪的事实、犯罪的性质、情节和对于社会的危害程度依法作出的判决，定罪及适用法律正确，量刑适当，审判程序合法，应予维持。据此，依照《中华人民共和国刑事诉讼法》第189条第（1）项之规定，裁定如下：驳回抗诉，维持原判。

国有企业改制过程中，原国企中国家工作人员的主体身份如何认定？

——马平华挪用公款案①

【裁判要旨】

被告人在国有企业改制前是该企业的主要负责人，具备国家工作人员身份，在企业改制过程中是领导小组成员，初次改制后是国家控股企业的管理者并在改制后的公司中持有个人股份，其在国有资本控股的股份有限公司中受国有公司委派管理、经营国有资产的职责，应以国家工作人员论。

【关 键 词】

国企改制　国家控股　个人股份　国家工作人员

【相关法条】

《中华人民共和国刑法》第384条第1款、第93条第2款

【基本案情】

被告人马平华，江苏省南通市土地综合开发有限公司董事长兼总经理。

南通市崇川区人民检察院以被告人马平华犯挪用公款罪，向崇川区人民法院提起公诉。公诉机关认为，被告人马平华身为国家工作人员，利用担任南通市土地综合开发有限公司董事长兼总经理的职务之便，个人决定将公司2000万元资金存款开户证实书用于为个人贷款提供担保，其行为已构成挪用公款罪，提请法院依法惩处。

被告人马平华及其辩护人对起诉书指控的事实不持异议，但辩称马平华在公司第一次改制后不属于国家工作人员，其董事长、总经理身份是由董事会选举和聘用，并未接受国有投资主体的委托对国有股行使监督管理权，不构成挪用公款罪。

---

① 原载于《刑事审判参考》2008年第5集·总第64集，第510号。

崇川区人民法院经公开审理查明：南通市土地综合开发公司（下称土综公司）于1992年成立，系全民所有制事业单位。马平华于1998年2月至2003年间任该公司总经理。2003年7月至12月间该公司进行改制，转让40%的国有股权，其中25%明确向原公司的经营层转让，另15%向社会公开转让。2003年7月，向社会公开出让的15%股权后来由马平华委托李志刚通过竞拍程序购得。同年8月，向原公司经营层转让的另25%国有股权由马平华和严荣华分别购得20%、5%。另60%的国有股权由南通市国有资产管理局授权众和公司经营管理。2003年10月28日，南通市国土资源局与受让方马平华、严荣华、李志刚完成了产权交割手续。2003年11月14日，南通市政府办公室批复同意土综公司改制转企。2003年12月16日，经中共南通市委组织部对改制后土综公司领导班子考察研究后，由众和公司推荐马平华为土综公司董事、董事长，并于12月18日经该公司董事会选举和聘任，马平华担任该公司董事长和总经理。2004年1月13日，经南通市工商行政管理局核准，土综公司完成变更注册。2005年7月，土综公司进行再次改制，公开转让剩余60%的国有股权，由马平华受让53%，严荣华受让7%。原国有性质的土综公司经两次改制后，实际变更为由马平华出资88%、严荣华出资12%的有限责任公司。

2003年9月，马平华为筹集购买国有股权的资金，于当月个人向银行贷款2000万元（期限6个月）。但按银行对个人贷款必须有担保的要求，马平华即与坤园公司（原系土综公司下属企业）董事长杨林建商定，由坤园公司向银行贷款2000万元（期限1年），作为马平华个人2000万元贷款的担保。与此同时，马平华又个人决定坤园公司向银行的2000万元贷款由土综公司担保。两笔2000万元的贷款利息均由马平华个人支付。为此，马平华、坤园公司及银行三方办理了续贷2000万元个人贷款的手续，期限6个月。

2004年3月30日，马平华为了免除由其个人支付的坤园公司向银行贷款的利息，个人决定由土综公司向银行贷款2000万元（贷款利息由土综公司支付），作为土综公司的单位定期存款存到银行，并同意开立该单位定期存款开户证实书交由银行工作人员，于2004年4月8日存放于银行金库，作为马平华个人贷款2000万元的担保，但双方并未办理书面质押担保手续。同日，坤园公司在银行的2000万元保证金提前归还。

2004 年 9 月，马平华个人向银行贷款 2500 万元（期限 1 年），其中 2000 万元为以贷还贷，仍以土综公司的原 2000 万元单位定期存款作担保，500 万元由坤园公司在土综公司担保下（系经该公司董事会集体讨论决定）向银行以等额贷款作担保，同时，马平华承诺以其个人所有财产及权利为担保。2005 年 8 月 29 日，银行将土综公司的 2000 万元定期存款转入了保证金专户，后于 2005 年 9 月 22 日用该款归还了土综公司的等额贷款。

崇川区人民法院认为，被告人马平华身为国有公司委派在国有控股公司从事组织、领导、管理工作的人员，利用担任土综公司董事长兼总经理的职务之便，个人决定将公司 2000 万元资金存款开户证实书用于为个人贷款提供担保，其行为构成挪用公款罪。依照《中华人民共和国刑法》第 384 条第 1 款、第 93 条第 2 款的规定，判决被告人马平华犯挪用公款罪，判处有期徒刑九年。

一审宣判后，马平华不服，上诉于江苏省南通市中级人民法院。

【裁判结果与理由】

南通市中级人民法院经审理认为，土综公司改制之后，马平华虽是该公司第二大股东，但国有公司众和公司仍处控股地位，中共南通市委组织部对改制后土综公司领导班子的人选进行考察后，仍由众和公司推荐马平华担任董事长，然后通过股东大会选举履行相关手续，再由董事会聘任其为总经理。因此，马平华自土综公司第一次改制后至 2005 年 7 月之前，其具备双重身份，即其既是受委派从事管理、经营国有资产的国家工作人员，同时又是土综公司的第二大股东。

马平华 2003 年 9 月为其个人银行贷款 2000 万元所提供的担保，形式上是由坤园公司向银行同时贷款 2000 万元后转作为马平华个人 2000 万元贷款的担保，但坤园公司该等额贷款的背后，又是由马平华为了谋取个人利益，决定由土综公司为坤园公司的该 2000 万元贷款进行担保，马平华已将本单位公款置于风险之中，其行为已符合挪用公款罪的构成要件；2004 年 3 月，马平华为了免除支付由其个人承担的坤园公司 2000 万元贷款的利息，又个人决定将土综公司向银行贷款 2000 万元后转为单位存款，然后将单位存款开户证实书放置于银行不动用，其主观目的还是为其个人 2000 万元贷款进行质押。尽管该开户证实书注明了不能用于质押不属金融凭证而不具有交换功能，且土综公司也未与银行签订质押合同，但单位定期存款开户证实书是存款人的债权证明，并且是办理单位定期存单质押贷款时必备的证明文件，马平华个人决定将本单位2000万元存款开户证实书放置银行，脱离了本单位的控制，客观上已使本单位对2000万元资金在超过3个月以上的时间内无法行使权利，亦侵犯了本单位资金的使用权，马平华的行为已完全符合挪用公款罪的构成要件，且属犯罪既遂。因马平华先后两次作案是为个人同一笔贷款作保证，且第二次保证时，银行操作不规范，故其挪用公款的数额可以认定为2000万元。鉴于挪用公款行为未造成实际损失，原判对马平华挪用公款犯罪量刑畸重。据此，依照《中华人民共和国刑事诉讼法》第189条第（2）项和《中华人民共和国刑法》第384条第1款、第93条第2款的规定，判决如下：上诉人马平华犯挪用公款罪，判处有期徒刑五年六个月。

已办理退休手续依然从事公务的国家工作人员仍构成挪用公款罪主体

——王铮贪污、挪用公款案[①]

【裁判要旨】

对处于离退休阶段的人员是否属于国家工作人员的认定，应从实际出发，从单纯以身份本身来判断主体性质的标准转变为以职权和职责为主，兼顾身份作为判断主体性质的标准，强调职权和职责对于主体性质的关键性。具体而言，应以行为人实际交接工作的时间为准，认定其是否具有国家工作人员相应的职权和应履行相应的职责，确定其行为是否属于“从事公务”，以准确区分罪与非罪。

【关 键 词】

离退休　从事公务　国家工作人员　挪用公款

【相关法条】

《中华人民共和国刑法》第382条、第386条第（1）项、第384条

① 原载于《刑事审判参考》2008年第6集·总第53集，第422号。

【基本案情】

被告人王铮，原系大连市人民体育场书记、场长、大连市体育彩票管理中心主任、书记。

大连市人民检察院以被告人王铮犯贪污罪、挪用公款罪，向大连市中级人民法院提起公诉。

被告人王铮对公诉机关指控的罪名及事实予以否认，认为不构成贪污罪和挪用公款罪。认为其没有冒用朱可冬名义的主观故意，作为无房户没有必要以朱可冬的名义占有房子，而且其住房是应该得到的奖励，经过领导同意的；2002 年 12 月其已退休，返聘在体彩中心协助工作，公款支出时没有任何职权。其辩护人认为指控被告人王铮犯贪污罪和挪用公款罪的事实不清，证据不足，王铮取走 45 万元支票是体育场班子研究决定的，王铮在支票存根上先签上自己的名字又划掉写上朱可冬的名字不能认定为冒用；挪用发生时，王铮已退休没有职务身份不具备挪用主体资格。

大连市中级人民法院经公开审理查明：1997 年 12 月 16 日，大连市人民体育场（以下简称体育场）为大连市体育局下属的事业单位，被告人王铮利用担任体育场场长，主管财务的职务便利，擅自以给该场副场长朱可冬购房为由，通过单位会计徐作德套取一张 45 万元的转账支票，并在该支票根上冒用朱的签名。嗣后将该支票存人大连康泰建筑技术咨询有限公司（以下简称康泰公司）预收款账户。随后，王铮委托他人将该 45 万元从康泰公司转出并提取现金。1999 年 5 月，被告人王铮将该 45 万元现金用于注册以其妻子和女儿为股东的个人企业大连广鸿经贸有限公司的验资款，之后被告人又将该 45 万元作为广鸿公司租赁体育场看台的租金支付给体育场。

2000 年上半年，被告人王铮向大连市体育运动委员会（以下简称市体委）主任辛德智及辽宁省体育彩票管理中心（以下简称省体彩中心）主任邢立泉谎称其没有分到福利住房，要求解决住房。2000 年 7 月 3 日，市体委产业处处长包伟堂根据辛德智的旨意，以“一直没有兑现给王铮奖励一套住房”为由，经市体委给省体彩中心打了“关于奖励王铮、王国胜同志住房的请示”（以下简称请示）报告。同年 7 月 8 日，省体彩中心主任邢立泉在该“请示”上批示：“同意用应兑现奖金为二位同志解决住房。”王铮将该“请示”出示给辛德智看后自行保存。同年 8 ~ 11 月期间，王铮找到大连凤元装饰有限公司（以下简称凤元公司）的丁学春，让丁以支付大连市体育彩票管理中心（以下简称市体彩中心）装修款的名义，分别开出30万元、18万元的装修款假发票各一张，交给辛德智签名。后王铮以辛批准的省体彩中心奖励购房款的名义，将该发票交给大连体育场改造工程指挥部（以下简称指挥部）出纳员李光怀，从李处领取30万元、18万元转账支票各一张。同年9月20日、11月14日，王铮将这两张转账支票存入其女王红梅的股票资金账户，据为己有。

2002年8月18日，被告人王铮利用其担任大连市体彩中心主任、主管财务的职务之便，采取欺骗手段，借给单位副主任王国胜解决住房之机，以兑现“请示”为名，将本应作为前述第一笔48万元支款根据的“请示”拿出交给财务人员，让出纳员殷淑珍给其开出一张48万元转账支票。后王铮用该款为其女儿王红梅购买个人房产。

2002年3月至2003年1月，被告人王铮利用担任市体彩中心主任、书记主管财务的职务之便，与市体委竞赛中心（以下简称市竞赛中心）主任孙逢孝签订假租房合同，以支付房租费名义，套取市体彩中心应上缴省体彩中心的313万元，转存到市竞赛中心在大连商业银行体育场支行开立的支票账户（属账外户）。并先后安排市体彩中心出纳员殷淑珍和大连金海洋装饰设计工程有限公司（以下简称金海洋公司）出纳员沙晶管理该账户，一直控制该支票账户的银行预留印鉴。2003年1月14日，王铮利用对该账户的实际控制权，应其朋友于宝军个人入股注册私人公司急需50万元的请托，指使殷从该账户给于开出一张50万元的转账支票，供于成立金海洋公司验资注册使用。同年1月21日，于将该款返还。

大连市中级人民法院认为：被告人王铮身为国家工作人员，利用职务上的便利，贪污公款93万元，挪用公款50万元给他人使用，进行营利活动，挪用公款数额巨大，严重地侵犯了国家工作人员职务行为的廉洁性和公款所有权、使用权，其行为已分别构成贪污罪、挪用公款罪。公诉机关的指控成立。关于王铮及其辩护人所提无罪的辩护意见，经查，王铮以本单位其他有权分房职工的名义进行购房的行为及利用省体彩中心请示领取两套房款，其中多领的一套房款，均系贪污；王铮从市体彩中心退休后又被返聘，在此期间将市体彩中心存在市竞赛中心账外户上的50万元借给朋友于宝军，作为注册私人公司验资款的行为构成挪用公款罪。故该辩解和辩护意见缺乏事实和法律依据，本院不予采纳。但鉴于被告人王铮挪用公款时间较短，可酌情对其从轻处罚。根据《中华人民共和国刑法》第382条、第383条第（1）项、第384条、第69条、第64条之规定，判决如下：1. 被告人王铮犯贪污罪，判处有期徒刑十二年，犯挪用公款罪判处有期徒刑五年，数罪并罚，决定执行有期徒刑十五年。2. 赃款九十三万元予以追缴，上缴国库。

一审宣判后，王铮向辽宁省高级人民法院提出上诉。王铮上诉提出，45万元是分得的住房款，两个48万元是兑现奖励款，挪用公款时已经退休，不构成犯罪。其辩护人还提出王铮在审理期间有检举立功表现的辩护意见。

辽宁省高级人民法院经审理后查明：上诉人王铮在任大连市体育场党总支书记期间，于1997年12月16日，通过单位会计徐作德以副场长朱可冬名义领取一张人民币45万元的转账支票，在支票的用处栏写明“预收房款”，并于同月17日将该支票存入康泰公司预收款账户。此后，王铮所在单位进行住房改革，朱可冬自己从单位领取了房款。王铮因在单位未分得住房，便从康泰公司开出购房发票，以其本人购房的名义将该款在单位报销。

其余事实和证据与一审认定的事实和证据相同，二审予以确认。

【裁判结果与理由】

辽宁省高级人民法院认为，王铮虽然冒充朱可冬的名义从单位预支了45万元房款，但其在报销时向单位明确，系其本人购房用款。由于王铮所在单位进行住房改革，该笔款项为王铮应得款项。王铮及其辩护人所提此笔报销45万元购房款不构成贪污犯罪的上诉理由和辩护意见，予以采纳。王铮用空军大连房地产处的发票，核销其于2002年8月18日从单位取得人民币48万元的转账支票，系兑现“请示”批准的奖励，不属于贪污。王铮及其辩护人所提此笔48万元不构成贪污罪的上诉理由和辩护意见，予以采纳。但王铮于2000年6月23日和2000年11月8日虚构装修大连市体彩中心工程的事实，分别用人民币30万元、18万元假发票2张在大连市体育场改造工程指挥部报销的行为，既不属于真实、合法支出，又与兑现奖励无关，系利用职务上的便利，骗取公共财物的行为，王铮及其辩护人所提报销该笔装修工程款是兑现“请示”奖励的上诉理由和辩护意见，不予采纳；王铮挪用公款时虽已退休，但其实际上仍然管理、支配着国有财产，具备国家工作人员的身份，其利用职务之便挪用公款给他人，进行营利活动的行为构成挪用公款罪。王铮及其辩护人所提该行为不构成挪用公款罪的上诉理由和辩护意见，不予采纳。鉴于王铮贪污犯罪的事实发生重大变化，且贪污人民币48万元的赃款已被追缴；挪用公款时间短，且款项已在案发前返还；其又能检举他人犯罪，经查证属实，构成立功。可对王铮减轻处罚。原判定罪准确，审判程序合法。根据《中华人民共和国刑事诉讼法》第189条第（3）项和《中华人民共和国刑法》第382条、第383条第（1）项，第384条第1款、第69条、第64条、第68条第1款之规定，判决如下：一、撤销大连市中级人民法院（2005）大刑初字第168号刑事判决第一项、第二项，即撤销被告人王铮犯贪污罪，判处有期徒刑十二年；被告人王铮犯挪用公款罪，判处有期徒刑五年；数罪并罚，决定执行有期徒刑十五年。赃款九十三万元予以追缴，上缴国库。二、上诉人王铮犯贪污罪，判处有期徒刑六年；犯挪用公款罪，判处有期徒刑三年，数罪并罚，决定执行有期徒刑七年；赃款人民币四十八万元予以追缴，上缴国库。

村民小组组长挪用土地征用补偿费用是否能以国家工作人员论处？

——刘喜亮、王长春挪用公款案①

【裁判要旨】

村民小组是村民委员会的派生机构，属于村民委员会的一个组成部分。在实际工作中，为了方便管理和服务，村民委员会往往将自己负责的事务分配给各村民小组，由小组长负责落实。此时，村民小组长承担了村民委员会的部分责任，村民小组自然不能被排除在村基层组织之外，村民小组组长当然也就属于“村基层组织人员”。村民小组组长在协助基层人

① 原载于《人民法院案例选》2011年第4辑。

民政府从事行政管理工作时，属于“其他依照法律从事公务的人员”，具有国家工作人员的本质特征。

【关 键 词】

村民小组组长　挪用　土地征用补偿费　国家工作人员

【相关法条】

《中华人民共和国刑法》第384条第1款

【基本案情】

公诉机关确山县人民检察院。

被告人刘喜亮。

被告人王长春。

河南省确山县人民法院经审理查明：2006年12月初，被告人刘喜亮在担任确山县三里河乡秀山村村民委员会治安主任兼肖庄村民小组组长期间，指使该村二王村民小组组长王长春将其负责保管的新阳高速公路二王村民小组征地补偿费用5万元给他做贩羊生意使用。案发后挪用的5万元赃款被确山县人民检察院追缴后退还给三里河乡政府。

确山县人民检察院指控：被告人刘喜亮、王长春挪用土地征用补偿费数额较大，应以挪用公款罪追究二被告人的刑事责任。二被告人没有答辩。

【裁判结果与理由】

河南省确山县人民法院审理后认为：被告人王长春身为村民小组组长，在高速公路征地工作中，协助县、乡人民政府从事土地征用补偿费用的管理工作，属于其他依照法律从事公务的人员，应依国家工作人员论。被告人刘喜亮与王长春共谋后，王长春根据刘喜亮的指使，利用其保管、发放征地补偿费用的职务便利，挪用公款给刘喜亮进行营利活动，数额较大，二被告人的行为均已构成挪用公款罪，系共同犯罪。在共同犯罪中，二被告人所起作用相当，可不作主从犯的区分。确山县人民检察院指控的犯罪事实和罪名成立，应予支持。鉴于案发后赃款已全部追回，二被告人有悔罪表现，可酌情从轻处罚。根据二被告人的犯罪情节和悔罪表现，适用缓刑确实不致再危害社会，可以宣告缓刑。依照《中华人民共和国刑法》第384条第1款、第25条第1款、第93条第2款、第72条第1款、第73条第2款和第3款，《全国人民代表大会常务委员会关于〈中华人民共和国刑法〉第九十三条第二款的解释》的规定，判决如下：一、被告人刘喜亮犯挪用公款罪，判处有期徒刑一年，缓刑二年；二、被告人王长春犯挪用公款罪，判处有期徒刑一年，缓刑二年。宣判后，二被告人没有提出上诉，公诉机关也没有提起抗诉，判决已经发生法律效力。

挪用公款案中主体身份及行为手段的认定

——肖景军挪用公款、受贿案[①]

【裁判要旨】

审理贪污、贿赂案件中犯罪主体是以国家工作人员论的，应重点把握受“委派”和“从事公务”的实质，对委派企业的性质不能仅依靠注册登记材料进行形式上的判断，而需要综合工商注册、分配形式、经营管理等因素确定资金来源。

【关 键 词】

国家工作人员　挪用公款　归个人使用　集体企业

【相关法条】

《中华人民共和国刑法》第384条第1款、第385条　第386条　第383条

【基本案情】

公诉机关：北京市人民检察院北京铁路运输分院

被告人肖景军，北京京铁通网物业管理有限责任公司（以下简称京铁通网公司）经理。

起诉书指控：

1.2004年9月至2008年5月，被告人肖景军受北京京铁实业开发总公司（以下简称京铁实业开发总公司）的委派担任北京京铁通网物业管理有限责任公司（以下简称京铁通网公司）经理期间，利用职务之便，为北京聚鸿建信技术服务有限公司（以下简称聚鸿建信公司）谋取利益并接受

① 原载于《人民法院案例选》2013年3辑。

王德丽给予的聚鸿建信公司出资款人民币50万元。

2. 2007年10月18日，被告人肖景军受京铁实业开发总公司的委派担任京铁通网公司经理期间，利用职务之便，个人决定将京铁通网公司人民币6897837.69元借给王岐太个人，用于收购北京中建土博士科技发展有限公司（以下简称土博士公司）。

3. 2009年年底的一天晚上，被告人肖景军担任京铁通网公司经理期间，利用本人职权形成的便利条件，为邢武承揽工程，而收受邢武人民币2万元，用于赌博。

针对指控的事实，检察机关认为被告人肖景军的行为分别触犯了《中华人民共和国刑法》第385条、第384条之规定，应以受贿罪、挪用公款罪追究其刑事责任。

被告人肖景军辩称：其是经董事会聘任担任的京铁通网公司经理而不是受委派；689万余元借给的是土博士公司而不是王岐太个人，且借该款经过了董事会决议，王岐太当时已经是土博士公司的法定代表人，双方签订了借款协议；肖军给其的2万元是借款，后来准备还给肖军但没有还成，其没有将自己公司的业务给邢武。

辩护人的辩护意见是：(1) 京铁通网公司的投资主体中不含有国有公司，肖景军前期是受聘任担任的京铁通网公司经理，未经过任何单位委派，故其不具有国有公司委派到非国有公司从事公务人员的身份；(2) 指控肖景军挪用的689万余元款项往来发生在两个公司法人主体之间，而不是出借给个人，肖景军亦未谋取个人利益，两家公司之间的款项流转留有书面依据，起诉书认定该款用于王岐太收购土博士公司与事实不符，涉案款项已由土博士公司归还完毕；(3) 聚鸿建信公司的设立和增资，以及登记在肖景军名下的50万元出资款肖景军均不知情，其未从聚鸿建信公司取得过财产利益，该指控与客观事实严重不符；(4) 肖景军与邢武之间无行、受贿的意思联络，该款项不是基于权钱交易的给付，邢武从其他单位得到的利益与肖景军的职务活动不存在法律上的因果关系，故该2万元的指控不符合受贿罪的构成要件。

法院经审理查明：

1. 2007年10月18日，被告人肖景军受京铁实业开发总公司的委派担任京铁通网公司经理期间，利用职务之便，个人决定将京铁通网公司人民币6897837.69元借给战友王岐太，供王岐太等人用于继续完成土博士公司及相关资产的收购。2008年6月和8月，该款分两次归还京铁通网公司。

2.2008年5、6月间，被告人肖景军利用担任京铁通网公司经理的职务之便，将京铁通网公司总包的京津高速铁路沿线移动信号塔基站建设工程的一部分授意由邢武的施工队承揽。2009年年底的一天晚上，肖景军收受邢武人民币2万元，用于赌博。

【裁判结果与理由】

北京铁路运输中级法院于2011年11月18日作出（2011）京铁中刑初字第9号刑事判决，判处被告人肖景军犯挪用公款罪，判处有期徒刑七年；犯受贿罪判处有期徒刑一年。决定执行有期徒刑七年六个月。在案扣押的退缴赃款人民币2万元，依法没收。宣判后，肖景军提出上诉。北京市高级人民法院于2012年5月28日作出（2012）高刑终字第16号刑事裁定，驳回上诉，维特原判。

法院生效裁判认为：对于肖景军所提其是经董事会聘任担任的京铁通网公司经理而不是受委派，到京铁通网公司时已办理停薪留职并封存了档案的辩解意见及其辩护人所提京铁通网公司的投资主体中不含有国有公司，肖景军前期是受聘任担任的京铁通网公司经理，未经过任何单位委派，故其不具有国有公司委派到非国有公司从事公务人员的身份的辩护意见，经查，京铁通网公司在2002年成立时虽注册性质为集体所有制企业，其投资主体显示为京铁集经劳服中心和京铁万通中心的8名职工，形式上不存在国有资产，但根据在案多份证人证言及书证，证实“北京铁路分局多经分处”“京铁实业开发总公司”和“京铁集经劳服中心”实际上是一个机构三块牌子，是当时北京铁路分局管理下属登记为不同性质企业的对口上级主管单位。根据《最高人民法院、最高人民检察院关于办理国家出资企业中职务犯罪案件具体应用法律若干问题的意见》第7条中“企业注册登记中的资金来源与实际出资不符的，应根据实际出资情况确定企业的性质。企业实际出资情况不清楚的，可以综合工商注册、分配形式、经营管理等因素确定企业的性质”的规定，京铁集经劳服中心虽然名义上是集体所有制企业，但其结构调整、规划制定、资金安排、干部任用等全部经营管理活动都是由原北京铁路分局统一管理，经营财务决算列入铁路分局的决算，只是由于效益考核等原因在注册登记时采取了集体所有制的形式，是铁路系统现代企业制度尚未建立健全的特定时期遗留的历史问题，并不影响对其国家出资企业性质的认定。而京铁通网公司的注册资本来源于京铁集经劳服中心和国有的京铁万通中心“小金库”资金，包括下达经营指标、重大事项汇报、上缴利润、人事关系和干部考核等全方面接受京铁实业开发总公司领导，以及2008年京铁通网公司仅按照京铁实业开发总公司的行政指令就将其股权形式进行变更等情况，完全可以证实京铁通网公司属于国家出资企业的事实。至于肖景军是否接受京铁实业开发总公司委派担任京铁通网公司经理的问题，按照上述《意见》第6条的规定，肖景军的任职是由京铁实业开发总公司作出的决定，其人事档案一直在京铁实业开发总公司，总公司对其工资的调整没有中断，肖景军一直享有国家干部身份和行政级别等事实，说明原为京铁实业开发总公司职工的肖景军，能够成为总公司下属的京铁通网公司经理，是京铁实业开发总公司行使人事决定权的结果，使其在京铁通网公司从事组织、领导和经营、管理工作。即使此后肖景军的任职经过了董事会的聘任，也是为了符合《公司法》等有关法律所规定的形式要求而履行的相应程序，并不影响对肖景军国家工作人员的认定。

对于肖景军所提689万余元借给的是土博士公司而不是王岐太个人，且借该款经过了董事会决议，王岐太当时已经是土博士公司的法定代表人，双方签订了借款协议的辩解意见，以及辩护人所提指控肖景军挪用的689万余元款项往来发生在两个公司法人主体之间，而不是出借给个人，肖景军亦未谋取个人利益，两家公司之间的款项流转留有书面依据，起诉书认定该款用于王岐太收购土博士公司与事实不符的辩护意见，经查，证人刘贺勇、张勇、姜华、卢杉、方力等均证实出借该689万余元并未经过董事会决议，公司其他领导及上级主管单位亦不知情。在王岐太提供的京铁通网公司与土博士公司的借款协议以及京铁通网公司财务账中留存的土博士公司收据的真实性已经否定、不予采信的情况下，现有证据足以证实，在该689万余元出借之前，虽然王岐太作为土博士公司新的法定代表人完成了工商变更登记，但尚未取得土博士公司的相关资产和实际经营权，其收购土博士公司并利用该公司土地进行房地产开发的目的并未实现。而肖景军在明知王岐太借款的目的是为了完成后续土博士公司相关资产收购的情况下，利用职务上的便利，个人决定将京铁通网公司的689万余元出借以帮助王岐太等人实现收购目的，无论王岐太是否取得土博士公司法定代表人的身份，均无法掩盖肖景军将公款供本人、亲友或者其他自然人使用，进行营利性活动的性质，属于公款私用的行为，符合挪用公款罪的构成要件。

对于肖景军所提是肖军给其的2万元而不是邢武，该2万元是借款，后来准备还给肖军但没有还成，其没有将自己公司的业务给邢武的辩解意见以及辩护人所提肖景军与邢武之间无行、受贿的意思联络，该款项不是基于权钱交易的给付，邢武从其他单位得到的利益与肖景军的职务活动不存在法律上的因果关系，故该2万元的指控不符合受贿罪的构成要件的辩护意见，经查，证人肖军和邢武的证言以及肖景军在侦查期间的供述，都证实肖景军是直接从邢武手里接过的这2万元现金。此外，虽然2008年邢武承揽到的基站建设工程并不是直接与肖景军所在的京铁通网公司签订的合同，但该工程是由京铁通网公司从联通和移动公司承接而来，承包的施工单位是肖景军弟弟肖景将经营的龙泉电信工程队，邢武是从龙泉电信工程队获得的分包工程。上述事实说明该工程的实际控制权是在肖景军手中，如没有肖景军的授意和同意，邢武不可能获得该工程项目。而且，在案证据证实，邢武在送出2万元之后吃饭过程中向肖景军明确表示过希望肖景军继续为其揽活，而肖景军没有拒绝。结合其事后既无归还的行为，亦无归还的意思表示，上述事实足以说明肖景军明知邢武给予他财物的目的，是要求其利用掌握的权力为邢武谋取特定的利益，而收受邢武给予的财物，属于允诺为他人谋取利益，符合受贿罪的构成要件。

对于辩护人所提聚鸿建信公司的设立和增资，以及登记在肖景军名下的50万元出资款肖景军均不知情，其未从聚鸿建信公司取得过财产利益，该指控与客观事实严重不符的辩护意见，经查，现有证据虽然能够证实王德丽注册聚鸿建信公司及其后增资时，工商登记等材料中显示肖景军为出资人和经理，45万元增资款是由王德丽提供并从肖景军个人银行卡中转出，肖景军也确曾将京铁通网公司承接的移动信号基站选站租地业务交由聚鸿建信公司，并使该公司从中盈利，但聚鸿建信公司工商登记材料和肖景军银行卡存取款记录中均非肖景军本人签字，且除肖景军在侦查期间曾经的有罪供述外其他证据均不能证实肖景军对该笔指控事实事先同意或事后知情。因此，在案证据对于肖景军受贿50万元出资款在主观明知方面缺乏足够的支持，不足以认定。

被告人肖景军作为国有公司、企业委派到非国有公司中从事公务的人员，利用职务上的便利，挪用本单位公款人民币689万余元供亲友进行营利活动，情节严重；肖景军作为国有公司、企业中从事公务的人员，利用职务上的便利，非法收受他人人民币2万元，为他人谋取利益，其行为侵害了公共财产的使用收益权以及国有公司、企业的正常工作秩序和国家的廉政建设制度，已分别构成挪用公款罪和受贿罪，应实行数罪并罚。检察机关指控被告人肖景军犯挪用公款罪以及受贿人民币2万元的事实清楚，证据确实、充分，指控的罪名成立；但指控肖景军受贿人民币50万元出资款的证据不足，应不予支持。肖景军在因涉嫌受贿和挪用公款犯罪被羁押期间，如实供述司法机关尚未掌握的收受邢武人民币2万元的犯罪事实，系坦白，可依法从轻处罚。在审理期间，肖景军的家属代肖景军主动退缴受贿款人民币2万元，可酌情从轻处罚。

二、挪用公款罪的犯罪对象

以使用变价款为目的挪用公物的行为是否构成挪用公款罪

——王正言挪用公款案①

【裁判要旨】

挪用公物予以变现归个人使用的行为，其本质与一般的挪用公款行为是一致的，构成犯罪的，应以挪用公款罪论处。

【关 键 词】

挪用公物变现 归个人使用 挪用公款

【相关法条】

《中华人民共和国刑法》第384条第1款

① 原载于《刑事审判参考》2000年第5集·总第10集，第75号。

【基本案情】

被告人王正言，原系上海机械进出口集团实业公司出口材料部经理。

上海市静安区人民检察院以被告人王正言犯挪用公款罪，向静安区人民法院提起公诉。

静安区人民法院经公开审理查明：1993 年 10 月至 1998 年 1 月，被告人王正言任上海机械进出口集团实业公司（以下简称实业公司）出口材料部经理，负责经营有色金属、黑色金属等原材料业务。1995 年 11 月，经单位领导同意，被告人王正言将实业公司 99.235 吨电解铜出借给上海市有色金属铜带分公司（以下简称铜带分公司）使用，1997 年 4 月借铜合同履行完毕。但这批铜仍置放在铜带分公司。

1995 年初，被告人王正言经人介绍认识了南京市金属材料总公司（以下简称南京总公司）兰州公司（以下简称兰州公司）个人承包经营者邱耀南，至同年 8 月，由被告人王正言经手实业公司与兰州公司两次发生购销业务。在履约过程中，兰州公司违约，欠实业公司货款人民币 180 万元。实业公司领导于 1996 年专门责成王正言和单位职工孙志高向邱耀南追讨，经多次催讨未果。不久，邱耀南去向不明。同年底，王正言和孙志高至南京总公司，要求确认兰州公司的债务。负责接待的人员告知兰州公司名义上挂靠在南京总公司，实际上是邱耀南个人承包经营，债权债务应由兰州公司自行负责。

为了找到邱耀南，被告人王正言于 1997 年 5 月在南京通过他人认识了邱的朋友胡一信，同时，又认识了胡的朋友姚永康。胡、姚分别系南京情侣服饰设计中心和扬子江资源经济开发总公司的个人承包者，当时均发生经营资金短缺的困难。王正言通过胡与在外地的邱耀南通了电话，邱耀南要王正言想办法替他先向实业公司归还 100 万元的货款，并答应在同年 7、8 月间归还王正言垫付的钱款。为了减轻未追回货款的压力，王正言产生了将铜带分公司归还本单位的近 100 吨电解铜变价后替邱还债的意图。王正言同胡、姚策划，由扬子江公司出将置放在铜带分公司的电解铜借用变价，变价后，其中 40 吨电解铜的变价款由王正言用于为邱归还所欠实业公司的部分货款，其余变价款归姚、胡在经营活动中使用。

1997 年 5 月 12 日，被告人王正言按照与姚、胡的策划，在南京擅自以实业公司出口材料部的名义与扬子江公司签订了出借电解铜 100 吨的协议。至同月底，王正言与姚、胡一起将99.235吨电解铜分4次予以变卖，得款人民币226.975309万元，用于替邱归还所欠实业公司的部分货款和姚、胡的经营活动中。

至案发时止，王正言归还了人民币124万元，尚有102万元未予归还。

【裁判结果与理由】

静安区人民法院审理后认为：被告人王正言系国家工作人员，利用职务之便，擅自挪用公款，归个人用于营利活动，情节严重，且至今未予归还的数额巨大，严重侵犯国有企业的资金使用权，损害了国家工作人员理应遵守的廉政制度，其行为已构成挪用公款罪，依法应予惩处。检察机关指控被告人王正言的犯罪事实清楚，证据确凿充分，定性准确。依照《中华人民共和国刑法》第12条第1款、第384条第1款和第64条的规定，于1999年12月21日判决如下：1. 被告人王正言犯挪用公款罪，判处有期徒刑十三年；2. 追缴赃款人民币一百零二万元，发还实业公司。

宣判后，被告人王正言不服，上诉于上海市第二中级人民法院。

上海市第二中级人民法院经审理认为：一审判决认定上诉人王正言犯挪用公款罪的事实清楚，证据确实、充分，定罪准确，量刑适当，适用法律正确，审判程序合法。依照《中华人民共和国刑事诉讼法》第189条第（1）项的规定，于2000年3月裁定如下：驳回上诉，维持原判。

利用职务便利将关系单位未到期的银行承兑汇票背书转让用于清偿本单位的债务，同时将本单位等额的银行转账支票出票给关系单位的行为，不构成挪用公款罪

——杨培珍挪用公款案[①]

【裁判要旨】

利用职务便利将关系单位未到期的银行承兑汇票背书转让用于清偿本单位的债务，同时将本单位等额的银行转账支票出票给关系单位的行为，

① 原载于《刑事审判参考》2009年第4集·总第69集，第574号。

不构成挪用公款罪

【关 键 词】

未到期银行承兑汇票　背书　清偿债务　转账支票

【相关法条】

【基本案情】

被告人杨培珍，无锡市旺庄医院副院长。

江苏省无锡市开发区人民检察院以被告人杨培珍犯挪用公款罪向无锡高新技术产业开发区人民法院提起公诉。

无锡高新技术产业开发区人民法院经公开审理查明：无锡市旺庄医院系事业单位法人。被告人杨培珍于2005年11月被无锡市新区旺庄街道办事处任命为副院长，分管行政、财务工作。万兆公司系尤建兴（杨培珍丈夫）、浦敏敏出资设立的有限公司，长江公司系尤建兴与杨培珍出资设立的有限公司。2006年4月至2007年6月间，杨培珍利用担任旺庄医院副院长、分管财务的职务便利，先后4次用万兆公司或长江公司收到的未到期的银行承兑汇票支付药款给旺庄医院的供货单位，与此同时将旺庄医院等额的公款合计人民币700386元通过转账的方式转入万兆公司和长江公司。具体事实如下：

1. 被告人杨培珍于2006年4月25日，在征得旺庄医院药品供应商无锡东方药业有限公司（以下简称东方公司）同意后，将万兆公司4份票面金额计人民币27万元的未到期银行承兑汇票交到会计王燕芳处，安排王燕芳将该4份汇票背书旺庄医院银行印鉴后，交付给东方公司，用于结付旺庄医院的药款，同时，安排王燕芳开具付款人为旺庄医院，收款人为万兆公司的金额为人民币27万元的转账支票1份交给杨培珍，该转账支票上的资金于当日到账。次日，东方公司从王燕芳处取走上述汇票。上述4份承兑汇票已分别于2006年5月30日至2006年9月15日间由承兑银行兑付。

2. 被告人杨培珍于2006年5月24日，在征得旺庄医院药品供应商无锡汇华医药有限公司（以下简称汇华公司）同意后，将万兆公司1份票面金额为人民币15万元的未到期银行承兑汇票交到会计王燕芳处，要求王燕芳背书旺庄医院银行印鉴后，交付给汇华公司，用于结付旺庄医院的药款，同时，安排会计王燕芳开具付款人为旺庄医院，收款人为长江公司的金额为人民币15万元的转账支票一份，该转账支票上的资金于次日到账。

上述汇票已于2006年11月28日由承兑银行兑付。

3. 被告人杨培珍于2006年8月28日，在征得东方公司的同意后，安排会计王燕芳将长江公司的2份票面金额计人民币130386元的未到期银行承兑汇票，背书旺庄医院银行印鉴后，交付给东方公司，用于结付旺庄医院的药款。同时，杨培珍让会计王燕芳开具付款人为旺庄医院、收款人为长江公司的金额为人民币130386元的转账支票1份，该转账支票上的资金于次日到账。上述2份汇票已于2006年10月26日、2007年2月8日分别由承兑银行兑付。

4. 被告人杨培珍于2007年6月26日，在征得汇华公司同意后，安排会计王燕芳用万兆公司的1份票面金额为人民币15万元的未到期银行承兑汇票，背书旺庄医院银行印鉴后，交付给汇华公司，用于结付旺庄医院的药款。同时，杨培珍让会计王燕芳开具付款人为旺庄医院，收款人为长江公司的金额为人民币15万元的转账支票一份，该转账支票上的资金于同年6月28日到账。上述汇票已于2007年10月17日由承兑银行兑付。

案发前，被告人杨培珍主动向检察机关投案，如实交代上述事实。

在诉讼过程中，无锡市开发区人民检察院向无锡高新技术产业开发区人民法院要求撤回起诉。

【裁判结果与理由】

无锡高新技术产业开发区人民法院认为，无锡市开发区人民检察院在本案宣告判决前要求撤回起诉，符合法律规定，应予准许。依照《最高人民法院关于执行〈中华人民共和国刑事诉讼法〉若干问题的解释》第177条之规定，裁定准许无锡市开发区人民检察院撤回起诉。

利用职务上的便利借用下级单位公款进行营利活动，能否构成挪用公款罪？

——万国英受贿、挪用公款、巨额财产来源不明案①

【裁判要旨】

1. 挪用公款罪定罪条件中的“利用职务上的便利”，是指国家工作人员职务活动的一切便利，包括利用本人对下属单位领导、管理关系中的各种便利。担任单位领导职务的国家工作人员通过自己主管的下级部门的国家工作人员实施违法犯罪活动的，应当认定为“利用职务上的便利”。

2. 挪用公款罪中的公款，是指国家工作人员利用职务便利能够挪用的所有公款，既包括国家工作人员依职务直接经管、支配的公款，也包括国家工作人员职务或者职权便利所涉及的下属单位经管、支配的公款。

【关 键 词】

职务便利　上下级单位　营利　挪用公款

【相关法条】

《中华人民共和国刑法》第 385 条第 1 款、第 386 条、第 383 条第 1 款第 3 项、第 384 条第 1 款、第 395 条

【基本案情】

被告人万国英，原系甘肃省白银市白银有色金属公司副经理。

甘肃省兰州市人民检察院以被告人万国英犯受贿罪、挪用公款罪、巨额财产来源不明罪，向兰州市中级人民法院提起公诉。

被告人万国英辩称，被指控受贿犯罪中收受周明成所送的 2 万元是亲属之间的正常经济往来，不构成受贿罪；被指控挪用公款犯罪，其是借下级单位的钱，不构成挪用公款罪；被指控巨额财产来源不明犯罪，公诉机关没有作全面的调查，并非没有合法来源。其辩护人提出：起诉书指控万国英收受有关单位和个人共计 5. 88 万元人民币构成受贿罪，不能成立；万

① 原载于《刑事审判参考》2002 年第 6 集 · 总第 29 集，第 217 号。

国英向疗养院借款的行为并非利用职务之便，不构成挪用公款罪；指控万国英巨额财产来源不明的数额在减去存款利息、所继承的遗产和接受的赠与后，亦不构成犯罪。

兰州市中级人民法院经公开审理查明：甘肃省白银市白银有色金属公司（以下简称白银公司）是国有公司，被告人万国英系白银公司副总经理。1998 年 3、4 月间，白银公司决定修建安居工程，具体由白银公司下属的建安公司承担，由万国英主管。万国英的妹夫周明成要求万国英帮其承揽部分工程，万国英答应找建安公司经理车某说情。1998 年 5 月，因万国英要出国考察，周明成以出国花费大为由，送给万国英人民币 1 万元。万国英回国后给车某打招呼，让车某关照周明成。周明成因此承揽了白银公司 7600 平方米的安居建筑工程。同年 8 月，周明成再次找万国英，要求承建白银公司的党校建筑工程。万国英指使周明成直接找白银公司下属的房产公司经理杨某和科长李某。周明成由此又承揽了白银公司党校 8400 平方米的建筑工程。1999 年春节前，周明成送给万国英人民币 1 万元。

此外，被告人万国英于 1994 年至 1999 年间先后 9 次收受白银公司公安处、劳资处、生活服务公司综合公司、清洁队及 6 名职工春节期间送的“奖金”“红包”等共计 3.88 万元。

1997 年 4 月，被告人万国英为炒期货向其分管的白银公司疗养院院长李某提出借公款 5 万元。5 月 2 日，李某让单位财务人员从该院下属的滨河贸易公司开出 5 万元转账支票，交给万国英。万国英将此 5 万元及自筹的 15 万元用于炒期货，后获利 7 万元。1998 年 1 月 4 日，万国英归还了上述 5 万元公款。

案发时，被告人万国英家中共有 130.228929 万元的财产，其中有 44.908249 万元不能说明有合法来源。

【裁判结果与理由】

兰州市中级人民法院认为：被告人万国英利用职务上的便利收受他人财物人民币 2 万元，并为他人谋取利益，其行为已构成受贿罪；万国英利用主管疗养院职务上的便利，挪用疗养院公款 5 万元，进行营利活动，其行为构成挪用公款罪；被告人万国英对所拥有的 44.908249 万元的巨额财产不能说明合法来源，构成巨额财产来源不明罪。万国英归案以后，能如实供述所犯罪行，认罪态度较好，且在案发前归还了挪用的全部公款，可以从轻处罚。依照《中华人民共和国刑法》第385条第1款、第386条、第383条第1款第3项、第384条第1款、第395条、第69条第1款、第72条第1款、第73条第2款及《最高人民法院关于审理挪用公款案件具体应用法律若干问题的解释》第2条第1项、第2项之规定，于2002年10月12日判决如下：1. 被告人万国英犯受贿罪，判处有期徒刑二年；犯挪用公款罪，判处有期徒刑一年；犯巨额财产来源不明罪，判处有期徒刑一年，决定执行有期徒刑三年，缓刑三年。2. 来源不明的财产四十四万九千零二十八元四角九分、挪用公款的获利一万七千五百元，共计四十六万六千五百八十二元四角九分予以追缴，上缴国库。

宣判后，万国英服判，不上诉，检察机关不抗诉。判决发生法律效力。

三、挪用公款罪的客观表现

个人决定以单位名义将公款借给其他单位使用，没有谋取个人利益的不构成挪用公款罪

——张威同挪用公款案①

【裁判要旨】

挪用公款的本质是公款私用、谋取私利，个人决定以单位名义将公款借给其他单位使用，没有谋取个人利益的不构成挪用公款罪。

【关 键 词】

个人决定　单位名义　谋取个人利益

【相关法条】《中华人民共和国刑法》第384条第2款

【基本案情】

被告人张威同，男，1957年1月13日出生，大专文化，原系甘肃省酒泉市肃州区西峰乡新村村委会主任。因涉嫌犯挪用公款罪于2003年10

① 原载于《刑事审判参考》2008年第4集·总第63集，第502号。

月20日被逮捕。

甘肃省酒泉市肃州区人民检察院以被告人张威同犯挪用公款罪向肃州区人民法院提起公诉。

被告人张威同及其辩护人提出张威同不构成挪用公款罪的辩护意见，理由是：（1）张威同不是国家工作人员或准国家工作人员；（2）向三正世纪学校借款是经村委会决定的集体行为，绝非张威同利用职务之便的个人行为；（3）三正世纪学校不是个人，也不是私营企业，而是带有公益性质的、具有社会事业法人资格的全日制学校，新村村委会及张威同没有将款项借给“个人”或“私人”使用；（4）三正世纪学校借款后既非营利，也未进行非法活动；（5）张威同有为集体谋利之心，并无挪用公款的犯罪故意；（6）张威同在本案中未谋取任何个人物质利益和非物质利益。

肃州区人民法院公开审理查明：2002年8月底，酒泉三正世纪学校董事长王宗红以该校资金紧张为由，向被告人张威同提出想从张威同所在的新村村委会贷款200万元，月息为0.8%，张威同在未与村委会其他成员商议的情况下，安排村委会文书兼出纳柴景荣将村里的征地补偿款共210万元分别于2002年9月2日、10月11日、10月21日3次借给三正世纪学校使用，约定月利息为0.8%。2002年10月，王宗红再次找张威同提出向新村村委会借款600万元，包括前面已经借出的210万元，张威同便于2002年10月30日召集村委会委员会议就是否给三正学校借款进行讨论，张威同未将此前已经借款给三正学校210万元向会议说明，会上大家一致同意借款给三正学校600万元，会后新村村委会与三正学校签订了600万元的贷款合同，约定月利息0.6%，2003年9月30日归还。合同签订后，新村村委会实际只给三正学校借款531.5万元，包括开会研究之前借给三正学校的210万元。2003年9月24日三正学校归还220万元，案发时尚未归还的311.5万元，通过司法程序大部分已经追回。

肃州区人民法院认为，公诉机关指控被告人张威同的犯罪事实清楚，证据确实，罪名成立。张威同作为新村村委会主任，在协助政府从事土地征用补偿费用的管理工作中，超越职权范围，在未经村委会集体讨论的情况下，以个人名义将公款210万元挪给他人使用，数额巨大，情节严重，其行为构成挪用公款罪。案发后被告人挪用的大部分款项已经追回，可酌情从轻处罚。依照《中华人民共和国刑法》第384条第2款之规定，判决如下：被告人张威同犯挪用公款罪，判处有期徒刑八年。

一审宣判后，张威同不服，提出上诉。其上诉称，向三正世纪学校借款210万元，村委会已事后追认，是集体行为，对该借款其本人并未营利，请求宣告无罪。

【裁判结果与理由】

甘肃省酒泉市中级人民法院经审理认为，原判认定上诉人张威同利用村委会职务的便利，个人决定向酒泉三正世纪学校借款210万元的事实清楚，但原判将该款认定为“以个人名义将公款挪给他人使用”不当，导致对上诉人定罪及适用法律有误。对于上诉人张威同所提的上诉理由，经查，上诉人张威同在未经村委会讨论的情况下出借公款，但并不是以个人名义进行的；后在与三正世纪学校履行600万元贷款合同时，已实际包含了210万元，且张威同没有谋取个人利益，故上诉人张威同的上诉理由应予采纳。依照《中华人民共和国刑事诉讼法》第189条第（2）项之规定，判决如下：1. 撤销酒泉市肃州区人民法院（2006）肃法刑初字第171号刑事判决书；2. 宣告上诉人张威同无罪。

个人决定以单位名义将公款借给其他单位使用，虽然在事后收取对方财物，但难以证实借款当时具有谋取个人利益目的的，如何定罪处罚？

——姚太文贪污、受贿、挪用公款案①

【裁判要旨】

个人决定以单位名义将公款借给其他单位使用，虽然在事后收取对方财物，但难以证实借款时具有谋取个人利益目的的，其行为不构成挪用公款罪。

【关 键 词】

个人决定　单位名义　挪用公款

① 原载于《刑事审判参考》2012年第4集·总第87集，805号。

【相关法条】

第 385 条第 1 款、第 383 条第 1 项

【基本案情】

被告人姚太文，原系吉林省慈善总会秘书长、吉林省民政福利大厦筹建办公室主任。

吉林省长春市人民检察院以被告人姚太文犯受贿罪、贪污罪、挪用公款罪，向长春市中级人民法院提起诉讼。

被告人姚太文对公诉机关指控的事实及罪名均提出异议：根据借款协议和还款凭证等书证，其以吉林省慈善总会名义将人民币（以下币种同）440 万元借给国有单位吉林省大力实业公司，还款亦是以单位名义进行；根据相关规定，慈善基金可以用于拆借，其作为慈善总会负责人有权决定将慈善基金拆借给他人，且没有证据表明其在出借此笔款项时谋取了个人利益，其行为不构成挪用公款罪；其与吉林省大力实业公司经理王步前有过 10 万元的债权债务关系，二人素有人情往来，其收受王步前的 10 万元不是受贿。

（以下关于贪污事实部分的辩解、辩护、定罪量刑略。）

长春市中级人民法院经公开审理查明：1999 年 10 月，被告人姚太文在任吉林省慈善总会秘书长、吉林省民政福利大厦筹建办公室主任期间，利用掌管吉林省慈善总会慈善基金和基建资金的职务便利，以吉林省慈善总会名义与吉林省大力实业公司签订借款协议，将吉林省慈善总会的 440 万元公款借给吉林省大力实业公司用于支付松原市珲乌公路一级路工程保证金。2000 年 6 月至 2001 年 8 月，吉林省大力实业公司经理王步前分六次将 440 万元返还。2003 年春节，王步前为感谢姚太文借给其 440 万元工程保证金以及为其修路提供保函等帮助，送给姚太文 10 万元钱。

【裁判结果与理由】

长春市中级人民法院认为，被告人姚太文身为国家工作人员，利用职务便利，为他人谋取利益，非法收受他人财物，其行为构成受贿罪。公诉机关指控姚太文于 1999 年 10 月挪用 440 万元公款，借给大力实业公司，用于支付修路工程保证金的事实，不构成犯罪，依法不予认定。依照《中华人民共和国刑法》第 385 条第 1 款、第 383 条第 1 项、第 59 条之规定，长春市中级人民法院以被告人姚太文犯受贿罪，判处有期徒刑十年，并处

没收个人财产二万元。(关于贪污罪的定罪量刑略)。

一审宣判后，吉林省长春市人民检察院提出抗诉，理由是被告人姚太文的行为同时触犯了挪用公款罪和受贿罪，根据《最高人民法院关于审理挪用公款案件具体应用法律若干问题的解释》(以下简称《挪用公款司法解释》)第7条之规定，应予数罪并罚。原审判决对姚太文所犯挪用公款罪未予认定，属于适用法律错误，请求依法改判。

吉林省高级人民法院经审理后，认为原审判决适用法律正确，量刑适当，审判程序合法，裁定驳回抗诉，维持原判。

挪用公款归个人用于公司、企业注册资本验资证明的，应否定性为“挪用公款进行营利活动”?

——刘国林等挪用公款案①

【裁判要旨】

挪用公款归个人用于公司、企业注册资本验资证明的，应当认定为“挪用公款进行营利活动”。

【关 键 词】

挪用公款　注册资本　验资证明　营利活动

【相关法条】

《中华人民共和国刑法》第185条第2款、第384条第1款

【基本案情】

公诉机关：四川省南溪县人民检察院。

被告人：刘国林。

被告人：何志平。

被告人：蔡文学。

2003年1月7日，私营业主刘国林为注册成立宜宾正雄化工有限公司验资，找到何志平要求帮忙。何志平即私自为其办理了一个298540元人民

① 原载于《人民法院案例选》2007年第3辑。

币的虚假存折交给刘国林，刘国林赶到南溪县鼎盛会计师事务所进行验资未果。当日13时许，刘国林再次到大观营业所，告诉何志平注册公司验资需将钱汇到工商局指定的账户上验一下，要求何志平为其个人账户存入24万元用于个人注册公司验资。何志平则称要空存现金，必须有出纳的许可。刘国林立即找到出纳被告人蔡文学，要求蔡文学帮忙，并一再承诺：保证当天将24万元资金转回大观营业所。蔡文学表示同意。被告人何志平、蔡文学随即在刘国林个人账户上（账号：478201100061404）办理了空存现金24万元的业务，该账户余额为266760.38元。操作柜员：何志平，审核：蔡文学。办理此业务后，何志平将刘国林该账户的存折和密码留下，并告诉他当天只能取出1万元现金，下班银行微机关机之前将钱拿回来。刘国林随即持该账户的储蓄卡（卡号：103836511101116617）到农行南溪支行龙腾营业所办理转账26万元到鼎盛会计师事务所在龙腾营业所的账户上（账号：478101040000209）用于验资。2003年1月8日，南溪县鼎盛会计师事务所以“转出验资款”的用途，将上款转给宜宾正雄化工有限公司的预设账户，公司收到款后又将此款以“归还借款”的用途，转到刘国林的储蓄账户。何志平得到被告人刘国林的告知后，持刘国林的存折和密码在大观营业所将空存的24万元划账，归还了1月7日的空库款。未发生现金交易。以上行为，造成大观营业所空库现金24万元一天。案发后，农业银行南溪县支行对此进行了调查，并于2003年12月2日对蔡文学、何志平作出解除劳动关系的处理。2005年1月15日，被告人何志平得知南溪县人民检察院对其立案侦查后主动投案自首。

南溪县人民法院认为：被告人何志平、蔡文学原系国有金融机构的工作人员，经与被告人刘国林共谋后，利用职务之便将银行资金转入被告人刘国林的个人账户，供其注册公司验资的行为已构成挪用公款罪。被告人刘国林参与和指使被告人何志平、蔡文学挪用并取得公款用于验资，应以挪用公款罪的共犯定罪处罚。检察机关指控的罪名成立，本院依法予以支持。辩护人提出三被告人没有挪用公款的故意，将银行资金转给被告人刘国林验资仅起证明作用，系骗取验资证明，故不属挪用公款，其辩护意见与事实不符，本院不予采纳。被告人何志平得知检察机关对其立案侦查后，主动投案并如实供述犯罪事实，应认定为自首，可依法从轻或减轻处罚。公诉机关提出介于三被告人挪用公款的时间较短，未给国家造成经济损失，且犯罪后认罪态度好，希望酌定从轻处罚的公诉意见符合事实和法律规定，应予以支持和肯定。三被告人挪用公款时间短，主观恶性不大，且未造成严重后果，犯罪后均具有悔罪表现，适用缓刑确实不致再危害社会，可对其减轻处罚，适用缓刑。

南溪县人民法院根据《中华人民共和国刑法》第 185 条第 2 款、第 384 条第 1 款、第 63 条、第 67 条第 1 款、第 72 条第 1 款、《最高人民法院关于审理挪用公款案件具体应用法律若干问题的解释》第 2 条第 2 项、第 3 条第 1 款、第 8 条之规定，判决被告人刘国林犯挪用公款罪，判处有期徒刑三年，缓刑四年；被告人何志平犯挪用公款罪，判处有期徒刑二年，缓刑三年；被告人蔡文学犯挪用公款罪，判处有期徒刑三年，缓刑四年。

一审判决后，三被告人均未提出上诉，南溪县人民检察院也未提出抗诉。由于该案特殊情况，对被告人刘国林、蔡文学在法定刑期以下判处刑罚。按照规定，南溪县人民法院在上诉、抗诉期满后三日内报请宜宾市中级人民法院复核。宜宾市中级人民法院同意对刘国林、蔡文学在法定刑期以下判处刑罚，并逐级报请最高人民法院核准。

最高人民法院复核认定的事实和证据与一审认定的事实和证据相同。

【裁判结果与理由】

最高人民法院认为：被告人蔡文学系国有金融机构工作人员，利用职务之便，伙同本单位会计何志平擅自将银行人民币 24 万元资金转入被告人刘国林的个人储蓄账户，供刘国林注册公司验资，其行为已构成挪用公款罪，挪用公款数额巨大。被告人刘国林参与和指使蔡文学、何志平挪用公款用于个人注册公司验资，应以挪用公款的共犯论处。鉴于被告人蔡文学、刘国林挪用公款的时间仅有一天，未给国家造成经济损失，且认罪态度较好，对二被告人可在法定刑以下判处刑罚。南溪县人民法院判决认定的事实清楚，证据确实、充分，定罪准确，量刑适当，审判程序合法。

最高人民法院依照《中华人民共和国刑法》第 63 条第 2 款和《最高人民法院关于执行〈中华人民共和国刑事诉讼法〉若干问题的解释》第 270 条的规定，裁定如下：核准四川省南溪县人民法院（2005）南溪刑初字第 9 号认定被告人刘国林、蔡文学犯挪用公款罪，均在法定刑以下判处有期徒三年，缓刑四年的刑事判决。

如何认定挪用公款归个人使用?

——歹进学挪用公款案①

【裁判要旨】

1. 国有企业工作人员因单位经营的需要，根据集体决定的意见，将公款划拨至名为个体实为集体的其他企业使用，没有从中谋取私人利益的，其行为不构成挪用公款罪。

2. 工商行政管理机关核发的营业执照标明的企业性质，与企业的实际情况不一致时，应当根据企业的成立过程、资金来源、利润分配、管理经营方式等情况，如实认定企业性质。

【关 键 词】

集体决定　将公款划拨至集体企业使用　未谋利　企业性质认定

【相关法条】

《中华人民共和国刑法》第384条第1款

【基本案情】

公诉机关：河南省新郑市人民检察院。

被告人：歹进学。2000年9月15日被逮捕。

河南省新郑市人民检察院以被告人歹进学犯挪用公款罪，向河南省新郑市人民法院提起公诉。

起诉书指控：2000年1月至7月，被告人歹进学利用担任新郑市农业机械供应公司（以下简称农机公司）经理的职务之便，多次指使出纳刘阳将公司的建房集资款挪用到自己办的个体企业新郑市金华机械厂（以下简称金华机械厂）使用，数额达38.71万元。后歹进学虽然将款退还，但他利用职务之便挪用巨额公款，归个人进行营利活动的行为，已构成挪用公款罪。

被告人歹进学辩称，其行为不构成挪用公款罪。理由是：金华机械厂

① 原载于《最高人民法院公报》2005年第5期。

是农机公司的下属集体股份制企业，他不知道金华机械厂是个体性质的，办厂营业执照的经手人是马新喜；该厂使用建房集资款是企业内部资金调配，是借用，不是挪用。

被告人歹进学的辩护人为歹进学作无罪辩护。主要理由是：歹进学主观上没有挪用公款的故意，客观上没有实施公款私用的行为。使用建房集资款不是为了个人的盈利，金华机械厂是由农机公司统一出资，利润是谁出资谁分红，不属于个体企业；金华机械厂是农机公司的下属单位，申办金华机械厂营业执照时有伪造现象，与事实不符，金华机械厂名为个体，实为集体企业；歹进学在自己承包的企业内部调配资金，不属于挪用。

河南省新郑市人民法院经审理查明：农机公司系国有企业。1999 年 5 月 16 日，被告人歹进学与新郑市农机局签订了一份承包农机公司的“承包经营责任书”。同年 5 月 26 日，新郑市农机局正式任命歹进学为农机公司的承包人和经理，具有法定代表人资格。1999 年 6 月 7 日，歹进学开办了金华机械厂。同年 6 月 16 日，农机公司与金华机械厂签订了一份“关于组建河南省新郑市金华机械厂的协议”，约定农机公司为了安排下岗职工，减少失业人员，愿将修整完好的场地 600 平方米，厂房 300 平方米供给金华机械厂使用，使用期为五年，金华机械厂必须安排农机公司 3 人以上职工上班，使用期满后，必须保证厂房完好无损，农机公司不承担金华机械厂的任何债权债务。1999 年底，农机公司开始对旧房改造，成立了建房指挥部，歹进学任指挥长，马新喜任副指挥长，刘阳任会计（其同时兼任金华机械厂现金出纳），共收建房集资款 60 余万元。

2000 年元月 26 日至 2000 年 7 月 11 日，被告人歹进学让刘阳先后 15 次从建房指挥部借用现金 38.71 万元入金华机械厂账内，用于购车和购材料，其中购桑塔纳轿车和农用汽车共花去 22.5 万多元，入金华机械厂固定资产账。案发前，此款已全部退还。

另查，金华机械厂营业执照记载：负责人为歹进学，经济性质为个体（个人经营），资金数额为 10 万元，经营范围是农业机械、配件，经营方式为自产自销。建立金华机械厂之初，农机公司向金华机械厂提供集资款 2 万元，歹进学集资 5.5 万元，其他农机公司职工集资 3.7 万元，计 11.2 万元。

河南省新郑市人民法院认为：被告人歹进学利用担任农机公司经理职

务之便，挪用公款数额巨大，进行营利活动，其行为已构成挪用公款罪。公诉机关指控歹进学犯挪用公款罪的罪名成立，应予支持。没有证据证实金华机械厂系农机公司的下属企业，歹进学及其辩护人辩称不构成犯罪的理由，不予支持。歹进学能够全部退还所挪用的公款，可酌情予以从轻处罚。根据《中华人民共和国刑法》第384条第1款、第61条之规定，于2001年4月5日判决：被告人歹进学犯挪用公款罪，判处有期徒刑五年。

一审宣判后，歹进学不服，提出上诉。进学上诉称：原判认定金华机械厂属个人所有的私营企业确有错误，该厂实际系农机公司的下属企业，将农机公司公款挪至金华机械厂使用的行为，不构成犯罪。

河南省郑州市中级人民法院经审理查明：1999年5月，上诉人歹进学通过竞争方式担任了农机公司（国有性质）经理职务。该公司当时负债高达637.8万元，职工两年未领到工资，公司濒临倒闭。为扭转该公司单纯从事农机产品的销售和严重亏损的局面，歹进学经与农机公司其他领导研究，并在本公司职工大会上提出决定成立金华机械厂。为达到逃避公司外债的目的，歹进学同农机公司党委书记马新喜（同时兼任公司副经理及办公室主任）商量并向公司的上级主管单位新郑市农机局领导刘辉、乔根顺等人汇报，将金华机械厂的工商营业执照办成由其本人负责的个体性质的企业，并由歹进学、马新喜二人办理金华机械厂的工商营业执照，该执照记载，金华机械厂负责人为歹进学，马新喜、王国选（农机公司工会主席）、董乐平（农机公司副经理）为雇工。金华机械厂资金由公司职工集资，农机公司本身亦集资2万元，厂房设在农机公司院内。该厂两任厂长分别由马新喜、董乐平担任，会计、出纳分别由农机公司职工曹甲申、刘阳担任，该厂职工由农机公司下岗3职工组成，且金华机械厂的有关事宜在农机公司内部会议一并做出安排，并将该厂的生产经营状况反映到农机公司的财务报表中向税务部门呈报。一审认定歹进学集资5.5万元中，包括了歹进学将其个人所有价值6.18万元的皮卡车1辆。此车入该厂固定资产账，后用于替农机公司抵债。歹进学本人投入的集资款实际为5000元，1999年底，歹进学同其他职工一样，按集资的10%从机械厂领取红息500元。

2000年1至7月间，歹进学将农机公司公款38.71万元挪至金华机械厂使用，用于购车及生产资料，其中购桑塔纳轿车及农用汽车共花去

22.5213万元，入该厂固定资产账，该二辆车车主分别为刘阳、马新喜。

【裁判结果与理由】

河南省郑州市中级人民法院认为：被告人歹进学身为国有公司的经理，在任职期间将本公司387100元挪至金华机械厂使用的事实清楚，证据充分。歹进学虽然是以个人名义注册登记金华机械厂的，但本案的大量证据证实，成立金华机械厂是经农机公司集体研究后作出的决定，并曾经多次向上级行政主管部门的领导汇报，是在取得了上级行政主管部门同意后办理的相关手续，并非歹进学个人的决定。从金华机械厂的资金来源、职工组成、生产场地、利润分配、管理经营方式及挪用款项用途等各方面证据看，均不能证明金华机械厂为歹进学个人所有。故一审判决仅根据该厂在工商营业执照中的记载认定金华机械厂属个体性质，证据不足。

挪用公款罪的主要特征是挪用公款归个人使用。歹进学在担任国有公司经理职务期间，因所在单位经营的需要，经集体研究决定，将公款划拨到名为个体实为集体的其他企业使用，虽情况属实，但其本人并没有从中谋取私人的利益，其行为不符合刑法规定的挪用公款罪的构成要件，不构成挪用公款罪。歹进学及其辩护人辩解理由成立，予以采纳。郑州市人民检察院认为应以工商营业执照为依据，认定金华机械厂属私营企业的意见，经调查核实不符合该厂的实际情况，故不予采纳。综上，郑州市中级人民法院依照《中华人民共和国刑事诉讼法》第189条第3项、第162条第3项之规定，于2001年10月30日判决：一、撤销新郑市人民法院的刑事判决；二、上诉人歹进学无罪。

四、挪用公款罪与挪用资金罪的界限

村民委员会成员利用职务上的便利，个人借用村集体资金或者将村集体资金借给他人使用的，能否以挪用公款罪追究刑事责任？

——丁钦宇挪用资金案①

【裁判要旨】

村民委员会成员不是刑法意义上的国家工作人员。村民委员会成员只有在协助人民政府执行公务过程中利用职务上的便利实施犯罪行为的，才适用《刑法》关于国家工作人员的规定。村民委员会属于《刑法》第272条第1款规定的“其他单位”，村民委员会成员利用职务上的便利，挪用本单位资金归个人使用或者借贷给他人，构成犯罪的，应当以挪用资金罪追究刑事责任。

【关 键 词】

村民委员会　集体资金　个人借用　挪用资金

【相关法条】

《中华人民共和国刑法》第272条第1款

【基本案情】

被告人丁钦宇。

广东省潮安县人民检察院以被告人丁钦宇犯挪用公款罪，向潮安县人民法院提起公诉。

起诉书指控：1995年下半年，被告人丁钦宇在任潮安县磷溪镇埔涵管理区办事处副主任（负责财经工作）期间，利用职务上的便利，将管理区的公款10.65万元，借给他人及自己使用。案发后，尚有9万元没有退还。丁钦宇身为国家工作人员，挪用公款归个人使用，数额较大，超过3个月

① 原载于《刑事审判参考》2005年第1集·总第42集，第333号。

未还，其行为已触犯了《中华人民共和国刑法》第384条的规定，应当以挪用公款罪追究其刑事责任。

被告人丁钦宇辩称，挪用资金的来源全部是埔涵管理区的宅基地出让款，不构成挪用公款罪。

潮安县人民法院经审理查明：改革开放后，广东省部分农村地区将村民委员会改为“管理区办事处”，1998年11月《中华人民共和国村民委员会组织法》颁布施行后，广东地区的“管理区办事处”均已改称“村民委员会”。“潮安县磷溪镇埔涵管理区办事处”，即现在的“潮安县磷溪镇埔涵村村民委员会”。1994～1996年，被告人丁钦宇任潮安县磷溪镇埔涵管理区办事处副主任，负责财经工作。1995年下半年，被告人丁钦宇擅自决定，将管理区的宅基地出让金7万元借给村民丁双树做生意、2万元借给村民丁祥艺经营锯木厂；私自从埔涵管理区办事处出纳员处借用村提留款1.65万元，其中，1万元转手出借给村民丁楚乾用于购车从事营运，4000元转手出借给管理区干部丁惠琴，余款用于自己做生意。案发后，尚有8.764万元未能追回。

潮安县人民法院认为，被告人丁钦宇身为农村基层组织的工作人员，利用职务之便，挪用农村集体资金用于营利活动，数额较大，拒不退还，其行为已构成挪用资金罪，应依法惩处。公诉机关指控被告人丁钦宇的行为构成挪用公款罪缺乏依据，应予纠正。依照《中华人民共和国刑法》第12条第1款、第272条第1款的规定，于2004年10月27日判决如下：

被告人丁钦宇犯挪用资金罪，判处有期徒刑四年。

一审宣判后，丁钦宇以被挪用的7万元是办事处主任丁淡贞让其拿给丁双树的为由，提出上诉。

【裁判结果与理由】

潮州市中级人民法院经审理认为，上诉人丁钦宇无视国家法律，身为农村基层组织的工作人员，利用职务之便，挪用数额较大的农村集体资金用于营利等活动且不退还，其行为已构成挪用资金罪，应依法予以惩处。上诉人丁钦宇上诉称借给丁双树的7万元是丁淡贞让其拿给丁双树的意见，与庭审查证的事实不符，不予采纳。原审判决认定基本事实清楚，定罪和适用法律正确，量刑适当，审判程序合法。根据《中华人民共和国刑事诉讼法》第189条第（1）项之规定，于2004年12月2日裁定驳回上诉，维持原判。

无法区分村民委员会人员利用职务之便挪用款项性质的如何定罪处罚?

——陈焕林等挪用资金、贪污案[①]

【裁判要旨】

1. 村民委员会等村基层组织人员协助人民政府从事有关法律规定的行政管理工作，属于“其他依照法律从事公务的人员”，以国家工作人员论。

2. 无法区分被挪用的款项性质的，根据刑法的谦抑原则，从有利于被告人的角度出发，以挪用资金罪追究村民委员会等村基层组织人员的刑事责任。

【关 键 词】

村民委员会主任　依法从事公务　挪用资金

【相关法条】

《中华人民共和国刑法》第272条第1款

【基本案情】

被告人陈焕林，原任潮安县彩塘镇和平村民委员会主任。

广东省潮安县人民检察院以被告人陈焕林犯挪用公款罪、贪污罪，被告人杨茂浩犯挪用公款罪向潮安县人民法院提起公诉。

被告人陈焕林辩解称其不是国家公务员，挪用的不是国家公款，不构成挪用公款罪。其辩护人的辩护意见为：被告人陈焕林挪用的不是公款，而是村集体的资金，不构成挪用公款罪。被告人杨茂浩辩解称其借给被告人陈焕林的是集体资金，不是公款。其辩护人的辩护意见为：1. 被告人杨茂浩所挪用的款项系和平村的集体资金，不包括征地补偿款，故杨茂浩的行为不构成挪用公款罪，只构成挪用资金罪。2. 被告人杨茂浩系从犯，有自首情节，应当依法从轻或减轻处罚。

潮安县人民法院经开庭审理查明：

---

① 原载于《刑事审判参考》2007年第4集·总第57集，第454号。

（一）挪用资金罪

被告人陈焕林从2000年11月至2005年上半年任潮安县彩塘镇和平村民委员会主任，被告人杨茂浩从2000年11月至2005年7月任潮安县彩塘镇和平村民委员会委员、出纳员。在二被告人任职期间，经该村村委会决定，将村集体资金交由杨茂浩存入杨茂浩个人的银行账户中。和平村2000年11月现金结余人民币（下同）1317532.09元，2000年12月至2005年2月，现金收入共29345607.01元，总收入共计30663139.1元。上述现金收入主要是该村的集体土地租金，仅有2001年该村的集体土地被征用于潮汕公路改道工程的补偿款1114874.3元属征地补偿款，该项征地补偿款全部记入该村总账，未设独立科目，也没有存入专项资金账户。2000年12月至2005年2月，该村的现金支出共26074424.74元，截至2005年2月28日止，出纳现金日记表余额为4588714.36元。和平村的1114874.3元征地补偿款由彩塘镇财政所分九次通过银行划拨，其中有四笔共800000元实际划入和平村账户。但对该四笔资金和平村委会没有专门设立账目并存入专项资金账户，而是与其他资金混同使用。而其余五笔均没有实际划入该村账户，其中四笔共164874.3元由和平村民委员会委托彩塘镇财政所直接转账用于缴交该村2001年度至2004年的农业税；另一笔150000元由和平村民委员会委托彩塘镇财政所直接转账划入彩塘镇规划建设办的账户，用于缴交该村的生活用地基础设施配套费。

2004年间，陈焕林利用职务之便，多次从杨茂浩处借出由杨茂浩保管的该村集体资金，用于赌博，并以借付工程款的名义立下六单借条，具体为：（1）2004年3月27日借770000元；（2）2004年4月19日借647000元；（3）2004年5月3日借1781000元；（4）2004年7月13日借350000元；（5）2004年10月22日借340000元；（6）2004年11月29日借237000元，六单共计人民币4125000元。所有款项被陈焕林用于赌博输光，案发后无法追回。杨茂浩在明知陈焕林借钱不是用于支付和平村的工程款或其他公共开支而是另作他用的情况下，仍按陈焕林的指令连续、多次把和平村的上述集体资金共4125000元借给陈焕林个人使用。其间还按陈焕林的授意用假存折和假利息单据来冲抵被陈焕林借走的资金数额，以欺瞒、应付村查账小组的查账。2005年4月和平村村民委员会换届选举，陈焕林落选，后于2005年7月25日潜逃，杨茂浩遂于同月26日向潮州市人民检察院报案。

（二）贪污罪

被告人陈焕林于2004年12月18日，利用其担任潮安县彩塘镇和平村村民委员会主任职务之便，经手向潮安县彩塘镇民政办公室领取民政部门发给该村的在伍军人补助款9000元和烈属补助款300元，共计人民币9300元，后将该款据为己有，挥霍花光。案发后赃款无法追回。

【裁判结果与理由】

潮安县人民法院认为，被告人陈焕林身为农村村民委员会工作人员，利用职务之便，挪用本单位资金用于赌博，数额巨大，其行为已构成挪用资金罪，其又在协助人民政府从事优抚款物管理公务过程中，利用职务之便，侵吞国有财物，其行为已构成贪污罪。被告人杨茂浩身为农村村民委员会负责出纳的工作人员，明知被告人陈焕林借集体资金是要挪作他用，仍听从陈焕林指令，将所保管的集体资金借给陈焕林，其行为已构成挪用资金罪。被告人陈焕林在挪用资金共同犯罪中起主要作用，系主犯，应按照其所参与或组织、指挥的全部犯罪处罚。被告人杨茂浩在挪用资金共同犯罪中起次要作用，系从犯，其在陈焕林潜逃后，司法机关尚未掌握其二人挪用资金犯罪事实的情况下，主动向潮州市人民检察院报案，如实供述了全部犯罪事实，有自首情节，依法予以减轻处罚。公诉机关指控被告人陈焕林犯贪污罪罪名成立，但指控被告人陈焕林、杨茂浩犯挪用公款罪不妥，应予以纠正。依照《中华人民共和国刑法》第272条第1款、第382条第1、2款、第383条第1款第（3）项、第93条第2款、第25条第1款、第26条第1、4款、第27条、第67条、第69条第1款和《全国人民代表大会常务委员会关于〈中华人民共和国刑法〉第九十三条第二款的解释》第1款第（1）项、第2款之规定，于2006年12月26日判决如下：1. 被告人陈焕林犯挪用资金罪，判处有期徒刑十年；犯贪污罪，判处有期徒刑一年，总和刑期十一年，决定执行有期徒刑十一年。2. 被告人杨茂浩犯挪用资金罪，判处有期徒刑二年六个月。

一审宣判后，杨茂浩以原审判决量刑畸重，要求对其适用缓刑为由，提出上诉。上诉期届满后，潮州市中级人民法院受理前，杨茂浩申请撤回上诉，潮安县人民法院依法报请潮州市中级人民法院审查。

潮州市中级人民法院经审理认为，原审判决认定事实清楚，定罪和适用法律正确，量刑适当，审判程序合法。于2007年1月31日裁定准许上诉人杨茂浩撤回上诉。

挪用公款与挪用资金的区分认定

——郑年胜挪用公款案[①]

【裁判要旨】

国家工作人员与非国家工作人员分别利用自己的职务便利，挪用国有公司与非国有公司共同设立的银行共管账户的资金的行为，应当区分主从犯，根据主犯的性质认定；如果罪责相当，无法区分主从犯，一般成立挪用公款罪。

【关 键 词】

挪用公款　挪用资金　共犯　共管资金

【相关法条】

《中华人民共和国刑法》第384条第1款、第272条第1款

【基本案情】

郑年胜于2010年12月起任广东省佛山市禅城区委常委、祖庙街道党工委书记；2011年1月起兼任佛山名镇功能区管委会主任，负责管委会全面工作，分管招商和资金工作；2011年7月20日起兼任佛山名镇功能区建设总指挥部副总指挥，协助执行总指挥开展日常工作，分管动迁安置部、招商服务部和安全保障部。

郑年胜在担任上述职务期间，实施了下列犯罪行为：2011年1月29日，佛山古镇文化发展有限公司（以下简称“古镇公司”，是禅城区政府和祖庙街道办事处为佛山名镇改造项目而设立的公司）与沿海地产投资（中国）有限公司（以下简称“沿海公司”）签订战略合作框架协议，约定双方就佛山名镇改造项目进行合作的相关事宜。2011年3月15日，佛山名镇功能区管委会（以下简称“管委会”，是禅城区委、区政府为实施

① 原载于《人民法院案例选》2014年第1辑。

佛山名镇改造项目而成立的管理机构）与沿海公司签订《佛山名镇“三旧改造”及安置房建设项目合作协议》，约定双方就佛山名镇第一街区“三旧改造”与安置房建设开发进行合作的相关事宜。其中，约定沿海公司为配合管委会和古镇公司对项目用地范围内的动迁工作，在协议生效后向管委会预付人民币（以下币种同）3 亿元作为资金支持，该款支付至双方共同设立的银行共管账户由双方共管，共管款项在沿海公司按约取得相应土地使用权后解除共管，由管委会专项用于该项目的征地动迁安置等工作；如沿海公司未能取得相应土地使用权而解除双方协议时，共管账户内的资金应解除共管并连同孳息全部返还给沿海公司。2011 年 3 月 28 日，沿海公司向古镇公司设立的银行共管账户汇入 3 亿元。

2011 年 5 月初，时任广东省佛山市禅城区祖庙街道党工委书记兼管委会主任的郑年胜提议并与时任沿海公司佛山项目总经理的同案人刘铁兵（已另案判决）合谋将上述共管账户中的 1 亿元资金解除共管挪至他处，两人并约定了事后各自控制使用的数额。之后，刘铁兵按郑年胜的安排，向沿海公司董事长江鸣谎称禅城区政府可能要将上述共管资金全部用于佛山名镇项目之外的其他用途，建议先将其中的 1 亿元资金解除共管，并转存至其他地方。江鸣表示同意但要求管委会承诺仍然承担对 1 亿元资金的监管责任，并保证专款专用。郑年胜遂利用职务之便，一方面于同年 5 月 9 日通过管委会发函给沿海公司，承诺管委会在提前解除共管后仍承担对该 1 亿元资金的监管责任，保证该 1 亿元资金仍专用于佛山名镇项目的约定用途，并按月向沿海公司告知资金用途、去向，还保证在双方协议终止或解除的情况下将 1 亿元资金返还给沿海公司；另一方面则通过管委会发函指令古镇公司于同年 5 月 13 日从共管账户中汇付 1 亿元至广东南湖国际旅行社有限责任公司（以下简称“南湖国旅公司”）的账户上。南湖国旅公司收到上述资金后，于同年 5 月和 8 月先后转付 3000 万元给刘铁兵，刘铁兵将其中 160 万元用于向郑年胜行贿，余款则用于其个人开办公司的经营活动；另 7000 万元则由南湖国旅公司用于经营活动并约定向郑年胜个人支付利息。

2011 年 8 月，沿海公司向管委会补发一份《资金调动函》，要求管委会将共管账户内的 1 亿元资金解除共管后调入南湖国旅公司账户并倒签日期为 2011 年 5 月 12 日。

【裁判结果与理由】

广东省佛山市中级人民法院判决：被告人郑年胜犯挪用资金罪，判处有期徒刑十年；犯受贿罪，判处死刑，缓期二年执行，剥夺政治权利终身，并处没收个人全部财产；决定执行死刑，缓期二年执行，剥夺政治权利终身，并处没收个人全部财产。广东省高级人民法院判决：上诉人郑年胜犯受贿罪，判处死刑，缓期二年执行，剥夺政治权利终身，并处没收个人全部财产；犯挪用公款罪，判处有期徒刑十年；决定执行死刑，缓期二年执行，剥夺政治权利终身，并处没收个人全部财产。

上诉人郑年胜除犯受贿罪之外，还利用职务上的便利，伙同他人挪用巨额公款归个人使用，进行营利活动，其行为又构成挪用公款罪。挪用公款数额巨大不退还。郑年胜一人犯数罪，依法应予数罪并罚。郑年胜犯受贿罪罪行极其严重，本应处以死刑，但鉴于其归案后能坦白交待部分受贿事实，且其受贿所得案发后大部分已查扣在案等具体情况，故不必立即执行。郑年胜伙同他人挪用的公款案发后绝大部分已被追回，对其所犯挪用公款罪可以酌情从轻处罚。

五、挪用公款罪与贪污罪的界限

携带公款外出并使用的，是否构成贪污罪？

——陈义文挪用公款案[1]

【裁判要旨】

携带公款外出，主观上不具有非法占有公款目的的，其行为构成挪用公款罪，而不是贪污罪。

【关 键 词】

携带公款外出　非法占有　挪用公款

① 原载于《人民法院案例选》2008 年第 4 辑。

【相关法条】

《中华人民共和国刑法》第384条第1款

【基本案情】

公诉机关：福建省诏安县人民检察院。

被告人：陈义文。

福建省诏安县鱼种场系隶属诏安县海洋与渔业局的自收自支全民事业单位，2004年4月5日起，被告人陈义文任诏安县鱼种场场长。期间，被告人陈义文于2004年4月15日，收取诏安县鱼种场池塘、管理房承包者林南征、沈添文承包款各人民币7万元，合计14万元。经诏安县海洋与渔业局领导班子及鱼种场全体职工的同意，该承包款暂由陈义文保管，专项用于缴纳职工“社保金”及一些生活费等，由陈义文负责办理社保相关手续。之后，被告人陈义文发给本场职工2004年度生活费（以下均以人民币为单位），其中，黄瑶明3216元、沈茂山3288元、沈成三1000元、李宗杰1200元、许来福1200元、陈义文3600元、沈东升3600元，余款被陈义文带到广州。在广州打工期间，陈义文11次汇款给本场离休干部遗孀吴惠琴生活费6300元，2次计汇款5040元给本场职工许元基。2005年上半年被告人陈义文委托沈东升发给本场职工黄瑶明、沈茂山、李宗杰、许来福、沈成三、沈东升生活费各2000元，合计12000元，其本人发放生活费2000元。2005年7月7日被告人陈义文委托沈翠兰将2万元交给诏安县海洋与渔业局。被告人陈义文将其经手管理的现金余额77556元随身携带到广州市、北京市、山东省普宁市等地，作为其生活费用等，至今未归还。

福建省诏安县人民检察院以被告人陈义文犯贪污罪向福建省诏安县人民法院提起公诉。

【裁判结果与理由】

福建省诏安县人民法院认为，被告人陈义文身为国家工作人员，利用其经手管理现金的便利条件，挪用公款人民币77556元，属数额较大，且超过三个月未还，其行为符合挪用公款罪的犯罪构成要件，构成挪用公款罪，应予刑事处罚，其违法所得应继续予以追缴。公诉机关认为被告人陈义文的行为系“携带挪用的公款潜逃的”，应以贪污罪定罪处罚。经查，被告人陈义文在担任诏安县鱼种场场长期间，经诏安县海洋与渔业局领导班子及全体职工同意，保管该场的款项，其在外期间，仍陆续支付该场职工部分相关费用等。因此，虽然被告人陈义文将其经手的其余款项挪用于生活费用等支出，但没有证据可以证实其主观上具有非法占有的故意，其行为不符合携带挪用的公款潜逃的情形，公诉机关指控的罪名有误，应予纠正。被告人陈义文及其辩护人对被告人陈义文的行为性质属挪用公款的意见符合事实和法律，本院予以采信。根据《中华人民共和国刑法》第384条第1款、第64条、《最高人民法院关于审理挪用公款案件具体应用法律若干问题的解释》第3条第1款以及《最高人民法院关于执行〈中华人民共和国刑事诉讼法〉若干问题的解释》第176条第（2）项的规定，判决如下：一、被告人陈义文犯挪用公款罪，判处有期徒刑三年。二、继续追缴被告人陈义文的违法所得。一审宣判后，被告人陈义文在法定期限内未上诉，公诉机关也未抗诉，一审判决发生法律效力。

以假贷款合同掩盖挪用公款行为如何定性？

——陈超龙挪用公款案①

【裁判要旨】

行为人没有采用销毁、涂改、伪造单据、账目等手段将账做平，仅仅是假贷款合同掩盖挪用公款的行为，不构成贪污罪，构成挪用公款罪。

【关 键 词】

挪用公款罪　贪污罪　假贷款合同　掩盖罪行

【相关法条】

《中华人民共和国刑法》第12条第1款、第272条第2款、第384条第1款

【基本案情】

被告人陈超龙。因涉嫌犯贪污、挪用公款罪，于1996年2月15日被逮捕。

① 原载于《刑事审判参考》2000年第2辑·总第7期，第55号。

1994年4月至12月，被告人陈超龙先后收到罗定市城南经济发展公司、罗定市交通局养征站、罗定市罗城镇细坑居委会、罗定市居民谭某等单位和个人储户存入广海办事处的委托贷款共计人民币75.5万元，全部不入账，归其个人使用。为掩盖犯罪，又采用偷支储户存款等方法，用公款归还了其中的73万元，到案发时止，尚有储户谭某存入的委托贷款2.5万元未归还。由于被告人陈超龙偷支储户存款，致广海办事处的库存现金与账面不符。被告人陈超龙为了达到账款相符，隐瞒其侵占公款的罪行，于1995年11月至12月，指使梁甲、梁乙、陈某3人与广海办事处签订了共计55万元的虚假贷款合同并入账，从而侵占公款55万元。

1994年10月18日，被告人陈超龙收到贷款户范某归还广海办事处的贷款10万元后，既不交回单位也没有入账，私自将10万元投入股市买卖股票，占为己有。

综上所述，被告人陈超龙挪用公款73万元，贪污公款67.5万元。将公款用于赌博、经营客车营运、投入股市买卖股票、购买家具以及装修住房等非法、营利、享乐活动花光。破案后，被告人陈超龙退出赃款110200.42元，尚有564799.58元无法归还。

广东省云浮市人民检察院以被告人陈超龙犯挪用公款罪、贪污罪，向云浮市中级人民法院提起公诉。

广东省云浮市中级人民法院认为：被告人陈超龙在任中国建设银行罗定市支行广海办事处负责人期间，利用职务上和工作上的便利，采取收款不入账、签订虚假贷款合同等手段，将委托贷款户交来的委托贷款、贷款户归还的贷款及库存现金挪用73万元、侵吞67.5万元，数额均特别巨大，其行为已分别构成挪用公款罪、贪污罪，应实行数罪并罚。犯罪情节特别严重，应依法严惩。依照全国人大常委会《关于惩治贪污罪贿赂罪的补充规定》第2条第（1）项、第3条第1款和1979年《中华人民共和国刑法》第64条、第53条第1款的规定，于1997年9月22日判决如下：被告人陈超龙犯贪污罪，判处死刑，剥夺政治权利终身；犯挪用公款罪，判处有期徒刑十年；决定执行死刑，剥夺政治权利终身。

一审宣判后，陈超龙不服，以原判认定贪污与事实不符为由提出上诉。其辩称：由于动用委托贷款75.5万元，长期不能返还，就采用偷支储户存款的方法应付返还，使得广海办事处库存现金出现亏空55万元；因为

1995年底要搞平衡，搞假合同作虚假贷款55万元以填平亏空；这实际是用后次挪用公款偿还前次挪用的公款，挪用公款数额应是55万元，连同范某的贷款10万元，共挪用公款65万元。

广东省高级人民法院经审理查明：上诉人陈超龙利用职务之便，将单位和个人的委托贷款、借款75.5万元及贷款户归还广海办事处的贷款10万元，全部不入账。将上述共计85.5万元用于经营汽车运输、赌博、炒股以及购买房子、家具等。贷款期满后，陈超龙采用自制取款凭条偷支储户存款的手段归还委托贷款或借款。至1996年1月2日止，尚有12.5万元没有归还。

上诉人陈超龙由于长期偷支储户存款用于归还单位和个人的委托贷款或借款，使广海办事处库存现金与账面不符，账面大于实有款数55万元。为了达到账款相符，掩盖其挪用公款及应付支行的检查，于1995年11月至12月间，指使梁甲、梁乙、陈某与广海办事处签订假贷款合同，办理假贷款55万元手续并入账，冲减库存现金，增加贷款余额，从而侵吞公款55万元。

广东省高级人民法院认为：上诉人陈超龙挪用公款85.5万元，贪污公款55万元。其中挪用的公款已归还73万元，未归还12.5万元。未归还部分不再以贪污论处，应列为挪用公款数额。因此，贪污公款数额应为55万元。挪用公款、贪污数额均特别巨大，应依法严惩。依照《中华人民共和国刑法》第12条第1款、第382条第1款、第383条第1款第（1）项、第384条第1款、第69条第1款、第57条第1款和《中华人民共和国刑事诉讼法》第189条第（1）项的规定，于1998年8月13日裁定驳回上诉，维持原判。广东省高级人民法院依法将此案报请最高人民法院核准。

【裁判结果与理由】

最高人民法院经复核认为：被告人陈超龙身为国有银行干部，利用职务上的便利，挪用公款归个人使用，其行为构成挪用公款罪。挪用公款数额巨大，案发后不能归还，给国家造成重大经济损失，应依法惩处。一审判决、二审裁定认定的事实清楚，证据确实充分。审判程序合法。但是被告人陈超龙签订55万元的假贷款合同以冲减库存现金的行为，实际是其挪用公款行为的一部分。其签订假贷款合同的目的，是为了在年终财务检查时掩盖挪用公款的事实，最终无法使账面平衡，不能实现侵吞的目的。因此，认定被告人陈超龙挪用这部分公款的行为为贪污罪，定性不准。依照《最高人民法院关于执行〈中华人民共和国刑事诉讼法〉若干问题的解释》第285条第（3）项、《中华人民共和国刑法》第12条第1款、第272条第2款、第384条第1款、第57条第1款之规定，于1999年12月10日判决如下：

（一）撤销广东省高级人民法院的刑事裁定和广东省云浮市中级人民法院刑事判决中对被告人陈超龙犯贪污罪的定罪量刑部分；

（二）被告人陈超龙犯挪用公款罪，判处无期徒刑，剥夺政治权利终身。

六、挪用公款罪的量刑

挪用公款一天的量刑

——李茂法挪用公款案①

【裁判要旨】

挪用公款用于虚假验资骗取公司登记的，应当认定为挪用公款进行营利活动，构成挪用公款罪。挪用时间的长短不影响此类犯罪性质的认定，挪用公款数额巨大、已经退还的，应处五年以上有期徒刑。因此，挪用时间为一天以及挪用款项已退还的情况均已为立法规定所涵盖，属于挪用犯罪的常态，并非《刑法》第63条第2款中的“案件特殊情况”。除涉及国家和人民根本利益的特殊案件外，适用该条款予以减轻处罚的前提条件是，根据罪刑相适应原则，被告人判处法定刑的最低刑还是过重。而被告人将公款用于虚假验资本身，严重扰乱市场经济秩序，挪用公款数额又特别巨大，情节严重，具有较大的社会危害性，应当判处五年以上有期徒刑，不宜减轻处罚。

① 原载于《人民司法》2008年第10期。

【关 键 词】

挪用公款　营利活动　量刑

【相关法条】

《中华人民共和国刑法》第384条第1款、第63条第2款

【基本案情】

被告人李茂法案发前与董秀仁、俞加根、黄高龙共同开办杭州临安灵通电缆公司（以下简称灵通公司），2003年12月2日，李茂法利用担任临安市玲珑街道东山村党支部书记、村经济合作社主任的职务便利，到玲珑街道工业园区管委会，要求财务人员陈洪良将东山村土地征用款计人民币800万元划至其个人账户，用于灵通公司申请增加注册资本验资使用，遭到出纳陈洪良拒绝。李茂法写了“第2天把800万元土地款划到东山村的账户，否则后果由李茂法承担，和陈洪良无关”的保证书后，财务人员陈洪良、杨小靖遂为李茂法出具了万元的转账支票，并加盖了有关印鉴章。当天，李茂法将该800万元转入其在上海浦东发展银行杭州分行临安支行开设的个人账户，作为其本人及灵通公司其他股东的出资，由银行出具询证函至临安钱王会计师事务所办理验资报告，用于4名股东的验资注册。次日，李茂法将800万元划入玲珑街道东山村委会账户，归还挪用的有关款项。

【审判结果与理由】

浙江省临安市人民法院审理临安市人民检察院指控被告人李茂法犯挪用公款罪一案，于2006年2月13日作出（2005）刑初字第393号刑事判决，认定被告人李茂法犯挪用公款罪，并在法定刑以下判处其有期徒刑二年。依法逐级报最高人民法院核准。

被告人李茂法不服，以无罪为由，向杭州市中级人民法院提出上诉。杭州市中级人民法院经过审理，于2006年4月13日作出（2006）杭刑终字第128号刑事裁定，驳回上诉，维持原判，并依法将本案报送浙江省高级人民法院复核。浙江省临安市人民法院和杭州市中级人民法院均认为，本案被告人李茂法挪用公款的时间仅为一天，赃款在案发前已归还，在市纪委和公诉机关侦查期间交代态度较好，虽然不具有法定的减轻处罚情节，但根据本案的特殊情况，只有在法定刑以下判处有期徒刑二年方能体现罪刑相适应原则，依照刑法第63条第2款之规定，依法可予减轻处罚，

故对其在法定刑以下判处有期徒刑二年。浙江省高级人民法院依法组成合议庭，进行了复核。经复核查明，原判认定被告人李茂法挪用公款的事实清楚，证据确实、充分。关于本案是否存在对被告人李茂法在法定刑以下判处刑罚的特殊情况。

经查：(1) 根据刑法规定，挪用公款数额较大、进行营利活动的，构成挪用公款罪，其挪用时间的长短并不影响犯罪的认定。本案被告人李茂法挪用时间为一天的情况已经为立法规定所涵盖，属于挪用犯罪的常态，并非特殊情况。据法律规定，挪用公款数额巨大、已经退还的，处五年以上有期徒刑；挪用公款数额巨大不退还的，处十年以上有期徒刑或者无期徒刑。赃款在案发前是否退还直接影响量刑幅度。本案被告人李茂法在案发前退还赃款，应在前一量刑幅度内量刑。(3) 被告人李茂法在纪委和侦查、公诉期间交代自己的犯罪事实，属如实供述，但其在一、二审法庭审理中并没有认罪。故原判认定其认罪态度较好没有依据。

被告人李茂法将公款用于虚假验资的行为本身，严重扰乱市场经济秩序，具有较大的社会危害性，挪用公款数额又特别巨大，情节严重，应当判处五年以上有期徒刑。故原判认为只有在法定刑以下判处有期徒刑二年方能体现罪刑相适应原则的理由不能成立。

浙江省高级人民法院认为，被告人李茂法身为村基层组织工作人员，在协助人民政府从事土地征用补偿费的管理工作过程中，利用职务上的便利，将村土地补偿款用于其个人营利活，数额巨大，情节严重，其行为已构成挪用公款罪。李茂法没有法定从轻减轻情节。原判认定本案被告人李茂法存在需要在法定刑以下判处刑罚的特殊情况不当。依照最高人民法院《关于执行〈中华人民共和国刑事诉讼法〉若干问题的解释》第 268 条之规定，于2006 年6 月 23 日作出如下裁定：一撤销临安市人民法院（2005）刑初字第 393 号刑事判决及杭州市中级人民法院（2006）杭刑终字第 128 号刑事裁定。二发回临安市人民法院重新审判。

临安市人民法院依法另行组成合议庭，对本案进行了重新审理，于 2006 年 9 月 19 日作出（2006）临刑初字第 329 号刑事判决：以挪用公款罪，判处被告人李茂法有期徒刑五年。

宣判后，在法定期限内没有抗诉、上诉，判决现已发生法律效力。

多次挪用公款的如何计算犯罪数额?

——冯安华、张高祥挪用公款案[①]

【裁判要旨】

1. 与银行等金融机构中的国家工作人员相勾结，利用国家工作人员的职务之便，违规进行信用卡透支的行为，究竟构成信用卡诈骗罪、贪污罪还是挪用公款罪，主要取决于行为人对银行资金的主观心态是“非法占有”还是“非法占用”。如果行为人以非法占有为目的，以信用卡透支获取银行资金的，应构成贪污罪的共犯，而不是构成信用卡诈骗罪的共犯；如果行为人通过信用卡透支只是为了暂时使用银行公款，并无非法占有银行公款的目的，则其行为符合挪用公款罪的犯罪构成，应以挪用公款罪定罪处罚。

2. 多次挪用公款不还，挪用公款的数额累计计算；多次挪用公款，并以后次挪用的公款归还前次挪用的公款，挪用的公款数额以案发时未还的实际数额认定。

【关 键 词】

多次挪用　金融机构　信用卡透支　数额认定

【相关法条】

《中华人民共和国刑法》第384条第1款

【基本案情】

六盘水市检察院以冯安华、张高祥犯挪用公款罪，向法院提起公诉。

冯安华辩称，其行为不应由刑法调整；张高祥辩称，其在共同犯罪中处于从犯地位，请求从轻处罚。

法院经审理查明：1997年9月，被告人冯安华、张高祥协议合伙成立“钟山区祥华汽车配件经营部”。由张出资20万元，冯出资10万元，股份分为6股，每股5万元，双方按出资所占股份承担亏损和分配利润，张担

① 原载于《刑事审判参考》2005年第4集·总第45集，第356号。

任经理，冯为副经理。由于没有资金注册，冯安华在六盘水市农业银行金穗信用卡业务部开了一张证明张高祥在该部有30万元存款的虚假证明到市会计师事务所验资，然后在某区工商分局骗领了营业执照。冯、张二人在无固定资产和经营所需资金的情况下，冯利用职务之便擅自授权张用信用卡透支资金进行经营汽车配件的业务活动。

综上所述，冯、张用信用卡透支共1150860元，其中应减去冯、张使用的43个卡的存款余额及利息2047元，信用卡部领导同意透支的30万元，错转到成群林卡上的100550元，转卡利息12912.41元及张高祥消费透支的25889.6元。冯安华实际擅自授权透支总额为709460.40元。案发后，冯、张共退还款、物价值697641元，尚有11819.40元不能退还。

【裁判结果与理由】

法院认为，被告人冯安华、张高祥合谋，利用冯职务上的便利，擅自授权透支巨额资金供二人进行营利活动，其行为均已构成了挪用公款罪。其中，冯安华系本案主犯，挪用公款数额巨大且有部分未退还，情节严重，应依法惩处。张高祥系从犯，可从轻处罚。张高祥称其系从犯的意见，予以采纳。冯安华的辩护意见，不予采纳。公诉机关指控二被告人犯挪用公款罪的事实和理由成立，应予确认。依照《中华人民共和国刑法》第384条第1款、第26条第1款、第27条之规定，判决如下：冯安华犯挪用公款罪，判处有期徒刑十四年（以下略）。

一审判决后，被告人张高祥以一审法院对其量刑过重为由向贵州省高级人民法院提起上诉。贵州省高级人民法院经二审审理认定的事实和运用的证据与一审法院相同。法院认为，上诉人张高祥、原审被告人冯安华内外勾结，利用冯职务上的便利，共同挪用公款进行营利活动，均已构成了挪用公款罪。一审判决认定事实清楚，定性准确，量刑适当，审判程序合法，应予维持。上诉人张高祥的“量刑过重”等上诉理由，不予采纳。根据《中华人民共和国刑事诉讼法》第189条第（1）项之规定，裁定驳回上诉，维持原判。

如何认定职务犯罪案件中的自首及把握“办案机关掌握的线索”范围

——刘某、姚某挪用公款案①

【裁判要旨】

1. 职务犯罪案件中“办案机关掌握的线索”，不限于直接查证犯罪事实的线索，还包括与查证犯罪事实有关联的线索。

2. 被告人在纪检部门办案时主动投案，只要没有抗拒或翻供行为，不论如何被移送至检察机关，均不影响自首的成立。

【关 键 词】

办案机关　线索　职务犯罪　自首

【相关法条】

《中华人民共和国刑法》第384条第1款、第67条第1款

【基本案情】

被告人刘某，原北京华康宾馆、北京市康乐工贸公司经理。

被告人姚某，原北京华康宾馆、北京市康乐工贸公司财务主管。

北京市朝阳区人民检察院以被告人刘某、姚某犯挪用公款罪，向北京市朝阳区人民法院提起公诉。

北京市朝阳区人民法院经审理查明：2004年10月至2006年3月，被告人刘某在担任北京华康宾馆、北京市康乐工贸公司经理期间，指使被告人姚某三次使用本单位资金共计人民币（以下币种均为人民币）58万元为刘某个人购买国债，后均在当月归还。姚某在办案机关根据线索找其调查谈话期间如实交代了犯罪事实。次日，刘某主动向办案机关投案并如实交代了犯罪事实。

【裁判结果与理由】

北京市朝阳区人民法院认为，被告人刘某、姚某利用职务上的便利，

① 原载于《刑事审判参考》2012年第1集·总第84集，第755号。

挪用数额巨大的公款进行营利活动，其行为构成挪用公款罪，且情节严重，应依法惩处。在共同犯罪中，刘某指使姚某挪用公款为其购买国债，系主犯；姚某起次要作用，系从犯，依法应当从轻、减轻或者免除处罚。刘某主动向办案机关投案，如实供述犯罪事实，系自首，依法可以从轻或者减轻处罚。姚某在办案机关找其调查谈话期间坦白了犯罪事实，可以酌情从轻处罚。综合考虑二被告人在案发前主动归还公款，挪用公款的时间较短，且能够认罪、悔罪，不致再危害社会，依法对二被告人分别减轻处罚，宣告缓刑。关于刘某具有自首情节，建议对其宣告缓刑的辩护意见，本院予以采纳。关于姚某的辩护人所提姚某具有自首情节的辩护意见，经查，姚某系在办案机关根据掌握的线索找其调查谈话期间交代了犯罪事实，没有主动投案，不能认定为自首，故对该辩护意见不予采纳。关于二被告人的辩护人建议对二被告人免予刑事处罚的辩护意见，经查，二被告人挪用公款数额巨大，虽有从宽处罚情节，但不足以免除刑事处罚，故对该项辩护意见不予采纳：综上，依照《中华人民共和国刑法》第384条第1款，第25条第1款，第26条第1款、第4款，第27条，第61条，第67条第1款，第72条第1款，第73条第2款、第3款以及《最高人民法院关于处理自首和立功具体应用法律若干问题的解释》第1条之规定，判决如下：

被告人刘某犯挪用公款罪，判处有期徒刑三年，缓刑三年；被告人姚某犯挪用公款罪，判处有期徒刑三年，缓刑三年。

一审宣判后，被告人刘某、姚某未上诉，公诉机关亦未提出抗诉，判决已发生法律效力。

职务犯罪中自首及协助抓捕型重大立功的认定

——吴江、李晓光挪用公款案[①]

【裁判要旨】

1. 职务犯罪案件中，被告人须在纪律监察部门对其采取明确的调查措施前投案方能构成自动投案，在此前提下符合自首其他构成要件的，依法应认定为自首。

2. 对职务犯罪案件被告人“协助抓捕其他犯罪嫌疑人”的重大立功情节，法院需要根据司法解释规定的“协助抓捕”的本质特征，结合案件的具体情况实事求是地予以认定。

3. 对职务犯罪案件中具有自首和重大立功情节的被告人，法院应当在全面考察其各项量刑情节和被告人的人身危险性的基础上，依法决定适当的宣告刑。

【关 键 词】

职务犯罪　自首　重大立功

【相关法条】

《中华人民共和国刑法》第384条第1款

【基本案情】

被告人吴江，原任中国农业银行天津新技术产业园区支行双峰道分理处主任兼国际部经理。

被告人李晓光，原任中国农业银行华苑软件大厦支行行长。

天津市人民检察院第一分院以被告人吴江、李晓光犯贪污罪，向天津市第一中级人民法院提起公诉。被告人吴江、李晓光均对指控的罪名提出异议，并请求法庭对其从轻处罚。

天津市第一中级人民法院经审理查明：被告人吴江自1996年3月至2003年7月间，曾任中国农业银行天津新技术产业园区支行（以下简称园

---

① 《刑事审判参考》2011年第3集·总第80集，第709号。

区支行）外汇代理部主任、国际业务部经理等职务，任职期间均主管国际业务工作，被告人李晓光自2004年1月任园区支行国际业务部经理。1996年12月至2004年年初，吴江单独或伙同李晓光，利用职务之便，挪用公款人民币（以下^币种均为人民币）970余万元归个人使用，部分借贷他人用于经营活动，具体事实分述如下：

1. 1996年12月31日，吴江利用职务便利，将本单位公款16.6152万元划入张庆桥经营的天津三友轻工食品有限公司（以下简称三友公司）的银行账户，以个人名义借给张庆桥使用，张庆桥未予归还。

2. 1998年4月30日，吴江利用职务便利，将本单位公款330.628万元划入其父为负责人、由其本人实际控制的天津市龙城商贸中心的银行账户。后吴江将挪用公款中的165万元划入张庆桥经营的三友公司、天津市兴友食品加工厂的银行账户，以个人名义借给张庆桥经营使用，张庆桥未予归还；将挪用公款中的50万元偿还其个人向天津东禾电脑公司的借款；将挪用公款中的110万元划入张友麟经营的天津市开发区桦栋实业发展有限公司（以下简称桦栋公司）账户，以个人名义将公款借给该公司经营使用。后桦栋公司将110万元归还给吴江，吴江未将该款归还单位。

3. 1998年年底，吴江介绍北京海王商贸公司天津汽车销售分公司（以下简称海王公司）借给天津皓月商贸公司（以下简称皓月公司）500万元，皓月公司在约定的还款日期未能归还借款，海王公司找吴江追要。1999年3月30日，吴江挪用单位公款500万元帮皓月公司偿还了海王公司的借款。其后，吴江向皓月公司追偿，皓月公司将一批海产品交给吴江，吴江将海产品变卖得款120余万元，所得款项仍用于个人使用。

4. 2003年7月，吴江因故被免职。2003年12月，吴江向张友麟经营的桦栋公司和天津市日立广日电梯销售服务公司借款125万元，用于个人使用。为归还张友麟的借款，2004年年初，吴江与接替其职务的李晓光共同预谋后，由李晓光将单位公款123.969万元划入张友麟提供的天津市路华汽车销售有限公司银行账户，用于偿还吴江向张友麟的借款。

2007年6月，因中国农业银行天津市分行与下属支行间建立电子对账系统，吴江、李晓光为掩饰挪用公款970余万元的事实，制作了金额为120万美元的虚假信用证材料，在银行账目上做了虚假信用证贴现贷款记录。

另查明，2009年2月，园区支行在业务检查中发现该笔金额为120万美元的外汇贴现业务手续资料不齐，经询问当时的业务负责人李晓光，李晓光承认是自己制作的虚假信用证贴现记录，用于掩盖原国际业务部经理吴江挪用公款的事实。园区支行报案后，李晓光通过电话指引侦查机关将吴江抓获归案。李晓光到案后，进一步交代了其参与挪用部分公款的犯罪事实。此外，李晓光被羁押期间，在亲属的协助下向司法机关退缴了自己参与挪用的123.969万元公款。

【裁判结果与理由】

天津市第一中级人民法院认为，吴江、李晓光身为国家工作人员，利用职务上的便利，单独或结伙，以虚假结汇的手段挪用公款，用于个人使用，超过三个月未予归还。公诉机关指控吴江、李晓光犯罪的事实清楚、证据充分，予以确认。依照法律规定，吴江、李晓光的行为均已构成挪用公款罪；吴江挪用公款数额巨大且不退还，依法应予以处罚；李晓光挪用公款数额巨大，亦应依法予以惩处。吴江在共同犯罪中起主要作用，系主犯，应按照其参与的全部犯罪予以处罚。李晓光在共同犯罪中起次要作用，系从犯，且主动向单位领导交代自己的犯罪事实，符合自首的构成要件，应认定为自首；其归案后能协助侦查机关抓获被告人吴江，具有重大立功表现，并主动退回全部赃款。综合上述情节，应当依法对被告人李晓光减轻处罚。依照《中华人民共和国刑法》第384条第1款，第25条第1款，第26条第1款、第4款，第27条，第57条第2款，第64条，第67条第1款，第68条，第72条，第73条以及《最高人民法院关于处理自首和立功具体应用法律若干问题的解释》第1条、第3条、第5条、第7条之规定，于2010年6月25日作出一审判决：以挪用公款罪判处被告人吴江无期徒刑，剥夺政治权利终身；以挪用公款罪判处被告人李晓光有期徒刑三年，缓刑五年；被告人李晓光退缴的公款123.969万元人民币，依法发还中国农业银行天津市新技术产业园区支行；继续追缴被告人吴江挪用公款余额部分。

一审宣判后，天津市人民检察院第一分院以一审判决对吴江、李晓光定罪不准及不应认定李晓光自首、重大立功等为由提出抗诉，吴江以一审判决对其量刑过重为由提出上诉。

天津市高级人民法院经公开审理认为，原审法院认定的犯罪事实清楚，证据确实、充分，定罪准确，量刑适当，审判程序合法。依照《中华人民共和国刑事诉讼法》第189条第1项之规定，于2010年12月3日作出终审裁定：驳回上诉、抗诉，维持原判。

因挪用公款索取、收受贿赂或者行贿构成犯罪的，是择一重处还是两罪并罚？

——鞠胤文挪用公款、受贿案①

【裁判要旨】

因挪用公款索取、收受贿赂或者行贿构成犯罪的，应数罪并罚。

【关 键 词】

挪用公款　受贿　行贿　数罪并罚

【相关法条】

《中华人民共和国刑法》第185条、第384条第1款、第184条、第385条第1款、第386条、第383条第1款第（1）项、第2款

【基本案情】

被告人鞠胤文，原中国建设银行敦化市支行会计科副科长。

被告人辛培凌，原系敦化市鑫汇制衣有限责任公司总经理。

吉林省敦化市人民检察院以被告人鞠胤文犯挪用公款罪、受贿罪，被告人辛培凌犯挪用公款罪、行贿罪向敦化市人民法院提起公诉。

起诉书指控，被告人鞠胤文利用职务之便，于1999年5月10日挪用银行资金60万元，供敦化东光制衣有限责任公司作为动迁费使用，于1999年6月16日挪用银行资金50万元，供敦化鑫汇制衣有限责任公司开发商品楼使用，于1999年11月末伙同辛培凌挪用银行资金160万元，供辛培凌个人购买厂房使用，并收受他人财物6万元，索取他人财物6万元；被告人辛培凌与鞠胤文合谋挪用银行资金160万元，为个人谋取不正当利益，行贿6万元，获取不正当利益后，因被索取行贿6万元。被告人鞠胤

① 原载于《刑事审判参考》2006年第1集·总第48集，第385号。

文的行为构成犯挪用公款罪、受贿罪，被告人辛培凌的行为构成挪用公款罪、行贿罪。二被告人系共同犯罪，被告人鞠胤文在共同犯罪中起主要作用，系主犯，被告人辛培凌在共同犯罪中起次要作用，系从犯。

被告人鞠胤文对公诉机关指控的犯罪事实供认不讳。但辩解其已将受贿的钱归还辛培凌，其挪用公款的事实是主动向单位领导交代的。其辩护人认为：1. 被告人鞠胤文挪用公款犯罪具有自首情节，被告人鞠胤文在立案前供述了受贿的事实，应当认定为自首。2. 房产已由检察机关扣押，房产价值足以返还所挪用的公款，被告人同意用房产归还公款，应当在五年以下量刑。3. 在60万元归还以后，鞠胤文收取辛培凌4万元的行为，不应定受贿，没有行贿，何谈受贿。4. 受贿款已退回，是犯罪中止。5. 其没有前科，建议从轻处罚。

被告人辛培凌对公诉机关指控的犯罪事实供认不讳，但辩解其不知道银行的账外资金就是国家的资金。并辩解其与鞠胤文的账不清。其辩护人的辩护意见是：在只有鞠胤文供述的情况下，辛培凌如实讲明事实，应当认定为自首，且鞠胤文已返还受贿款4万元，行贿的数额应按8万元计算。辛培凌系初犯。建议从轻处罚。

吉林省敦化市人民法院经审理查明：敦化东光制衣有限责任公司系中外合资企业，国有资产份额占50%，被告人辛培凌在任该公司总经理期间，决定开发商品楼，因缺少资金，便找到中国建设银行吉林省敦化支行会计科副科长鞠胤文帮助解决资金。被告人鞠胤文于1999年5月10日擅自将本单位60万元转至敦化市动迁办账户上，供敦化东光制衣有限责任公司作为动迁费使用。被告人鞠胤文告诉辛培凌此款是其向朋友借的。同年5月27日，该公司存入上账户60万元，鞠胤文将此款归还建行。被告人鞠胤文收受辛培凌送的现金3万元，又向辛培凌索要现金1万元。

1999年6月1日，由于中方退股，原敦化东光制衣有限责任公司变更为外商独资的软化市鑫汇制衣有限责任公司，系私有企业，辛培凌任总经理。其因公司开发商品楼缺少资金，便又找鞠胤文帮助解决资金，并向鞠胤文许诺送给鞠胤文一个商品楼门市房，被告人鞠胤文利用职务之便，于同年6月16日，擅自将本单位50万元转至辛培凌提供的在中国银行敦化支行开户的敦化市志鑫劳务有限责任公司账户上，供敦化市鑫汇制衣有限责任公司开发商品楼使用。至案发时，被告人辛培凌没有送给被告人鞠胤文商品楼门市房。

1999 年 11 月末，被告人辛培凌个人为购买原敦化市服装厂房屋及附属设施，便找到鞠胤文，被告人鞠胤文提出其管理的资金有一部分账外款，可以挪用一下，被告人辛培凌建议挪用并许诺，购房后，如能卖掉盈利，与鞠胤文平分，如继续经营，则算鞠胤文一个股份。1999 年 12 月 2 日，被告人鞠胤文利用职务之便，擅自挪用银行资金 160 万元，转至被告人辛培凌提供的在中国工商银行敦化市支行开户的敦化市手工业联社账户上，供辛培凌个人购买厂房使用。2000 年 1 月份，被告人辛培凌因鞠胤文挪用公款为其使用，便以过春节为名，送给被告人鞠胤文 3 万元现金。2000 年末，被告人鞠胤文找到辛培凌，以挪用的 160 万元需要利息为借口，向被告人辛培凌索取现金 5 万元，被告人辛培凌明知鞠胤文实质是向其索取好处费，而付给鞠胤文现金 5 万元。

被告人鞠胤文所得贿赂款 12 万元，被其挥霍。案发后，被告人鞠胤文主动交代挪用公款的犯罪事实，已追缴被告人鞠胤文赃款 600 元，纪念币 50 元。检察机关已扣押被告人辛培凌和敦化市鑫汇制衣有限责任公司的房屋，价值 452.709 万元（部分房产抵押贷款）。被告人辛培凌和敦化市鑫汇制衣有限责任公司同意用上述房产归还占用的公款。检察机关已冻结敦化市鑫汇制衣有限责任公司银行存款 1266.07 元。

吉林省敦化市人民法院认为：被告人鞠胤文身为国有金融机构工作人员，利用职务之便，擅自为私营企业挪用银行资金 50 万元，与使用人共谋，挪用银行资金 160 万元，用于营利活动，数额巨大，其行为已构成挪用公款罪。其利用职务之便，为他人谋取利益，非法收受他人现金 6 万元，索取他人现金 6 万元，其行为已构成受贿罪。被告人辛培凌与挪用人共谋，参与挪用银行资金 160 万元，用于营利活动，数额巨大，其行为已构成挪用公款罪。被告人辛培凌为谋取不正当利益，给予国家工作人员现金 3 万元，在获得不正当利益后，因被索取而给予国家工作人员现金 5 万元，其行为已构成行贿罪。综上所述，敦化市人民检察院对被告人鞠胤文、辛培凌的指控成立。二被告人挪用公款犯罪系共同犯罪，被告人鞠胤文在共同犯罪中起主要作用，系主犯，被告人辛培凌在共同犯罪中起次要作用，系从犯。

被告人鞠胤文在司法机关介入前向所在单位供述挪用公款的犯罪事

实，对其挪用公款的犯罪，应当认定为自首，被告人鞠胤文关于挪用公款的事实是主动交代的辩解成立，其辩护人相应的辩护意见，予以采纳。被告人鞠胤文辩解已将受贿的钱归还辛培凌，经查，被告人辛培凌供述其送给鞠胤文现金以及鞠胤文索取现金的事实情节与被告人鞠胤文供述完全吻合。但被告人鞠胤文的辩解，没有得到被告人辛培凌供述的印证，因没有证据证明鞠胤文已将受贿赃款返还给被告人辛培凌，故其辩解不成立。其辩护人相应的辩护意见，不予支持。其辩护人辩称鞠胤文在立案前供述了受贿犯罪，属于供述了不同种犯罪，应当认定为自首。经查，该辩护意见与事实不符，不予采纳。其辩护人关于被告人鞠胤文在60万元归还以后，收取辛培凌4万元不应认定为受贿数额，于法无据，不予采纳。被告人鞠胤文身为国有金融机构工作人员，利用职务上的便利，非法收受他人财物，为他人谋取利益，其行为符合受贿罪的犯罪构成要件。且事后受贿的，亦应当依法定罪，多次受贿的数额，应当按照累计受贿数额处罚。鞠胤文的辩护人提出没有行贿，何谈受贿，于法无据，不予采纳。其辩护人关于房产已扣押，房产价值足以返还所挪用的公款，且被告人同意用房产归还公款的辩护意见，有在案的证据佐证。鉴于赃物已追缴在案，赃物的鉴定价值，可以抵偿所挪用公款，故对于被告人决定刑罚的时候，应当根据犯罪的事实、犯罪的性质、情节和对于社会的危害程度，依法判处。但辩护人建议对被告人判处五年以下有期徒刑，不符合法律规定。《中华人民共和国刑法》第384条规定，挪用公款情节严重的，处五年以上有期徒刑。挪用公款数额巨大，系挪用公款情节严重。故对其辩护人的该项建议，不予采纳。

被告人辛培凌辩解其不知道银行的账外资金就是国家的资金。本院认为，所谓公款是指国家所有的以及劳动群众集体所有的款项，故其对同类客体的不同对象之间的误解，对其刑事责任不发生影响。其又辩解与鞠胤文账不清，但在案证据清楚地证明了其行贿的犯罪事实。其辩护人关于在只有鞠胤文供述的情况下，辛培凌如实讲明事实，应当认定为自首的辩护意见，不符合法律规定，不予采纳。其辩护人提出鞠胤文已返还受贿款4万元，不符合事实。辩护人关于二被告人系初犯，建议从轻处罚。本院酌情予以考虑。

吉林省敦化市人民法院对被告人鞠胤文依照《中华人民共和国刑法》

第185条、第384条第1款、第25条第1款、第26条第1、4款、第67条第1款、第184条、第385条第1款、第386条、第383条第1款第（1）项、第2款、第69条第1款、第64条之规定，对被告人辛培凌依照《中华人民共和国刑法》第185条、第384条第1款、第25条第1款、第27条、第389条第1款、第390条第1款、第69条第1款、《最高人民法院关于审理挪用公款案件具体应用法律若干问题的解释》第8条之规定，于2001年12月25日判决如下：1. 被告人鞠胤文犯挪用公款罪，判处有期徒刑六年，犯受贿罪，判处有期徒刑十年，数罪并罚，决定执行有期徒刑十四年。2. 被告人辛培凌犯挪用公款罪，判处有期徒刑五年六个月，犯行贿罪，判处有期徒刑四年，数罪并罚，决定执行有期徒刑八年。3. 依法追缴被告人鞠胤文受贿犯罪所得的赃款六百五十元，赃物貂皮大衣一件，羊绒大衣一件，由敦化市人民检察院予以上缴国库。

一审宣判后，二被告人分别提起上诉。

被告人鞠胤文提出上诉，请求依法认定其受贿罪自首的法定情节、揭发同案犯共同犯罪事实和案发前已退还全部受贿款的事实，要求对受贿犯罪给予减轻处罚。

被告人辛培凌上诉称，其在主观上没有挪用公款的犯罪故意，客观上没有与鞠胤文共同实施挪用公款的犯罪行为。案发前鞠胤文已还12万元，上诉人之行为不构成行贿罪。被告人辛培凌的辩护人认为，被告人辛培凌是在被告人鞠胤文欺骗及合法谎言形式的掩盖下使用的银行资金，其于2001年5月27日、28日在日记中记录了主观上没有挪用公款的故意，请求二审法院作出公正的判决。

【裁判结果与理由】

吉林省延边市中级人民法院经二审认为，敦化市人民法院原审判决充分考虑了上诉人及辩护人提出的上述情节，认定被告人鞠胤文犯挪用公款罪、受贿罪及被告人辛培凌犯挪用公款罪、行贿罪的事实清楚，证据确凿。因此，上诉人鞠胤文、辛培凌的上诉理由以及上诉人辛培凌的辩护人的辩护意见不能成立，不予支持。原审被告人鞠胤文上诉辩称，应认定其受贿系自首和揭发同案犯共同犯罪事实的上诉意见，本院认为，原审被告人鞠胤文在本单位领导向其盘问314科目问题时，并没有交代其受贿问题，是2001年5月29日在检察院反贪局供述同案犯辛培凌时发现其受贿问题，已在二审阶段鞠胤文推翻其原审供认的受贿犯罪事实，不接受审判，不予认定自首。揭发同案犯共同犯罪事实情节，原审法院在一审判决时，已酌情予以考虑。在二审审理期间其提供的证人邵奎华，于风龙均不能证实鞠胤文在案发前已归还受贿款，故不支持其在案发前已归还12万元的事实。原审被告人辛培凌上诉辩称，在主观上没有挪用公款的犯罪故意，客观上没有实施挪用公款的行为的辩解意见，本院认为，虽然原审被告人辛培凌不供述其借款是公款，但同案犯鞠胤文证实借给160万元时告诉其此款出白银行账外款，并且案发前已经知道此款系公款，但一直未还此款，其行为与鞠胤文共同构成犯罪，原审法律已充分考虑其在共同犯罪中的地位及作用，认定其为挪用公款中的从犯，并无不当之处。关于其上诉辩称，其行为不构成行贿罪的意见，本院认为，上诉人辛培凌获得不正当利益后，给予鞠胤文3万元现金，又因被鞠胤文勒索而给其5万元现金之行为，足以构成行贿罪。虽然辩解称案发前已收回此款，但无证据证明此款确实已归还，故不支持其辩解意见。关于上诉人辛培凌的辩护人提出的辛培凌是在受被告人鞠胤文欺骗及合法谎言形式的掩盖下使用的银行资金，其主观上没有挪用公款的故意的辩护意见，本院认为，上诉人辛培凌在检察院侦查阶段供述其挪用公款的犯罪事实，其供述的挪用公款犯罪事实与上诉人鞠胤文供述相吻合，上诉人鞠胤文证实共同挪用公款的犯罪事实，上诉人辛培凌供述其与鞠胤文约定短时期挪用此款，但案发前一直未归还其挪用的公款160万元，其行为与上诉人鞠胤文共同构成了挪用公款罪。案发后所提供的上诉人辛培凌的日记不能作为证据使用，所写内容也证明不了上诉人案发前无共同挪用公款的故意，故对其辩护意见不予支持。原审法院以挪用公款罪、受贿罪判处被告人鞠胤文有期徒刑十四年，以挪用公款罪、行贿罪判处辛培凌有期徒刑八年的定罪处罚是适当的。故依据《中华人民共和国刑事诉讼法》第189条第（1）项之规定，裁定驳回上诉，维护原判。

第四章　私分国有资产罪

集体私分国有资产行为与共同贪污行为如何区分?

——刘忠伟贪污、受贿案[①]

【裁判要旨】

"以单位名义集体私分"是私分国有资产罪区别于贪污罪最本质的特征。不能仅根据参与私分国有资产的人数多少来区分共同贪污与私分国有资产。违反国家规定，以单位名义，在一定规模、一定层次以上的多人（如中层干部或者某一管理层的层面上）范围内集体私分国有资产的，应以私分国有资产罪定罪处罚。

【关 键 词】

单位名义　集体私分　国有资产

【相关法条】

《中华人民共和国刑法》第 382 条第 1 款、第 383 条第 1 款第（3）项、第 385 条第 1 款、第 386 条、第 396 条第 1 款

【基本案情】

被告人刘忠伟。

无锡市北塘区人民检察院以被告人刘忠伟犯贪污罪、受贿罪，向无锡市北塘区人民法院提起公诉。

被告人刘忠伟于 1994 年被无锡市石油化学工业局任命为无锡市惠山农药厂（以下简称惠山农药厂）厂长及其下属无锡市珠光颜料厂（后更名为

① 原载于《刑事审判参考》2001 年第 8 集 · 总第 19 期，第 125 号。

无锡市惠丰精细化工厂，以下简称惠丰化工厂）厂长，两企业均为全民所有制企业法人。自1995年起，惠山农药厂经上级批准实行“公有民营”，刘忠伟作为经营者与出租方无锡市石油化学工业局分别签订了两轮“公有民营”合同，经营期限为1995年1月1日至2000年12月31日。合同主要内容为：1. 承租经营者每年向出租方缴纳租赁费30万元；2. 承租方向出租方缴纳风险抵押金10万元，经营期达不到增值指标，以承租经营者缴纳的风险抵押金抵补，直至补完为止；3. 承租经营者的收入分为工资性收入和经营性收入，工资性收入为职工当年实得平均工资，经营性收入为税后利润中分得的30%部分，经出租方核准后兑现。合同签订后、惠山农药厂内部每年均组成“公有民营”承租集团，刘忠伟等厂级领导及部分部门负责人10余人为承租集团成员，共同承担经营责任。在惠山农药厂实行“公有民营”期间，无锡市石油化学工业局根据惠山农药厂的经营状况，每年核定企业经营者（承租集团）的经营性收入，由惠山农药厂发放给承租集团成员。1995年至1999年的核定总额为93.9611万元。1995年1月至2000年5月，惠山农药厂从财务账上发放承租集团1995年度至1999年度的经营性收入总额为100.038007万元，已超额发放6.076907万元。

惠山农药厂将旧设备回收款、氧气费收入等，在财务账外另设有小金库。自1995年8月至2000年2月，经被告人刘忠伟提议，与惠山农药厂的其他负责人共同决定，从小金库中支出资金以预发“承租集团奖金”等名义，在账外先后17次给承租集团成员发放奖金，发放奖金合计人民币34.11万元。其中，刘忠伟个人分得3.98万元。1996年6月，被告人刘忠伟伙同许增福（已死亡）等人，通过虚开发票将本单位公款结算给业务单位，再从业务单位提取现金的手法，套取本单位公款10万元，以预发“承租集团奖金”名义分发给承租集团所有成员，刘忠伟个人分得1.55万元。

1999年3月，被告人刘忠伟利用职务之便，收取上海全龙化工有限公司支付给惠山农药厂的花木款2万元不入账，占为己有。

1999年12月，被告人刘忠伟将个人消费发票通过惠丰化工厂副厂长黄勤在该厂报销，得款5809元。

1996年3月，被告人刘忠伟在购买职工工作鞋的业务往来中，利用职务之便，收受曹贵良通过楚士钰送给的人民币1万元。

1996 年初至 2000 年春节期间，被告人刘忠伟利用职务之便，先后 6 次收受下属分厂厂长胥祖一人民币 6.6 万元。其中，1999 年春节，刘忠伟在收到胥祖一送的钱后，将消费发票金额计 1.2 万元交给胥祖一。

1998 年初至 2000 年春节期间，被告人刘忠伟利用职务之便，先后 4 次收受下属惠丰化工厂副厂长黄勤人民币 4.2 万元。其中，1999 年春节，刘忠伟在收到黄勤送的钱后，将消费发票 1 万余元交给黄勤。

1999 年 3 月至 2000 年 4 月，被告人刘忠伟利用职务之便，收受业务单位上海全龙化工有限公司经理周龙华人民币 1 万元，并在该单位报销其购买的手机、按摩器发票，得款 8195 元。

【裁判结果与理由】

无锡市北塘区人民法院认为：被告人刘忠伟身为国家工作人员，利用职务便利，单独或伙同他人侵吞、骗取本单位公款；同时非法收受他人钱财，为他人谋取利益，已分别构成贪污罪和受贿罪。被告人刘忠伟在共同贪污犯罪中提出犯意并决定侵吞数额，起主要作用，系主犯，按照其所参与的全部犯罪处罚。被告人刘忠伟因涉嫌贪污被采取强制措施后，如实供述了司法机关尚未掌握的本人受贿的罪行，属于自首，依法予以减轻处罚。刘忠伟在案发前退还部分赃款，案发后退缴了全部赃款，酌情予以从轻处罚。依照《中华人民共和国刑法》第 382 条第 1 款、第 383 条第 1 款第（1）项、第 385 条第 1 款、第 386 条、第 25 条第 1 款、第 26 条第 1、4 款、第 67 条、第 56 条第 1 款、第 55 条第 1 款、第 69 条的规定，于 2000 年 12 月 13 日判决如下：

被告人刘忠伟犯贪污罪，判处有期徒刑十二年，剥夺政治权利三年，并处没收财产人民币一万元；犯受贿罪，判处有期徒刑八年，并处没收财产人民币一万元。决定执行有期徒刑十八年，剥夺政治权利三年，并处没收财产人民币二万元。

一审宣判后，刘忠伟不服，以原判定性有误，侵吞公款不成立，认定的受贿中有部分不属于犯罪等为由，向无锡市中级人民法院提出上诉。

无锡市中级人民法院经审理认为：上诉人刘忠伟作为国有企业中从事公务的人员，应以国家工作人员论，其利用职务上的便利，侵吞、骗取公共财物，还非法收受他人财物，为他人谋取利益，其行为已分别构成贪污罪和受贿罪。惠山农药厂系国有企业，刘忠伟作为该厂直接负责的主管人员，违反国家规定，以单位名义将国有资产集体私分给个人，数额较大，其行为已构成私分国有资产罪。刘忠伟私分国有资产的犯罪行为有部分虽发生在1997年9月30日前，但根据《中华人民共和国刑法》第12条第1款的规定，1997年刑法处罚较轻的，适用该法。刘忠伟因涉嫌贪污犯罪被采取强制措施后，如实供述了司法机关尚未掌握的本人受贿罪行，对其受贿犯罪应以自首论，可予减轻处罚。刘忠伟于案发后退缴了全部赃款，可酌情从轻处罚。刘忠伟一人犯有数罪，依法应实行数罪并罚。

原审判决对上诉人刘忠伟违反国家规定，以单位名义将国有资产集体私分给个人这一行为认定为贪污，二审法院经审查认为，惠山农药厂系国有企业，其经过厂领导讨论决定，违反有关规定，在上级核定的奖金数额之外，又以单位名义，从小金库中支出资金，账外发放承租集团奖金，将国有资产集体私分给个人，其发放范围是承租集团的所有成员，系一定规模、一定范围内的所有人，刘忠伟及其他厂领导仅分得一小部分，上述特征符合私分国有资产罪的特征，构成私分国有资产罪。原审判决对该项事实以贪污罪定性不当，应予纠正。在认定的受贿事实中，刘忠伟购买手机后将发票到业务单位报销，因手机主要用于单位公务，不应以受贿论；刘忠伟收受胥祖一、黄勤送的钱后，将消费发票1.2万元和1万元分别交给胥、黄二人，刘忠伟辩称上述发票系单位的业务开支，经查，从现有证据无法排除上诉人的此项辩解，认定该两笔受贿的证据不足，原审判决以不属正常报销为由认定为受贿不符合法律，应予纠正。上诉人及其辩护人提出对违规发放奖金以贪污定性错误；报销手机发票及给胥祖一、黄勤报销发票2万余元，不应以受贿认定的意见予以采纳。依照《中华人民共和国刑事诉讼法》第189条第（3）项和《中华人民共和国刑法》第93条第2款、第382条第1款、第383条第1款第（3）项、第385条第1款、第386条、第396条第1款、第67条、第69条的规定，于2001年2月8日判决如下：1. 撤销无锡市北塘区人民法院的刑事判决；2. 上诉人刘忠伟犯受贿罪，判处有期徒刑七年，并处没收财产一万元；犯私分国有资产罪，判处有期徒刑三年，并处罚金一万元；犯贪污罪，判处有期徒刑二年六个月。决定执行有期徒刑十二年，并处罚金一万元，没收财产一万元。

国家机关内部科室集体私分违法收入的行为构成私分国有资产罪

——李祖清等贪污案①

【裁判要旨】

1. 被告人采用抬高收费标准、搭车收费、截留应缴资金的手段设立小金库并以年终福利的名义进行私分，其取得资产的途径不是个人的诚实劳动，而是依赖于职权的行使，同时其私分也没有政策、法律上的依据，其行为已明显不属于违反财经纪律，而是私分国有资产行为。

2. 行政事业单位违反行政法规，滥用职权而乱收费、乱摊派、乱罚款所得的款项，应认定为国有资产，构成私分国有资产罪的犯罪对象。

【关 键 词】

内设机构　集体私分　违法收入　私分国有资产

【相关法条】

《中华人民共和国刑法》第396条第1款

【基本案情】

被告人李祖清，原任大悟县教育局人事科科长。

被告人张杰军，原任大悟县教育局人事科副科长。

被告人刘玉梅，原任大悟县教育局人事科副科长。

大悟县人民检察院以被告人李祖清、张杰军、刘玉梅犯贪污罪向大悟县人民法院提起公诉。

大悟县人民法院经审理查明：（1）1998年12月30日，人事科1998年中、高级职称评审材料费余款9000元，被告人李祖清、张杰军、刘玉梅以下乡补助、节假日加班补助的名义，每人分得3000元。（2）1999年2月11日，人事科1997年度公务员考核工本费余款6000元，被告人李祖清、张杰军、刘玉梅以春节补助的名义，每人分得2000元。（3）2000年

① 原载于《刑事审判参考》2005年第6集·总第47集，第377号。

10月27日，被告人李祖清在人事科购置档案柜报账时，从教育局计财科虚报4340元，其中3300元被李祖清、张杰军、刘玉梅以年终福利的名义每人分得1100元。（4）2001年1月10日，人事科1999~2000年教师年度考核、教师资格证书、聘书、教师资格换证、教师考核收费余款51000元，被告人李祖清、张杰军、刘玉梅以春节补助名义，每人分得17000元。（5）2002年2月1日，人事科2000年教师考核、2001年教师考核、聘书等收费余款42000元，被告人李祖清、张杰军、刘玉梅以2001年年终福利名义，每人分得14000元。（6）2003年5月8日，人事科教师资格认定收费余款12000元，被告人李祖清、张杰军、刘玉梅各分得3000元，雷酷分得3000元。

大悟县人民法院认为，被告人李祖清、张杰军、刘玉梅身为国家工作人员，利用教育局、人事科的职权和职务上的便利，在代收费过程中，每人贪污公款40100元，其行为已构成贪污罪。被告人李祖清作为人事科主要负责人在共同犯罪中居主犯地位，被告人张杰军、刘玉梅居从犯地位。公诉机关在起诉书中第1、2、3、4、7、8、12、13笔的指控，因证据不足，不予认定。依照《中华人民共和国刑法》第382条、第383条、第25条、第26条、第27条、第72条、第73条的规定，作出判决：1. 被告人李祖清犯贪污罪，判处有期徒刑三年；2. 被告人张杰军犯贪污罪，判处有期徒刑三年，缓刑五年；3. 被告人刘玉梅犯贪污罪，判处有期徒刑三年，缓刑五年。

宣判后，被告人李祖清、刘玉梅不服，向孝感市中级人民法院提出上诉，公诉机关亦提起抗诉。大悟县人民检察院抗诉提出：（一）起诉书指控的14笔犯罪事实，除第9笔和第12笔外，其余12笔相互关联，在时间上具有连续性，在构成上上一笔的结余款又进入下一笔，承上启下，环环相扣。（二）本案被告人张杰军、刘玉梅在庭审中，拒不认罪，二被告人的辩护人亦作无罪辩护，不符合适用缓刑的条件，故二审法院对二人适用缓刑不当。

孝感市人民检察院出庭检察员提出：（一）本案事实清楚，证据确实充分，被告人李祖清、张杰军、刘玉梅的行为构成贪污罪。（二）一审判决片面采信证据，认定事实错误，导致量刑明显不当。

被告人李祖清提出：1. 一审判决认定的事实不清，证据不足。2. 上诉人没有采取贪污的手段，也没有贪污的故意。（1）人事科在收费过程中确实有超标准收费和搭车收费的情况，但这都是为了完成教育局下达的任务和上级主管部门（如市教育局）和职能部门（如县人事局）的要求，上诉人收费的目的不是为了贪污，虽然采取了超标准收费和搭车收费的方式，但不是为了贪污而采取的手段。（2）人事科因为人手少，任务重，工作忙，费用大，经常加班加点，科里的部分结余作为加班费、奖金、电话费、下乡补助分发给了个人是事实，但每次分配都是经张、刘提议后充分讨论分发的，在此以前和以后只要是人事科的人都是平均发放，在人事科是公开讨论，公开发放，人人有份，上诉人也认为心安理得。虽然违反了财经纪律，但上诉人在主观上没有贪污的直接故意，在客观上也没有采取任何手段贪污公款。3. 侦查机关程序违法。4. 一审判决认定上诉人属主犯不符合事实，三被告人不存在主、从之分。

其辩护人提出：1. 上诉人李祖清的行为不符合贪污罪的构成要件，一审判决定性错误。（1）一审判决将涉案财产定性为公共财物没有法律依据。根据刑法第 91 条的规定，本案大悟县教育局人事科在代收费过程中留存的款项显然不是劳动群众集体所有的财产，不是用于扶贫和其他公益事业的社会捐助或者专项基金的财产，也不是在国家机关、国有公司、企业、集体企业和人民团体管理、使用或者运输中的私人财产，根据现有法律规定，该款项不应属于国有财产。（2）上诉人主观方面没有贪污的故意，客观方面没有实施贪污行为。2. 一审判决上诉人李祖清构成贪污罪事实不清，证据不足。

被告人刘玉梅提出：原审判决认定事实不清，证据不足，案件定性错误。其辩护人提出：本案事实不清，证据不足，被告人刘玉梅没有贪污的主观故意和客观行为，请求二审法院改判刘玉梅无罪。

被告人张杰军在二审庭审中提出，这些钱有几笔是领的，但属于什么性质，自己不清楚，请合议庭公正判处。

孝感市中级人民法院审理查明，1998 年 12 月至 2003 年 5 月期间，大悟县教育局人事科利用办理全县教师职称评审、教师年度考核、公务员年度考评、职称聘书、教师资格换证等业务代收费之机，采取抬高收费标准、搭车收费、截留应缴资金的手段，筹集资金，设立小金库。小金库资金除用于科里公务开支外，每年春节前后，由科长李祖清组织科里人员将小金库账目进行对账后，以科室补助、年终福利等名义 6 次私分给人事科工作人员，并记录入账，私分款总额为 120300 元，原审被告人李祖清、张杰军、刘玉梅各分得 40100 元。分述如下：

1998 年 12 月 30 日，原审被告人李祖清、张杰军、刘玉梅以下乡补助、节假日加班补助的名义，将人事科收取的 1998 年中、高级职称评审材料费余款 9000 元予以私分，每人分得 3000 元。

1999 年 2 月 11 日，原审被告人李祖清、张杰军、刘玉梅以年终福利的名义，将人事科收取的 1997 年度公务员考核工本费余款 6000 元予以私分，每人分得 2000 元。

2000 年 1 月 27 日，原审被告人李祖清、张杰军、刘玉梅以年终福利名义，将虚报后进人小金库的档案柜购置款 3340 元予以私分，每人分得 1100 元。

2001 年 1 月 10 日，原审被告人李祖清、张杰军、刘王梅以春节补助名义，将人事科收取的 1999 年教师年度考核、教师资格证书费余款 51000 元予以私分，每人分得 17000 元。

2002 年 2 月 1 日，原审被告人李祖清、张杰军、刘玉梅以年终福利名义，将人事科收取的 2000 年教师考核、2001 年教师考核、聘书等费用余款 42000 元予以私分，每人分得 14000 元。

2003 年 5 月 8 日，原审被告人李祖清、张杰军、刘玉梅及雷酷（系借用人员）以福利、补助名义，将人事科教师资格认定费余款 12000 元予以私分，每人分得 3000 元。另查明，1998 年 12 月至 2003 年 5 月期间，大悟县教育局人事科正式工作人员为李祖清、张杰军、刘玉梅三人。

以上事实有被告人李祖清保留的现金账，被告人李祖清、刘玉梅笔记本记录，各被告人领款签名条，三被告人的供述材料及李少恒、朱江平、谈怀国等证人证言和有关文件证明。

上述证据经过一、二审开庭质证，原审被告人未提出异议，予以确认。上诉人李祖清、刘玉梅及其辩护人提出原判认定的事实不清，证据不足的上诉理由和辩护意见不能成立，不予采纳。

对于原判没有认定的 7 笔指控事实，抗诉机关认为证据充分，应当认定，并当庭出示了证据。对此，经审理查明，原起诉指控的第 1、2、3 笔事实的主要证据是原审被告人李祖清的笔记本记载，第 4、7、8、13 笔事实的主要证据是原审被告人李祖清的笔记本记载和原审被告人刘玉梅的笔记本记载，以及原审被告人在侦查机关的供述。从上述证据看，存在记录内容比较模糊，笔记本之间不能相互吻合，口供不稳定、证明力低等问题；没有达到刑事诉讼法规定的“案件事实清楚，证据确实、充分”的定案标准。抗诉机关的第（一）项抗诉意见不能成立，不予支持。

【裁判结果与理由】

孝感市中级人民法院认为，原审被告人李祖清、张杰军、刘玉梅主观上不具有贪污的共同故意，客观方面不符合共同贪污的行为特征，不构成贪污罪。原审被告人李祖清作为大悟县教育局人事科的负责人，违反国家规定，擅自决定将单位违规收费的部分资金以单位补助、年终福利等名义私分给个人，数额较大，其行为构成私分国有资产罪。原审被告人张杰军、刘玉梅积极参与私分，起较大作用，属于单位犯罪的直接责任人，其行为亦构成私分国有资产罪，原判对原审三被告人定罪不当，应予纠正。上诉人李祖清、刘玉梅的辩护人提出被告人李祖清、刘玉梅不构成贪污罪的意见成立，但其要求改判被告人李祖清、刘玉梅无罪的意见，不能成立，不予采纳。对于上诉人李祖清及其辩护人提出“侦查机关程序违法”“起诉书指控1～5笔事实超过追诉期限”的意见，经查，均不能成立，不予采纳。鉴于原审三被告人在二审开庭审理时能如实供述自己的犯罪事实，积极配合检察机关查清案件，且退出全部赃款，依法可对其适用缓刑。抗诉机关的第（二）项抗诉意见，与法律规定不符，不能成立。据此，依照《中华人民共和国刑法》第396条第1款、第25条、第72条和《中华人民共和国刑事诉讼法》第189条第（3）项的规定，判决如下：1. 撤销大悟县人民法院（2004）悟刑初字第21号刑事判决；2. 原审被告人李祖清犯私分国有资产罪，判处有期徒刑二年，缓刑二年，并处罚金20000元；3. 原审被告人张杰军犯私分国有资产罪，判处有期徒刑一年，缓刑一年，并处罚金10000元；4. 原审被告人刘玉梅犯私分国有资产罪，判处有期徒刑一年，缓刑一年，并处罚金10000元。

如何区分变相集体私分国有资产犯罪与违反财经纪律超标准、超范围发放奖金、福利等行为的界限?

——张金康、夏琴私分国有资产案①

【裁判要旨】

1. 在单位没有经营效益甚至经营亏损的情况下，变卖分配国有财产等严重违背国有财产的经营管理职责，妨害国有公司、企业的正常生产、经营活动的，系私分国有资产行为。

2. 单位将无权自主支配、分配的钱款通过巧立名目、违规做账等手段从财务账上支出，或者将应依法上缴财务入账的正常或者非正常收入予以截留，变造各种栏目进行私分发放等，严重破坏国家财政收支政策的贯彻落实的，系私分国有资产行为。

【关 键 词】

违反财经纪律　私分国有资产

【相关法条】

《中华人民共和国刑法》第396条第1款

【基本案情】

静安区检察院以张金康、夏琴犯私分国有资产罪，向法院提起公诉。

张金康及其辩护人、夏琴对起诉指控的事实和定性均无异议。夏琴的辩护人提出，张金康的移动电话主要用于工作，故夏琴为其支付移动电话通讯费的行为性质不属于私分国有资产；张、夏二人发放“2001年度特别奖励”的行为系违反财经纪律，不应认定为私分国有资产犯罪；夏琴参与私分的出发点是为了提高员工福利，且客观上私分金额仅20余万元，属犯罪情节显著轻微，不应追究其刑事责任。

法院经公开审理查明：上海市医疗保险事务管理中心（以下称医保管理中心）系上海市医疗保险局所属的国有事业单位，经费来源为国家财政

---

① 原载于《刑事审判参考》2004年第2集·总第37集，第293号。

全额拨款。张金康系医保管理中心主任；夏琴系医保管理中心办公室主任。2001 年 12 月至 2003 年 4 月，医保管理中心领导班子经讨论，由张金康决定，夏琴具体操办，将国家财政专项拨款的邮电通讯费和资料速递费结余部分以快递费、速递费、邮寄费等名义，从上海市邮政局静安电信服务处、上海宝山泗塘邮电支局先后套购邮政电子消费卡价值 213000 元，套取现金 97560 元并用于购买超市代币券，相应发票予以入账。随后，二被告人将其中价值 243800 元的邮政电子消费卡和超市代币券以单位福利名义，定期分发给医保管理中心的全体员工，张金康及夏琴各分得面值 14100 元和 10500 元的消费卡及代币券。另外，张金康在已经享受单位每月给予 180 元通讯费的前提下，让夏琴用邮政电子消费卡为其支付移动电话通讯费 5800 余元。

2002 年 2 月，由张金康决定，夏琴具体操办，将国家财政专项拨款的业务招待费以会务费名义从本市申康宾馆套现 1.5 万元，以“2001 年度特别奖励”的名义发放给医保管理中心部分人员，其中张金康分得 1000 元，夏琴分得 5000 元。

2003 年 7 月，张、夏向中共上海市卫生局纪委如实交代了上述犯罪事实，并归还全部赃款。

【裁判结果与理由】

法院认为，医保管理中心作为国有事业单位，违反国家财政经费必须专项使用的规定，以虚假名义套取专项经费后以单位名义变相私分，数额达 20 余万元，其行为已构成犯罪；张、夏作为该中心实施上述犯罪直接负责的主管人员和直接责任人员，应当承担私分国有资产罪的刑事责任。张在已经领取单位通讯费且没有向上级领导申请并获得批准的情况下，决定由夏琴具体操作，用已经套购并准备分发的邮政电子消费卡报销移动电话通讯费，该行为亦属整体的私分国家资产行为的组成部分。张金康、夏琴以“2001 年度特别奖励”的名义把从专项经费中套取的现金分发给部分员工，因系在单位内部的一定范围内分发，同样可以认定私分国有资产的性质，而不仅仅是违反财政纪律，故夏琴的辩护人的辩护意见不予采纳。鉴于张、夏均有自首情节，且退赔了全部赃款，犯罪情节较轻，均可依法从轻处罚。依照《刑法》第 396 条第 1 款、第 67 条第 1 款、第 64 条之规定，依法判决如下：1. 被告人张金康犯私分国有资产罪，判处罚金二万元；2.

被告人夏琴犯私分国有资产罪，判处罚金一万五千元。

一审宣判后，二被告人未提出上诉，公诉机关亦未抗诉，判决发生法律效力。

在仅能由单位构成犯罪的情形下，能否认定非适格主体与单位构成共犯？

——徐国桢等私分国有资产案①

【裁判要旨】

特定的主体要素作为违法要素并不是成立共犯不可欠缺的构成要件要素。非特定的主体不能单独成为特定主体的正犯，但若是和特定的主体一起，就可共同引起符合构成要件的事实。因而，非特定的主体可以成立特定主体所犯之罪的共犯。

【关 键 词】

单位犯罪　共同犯罪　私分国有资产

【相关法条】

《中华人民共和国刑法》第396条第1款

【基本案情】

被告人徐国桢，原系上海市无线电管理局副局长兼上海市无线电监测站站长。

被告人陈晓晖，原系上海唯远信息开发有限公司法定代表人、上海咸元通信技术有限公司负责人。

上海市徐汇区人民检察院以被告人徐国桢、陈晓晖犯私分国有资产罪等罪，向上海市徐汇区人民法院提起公诉。

上海市徐汇区人民法院经公开审理查明：2002年7月至2011年5月，被告人徐国桢担任上海市信息化办公室无线电管理处（以下简称无管处）处长，上海市无线电管理委员会办公室（以下简称无委办）副主任兼上海

① 原载于《刑事审判参考》2013年第6集·总第95集，第939号。

市无线电监测站（以下简称监测站）站长，后兼任中共上海市无线电管理局（以下简称无管局）党组成员，主要工作职责为负责监测站党政工作，分管精神文明建设，协管无管局日常行政、财务、干部调配等相关工作。2002年底至2003年初，被告人徐国桢为解决监测站职工集体福利问题，决定启用无资质、无场地、无设备、正处于歇业状态的上海唯远信息开发有限公司（以下简称唯远公司）承接定检工作。后其与该公司负责人、被告人陈晓晖商定，唯远公司所得收入除列支必要成本外，剩余钱款均应当以现金形式账外返还监测站用于职工福利发放。2003年4、5月间，徐国桢隐瞒唯远公司的真实情况，利用职权以无委办的名义批准授予唯远公司无线电设备检测资质，同时授意倪伟杰并通过相关人员讨论决定，委托唯远公司承接定检工作，后又将监测站办公场地、政府采购的技术设备、有关技术服务及启动资金提供给唯远公司使用。2010年5月起，唯远公司受委托以监测站名义开展定检工作，直接向非国家拨款的单位或者个人收取检测费；监测站也以国家财政拨款和转移支付项目专款向唯远公司支付检测费用。监测站向陈晓晖提出明确要求，2010年唯远公司的全年业务开支为人民币（以下币种同）12万元。2004年起，上海市定检工作每年财政预算达数百万元。徐国桢代表监测站与陈晓晖变更约定，唯远公司须将监测站拨款及公司自行收取的检测费，按50%的比例以现金形式返还监测站2007年10月，陈晓晖另设上海咸元通信技术有限公司（以下简称咸元公司）取代唯远公司承接定检工作，有关约定保持不变。2003年至2009年底，唯远公司、咸元公司自行直接收取检测费以及以检测劳务费等名义通过监测站获取财政拨款合计30余万元。陈晓晖按照事先约定，通过其专门成立的上海银闪通信技术有限公司（以下简称银闪公司）、常帮唯博电脑软件编制服务社（以下简称常帮唯博服务社）以及其他单位将上述款项予以套现或者转账，监测站则违反国家规定，由徐国桢决定，监测站副站长丁一咏等人具体执行，将上述返还款隐匿于监测站账外，分别多次将其中13283000元以职工津贴、工资补差、奖金、过节费等名义陆续发放给无管局及监测站全体员工。徐国桢归案后供述了私分国有资产的涉案事实。陈晓晖归案后供述了其帮助监测站私分国有资产的犯罪事实。

【裁判结果与理由】

上海市徐汇区人民法院认为，国有事业单位监测站与被告人陈晓晖相勾结，违反国家规定，套取、截留国有资产，并以单位名义将其中1300余万元集体私分给本单位职工，数额巨大，被告人徐国桢作为该单位实施上述犯罪直接负责的主管人员，其行为构成私分国有资产罪，且系共同犯罪，应予处罚。陈晓晖为监测站私分国有资产提供帮助，其行为构成私分国有资产罪，且系共同犯罪；在共同犯罪中陈晓晖起辅助作用，系从犯，依法予以减轻处罚。徐国桢、陈晓晖到案后，均能如实供述主要罪行，依法可以从轻处罚。据此，依照《中华人民共和国刑法》第396条第1款、第25条第1款、第27条之规定，上海市徐汇区人民法院判决如下：1. 被告人徐国桢犯私分国有资产罪，判处有期徒刑三年六个月，并处罚金人民币三万元。2，被告人陈晓晖犯私分国有资产罪，判处有期徒刑六个月，并处罚金人民币一万元。3. 被告人的违法所得予以追缴。

一审宣判后，被告人徐国桢以量刑过重为由，向上海市第一中级人民法院提起上诉。上海市第一中级人民法院经公开审理认为，上诉人徐国桢作为国有事业单位监测站直接负责的主管人员，违反国家规定，套取、截留国有资产，并以单位名义将其中1300余万元集体私分给本单位职工，其行为构成私分国有资产罪，且数额巨大；原审被告人陈晓晖为监测站私分国有资产提供帮助，其行为亦构成私分国有资产罪，依法均应予以处罚。原判鉴于上诉人、原审被告人所具有的量刑情节，已分别对其依法量刑。一审判决认定徐国桢犯私分国有资产罪、陈晓晖犯私分国有资产罪的事实清楚，证据确实、充分，定性准确，量刑适当，且诉讼程序合法。上海市第一中级人民法院裁定驳回上诉，维持原判。

国有单位内设机构能否构成《刑法》上的“单位”？国有单位内设机构集体私分国有资产给个人的行为构成私分国有资产罪还是贪污罪？

——张经良等三人私分国有资产案①

【裁判要旨】

国有单位内设机构可以视为刑法规定的“单位”。内设机构以单位的名义实施犯罪，违法所得归其所有的，应当认定为单位犯罪。国有单位内设机构在对外开展业务中，截留公款并按照一定比例将公款私分给全体人员或者绝大多数成员的，应当认定为私分国有资产罪。

【关 键 词】

内设机构　单位犯罪　私分公款

【相关法条】

《中华人民共和国刑法》第396条

【基本案情】

公诉机关（抗诉机关）：福建省厦门市思明区人民检察院。

被告人：张经良，原系厦门经理学院企业管理培训处处长。

被告人：林西蓉，原系厦门经理学院企业管理培训处教务员。

被告人：郑文生，原系厦门经理学院企业管理培训处教务员。

2002年5月以来，厦门经理学院（系国有事业单位）实施内部分配制度改革，在下设机构企业管理培训处施行“经济目标责任制”，规定企业管理培训处开发办班必须向学院上缴一定比例的管理费以及在完成学院下达的上缴管理费指标后节余资金归部门自主支配等分配制度改革措施。其间，企业管理培训处在编人员三人，张经良时任处长，负责处室全面工作，林西蓉时任教务员，负责财务等后勤工作，郑文生时任教务员，负责文案等教务工作；同时以林西蓉个人名义设立的银行账户作为部门的专用

① 原载于《人民法院案例选》2008年第3辑。

账户，用于存放、分配该处办培训班收入中可自主支配的节余资金，并由林西蓉将款项收支、分配和结余情况记录在部门账本上。

2004年6月，张经良代表厦门经理学院与香港工商管理学院代表人黎作新商定合作开办“MBA学位对接班”办班事宜并签订了《代理招生合同书》，合同约定厦门经理学院每招收一名学员，可获取代理招生佣金6000元（人民币，下同）。后张经良又私下与黎作新协商将代理招生佣金提高到每人8800元，并与林西蓉、郑文生商议向经理学院隐瞒该部分佣金收入。从2004年7月至2006年3月，厦门经理学院与香港工商管理学院合作开办“MBA学位对接班”三期，实际交费人数86人，三被告人所隐瞒的代理招生佣金收入240800元悉数进入企业管理培训处账户。嗣后，张经良、林西蓉、郑文生将该款连同部门可支配的其他资金按照1.2：1：1的比例进行分配，其中张经良分得90300元，林西蓉、郑文生各分得75250元。该款项的收入、分配情况同时记载在部门账本上。

2006年4月，被告人张经良、林西蓉、郑文生在协助有关部门调查期间，主动交代了有关部门尚未掌握的私分国有资产的事实。案发后，三被告人已全部退缴所分得的违法所得。在法院审理期间，张经良、郑文生的家属分别代为预缴罚金2万元和1.5万元，林西蓉亦预缴罚金1.5万元。

【裁判结果与理由】

厦门市思明区人民法院认为，厦门经理学院企业管理培训处施行“经济目标责任制”以来，被告人张经良、林西蓉、郑文生仍属于处室的正式工作人员并照常领取财政拨发的工资、奖金等款项，同时按财务制度规定，其办班的收支情况应纳入学院的统一管理、核算，即便是部门可自主支配资金的支取也需经学院财务审核和院长批准；由此可见，该责任制只是一种事业单位内部分配制度的改革措施，并不具有“独立核算、自负盈亏”的基本特征，故涉案的《中层领导任期工作责任书》不是承包性质的经济合同，三被告人亦非承包关系的一方当事人。相反的，被告人张经良、林西蓉、郑文生作为厦门经理学院企业管理培训处工作人员，对外开发、实施相关培训项目是其部门及个人的职责所在，本案中的“MBA学位对接班”项目亦属于该工作范围，其职务行为基于厦门经理学院所具有的办学资格、培训资质等公共资源，具有一定的公共事务管理权能，系属公务活动的体现；因此，三被告人作为事业单位中从事公务的人员，依法应当以国家工作人员论。同样的，“MBA 学位对接班”项目既为被告人张经良、林西蓉、郑文生代表厦门经理学院的履职行为，那么相应的佣金收入均归属于厦门经理学院，且系国有资产；而三被告人通过隐瞒不报、自行截留的方式排除厦门经理学院对新增佣金收入人民币 240800 元的控制、支配，足见其主观故意和客观行为直接指向该全额款项，已无按规定比例获取部门可自主支配资金的前提和基础，故涉案金额依法应当认定为人民币 240800 元。厦门经理学院企业管理培训处作为国有事业单位的内设部门，违反国家财政收支政策的规定，将国有资产集体私分给个人，涉案金额共计人民币 240800 元，属数额较大，应以私分国有资产罪论处；被告人张经良系对该行为直接负责的主管人员，被告人林西蓉、郑文生系直接责任人员，其行为均已构成私分国有资产罪。公诉机关指控三被告人所犯的贪污罪名法律适用有误，依法不能成立；辩护人李小海有关涉案行为不构成犯罪的相关辩护意见亦缺乏事实基础和法律依据，依法不予采纳；辩护人蔡明阳、洪育鹏有关本案应以私分国有资产罪定罪的相关辩护意见可予采纳。被告人张经良、林西蓉、郑文生在协助纪检部门调查时，能如实供述纪检部门尚未掌握的私分国有资产罪行，依法可视为自首。另被告人张经良、林西蓉、郑文生到案后虽主动检举了厦门经理学院院长邵建福收受贿赂的情况，且经查证属实，但因三被告人本身就是贿赂关系的当事人，其对行贿行为所作的交代只是履行法定义务的具体表现，该情形不符合法律规定立功制度的主旨和基本要义，依法不宜认定为立功表现。各辩护人有关三被告人具有立功情节的相关辩护意见于法无据，依法不予采纳。根据本案犯罪的事实、性质、情节和对于社会的危害程度，同时考虑到三被告人具有自首、积极退赃和预缴罚金等确实的悔罪表现，决定依法对被告人张经良、林西蓉、郑文生予以从轻处罚并宣告缓刑。辩护人李小海、高燧涛有关适用缓刑的量刑建议可予采纳；但辩护人蔡明阳、洪育鹏要求对被告人郑文生免予刑事处罚的辩护意见理由不足，依法不予采纳。依照《中华人民共和国刑法》第 396 条、第 93 条第 2 款、第 67 条第 1 款、第 72 条、第 73 条第 2 款、第 3 款、第 64 条及《最高人民法院关于处理自首和立功具体应用法律若干问题的解释》第 1 条的规定，做出判决：被告人张经良犯私分国有资产罪，判处有期徒刑二年，缓刑二年，并处罚金人民币 2 万元；被告人林西蓉犯私分国有资产罪，判处有期徒刑一年六个月，缓刑一年六个月，并处罚金人民币15000元；被告人郑文生犯私分国有资产罪，判处有期徒刑一年六个月，缓刑一年六个月，并处罚金人民币15000元；扣押于公诉机关的款项人民币240800元予以没收。

厦门市思明区人民检察院抗诉称：被告人张经良、林西蓉、郑文生代表厦门经理学院履行职务过程中，共同将新增佣金收入隐瞒不报并予侵吞，三被告人的均已构成贪污罪。原判定性错误，量刑畸轻。厦门市人民检察院出庭检察员支持该抗诉意见。

三原审被告人对原判认定的事实、罪名和量刑均无异议。

二审法院厦门市中级人民法院查明的事实同一审法院无异。厦门市中级人民法院认为，原审被告人张经良身为国有事业单位内设机构的负责人，违反国家财政收支政策的规定，决定截留国有资产240800元并集体私分给个人，数额较大，其行为已构成私分国有资产罪；原审被告人林西蓉、郑文生身为国有事业单位中从事公务的人员，共同参与商议私分，数额较大，其行为亦已构成私分国有资产罪。抗诉机关提出本案应以贪污罪定罪的抗诉意见理由不足，不予支持。原判定罪准确，审判程序合法，量刑适当。依照《中华人民共和国刑事诉讼法》第189条第（1）项之规定，裁定：驳回抗诉，维持原判。

第五章　行贿罪

介绍贿赂罪、巨额财产来源不明罪

配合检察机关调查他人受贿案件时交代向他人行贿的事实，能否认定为被追诉前主动交代？
——袁珏行贿案①

【裁判要旨】

被告人通过给予国家工作人员财物以达到规避竞争而取得特殊利益的目的，属于谋取不正当利益，依法构成行贿罪。在检察机关对其立案前交代行贿事实，属于被追诉前主动交代的情形。

【关 键 词】

行贿　被追诉前　主动交待　谋取不正当利益

【相关法条】

《中华人民共和国刑法》第389条、第390条第2款

【基本案情】

被告人袁珏，女，1976年4月7日出生于江苏省姜堰市，硕士研究生，国家注册建筑师，系上海同济华润建筑设计有限公司项目经理，住姜堰市府两新村8号楼401室。因涉嫌犯行贿罪于2011年4月12日被监视居住，同月13日被取保候审。

江苏省兴化市人民检察院以被告人袁珏犯行贿罪，向兴化市人民法院

---

① 原载于《刑事审判参考》2012年第3集·总第86集，第787号。

提起公诉。

被告人袁珏对公诉机关的指控无异议。其辩护人的辩护意见为：（1）被告人送钱给刘耀东是出于感谢，没有以“为谋取不正当利益”为目的，不构成行贿罪；（2）即使构成犯罪，合同系同济大学建筑设计研究院（集团）有限公司签订，该公司亦有“谋取不正当利益”的故意；（3）如果被告人构成犯罪，因其在配合泰州市人民检察院调查刘耀东案件时，就已主动交代送钱给刘耀东的事实，不仅符合《刑法》第 67 条第 3 款的规定，更符合《刑法》第 390 条第 2 款的规定，故建议对其免除处罚。

兴化市人民法院根据江苏省泰州市中级人民法院指定管辖立案，经公开审理查明：

2010 年 5 月，被告人袁珏通过同学沈巧龙（泰州市路灯管理处主任，另案处理）的介绍，与负责拆迁安置房开发建设的泰州市海陵房产开发公司经理刘耀东（国家工作人员，另案处理）相识，并委托沈巧龙向刘耀东索要其使用的银行卡号，于 2010 年 6 月 14 日向该卡存入人民币（以下币种同）4000 元，2010 年 9 月 18 日向该卡存入 20000 元，又于 2011 年 3 月 12 日向该卡存入 100000 元，总计 124000 元。在刘耀东的帮助下，未经招标程序，被告人袁珏以挂靠单位同济大学建筑设计研究院（集团）有限公司的名义承揽了泰州市迎春东路安置小区海曙颐园的规划设计项目。

2011 年 4 月 11 日，被告人袁珏在配合检察机关调查刘耀东问题时，交代了向刘耀东行贿的事实。

【裁判结果与理由】

兴化市人民法院认为，被告人袁珏在经济往来中，给予国家工作人员以财物，数额较大，其行为构成行贿罪。公诉机关起诉指控袁珏犯罪的事实清楚，证据确实、充分，罪名成立，予以支持。关于袁珏的辩护人提出袁珏没有以为谋取不正当利益为目的送钱给刘耀东的意见，经查，根据《中华人民共和国招标投标法》的规定，袁珏是从业多年的国家注册建筑师，应当知道投资泰州市迎春东路安置小区海曙颐园项目必须进行招标，然而通过承诺送钱的方式非法获得其规划设计项目，其行为违反了国家规定，故不论被告人是否具有谋取不正当利益或者出于感谢的目的，均应以行贿论处。关于袁珏的辩护人提出同济大学建筑设计研究院（集团）有限公司有谋取不正当利益的故意的意见，经查，袁珏挂靠于该公司，是承揽泰州市迎春东路安置小区海曙颐园的规划设计项目的主要受益者，同济大学建筑设计研究院（集团）有限公司是否具有谋取不正当利益的故意不影响本案的认定。关于袁珏的辩护人提出袁珏在配合泰州市人民检察院调查刘耀东案件的时候，就已主动交代送钱给刘耀东的事实，不仅符合《刑法》第67条第1款的规定，更符合《刑法》第390条第2款的规定，建议对其免除处罚的辩护意见，经查，袁珏在检察机关立案前即已交代其行贿行为，其行为符合《刑法》第390条第2款规定的情形，故对此辩护意见予以采信，结合本案的具体情况，决定对袁珏免予刑事处罚。据此，依照《中华人民共和国刑法》第389条、第390条第2款及《最高人民法院、最高人民检察院、司法部关于适用普通程序审理“被告人认罪案件”的若干意见（试行)》第9条之规定，兴化市人民法院以被告人袁珏犯行贿罪，判处免予刑事处罚。

一审宣判后，被告人未提出上诉，检察机关亦未抗诉，判决已发生法律效力。

单位行贿中的不正当利益

——国美电器有限公司、黄光裕等单位行贿案①

【裁判要旨】

单位行贿罪是指单位为谋取不正当利益而行贿，或者违反国家规定，给予国家工作人员以回扣、手续费，情节严重的行为，至于利益是否实际取得，不影响对行为性质的认定。不正当利益的不正当性体现在请托事项的违法性或违反政策性上，即请托事项违反了法律、法规、国家政策和国务院各部门规章的规定。对于利益本身正当与否的判断存在不确定性的情形下，应结合取得该利益的手段的性质作为利益正当与否认定的依据。

【关 键 词】

单位行贿　不正当利益

---

① 原载于《人民司法》2011年第10期

【相关法条】

《刑法》第393条

【基本案情】

2006年至2008年间，被告人黄光裕作为被告单位鹏房公司及国美公司的法定代表人，在得知公安部经侦局北京总队正在查办鹏房公司涉嫌犯罪案件及北京市公安局经侦处对国美公司涉税举报线索调查后，经与被告人许钟民预谋，直接或指使许钟民向时任公安部经侦局副局长兼北京总队总队长的相怀珠提出在侦办鹏房公司、国美公司上述案件中给予关照的请托。期间，黄光裕单独或指使许钟民给予相怀珠款、物共计价值人民币106万余元。

2006年至2008年间，国税总局稽查局在全国范围对被告单位国美公司进行税务大检查。被告人黄光裕作为国美公司的法定代表人，经与被告人许钟民预谋，直接或通过北京市公安局经侦处民警靳红利联系介绍，多次分别宴请负责全国税务检查领导工作的国税总局稽查局孙海渟及具体承办税务检查的北京国税稽查局工作人员梁丛林、凌伟，黄光裕、许钟民及靳红利均向孙海渟等三人提出关照国美公司的请托。黄光裕先后单独或指使许钟民给予靳红利共计人民币150万元，给予孙海渟共计人民币100万元，给予梁丛林、凌伟人民币各50万元。

【裁判结果与理由】

北京市第二中级人民法院经审理认为，被告人黄光裕作为被告单位国美电器有限公司、北京鹏润房地产开发有限责任公司的法定代表人，被告人许钟民共谋，为二被告单位谋取不正当利益，单独或伙同许钟民向国家执法机关的工作人员提出请托，并给予国家机关工作人员财物，数额巨大，情节严重，二被告单位和被告人黄光裕、许钟民的行为均已构成单位行贿罪，黄光裕、许钟民构成单位行贿的共同犯罪；鉴于被告人黄光裕作为被告单位国美公司、鹏房公司的法定代表人，在被采取强制措施后，如实供述了司法机关不掌握的部分单位行贿的犯罪事实，可认定黄光裕及国美公司、鹏房公司均具有自首情节，故依法对黄光裕和国美公司、鹏房公司所犯单位行贿罪分别予以从轻处罚。鉴于被告人许钟民被采取强制措施后，如实供述了司法机关不掌握的部分单位行贿的犯罪事实，具有自首情节，依法对许钟民所犯单位行贿罪予以从轻处罚。故判决：被告单位国美电器有限公司犯单位行贿罪，判处罚金人民币五百万元；被告单位北京鹏润房地产开发有限责任公司犯单位行贿罪，判处罚金人民币一百二十万元；被告人黄光裕犯单位行贿罪，判处有期徒刑二年；被告人许钟民犯单位行贿罪，判处有期徒刑一年。一审宣判后，各被告人不服提出上诉。2010 年 8 月 30 日，北京市高级人民法院作出二审判决，维持了一审法院对单位行贿行为事实、性质的认定及对各被告人有关单位行贿罪的量刑。

行为人在行贿人和受贿人之间居间活动，促使行受贿得以实现的，构成何罪？

——黄学、王丽华受贿，李林科、袁西洪介绍贿赂、袁富全伪证案[①]

【裁判要旨】

行为人主观上明知自己在行贿人和受贿人之间牵线搭桥，客观上积极为行、受贿双方沟通关系，引荐、撮合，并代为传递贿赂款，促成行贿和受贿得以实现，情节严重的，应当以介绍贿赂罪定罪处罚。

【关 键 词】

行贿　受贿　撮合引荐　介绍贿赂

【相关法条】

《中华人民共和国刑法》第 388 条、第 386 条、第 383 条第（1）项、第 392 条

【基本案情】

公诉机关：四川省成都市新都区人民检察院

被告人：黄学、王丽华、李林科、袁西洪、袁富全

四川省成都市新都区人民法院经审理查明：2009 年 9 月底，被告人袁西洪因筹备其女袁某与被告人李林科 10 月 5 日的婚事，电话邀请袁某某（另案处理）时得知袁某某的儿子袁明、袁识凯涉嫌开设赌场罪被成都市

---

① 原载于《人民法院案例选》2011 年第 3 辑。

公安局新都区分局查处并羁押。电话中袁某某询问被告人袁西洪是否有办法帮其将儿子放出来，事后肯定会记情的。袁西洪答应帮忙找一下关系。之后袁西洪与李林科联系，让其想办法。李林科答应帮忙问一下再说。被告人李林科随后找到被告人王丽华，让其帮忙问。王丽华找到成都市公安局刑侦局刑警黄学帮忙。被告人黄学答应帮忙，并先通过市公安局内网2009年9月19日关于该案的治安简报了解到相关信息，后找到成都市公安局新都区分局钱某（另案处理）为袁明、袁识凯开设赌场案打探消息，积极运作。然后，黄学给王丽华、李林科说要二三十万元才放得出来，李林科说没有问题。10月7日，李林科对袁西洪说，让袁某某先准备20万元。袁某某当天便准备了13万元到袁西洪家，由于钱暂时不够，袁西洪临时从家里借了7万元给袁某某（几天后归还了袁西洪）凑足，一起交给李林科并带出门。李林科出门后给王丽华打电话说钱已经准备好了，20万元是否全部送过来？王丽华随后给黄学打电话说李林科凑了20万，问先拿多少过来，黄学说先拿5万元。于是，李林科回家放了15万元后，由李、王一起把黄学接上给付黄学现金5万元。之后黄学将该款拿到新都送给钱某，但钱某未收，由黄学自己得了这笔钱。被告人黄学对收到这5万元钱无异议，但当庭提出其在收这5万元钱时在车上抽了4000元给被告人王丽华。

成都市新都区人民检察院指控：2009年9月至2009年12月期间，被告人李林科、袁西洪得知其亲戚袁某某（另案处理）的儿子袁明、袁识凯涉嫌开设赌场罪被成都市公安局新都区分局查处并羁押，袁西洪、李林科遂承诺在有代价的前提下能找关系帮袁某某将儿子放出来，继后李林科通过被告人王丽华找到成都市公安局刑侦局刑警黄学帮忙。被告人黄学答应帮忙并找到成都市公安局新都区分局钱某（另案处理）为袁明、袁识凯开设赌场案打探消息，积极运作。期间，黄学等四人先后收受袁某某贿赂共30万元，其中黄学个人实得22.1万元，王丽华个人实得2.9万元，李林科和袁西洪两人实得5万元。案发后，黄学退赃10万元，王丽华退赃5万元，李林科与袁西洪退赃5万元。

2010年4月22日，成都市公安局新都区分局以涉嫌诈骗罪对李林科等人立案侦查。被告人黄学得知后多次组织李林科、王丽华、袁西洪等同案犯以及被告人袁富全等知情人商量如何对抗侦查，建立攻守同盟。被告人袁富全作为该案的重要证人，在2010年7月12日公安机关对其进行取证时，为帮助黄学、李林科等人逃避刑事处罚，故意作虚假陈述，隐瞒了黄学牵涉该案以及李林科收取袁某某30万元等重要情节，妨害了刑事司法活动的正常进行。

另查明，2010年8月26日，被告人王丽华以信件的形式，向成都市公安局纪律检查委员会寄去了《关于李林科一案的事实真相》，交代了其伙同黄学等人受贿的犯罪事实。

【裁判结果与理由】

四川省成都市新都区人民法院经审理认为：被告人黄学、王丽华的行为构成受贿罪，被告人李林科、袁西洪的行为构成介绍贿赂罪，被告人袁富全的行为构成伪证罪，成都市新都区人民检察院指控被告人李林科、袁西洪犯受贿罪不成立，应当依法予以变更。理由如下：《刑法》第388条规定，国家工作人员利用本人职权或者地位形成的便利，通过其他国家工作人员职务上的行为，为请托人谋取不正当利益，索取请托人财物或者收受请托人财物的，以受贿论处。依据庭审查明的现有事实，被告人黄学的行为构成受贿罪。其理由在于，其一，被告人黄学系成都市公安局刑侦局侦查员，属于国家工作人员，符合受贿罪的主体构成要件。其二，被告人黄学以“捞”一个人15万元，两个人30万元的代价为前提下，先是通过公安局的内网查阅与请托事项相关的内部信息，为请托事项的实现做前期准备工作。之后又利用其系市局警察的身份通过区公安分局刑警钱某为请托人谋取“捞人”之事。并前后获款共计22.1万元用于赌博和日常开支。依照最高人民法院《全国法院审理经济犯罪案件工作座谈会纪要》的规定，“刑法第388条规定的‘利用本人职权或者地位形成的便利条件’，是指行为人与被其利用的国家工作人员之间在职务上虽然没有隶属、制约关系，但是行为人利用了本人职权或者地位产生的影响和一定的工作联系，如单位内不同部门的国家工作人员之间、上下级单位没有职务上隶属、制约关系的国家工作人员之间、有工作联系的不同单位的国家工作人员之间等”。故其行为符合“利用本人职权或者地位形成的便利条件”的要件。其三，最高人民法院在《全国法院审理经济犯罪案件工作座谈会纪要》中明确：为他人谋取利益包括承诺、实施和实现三个阶段的行为，如国家工作人员收受他人财物时，根据他人提出的具体请托事项，承诺为他人谋取利益的，就具备了为他人谋取利益的要件。明知他人有具体请托事项而收受其财物的，视为承诺为他人谋取利益。由此看来，只要具有其中一个阶段的行为就具备了为他人谋取利益的要件。本案中被告人黄学在明知请托人具体、明确的请托事项的前提下，不但承诺了请托人的请托事项，还利用自己的职权便利条件具体实施、运作请托事项，属于为请托人谋取利益。同时，《最高人民法院、最高人民检察院关于在办理受贿犯罪大要案的同时要严肃查处严重行贿犯罪分子的通知》规定，谋取不正当利益，是指违反法律、法规、国家政策和国务院各部门规章规定的利益，以及要求国家工作人员或者有关单位提供违反法律、法规、国家政策和国务院各部门规章规定的帮助或者方便条件。本案中请托人的请托事项为以钱将涉嫌犯罪的人放出来，其利益明显违反刑事法律的规定，其利益显然属于不正当利益。故被告人黄学的行为系为请托人谋取不正当利益。其四，受贿罪的本质系“权钱交易”的行为，即是国家工作人员基于其具有某种职务而收受了他人的财物，此财物与行为人的职务具有关联性和对价性，行为人不应当收受却收受了这种利益。本案中被告人黄学基于其职务伙同他人共收受请托人现金 25 万元，系非法收受请托人财物。

综上所述，被告人黄学身为国家工作人员，利用其职权和地位形成的便利条件，通过其他国家工作人员职务上的行为，为请托人谋取不正当利益，实际收受请托人财物 22.1 万元，其行为完全符合《刑法》第 388 条关于受贿罪的规定。被告人黄学的行为构成受贿罪。成都市新都区人民检察院指控被告人黄学犯受贿罪成立。

被告人王丽华明知被告人黄学利用职权为他人谋取不正当利益，而与被告人黄学相互勾结，共同非法收受请托人财物 25 万元，并实际分得赃款 2.9 万元，属于共同受贿。成都市新都区人民检察院指控被告人王丽华犯受贿罪成立。

被告人袁富全作为刑事诉讼中的重要证人，对与案件有关的重要情节，故意作虚假陈述，隐匿罪证，其行为构成伪证罪。成都市新都区人民检察院指控被告人袁富全犯伪证罪成立。

被告人李林科、袁西洪在行贿人袁某某和受贿人黄学等人之间进行沟通、撮合，并代为传递贿赂款，使行贿和受贿得以实现，其行为构成介绍贿赂罪。公诉机关指控被告人李林科、袁西洪犯受贿罪罪名不当，本院依法予以变更。理由是，作为行贿受贿案件，必然存在受贿一方和行贿一方，直接构成受贿的必须具备国家工作人员的主体身份要件，非国家工作人员只有与其相互勾结才能以共犯的身份以受贿罪论处。本案中，行贿人为袁某某，受贿人为黄学。两者之间的王丽华、李林科、袁西洪三人当中，被告人王丽华与黄学明显相互勾结，共同分赃，构成受贿罪共犯。但对于被告人李林科与袁西洪，一方面，二被告人虽然明知被告人黄学利用职权为他人谋取利益而非法收受财物，但是二人主观上自始并无参与分配赃款的故意，即在主观上，二被告人无受贿取财的意图。虽然在事实上收受了行贿人袁某某 30 万元，但其中 25 万元都是转送给了王丽华、黄学。对于剩余的 5 万元也多次提出全部抱过去，用于继续"捞"袁识凯，其在主观上具有牵线搭桥、代为保管、转交受贿款的故意。在客观上，二人实施了在行贿人袁某某和受贿人黄学、王丽华之间牵线搭桥、引荐撮合、联系沟通、传递贿赂款的行为。另一方面，客观上讲被告人袁西洪、李林科与黄学、王丽华并不熟悉，特别是与受贿人黄学更不熟悉，在袁某某找到袁西洪帮忙找关系时，还想不到找黄学，仅仅是让女婿李林科努力找关系，将事情办好，其目的主要为逞能耐、挣面子，事后还可能得到好处。但达不到与黄学相互勾结并谋取利益的程度。相反，其帮助行贿方送钱出去以达到"捞人"目的，为行贿人寻找受贿目标的目的更为明显。同样，对于李林科来说，不仅碍于老丈人的强硬请求，而且由于想在老丈人面前显示自己的能干，努力为其寻找受贿人或者寻找能够帮助找到受贿人的人，还故意编造一些假象，使行贿受贿更容易成功，其行为符合介绍贿赂的特征。故被告人李林科和袁西洪的行为相对于被告人黄学、王丽华的行为具有独立性，应当予以区分。因此，本院认为二被告人的行为应当以介绍贿赂共同犯罪定罪处罚。

被告人黄学的辩护人提出被告人黄学没有从请托人袁某某家人手中收受过财物，从而否认被告人黄学收受过请托人财物的辩护意见。本院认为，《刑法》规定的"收受请托人财物"在于明确受贿人收受财物的所有权人是请托人，而并不强调受贿人必须是直接从请托人手上收受财物。因此辩护人的该辩护意见本院不予支持。被告人黄学的辩护人还提出被告人黄学没有为请托人谋取不正当利益的辩护意见。本院认为，《刑法》规定的不正当利益包括两种情况，一种情况是提供不符合法律、法规、国家政策和国务院各部门规章规定的利益，即利益本身不正当；二是提供不符合法律、法规、国家政策和国务院各部门规章规定的帮助或者方便条件，即为请托人谋取利益的手段不正当。而从本案来看，通过被告人黄学帮助“捞人”的利益本身不合法，而其为请托人提供相关办案信息等帮助或者方便条件，手段也不符合法律规定。因此辩护人的辩护意见本院不予支持。被告人黄学辩解自己受贿实得金额是17.1万元，而不是22.1万元，与庭审查明的事实不符，本院不予采纳。被告人黄学称其有自首情节的辩解意见，本院认为，虽然被告人黄学在采取强制措施之前如实供述了案件事实，但之后又在公安机关、检察机关作了不同的供述并当庭翻供，故其自首不成立，本院不予采纳。

被告人王丽华提出自己不是共同受贿的主犯的辩护意见。本院认为，依照《刑法》的规定，非国家工作人员不能单独构成受贿罪，但是可能会作为共犯而构成受贿罪。根据《刑法》总则关于共同犯罪的规定，认定共同受贿要求双方具有共同受贿的故意和行为。被告人王丽华明知黄学系国家工作人员，且利用其职权为他人谋取利益，而相互配合，从中分赃，其行为构成受贿罪的共犯，在共同犯罪的过程中，二被告人所起作用相当，不分主从。被告人王丽华在犯罪后以信件的形式主动投案，如实供述自己以及同案犯的罪行，属自首，本院对被告人王丽华依法予以减轻处罚。五被告人均系初犯，被告人王丽华退清了个人所得的赃款、被告人黄学退出了部分赃款，被告人李林科、袁西洪交出了尚未送出的行贿款5万元，均有悔罪表现，本院酌情对五被告人从轻处罚。被告人袁西洪主观恶性较小，在侦查阶段检举黄学、王丽华的犯罪行为并亲笔写信给被告人李林科，劝导其主动交代犯罪事实，使案件的侦查取得重大突破，属于有立功表现；被告人袁富全犯罪情节较轻，对被告人袁西洪、袁富全适用缓刑不致再危害社会，本院依法对二被告人适用缓刑。被告人李林科在介绍贿赂犯罪中所起作用较大，情节严重，社会危害性较大，不宜适用缓刑。

依照《中华人民共和国刑法》第388条、第386条、第383条第（1）项、第25条第1款、第67条、第392条、第72条第1款、第73条第2、3款、第305条、第64条之规定，作出如下判决：一、被告人黄学犯受贿罪，判处有期徒刑十一年六个月。二、被告人王丽华犯受贿罪，判处有期徒刑五年。三、被告人李林科犯介绍贿赂罪，判处有期徒刑二年。四、被告人袁西洪犯介绍贿赂罪，判处有期徒刑一年，缓刑一年六个月。五、被告人袁富全犯伪证罪，判处有期徒刑六个月，缓刑一年。六、依照《中华人民共和国刑法》第64条之规定，被告人黄学、王丽华违法所得的赃款25万元，以及被告人李林科、袁西洪尚未送出的行贿款5万元全部予以追缴，上缴国库。

如何计算巨额财产来源不明的犯罪数额？

——金治新贪污、巨额财产来源不明案①

【裁判要旨】

巨额财产来源不明罪是法律明文规定运用推定的方法确定的罪名。在犯罪构成方面，如果国家工作人员的财产或者支出与自己及其家庭成员的合法收入明显不符，差额巨大，本人又不能证明其来源是合法的，那么超出合法收入总数的部分即推定为非法所得。司法实践中，认定本罪应当查清几个关键的数额：一是被告人的全部财产数额，二是其本人和家庭成员的合法收入数额，三是家庭全部支出数额。计算时应以被告人全部家庭财产加上历年支出后，减去家庭合法收入，再减去贪污、受贿等犯罪所得的赃款数额，最后所得的即为巨额财产来源不明的数额。

【关 键 词】

财产支出　合法收入　犯罪数额　推定

【相关法条】

《中华人民共和国刑法》第382条第1款、第383条第（1）项、第395条第1款

【基本案情】

公诉机关：北京市人民检察院北京铁路运输分院。

被告人：金治新。

被告人金治新在担任原北京铁路分局丰台建筑段（以下简称丰台建筑段）副段长期间，授意下属企业北京伍顺兴科贸公司（以下简称伍顺兴公

① 原载于《人民法院案例选》2009年第1辑。

司）经理张巨生（已判刑），将该公司收取的丰台建筑段丰台铁路单身宿舍、丰西铁路单身宿舍等单位出租房屋收入人民币737123.7元，以张巨生和伍顺兴公司会计王香菊（已判刑）个人的名义存入银行。2003年3月，被告人金治新伙同张巨生、王香菊将该公款私分，金治新分得赃款人民币245000元。

被告人金治新在担任原丰台建筑段副段长期间，授意张巨生、王香菊将丰台建筑段丰台供热厂西墙两间平房对外出租的收入人民币68250元，以张巨生、王香菊个人名义存入银行。2002年10月，被告人金治新以要购买捷达牌轿车为由，让张巨生将该款中的人民币56000元取出，交给金治新非法占为己有。

1998年，被告人金治新在担任原丰台建筑段副段长期间，

以支付材料款、工程款等名义，将丰台建筑段资金67万余元转入丰台建筑段劳动服务公司水泥构件厂（以下简称水泥构件厂）的账户。至2000年5月，水泥构件厂撤销，并入北京京铁火车头混凝土有限公司，该笔资金尚结余51万余元，金治新与水泥构件厂厂长吴增智（另案处理）未按规定将此情况进行汇报和处理。此后：（1）2001年4月，被告人金治新以为丰台建筑段购买材料的名义，让吴增智从51万余元资金中提取人民币112000元，用水泥构件厂转账支票的形式交给被告人金治新，金治新将支票在北京东方曙光科贸有限公司套取现金后，将该笔公款非法占有。

（2）2001年5月以后，吴增智将剩余的38万余元资金陆续转入范宝齐的北京丰铁奇荣源商贸中心账户。2002年10月，被告人金治新指使吴增智，用该笔资金中的人民币156464元购买捷达FV7160GIX轿车（车牌号为京F86619）一部。为掩人耳目，金治新授意吴增智使用吴的身份证办理购车、登记注册等手续，并把吴增智个人所有的捷达轿车（车牌号为京EC4303）要来供自己使用，而由吴增智使用新购置的捷达轿车。

（3）2003年1月，吴增智将该笔资金中的人民币10000元交给被告人金治新，金治新将该款非法占为己有。

（4）2005年4月，吴增智将该笔资金中的人民币80000元交给被告人金治新，金治新将该款非法占为己有。台建筑段下属北京热力达供热有限公司（以下简称热力达公司）经理期间，以向天津市东方暖通设备股份合作公司（以下简称东方暖通公司）购置供暖设备的名义，将丰台建筑段资

金人民币180000元支付给东方暖通公司，该公司扣除税款人民币12500元、欠款人民币25000元后，将其余人民币142500元转入热力达公司。2002年4月，被告人金治新授意张巨生成立北京建丰热力达供热有限公司（以下简称建丰热力达公司），2002年9月被告人金治新与张巨生、王香菊将上述款项转入建丰热力达公司。2005年6月，被告人金治新授意张巨生将建丰热力达公司注销，并将账上资金使用，张巨生、王香菊从建丰热力达公司提取现金人民币85000元，将其中的70000元交给金治新，被告人金治新将该公款人民币70000元非法占为己有。

2003年7月，被告人金治新在担任北京京铁房地产开发公司（以下简称京铁房地产公司）下属北京京研建商贸有限公司经理期间，将北京西车辆段四间平房转租给苏彦、杨保华使用，金治新利用职务之便，采取收取资金不入账的方法，将苏彦、杨保华交的房租人民币56400元非法占为己有。

2004年3月，被告人金治新在担任京铁房地产公司副总经理期间，私自将京铁房地产公司电表100块卖给杨保华，将卖电表款人民币2600元非法占为己有。

2005年5月，被告人金治新在担任京铁房地产公司副总经理期间，利用为岳家楼19号楼采购入户门的职务之便，将衡水大钟实业有限公司给予北京铁路分局岳家楼住宅开发指挥部的“让利费”人民币5800元非法占为己有。

综上，被告人金治新个人或伙同他人非法占有公共财产共计人民币1286387.7元，个人违法所得人民币637800元。

另查明，被告人金治新在接到检察机关电话通知后，主动到检察机关接受调查，如实供述了自己的上述犯罪事实并交出了其全部家庭财产。案发后，侦查机关依法冻结、扣押被告人金治新的人民币、银行存款、房产、基金、保险单据、职工持股单据等财产，折合人民币共计3174243.75元。其中，除已查明的被告人金治新犯罪所得人民币637800元以及金治新和其家庭成员能说明其来源合法且查证属实的财产共计人民币963854.85元，尚有差额共计人民币1572588.9元的财产，被告人金治新不能说明合法来源。在侦查阶段，被告人金治新向检察机关退赔的全部获赃款及相应利息，已由检察机关分别发还丰台建筑段和京铁房地产开发公司。

被告人金治新的辩解理由是：其占有公款以后没有挥霍和使用，应构成犯罪中止；被检察机关传唤后，其主动交出了全部财产。

被告人金治新的辩护人提出如下辩护意见：金治新具有自首情节；归案后金治新有揭发同案犯共同犯罪的事实；本案在程序上适用“普通程序简化审理”，应对金治新依法从轻处罚；公诉机关在认定金治新巨额财产来源不明罪的数额中应扣除其父金振华的6万元存款；金治新犯罪的主观恶性相对较轻以及金治新此次犯罪系初犯，具有悔罪表现且赃款全部退赔，故建议对被告人金治新给予减轻处罚。

【裁判结果与理由】

北京铁路运输中级法院认为，被告人金治新身为国家工作人员，利用职务上的便利，个人或伙同他人以侵吞的手段非法占有公共财产折计人民币1286387.7元，其行为侵犯了公共财产的所有权和国家廉政建设制度，已构成贪污罪；被告人金治新的财产明显超过合法收入，差额巨大，不能说明合法来源，已构成巨额财产来源不明罪，依法应予数罪并罚。北京市人民检察院北京铁路运输分院指控金治新犯贪污罪的事实清楚，证据确实、充分，指控的罪名成立；指控金治新犯巨额财产来源不明罪的证据确实、充分，指控的罪名成立，唯认定金治新巨额财产来源不明的数额有误，予以更正。金治新在接受检察机关盘问后，主动交代了司法机关尚未掌握的全部罪行，系自首，依法予以从轻处罚。公诉机关及金治新的辩护人所提金治新具有自首情节的公诉意见和辩护意见成立，予以采纳。金治新认罪态度较好，在侦查期间退赔了个人获得的全部赃款，确有悔罪表现，酌情予以从轻处罚。金治新关于其被检察机关传唤后，交出了全部财产的辩解意见以及金治新的辩护人关于本案在程序上适用普通程序简化审理，应对其依法从轻处罚和金治新此次犯罪系初犯，具有悔罪表现且赃款全部退赔的辩护意见成立，予以采纳。金治新的辩护人所提金治新归案后有揭发同案犯共同犯罪事实的辩护意见经查属实，予以采纳，对金治新酌情予以从轻处罚。经查，金治新利用职务上的便利，将公款占为己有的行为已经使公共财产脱离了原单位的实际控制，符合贪污罪犯罪既遂的构成条件，至于其是否对上述款项进行了挥霍和使用，只是其在犯罪结果已经发生之后对赃款的支配和处分，并不属于在犯罪过程中自动放弃犯罪或者自动有效地防止犯罪结果发生的情况。故被告人金治新所提其占有公款以后没有挥霍和使用，应构成犯罪中止的辩解意见不予采纳。公诉机关并未将金振华的6万元存款作为金治新的违法所得予以指控，故金治新的辩护人所提公诉机关在认定金治新巨额财产来源不明罪的数额中应扣除其父金振华的6万元存款的辩护意见不予采纳。本案被告人金治新的犯罪次数，犯罪数额和犯罪手段，足以表明其主观恶性之深，并不具备减轻处罚的条件，故金治新的辩护人所提金治新犯罪的主观恶性相对较轻，建议对其减轻处罚的辩护意见不予采纳。依照《中华人民共和国刑法》第382条第1款、第383条第（1）项、第395条第1款、第93条第2款、第67条第1款、第62条、第59条第1款、第69条、第47条、第64条和《最高人民法院关于处理自首和立功具体应用法律若干问题的解释》第1条、第3条、第6条的规定，判决如下：一、被告人金治新犯贪污罪，判处有期徒刑十一年，并处没收个人财产人民币二十万元；犯巨额财产来源不明罪，判处有期徒刑二年。决定执行有期徒刑十二年，并处没收个人财产人民币二十万元。二、在案扣押的非法所得价值人民币一百五十七万二千五百八十八元九角的财产及孳息，予以追缴。三、随案移送的金振华的三张共计人民币六万元存单，发还被告人金治新。四、随案移送的被告人金治新及其家庭的合法收入价值人民币六十万五千九百七十七元三角四分的财产，发还被告人金治新。

一审宣判后，公诉机关未抗诉，被告人金治新未上诉，一审判决已经发生法律效力。

第六章　单位受贿：利用影响力受贿罪

如何认定单位受贿罪？
——农民日报社某记者站、江某某单位受贿案[①]

【裁判要旨】

单位受贿罪系单位犯罪，行为主体为国家机关、国有公司、企业、事业单位与人民团体，行为内容为索取、非法收受他人财物归单位所有，为他人谋取利益。以单位的分支机构或内设机构、部门的名义实施犯罪，违法所得亦归分支机构或者内设机构、部门所有的，应认定为单位犯罪。在单位实施的犯罪中起决定、批准，授意、纵容等作用的人员，系单位犯罪中直接负责的主管人员，亦构成单位受贿罪。

【关 键 词】

国有媒体　分支机构　单位受贿

【相关法条】

《中华人民共和国刑法》第 387 条第 1 款

【基本案情】

被告单位：农民日报社某记者站。

被告人：江某某。

农民日报某记者站（以下简称某记者站）系农民日报社（事业法人，住址：北京市朝阳区朝阳门外八里庄北里 1 号）根据新闻采访需要在某省设立的从事新闻业务活动的派出机构。被告人江某某自 2005 年 11 月起担

① 原载于《中国审判案例要览》2011 年刑事卷。

任某记者站站长，负责记者站全面工作。2007 年 3 月至 2009 年 1 月间，某记者站在被告人江某某的授意和纵容下，利用其新闻媒体舆论监督权，以发表负面报道为名，要挟某省相关单位支付宣传费，分别向某省某等 12 家单位索取人民币 65.6 万元。

被告单位农民日报某记者站辩护人的辩护意见为：其不构成单位犯罪，被告人江某某个人实施的行为既非单位意志所支配，又非为单位谋取不正当利益，责任应由被告人江某某承担，建议法院判决被告单位无罪。

被告人江某某当庭辩称：农民日报某记者站不具备法人资格，不符合被告主体资格；本案管辖程序不合法；农民日报某记者站收取的费用均基于正常业务，部分收费情况其不知情，其也没有管理和操作某记者站，其行为不构成单位受贿罪。

【裁判结果与理由】

北京市朝阳区人民法院经审理认为：被告单位农民日报社某记者站无视国法，索取他人财物，为他人谋取利益，情节严重，其行为已触犯了刑法，构成单位受贿罪；被告人江某某身为单位直接负责的主管人员，亦构成单位受贿罪。

针对被告单位辩护人、被告人江某某及其辩护人的辩护意见，评判如下：

1. 关于本案管辖程序不合法的辩护意见。根据相关规定，国家工作人员职务犯罪案件，由犯罪嫌疑人工作单位所在地的司法机关管辖。被告人江某某涉嫌挪用公款，应由其工作单位所在地司法机关管辖。农民日报社某记者站作为农民日报社的派驻机构，不能视为被告人江某某的工作单位，农民日报社是江某某的工作单位。农民日报社所在地位于北京市朝阳区，故北京市朝阳区司法机关对本案具有管辖权。

2. 关于农民日报社某记者站及被告人江某某不构成单位受贿罪的辩护意见。根据刑法及相关司法解释的规定，以单位的分支机构或者内设机构、部门的名义实施犯罪，违法所得亦归分支机构、部门所有的，应认定为单位犯罪。单位直接负责的主管人员，是在单位实施的犯罪中起决定、批准、授意、纵容、指挥等作用的人员，一般是单位的主管负责人。经查：某记者站作为事业单位的分支机构，利用新闻媒体的舆论监督权，以发表负面报道相要挟，多次向相关单位索要宣传费共计 60 余万元，为相关单位谋取利益，违法所得亦由其支配，其行为符合单位受贿罪的犯罪构成。被告人江某某身为某记者站负责人，在单位实施的犯罪中起决定、授意、纵容等作用，系单位犯罪中直接负责的主管人员，亦构成单位受贿罪。

综合以上论证，被告单位辩护人认为被告单位无罪、被告人江某某的无罪辩解，缺乏事实和法律依据，本院均不予采纳。

北京市朝阳区人民法院对被告单位农民日报社某记者站依照《中华人民共和国刑法》第387条第1款、第30条、第31条、第52条、第53条及第64条；对被告人江某某依照《中华人民共和国刑法》第387条第1款、第30条、第31条、第384条第1款及第69条第1款之规定，判令：一、被告单位农民日报社某记者站犯单位受贿罪，判处罚金人民币十万元。二、被告人江某某犯单位受贿罪，判处有期徒刑一年六个月…决定执行有期徒刑六年。三、继续追缴被告单位农民日报社某记者站犯罪所得人民币六十五万六千元，予以没收。

“其他与该国家工作人员关系密切的人”及“利用影响力”之认定

——王岩利用影响力受贿案[①]

【裁判要旨】

1. 具有职务上隶属关系的上下级国家工作人员之间，若下级认为与其上级有某种联系的行为人所托事项能否办妥，将直接影响着上级对自己的评价，可以认定该行为人与该上级国家工作人员关系密切，且该行为人利用了与国家工作人员具有特定关系的影响力。

2. 招投标活动中，“国家工作人员的近亲属或者其他与该国家工作人员关系密切的人”向负责招投标活动的该国家工作人员及其直接领导的其他国家工作人员明示或暗示希望请托人进入招投标范围并获得中标，利用

① 原载于《江苏省高级人民法院公报》，2012年第1辑（总第19辑）。

该国家工作人员职权或者地位形成的便利条件，通过该国家工作人员直接领导的其他国家工作人员职务上的行为，取得优势，影响公平竞争，帮助请托人中标，索取或收受请托人财物，数额较大的，成立利用影响力受贿罪。

【关 键 词】

关系密切　利用影响力　利用影响力受贿

【相关法条】

《中华人民共和国刑法》第388条之一第1款

【基本案情】

被告人：王岩。

南京市浦口区人民法院经审理查明，被告人王岩与高翔有密切关系。2009年至2010年8月期间，被告人王岩利用高翔担任南京农业大学工学院（以下简称工学院）副院长、分管基建工作的便利条件，在明知刘炳连是借用江苏省建筑材料研究设计院（以下简称省建材设计院）的资质和挂靠省建材设计院参加工学院科技综合楼设计投标的情况下，采取请客送礼的方法，通过工学院基建总务处处长李骅、副处长刘胜前的职务行为，使刘炳连顺利进入招、投标范围并获取了相关的设计信息，帮助刘炳连中标成功。2009年3月至2010年7月，被告人王岩先后四次收受刘炳连贿赂款人民币15万元。本案因他人举报而案发。2011年6月2日被告人王岩被抓获归案。案发后，被告人王岩已退出人民币23.3万元并已由南京市浦口区人民检察院扣押在案。

南京市浦口区人民检察院指控称：被告人王岩作为与国家工作人员关系密切的人，利用该国家工作人员职权和地位形成的便利条件，通过其他国家工作人员职务上的行为，为请托人谋取不正当利益，收受请托人财物，数额特别巨大，其行为触犯了《中华人民共和国刑法》第388条之一的规定，犯罪事实清楚，证据确实充分，应当以利用影响力受贿罪追究其刑事责任。

被告人王岩辩称：其与刘炳连是合作关系，有分工，15万元是基于合作关系所得的。

王岩的辩护人提出：指控被告人王岩利用影响力受贿罪缺乏事实根据，主体上不符合关系密切。从婚姻本身上，高翔不同意其女儿与王岩的婚事，且王岩长期在外，与高翔没有什么交流，且王岩经济独立。2008年10月，王岩与高洁是离婚状态，直到2009年3月才复婚。本案发生招、投标的事务与中标是发生在2月26日之前，这个时间王岩与高洁是处于离婚状态，与高翔的关系当然也不密切。

【裁判结果与理由】

南京市浦口区人民法院经审理认为，被告人王岩作为与国家工作人员关系密切的人，其利用该国家工作人员的职位形成的便利条件，通过由该国家工作人员直接领导的其他国家工作人员职务上的行为，为请托人谋取不正当利益，收受请托人财物人民币15万元，其行为符合利用影响力受贿罪的构成要件，构成利用影响力受贿罪，应依法惩处。被告人王岩在案发后积极退缴违法所得，且犯罪情节较轻，对被告人酌情可以从轻处罚。南京市浦口区人民检察院指控被告人王岩犯利用影响力受贿罪的基本事实清楚，基本证据充分，定性正确，予以支持。辩护人提出的“被告人王岩与高翔女儿于2008年10月离婚直至2009年3月复婚。工学院确定由刘炳连中标是在2009年2月，因此，不能认定被告人王岩与高翔存在密切关系”的辩护意见。经审理查明，被告人王岩与高翔女儿于2008年10月离婚至2009年3月复婚，工学院确定采用刘炳连的设计方案是在2009年2月一节属实，但在此期间，被告人王岩与高翔家庭保持着来往，在由沈海华宴请高翔等人的活动中，被告人王岩陪同刘炳连参加了活动；刘胜前、李骅证言中均证实“因为知道王岩是高翔的女婿才提供的帮助”。综上，可以认定被告人王岩与高翔存在密切关系，对上述辩护意见不予支持。辩护人提出的“被告人王岩犯罪的主观恶性小、归案后如实陈述并已退出全部违法所得，请求对被告人从轻处罚”的辩护意见成立，对上述辩护意见予以采纳。为维护社会管理秩序，惩罚利用影响力受贿犯罪，依照《中华人民共和国刑法》第388条之一第1款，第72条第1款、第3款，第73条第2款、第3款，第64条之规定，判决如下：

一、被告人王岩犯利用影响力受贿罪，判处有期徒刑二年，缓刑二年，罚金人民币一万元。

二、没收被告人王岩违法所得人民币十五万元。

被告人王岩在法定期间内未上诉。一审判决已经发生法律效力。